2018

湖北调查年鉴

Hubei Survey Yearbook

国家统计局湖北调查总队　编

Survey Office of the National Bureau of Statistics in Hubei

关注“湖北调查”

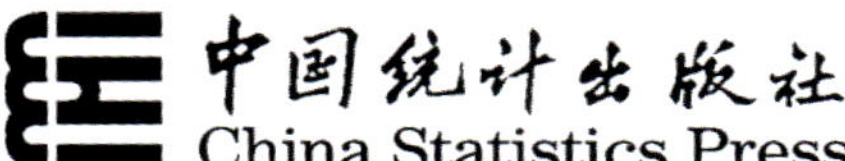

图书在版编目（CIP）数据

湖北调查年鉴. 2018 : 汉英对照 / 国家统计局湖北调查总队编. -- 北京 : 中国统计出版社, 2018.9
ISBN 978-7-5037-8558-0

Ⅰ. ①湖… Ⅱ. ①国… Ⅲ. ①统计资料—湖北—2018—年鉴—汉、英 Ⅳ. ①C832.63-54

中国版本图书馆 CIP 数据核字(2018)第 178387 号

湖北调查年鉴-2018

作　　者/ 国家统计局湖北调查总队
责任编辑/ 李　冲　张　洁
装帧设计/ 李雪燕
出版发行/ 中国统计出版社
地　　址/ 北京市丰台区西三环南路甲 6 号　邮政编码/100073
电　　话/ 邮购（010）63376909　书店（010）68783171
网　　址/ http://www.zgtjcbs.com
印　　刷/ 河北鑫兆源印刷有限公司
经　　销/ 新华书店
开　　本/ 890mm×1240mm　1/16
字　　数/ 500 千字
印　　张/ 19.75　1.5 彩页
版　　别/ 2018 年 9 月第 1 版
版　　次/ 2018 年 9 月第 1 次印刷
定　　价/ 380.00 元

本书附同版本 CD-ROM 一张，光盘内容以书面文字为准。
如有印装差错，由本社发行部调换。

2018 年 1 月 18 日，国家统计局党组成员、副局长毛有丰指导总队 2017 年度领导班子民主生活会

2017 年 9 月 14 日，国家统计局宣布总队主要领导调整决定

2018 年 1 月 29-30 日，2018 年湖北国调工作会议在武汉召开

2017 年 7 月 3-5 日，时任总队长王跃新在恩施州检查指导住户调查电子记账工作

2017 年 12 月 3-5 日，总队长刘顺国到荆门调研

2018 年 2 月 6-7 日，总队长刘顺国到咸宁慰问住户调查记账户

2017 年 12 月 27 日，总队长刘顺国参加所在党支部主题党日活动

2017 年 11 月 20-23 日，总队副总队长徐荣华到荆门调研和宣讲党的十九大精神

2017 年 12 月 12-13 日，总队副总队长徐荣华到黄石检查价格调查工作

2017 年 9 月 6 日，总队党组成员、武汉队队长陈小清调研高新企业发展状况

2017 年 9 月 20 日，总队党组成员、武汉队队长陈小清到黄陂区李集街民丰村开展中稻实割实测工作

2017 年 8 月 17 日，总队纪检组长刘凡对系统新任纪检监察干部进行集体谈话

2018 年 5 月 7-8 日，总队纪检组长刘凡到鄂州开展培训和调研

2017 年 9 月 5-8 日，总队副总队长时明国到咸宁、孝感等地调研秋粮生产形势

2017 年 9 月 12 日，总队副总队长时明国出席荆州国调系统业务技能比武活动

2017 年 8 月 23-25 日，国家统计局财务司司长张仲梁（现任社科文司司长）出席湖北国调系统财务管理工作暨培训会议并授课

2017 年 10 月 30 日，国家统计局新闻发言人、综合司司长邢志宏（现任信息景气中心主任）在湖北国调系统统计分析研究人才库培训班上授课

2018 年 8 月 8-9 日，中国信息报社社长雷小武到湖北调研统计新闻宣传工作

2017 年 10 月 22-26 日，国家统计局国际统计信息中心调研组来鄂调研 ICP 调查工作

2018 年 3 月 11 日，国家统计局人口和就业司调研督导组在宜昌督导月度劳动力调查工作

2017 年 9 月 24-27 日，国家统计局北京调查总队副总队长邬春仙到湖北开展调研交流

2018 年 6 月 20-22 日，国家统计局河北调查总队巡视员常秀宝到湖北交流财务管理工作

2017 年 11 月 15 日，总队召开湖北国调系统贯彻落实《统计违纪违法责任人处分处理建议办法》工作会议

2017 年 11 月 16 日，总队举办湖北国调系统领导干部“一岗双责”暨新任领导干部任职培训班

2017 年 11 月 17 日，总队举办湖北国调系统学习宣传贯彻党的十九大精神专题培训班

2018 年 4 月 11-15 日，总队举办湖北国调系统县处级以上领导干部学习贯彻党的十九大精神集中轮训班

2018 年 6 月 29 日，总队举办湖北国调系统庆祝建党 97 周年大会暨主题党日活动

2017 年 9 月 7-9 日，湖北国调系统统计执法资格培训考试现场

2017 年 9 月 20 日，总队联合湖北省统计局在鄂州举办第八届“中国统计开放日”宣传活动

2017 年 12 月 15 日，湖北国调系统举办“学习贯彻十九大，展现调查新精神，二次创业显风采”乒乓球比赛

2017 年 12 月 4 日，总队在荆门举办“12.4”法治宣传日活动

2018 年 1 月 16 日，总队召开 2017 年度经济形势分析会议

2018 年 1 月 19 日，总队和湖北省统计局联合召开 2017 年经济形势新闻发布会

2018 年 5 月 22 日，总队在省图书馆开展廉政教育日活动

2018 年 5 月 16 日，总队在咸宁督导四下企业局队业务分工工作

2018 年 8 月 21 日，总队在通城开展住户调查基础工作检查

2018 年 7 月 1-7 日，总队在宜昌举办湖北国调系统第九期公务员初任培训班

2018 年 8 月 31 日，总队对机房进行日常巡检

2018 年 3 月 25 日，总队干部职工利用双休日到黄陂区开展义务植树活动

2018 年 2 月 8 日，总队召开“新时代 新征程”迎春座谈会

《湖北调查年鉴-2018》

编委会和编辑人员

编 委 会

主　　任：刘顺国

副 主 任：徐荣华　陈小清　刘　凡　朱小明　时明国

编　　委：（以姓氏笔画为序）

马俊凯　王光纯　尹汉华　邓智红　刘　荣

刘水国　刘国强　许晓红　宋克传　余东碧

别友平　张小青　张必洪　张永云　张在金

李忠明　李俊超　李卫星　肖庆华　邱　波

吴立锋　周家庆　周银华　姜才金　胡先红

胡　敏　徐纯银　徐　亮　龚其民　舒振斌

蒋宇飞　彭惊涛

编辑工作人员

总 编 辑：邓智红

副总编辑：罗昭斌　胡　艺　李支立

执行编辑：胡　艺

照片采编：王光纯　魏　炜

封面设计：李雪燕

光盘编辑：熊　威

Hubei Survey Yearbook 2018

Editorial Board and Editorial Staff

I. Editorial Board

II. Editorial Staff

编者说明

一、《湖北调查年鉴—2018》是国家统计局湖北调查总队独立编辑出版的资料性年刊。本年鉴主要收录了 2007-2017 年全省农村、城市和企业等方面的各项统计调查数据，以及全国和各省（市、区）重要历史年份主要统计调查数据。

二、本年鉴统计调查数据分为 6 个篇章，即：1．综合；2．农业调查；3．企业调查；4．人民生活；5．价格调查；6．全国及各省、市、区主要指标。为方便读者使用，各篇章末附有主要统计指标解释。

三、国家统计局从 2012 年起，进行城乡住户一体化改革，城镇居民人均可支配收入和农村居民人均可支配收入指标的计算口径和范围均发生了变化。本年鉴涉及的范围为城镇常住居民人均可支配收入和农村常住居民人均可支配收入，与改革前的年份的指标数据存在一定程度不可比的情况，使用时务请斟酌。

四、第三次经济普查后，国家统计局于 2015 年对规下工业抽样框和样本进行了全部更换。本年鉴涉及规下工业企业指标的，与更换样本前年份指标数据存在一定程度不可比性，请酌情使用。

五、本年鉴农业调查数据中，部分年份数据为根据第三次全国农业普查资料修订数据。

六、本年鉴所使用的度量衡单位均采用国际统一标准计量单位，并统一使用最新颁布实施的产品目录。

七、本年鉴中部分统计调查数据合计数或相对数由于单位取舍不同而产生的计算误差，均未做机械调整。

八、符号使用说明：年鉴各表中的“空格”表示该项统计指标数据不足本表最小单位数、数据不详或无该项数据；“#”表示其中的主要项；“*”或“①”表示本表下有注解。

Editor's Notes

Ⅰ. *Hubei Survey Yearbook 2018* is an annual statistical publication compiled by Survey Office of National Bureau of Statistics in Hubei, which reflects comprehensively the rural, urban and enterprise of Hubei province. It covers data from 2007 to 2017 and key statistical data in recent years and some historically important years at the national level and the local levels of province, autonomous region and municipality directly under the Central Government.

Ⅱ. The Yearbook contains 6 chapters: 1. General Survey; 2. Rural Survey; 3. Enterprise Survey; 4. People's Living Conditions; 5. Price Survey; 6. Main Statistics of Provinces (autonomous regions, municipalities) in the Whole Country. Explanatory Notes on Main Statistical Indicators is attached to the end of each chapter to help the readers to use the statistical data in this book.

Ⅲ. Since 2012，the calculation of the size and scope of the urban residents per capita disposable income and rural residents per capita disposable income have changed because of the reform of urban and rural residents integration by the National Bureau of Statistics. Indexes and data of the urban residents per capita disposable income and rural residents per capita disposable income are incomparable with the data before the reform. Please consider about it before use.

Ⅳ. After the Third Economic Census, sampling frame and samples of industrial enterprises below designated size were all changed by the National Bureau of Statistics in 2015. Indicators of industrial enterprises below designated size in this yearbook are incomparable with the data before. Please use the data in accordance with the actual situation.

Ⅴ. In the agricultural survey data of this yearbook, part of the year data are revised according to the third national agricultural census data.

Ⅵ. The units of measurement used in this yearbook are internationally standard measurement units, and newly published and implemented Product Categories are uniformly used.

Ⅶ. Statistical discrepancies on totals and relative figures due to rounding are not adjusted in the Yearbook.

Ⅷ. Notations used in the yearbook：“blank space” indicates that the figure is not large enough to be measured with the smallest unit in the table, or data are unknown, or are not available; “#” indicates a major breakdown of the total; and “*” or “①” indicates footnotes at the end of the table.

目　　录

Contents

一、综　　合

Chapter 1　General Survey

二、农业调查

Chapter 2　Rural Survey

三、企业调查

Chapter 3 Enterprise Survey

四、人民生活

Chapter 4　People's Living Conditions

五、价格调查

Chapter 5 Price Survey

六、全国及各省、市、区主要指标

Chapter 6 Main Statistics of Provinces (autonomous regions, municipalities) in the Whole Country

综　合

Chapter 1

General Survey

资料整理：胡　艺

湖北经济民生稳健发展

2017年，湖北全省上下深入贯彻落实省委省政府各项决策部署，坚持稳中求进工作总基调，牢固树立新发展理念，着力深化供给侧结构性改革，经济运行呈现稳中有进、质效提升的发展态势，经济活力、动力和潜力不断释放，全省经济社会发展取得新成绩，人民生活持续改善。但是经济民生发展中的不确定因素仍需引起重视。

一、湖北经济与民生发展状况

（一）农业生产形势稳定向好

粮食生产总量恢复性增长，种植结构有所调整变化。2017年，湖北粮食种植面积6707.6万亩，比上年增加52.3万亩，增长0.8%；粮食总产2599.7万吨，比上年增加45.6万吨，增长1.8%。2017年为历史上仅次于2015年和1997年的第三个高产年份。其中，小麦、早稻、中稻、玉米和晚稻五大粮食作物呈现“三减二增”的特点，“三减”是指小麦总产414.8万吨，减少3.1%，玉米总产293.6万吨，减少1.0%，晚稻总产264.7万吨，减少6.7%；“二增”是指早稻总产217.6万吨，增长0.7%，中稻总产1261.4万吨，增长5.7%。中稻增产是全年粮食总产实现恢复性增长的主要因素。

粮食种植结构持续调整变化，主要表现在水稻“压双扩单”特征明显和玉米面积持续下降等方面。在水稻“压双扩单”方面，再生稻和稻虾种养模式的发展使双季稻面积减少、中稻面积增加。2017年，湖北早稻面积563.1万亩，比上年减少55万亩，下降8.9%，晚稻面积584.1万亩，减少31.9万亩，下降5.2%，中稻面积2062万亩，增加99.7万亩，增长5.1%。玉米种植面积持续调减，2017年，湖北玉米种植面积989.4万亩，在上年减少39.2万亩的基础上再减少3.2万亩，减幅0.3%。

畜牧业生产扭转下滑势头，规模化生产稳步提升。2017年，湖北生猪生产扭转了两年多的下滑势头，实现小幅增长，牛羊生产基本平稳，家禽养殖从重创中较快恢复。2017年，湖北生猪出栏4299.6万头，比上年增长1.8%；牛出栏107.9万头，增长0.4%；羊出栏557.1万只，增长0.3%；家禽出笼50891.0万只，下降2.5%。

近年来，受环保、技术等因素的驱动，生猪养殖集中度不断提升，规模化、集约化生产稳步推进，培育和壮大了生猪养殖的经营主体。中粮集团、双汇集团、正邦集团、牧原股份等外来企业快速发展，襄大农牧、湖北思乐牧业等本土企业快速成长，形成了引进品牌和本土品牌竞相发展的良好态势。生猪大县奖励政策的持续实施大大改善生猪调出大县的生产条件，促进了生猪调出大县的高效发展。据有关监测数据显示，33个生猪调出大县生猪出栏量占全省的比重超过68%，对全省生猪生产具有决定性影响，起到了“压舱石”的作用。

（二）市场价格运行平稳

居民消费价格指数（CPI）温和上涨。2017年，湖北消费市场价格整体运行平稳，居民消费价格总水平（CPI）比上年上涨1.5%，涨幅比上年回落0.7个百分点，比全国平均水平低0.1个百分点。居全国第16位，中部第2位，仅比江西低0.5个百分点。

八大类商品服务价格中，除食品烟酒价格比上年下降0.6%外，其余七个大类均不同程度上涨。医疗保健价格上涨10.6%，居住价格上涨2.0%，教育文化和娱乐价格上涨1.7%，其他用品和服务价格上涨1.6%，交通和通信价格上涨1.0%，衣着价格上涨0.8%，生活用品及服务价格上涨0.6%。

居民“菜篮子”价格回落抑制了价格总水平涨幅。2017年，湖北市场鲜菜和猪肉价格水平分别比上年下降8.5%和9.7%，仅这两项影响价格总水平下降0.54个百分点。在一定程度上抑制了价格总水平的上涨幅度。

服务类价格上涨拉动价格总水平上行。2017年，湖北服务类价格上涨3.9%，影响价格总水平上涨1.38个百分点，是拉动价格总水平上涨的重要因素。服务价格上涨的主要原因之一是医改政策推动，2017年，湖北医疗服务价格上涨15.3%，影响价格总水平上涨0.73个百分点。

工业生产者价格指数（PPI）显著回升。2017年，湖北工业生产者价格指数（PPI）上涨5.6%，与上年下降1.0%相比回升6.6个百分点。涨幅比全国平均水平（上涨6.3%）低0.7个百分点，居全国第21位，中部末位。

PPI上涨主要受工业生产资料价格上涨带动。2017年生产资料价格上涨7.6%，与上年下降1.6%相比回升9.2个百分点。其中采掘工业价格上涨15.3%，加工工业价格上涨6.3%，原料工业价格上涨11.2%。从供给方面看，淘汰落后产能及从严落实环保要求有力地推动PPI上行；从需求方面看，市场景气度向好推动上游产品价格回升。

固定资产投资价格明显回暖。从2016年3季度起，湖北固定资产投资价格指数扭转了连续5个季度下降走势，由降转涨，2017年继续保持了逐季上行态势，全年上涨5.9%，各季涨幅分别为，一季度上涨3.9%，二季度上涨4.5%，三季度上涨5.8%，四季度上涨9.4%。

2017年，构成固定资产投资价格的三大类价格指数全面上涨。其中，建筑安装、装饰工程价格指数上涨8.0%，设备、工器具购置价格指数上涨0.8%，其他费用价格指数上涨1.9%。三大类投资价格中建筑安装、装饰工程价格影响程度最大，影响固定资产投资价格总水平上涨5.5%。

农产品生产者价格高位平稳运行。2017年，湖北农产品生产者价格指数为99.3，价格总体水平比上年略降0.7个百分点。其中农业、林业、渔业产品价格分别上涨3.5%、3.1%和6.9%，畜牧业产品价格下降13%。近年来，农产品价格一直处于高位。2010-2017年，湖北农产品生产者价格总体上涨23.3%，年均上涨3%。

（三）农民工和小微服务业就业状态良好

农民工规模稳中略增，收入水平有所增长。据有关监测数据推算，2017年，湖北农民工（外出务工、在本地非农务工和非农自营活动时间达到或超过6个月以上的农村从业人员）总量达到1491.1万人，比上年增加30.7万人，增长2.1%。其中，外出农民工（本乡域以外）1084.0万人，增加3.1万人，增长0.3%；本地农民工（本乡域以内）407.1万人，增加27.6万人，增长7.3%。

2017年，湖北外出农民工月均收入为3869.3元，比上年增加110.5元，其中，月均收入在3000-5000元的占65.6%，下降0.7个百分点；月均收入在5000元以上的占18.7%，提高1.7个百分点。外出农民工的收入水平逐年有所增长。

小微服务业用工规模稳中有增，员工薪资涨幅可观。据规下服务业抽样调查资料显示，2017年，湖北1687家样本企业吸纳从业人员24781人，单位平均用工规模14.4人，比上年增长1.3%；企业应付职工薪酬9.5亿元，月人均薪酬3176元，比上年增加219元，增长7.4%。

（四）居民收入稳定增长

城镇居民收入平稳增长。2017年，湖北城镇常住居民人均可支配收入为31889元，比上年增长8.5%。收入水平居全国第13位，中部第2位；增速居全国第9位，与安徽、河南、湖南并列中部第2位。

从湖北城镇常住居民收入构成看，各类收入增幅较为均衡。一是工资性收入持续增长。2017年，湖北城镇常住居民人均工资性收入17915元，比上年增加1397元，增长8.5%，对收入增长的贡献率为55.8%，拉动收入增长4.8个百分点。二是经营净收入稳步增长。2017年，湖北城镇常住居民人均经营净收入4498元，比上年增加348元，增长8.4%，对收入增长的贡献率为13.9%，拉动收入增长1.2个百分点。三是财产性净收入快速增长。2017年，湖北城镇常住居民人均财产性净收入2594元，比上年增加295元，增长

12.8%，对收入增长的贡献率为11.8%，拉动收入增长1.0个百分点。四是转移净收入较快增长。2017年，湖北城镇常住居民人均转移净收入6882元，比上年增加463元，增长7.2%，对收入增长的贡献率为18.5%，拉动收入增长1.6个百分点。

农村居民收入恢复性增长。2017年，湖北农村常住居民人均可支配收入为13812元，比上年增长8.5%，与上年的增幅相比提高1.1个百分点，呈恢复性增长。收入水平居全国第9位，较上年提高一个位次，中部第1位；增速居全国第20位，中部第4位。

从湖北农村常住居民收入构成及增长因素来看，总体呈现家庭经营收入、工资性收入、转移净收入贡献率“三分天下”的局面。2017年，湖北农村常住居民人均家庭经营收入5964元（占可支配收入比重为43.2%），比上年增加430元，增长7.8%，拉动农村常住居民可支配收入增长3.4个百分点，对收入增长的贡献率为39.5%。人均工资性收入4390元（占可支配收入的31.8%），比上年增加367元，增长9.1%，拉动可支配收入增长2.9个百分点，对收入增长的贡献率为33.7%。人均转移净收入3293元（占可支配收入比重为23.8%），比上年增加283元，增长9.4%，拉动可支配收入增长2.2个百分点，对收入增长的贡献率为26.1%，转移净收入是全年农村常住居民可支配收入中增长最快的一部分收入。

二、当前湖北经济民生面临的主要问题

（一）居民增收压力较大

一是当前部分实体经济经营仍然艰难，对城乡居民工资性收入和经营净收入增长产生一定影响；二是养老金上调幅度降低，在没有新的增资政策出台的情况下，将进一步缩减城乡居民收入增长空间；三是随着规模种植、养殖业的发展，自然灾害、疫情对农牧业生产经营的影响程度加大，农业生产的不稳定性给农民增收带来不确定性；四是农村常住居民转移净收入在持续多年保持两位数增长后，2017年其增幅降为一位数，潜在增长率呈趋缓之势。

（二）消费不振困扰经济转型发展

2017年，湖北城镇常住居民人均生活消费支出21276元，比上年增长6.2%，农村常住居民人均生活消费支出11633元，比上年增长6.3%，分别低于其收入增幅的2.3和2.2个百分点。消费不振既有供给端中高端供给不足、个性化消费市场培育艰难和服务类供给难以满足需求等方面的原因，也有市场商业环境建设不力、监管缺位，居民教育、养老、医疗负担较重等方面的原因，一定程度上影响居民的消费意愿。因此，必须加快供给侧结构性改革，以更好地满足人民对美好生活的需求。

（三）潜在的涨价动力不容忽视

2017年，湖北工业生产者价格指数（PPI）比上年上涨5.6%，建筑安装、装饰工程价格指数上涨8.0%，上游价格的上涨可能在一定程度上传导到居民消费市场，给居民消费价格的上涨带来一定压力。

三、几点建议

（一）精准发力打好脱贫攻坚战

一是向深度贫困地区和特殊贫困人口聚焦发力，强化对贫困老年人、残疾人、重病患者等群体的精准帮扶；二是加大政策倾斜和扶贫资金整合力度，推进产业扶贫、教育扶贫、健康扶贫、异地扶贫搬迁；三是坚持扶贫与扶志、扶智相结合，激发脱贫内生动力；四是保障公正脱贫，防止出现形式主义。

（二）切实做好“三农”工作

一是抓住机遇认真做好乡村振兴战略的规划落实，按照产业兴旺、生态宜居、乡风文明、治理有效、生活富裕的总要求，加快推进农业农村现代化，提升发展质量，培育发展动能；二是做好人的工作，充分发挥基层党组织的作用，选好配强农村带头人，加强农村劳动力的培训，充分发挥社会培训机构的作用，引导城市教育科技资源深度参与农村智力开发；三是对规模种植者实行生产过程补贴，如秸秆处理、用水、

农机和专用设备（尤其是烘干设备）等，以及提供融资和保险便利。

（三）着力整治商业环境

商业环境是一个地区经济软实力的综合体现，制度供给和监管服务也是供给侧改革非常重要的组成部分。随着中高端消费群体的崛起，个性化、品牌化消费会越来越多，品牌保护、市场检测监管、生产经营者自律关乎消费者的信心和意愿，要加快培育依法治理守法经营的良好的营商环境。

（四）努力提高社会保障质量水平

将农户耕地补贴、退耕还林（草）补贴等按人口综合平衡后纳入农民个人社保账户，提高农民的社会保障水平；鼓励商业保险机构分解部分社会保障服务。

（五）大力发展健康休闲和城市服务业

随着老龄人口逐年增加、二孩政策的实施，健康、休闲、养老、家政等服务业将蓬勃兴起。要尽快落实公益性土地供给、公益服务采购政策和公益机构的补贴政策，加强社区的大服务功能。

（撰稿：罗昭斌）

粮食产量呈恢复性增长

2017 年，湖北省委、省政府深入贯彻落实中央“三农”工作各项决策部署，以农业供给侧结构性改革为主线，以提高农业供给质量为主攻方向，落实“藏粮于地、藏粮于技”战略，着力推进农业提质增效，进一步调整粮食生产种植结构，优化农业区域布局，有效地促进了粮食生产，全年粮食生产获得较好收成。2017 年湖北粮食产量在 2016 年严重受灾减产的情况下实现恢复性增长，但产量仍未恢复到灾前水平，为历史上第三高产年。

一、湖北粮食生产总体表现为“三增一稳两变”

（一）灾后恢复性增产，播种面积、单产和总产呈现“三增”

2017 年，湖北粮食生产在 2016 年遭遇“98+”洪涝灾害以及夏秋水灾和高温热害的轮番侵袭，减幅达 5.5%的情况下，实现恢复性增产，全年粮食总产为 2599.7 万吨，比 2016 年增产 45.6 万吨，增幅为 1.8%（见图 1），产量位居历史第三；粮食播种面积为 6707.6 万亩，同比增加 52.3 万亩，增幅为 0.8%；粮食单产为 387.6 公斤/亩，同比增加 3.8 公斤/亩，增幅为 1.0%。其中，五大粮食作物产量表现为“两增三减”。与 2016 年相比，中稻总产 1261.3 万吨，同比增产 67.5 万吨（5.7%）；早稻总产 217.6 万吨，同比增产 1.4 万吨（0.7%）；双季晚稻总产 264.7 万吨，同比减产 18.9 万吨（-6.7%）；小麦总产 414.8 万吨，同比减产 13.4 万吨（-3.1%）；玉米总产 293.5 万吨，同比减产 3.1 万吨（-1.0%）。

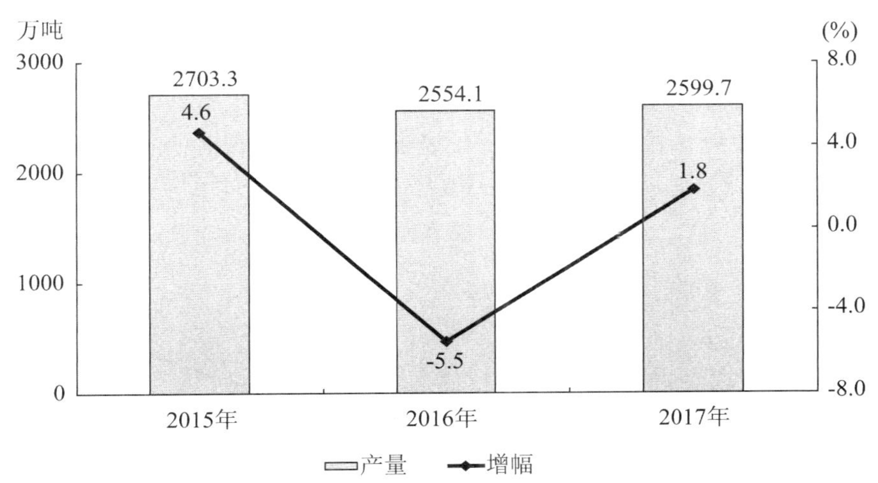

图 1　2015-2017 年湖北粮食总产变化情况

全年粮食生产情况总体属正常年景，虽有受灾，但受灾程度轻于 2016 年。一是夏粮因灾减产。2017 年 4 月下旬至 5 月上旬发生在襄阳、荆门等地的大风大雨致使处于灌浆成熟期的小麦大面积倒伏。据调查，襄州、钟祥等地倒伏面积愈 20%，倒伏地块单产比正常地块减产 20%-30%，且收割费用增大。此外小麦扬花灌浆期雨水偏多（全省 4 月至 5 月上旬雨水较上年偏多 10%-30%，局部地区偏多 50%以上），致条锈病、赤霉病偏重发生，尽管防治较为及时但仍对产量形成一定影响。2017 年全省小麦单产 246.8 公斤/亩，比上年减产 10.8 公斤/亩，减幅 4.2%；二是秋粮遭遇罕见秋汛。2017 年是湖北多年少见的秋汛严重发生的年份。9 月全省平均降水量 186.7 毫米，总体偏多 1.2 倍，居 1961 年以来第三位（仅次于 1973 年和 1970 年，略高于

1983 年）。9 月 27 日-10 月 15 日，全省发布 13 次暴雨预警，其中红色预警 1 次，橙色预警 7 次，黄色预警 5 次。而 2016 年同期仅发布 2 次，且均为蓝色预警。大雨伴随大风致使晚熟中稻和晚稻发生大面积倒伏，造成中稻增产势头受到遏制，晚稻明显减产。全省中稻单产 611.7 公斤/亩，在 2016 年减产 30.2 公斤/亩（-4.7%）后仅回升 3.3 公斤/亩（0.6%）；晚稻单产 453.2 公斤/亩，比 2016 年减产 7.3 公斤/亩，减幅 1.6%。

从历史数据对比来看，湖北粮食产量在 1997 年因双季稻大规模发展而一度达到曾经的历史高点（2634.4 万吨）。1998 年，湖北遭遇了洪水灾害，粮食产量大幅减少，之后随着农村剩余劳动力的外出和农业结构的调整，粮食总产在 2003 年达到历史低点（1921.0 万吨）。从 2004 年开始，国家逐步取消了农业税，湖北粮食产量逐年增加，在 2015 年达到了 2703.3 万吨，超过了 1997 年的产量，成为了新的历史最高水平。2016 年，因灾大幅减产，产量不及 2014 年的水平。2017 年粮食产量实现灾后恢复性增产，超过 2014 年产量（2584.2 万吨），是历史第三高产年份，但仍未恢复到受灾前 2015 年的产量水平（见图 2）。

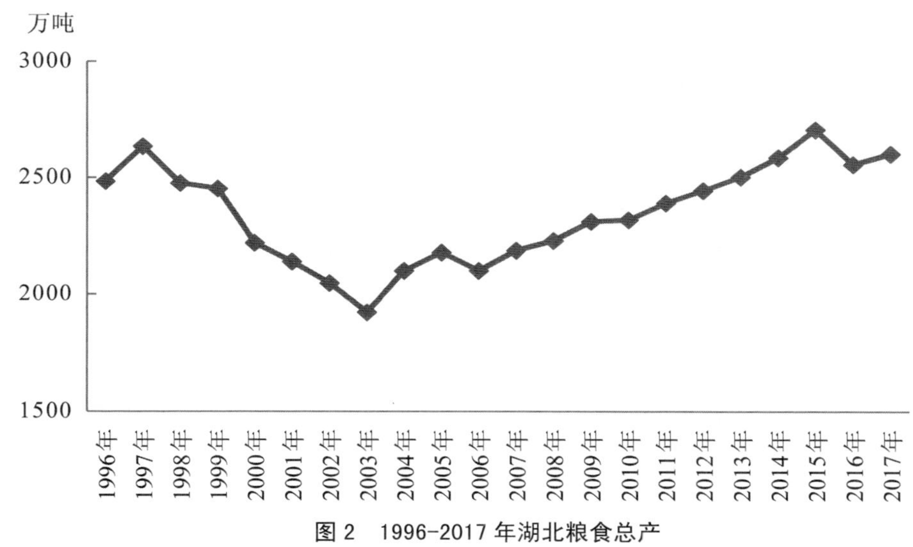

图 2 1996-2017 年湖北粮食总产

从分省数据对比来看，在中部六省中，湖北粮食总产增幅排名第一，增量仅次于安徽（增产 58.5 万吨），排名第二。湖北粮食总产量在全国排名位次未变，位居第十一位；粮食播种面积由第十三位上升为第十一位；粮食单产由第十三位上升为第十二位（见图 3 和表 1）。

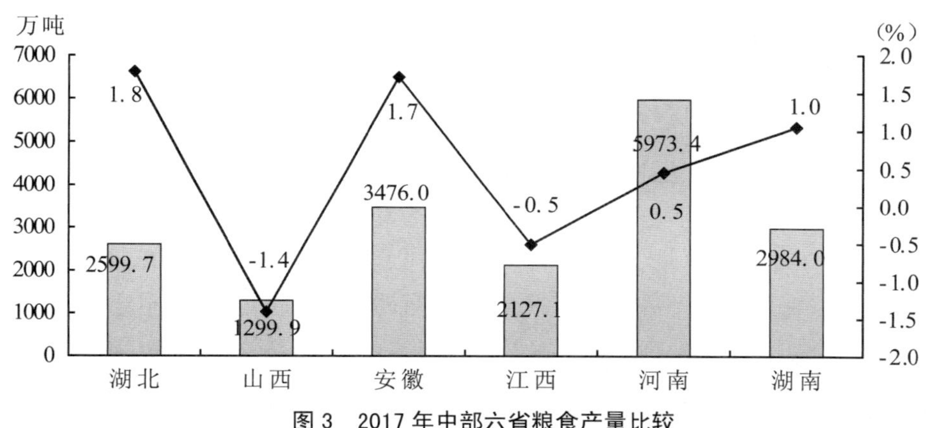

图 3 2017 年中部六省粮食产量比较

（二）全年粮食生产结构基本稳定

近年来，湖北粮食生产结构一直呈现“两夏一早七秋”的格局，夏粮占全年粮食总产的五分之一，主要粮食作物以水稻为主，其产量约占全年粮食总产的三分之二。2017 年湖北粮食生产结构依然保持这一格局：夏粮产量 501.7 万吨（占全年粮食总产 19.3%），同比减少 1.4%；早稻产量 217.6 万吨（占全年粮食总产 8.4%），同比增长 0.7%；秋粮产量 1880.4 万吨（占全年粮食总产 72.3%），同比增长 2.8%。具体结构如图 4 所示（2016 年湖北粮食生产受灾较为严重，故使用 2015 年数据进行对比）。

表 1　2017 年全国和中部六省粮食产量比较

地　区	播种面积（万亩）		单产（公斤/亩）		总产量（万吨）		
	指标值	全国位次	指标值	全国位次	指标值	全国位次	增幅（%）
全国总计	168329		367		61791		0.3
湖　北	6708	11	388	12	2600	11	1.8
山　西	4807	15	270	27	1300	18	-1.4
安　徽	9964	4	349	19	3476	8	1.7
江　西	5501	13	387	13	2127	13	-0.5
河　南	15203	1	393	11	5973	2	0.5
湖　南	7294	10	409	8	2984	9	1.0

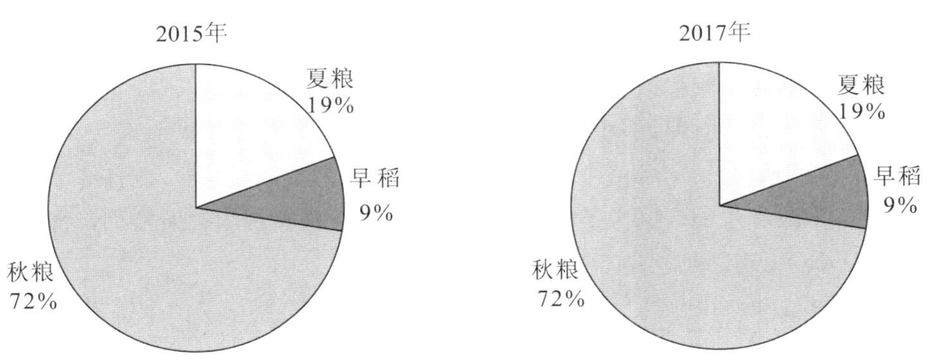

图 4　2015 年、2017 年湖北粮食结构对比

夏收作物的"北粮南油"结构已然形成。近年来，湖北省委、省政府针对湖北的区域特点，提出了以北纬 31 度为界，推进"北粮南油"的农作物布局战略。经过几年渐进式的调整，"北粮南油"布局已基本形成，鄂北地区粮食生产集中优势更加凸显，南部油菜产业带优势更优。

由于湖北地处我国南北交界之处，种植的粮食品种较多，过去种植结构较为复杂，变化较大。全省人均耕地面积不足 1.5 亩，在以户为单位分散经营的时期，粮食种植结构受农户种植习惯变化的影响较大。夏粮占比曾在 2000-2005 年减少至 10%左右，而秋杂粮（豆类、薯类等）的占比在同期增加至 10%左右（2017 年仅为 5.7%）。随着农村深化改革的推进，农村土地承包制"三权分置"的不断完善，湖北土地流转步入快车道，土地规模经营和农村新型经营主体蓬勃发展，粮食种植结构不再随着农户的种植习惯变化，而是由市场决定，更加接近市场化、低风险化，不断趋于稳定（见图 5）。

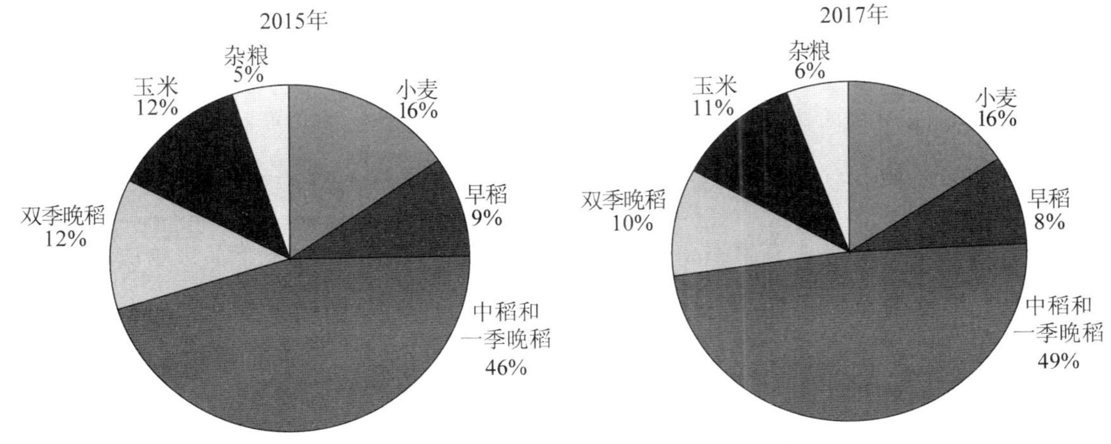

图 5　2015 年、2017 年湖北粮食分品种结构对比

（三）部分粮食作物种植情况出现了新变

一是水稻“扩单压双”。双季稻播种面积近年来首次出现大幅减少，中稻播种面积持续增加。2017 年全省早稻播种面积 563.1 万亩，比上年减少 55.0 万亩（-8.9%）；晚稻播种面积 584.1 万亩，比上年减少 31.9 万亩（-5.2%）；中稻播种面积 2062.0 万亩，比上年增加 99.7 万亩（5.1%）。

这些年来，湖北省委、省政府一直将恢复和扩大双季稻播种面积作为实现全省粮食增产的重大措施来抓，通过扩面积、工厂化育秧及机械化栽插等配套措施，有效的促进了双季稻播种面积的扩大。经过连续四年的增长，2015 年早、晚稻播种面积合计达到 1358.1 万亩，产量达到 581.8 万吨。

但是随着农村用工、农资和运输价格的上升，种植双季稻的成本被大幅提高，纯收益的空间被大幅压缩，双季稻种植模式的纯收益约每亩 1000-1200 元，而仅种植一季中稻的种植模式纯收益约每亩 800-1000 元，对于普通农户来说，两种种植模式的纯收益相差不大，双季稻还需承担双倍的育秧风险，这使得非水稻主产区的农户更倾向于种植一季中稻。

另一方面，随着稻虾（中稻田内养虾）和再生稻（中稻收割后继续生长的第二茬）种植模式和种植技术的日益成熟，其种植效益也稳步提升，每亩纯收益都在 1000 元以上，稻虾模式每亩纯收益最高可达 2000 元。因此，近几年湖北稻虾和再生稻种植模式不断扩大，中稻播种面积也随之稳步增长。

二是“减棉扩粮”转变为“粮棉双稳”。自国家调整棉花收储政策以来，湖北棉花播种面积逐年大幅减少。2012-2016 年的 5 年间，棉花播种面积从 709.3 万亩下降为 303.8 万亩，减少 57.2%，年均减幅达 15.6%。同时，退出种植棉花的棉田纷纷转为种植玉米、大豆、花生等其他旱地作物，也有部分水源较好的地区实施了“旱改水”，将棉田改种水稻。这 5 年间，玉米和杂粮的播种面积均有所增加，特别是玉米播种面积从 890.0 万亩增加到 992.6 万亩，增长 11.5%。

2017 年棉花播种面积首度回升。受 2016 年籽棉收购价格回升、棉花单产大幅增产的影响，2017 年棉花种植收益出现回升，加之以前退出的棉花播种面积在改种玉米、大豆等作物后收益并不乐观，棉花与其替代作物的种植收益发生逆转，刺激江汉平原和鄂东等传统棉产区部分农户种植棉花的积极性有所提高。2017 年，湖北棉花播种面积 304.0 万亩，比上年增加 0.2 万亩，增幅 0.1%，遏制了连续 5 年的下跌势头。

二、存在的问题

（一）湖北规模经营发展不足，耕地资源禀赋未得到充分发挥

湖北拥有较好的耕地资源禀赋。国土资源部于 2017 年底发布的《2016 年全国耕地质量等别更新评价主要数据成果》表明，我国耕地中的优等地（耕地质量为 1-4 等）主要分布在湖北、湖南、广东等 3 个省，总面积为 5280.2 万亩（占全国 90.3%），其中湖北 3163.6 万亩（占全国 54.1%），面积位居全国首位。但由于湖北农业生产依然表现为分散化、碎片化、半机械化，农业生产效率并不高。2017 年湖北规模经营耕地面积为 2686 万亩，全省耕地流转面积约占全省基本农田的 34.4%（约 7800 万亩），占全省实际经营的耕地面积 52.7%（约 5100 万亩），土地流转还有很大的空间。

（二）湖北缺乏标签式的粮食品牌

我国已进入粮食消费升级阶段，随着家庭收入的增长，价格不再是粮食产品的主要决定因素。人们对粮食产品的需求转变为更营养、更绿色、更健康。以市场上的品牌为例，黑龙江五常大米，贵州紫云红薯，山东滕州、甘肃定西、云南宣威马铃薯，内蒙古通辽、山西沁州小米等成为了高端粮食产品的主打品牌。而湖北传统品牌影响力弱，市场占有率不高，如京山国宝桥米等；有竞争力的产品市场认知度不高，如蕲春再生稻等；转型升级的产品品牌尚未形成，如荆州的藕带、鄂州的香莲等。

（三）农业生产保障体系建设完善不够

随着土地流转的加快，农户土地经营规模有所扩大，因灾所遭受的面积也随之增加，农业产业规模化经营的风险随之加大，在缺乏外来资金扶持的情况下，农业灾后恢复生产的难度较大。据调查，有的规模经营户在 2016 年因灾亏损后，由于资金困难，2017 年大幅减少了其经营耕地的规模，甚至出现了个别“毁

约弃耕”的情况。

三、几点建议

（一）发挥耕地资源禀赋，加入全国农业生产链条

建立更多优质稻生产基地，加入全国农业生产链条。规模化、集约化、模式化是农业生产未来发展的方向，而农业特别是种植业的生产和加工一直是湖北的短板。一方面，可继续培养本土龙头企业；另一方面，可借“它山之石”引入如中粮等知名农产品加工、销售品牌。尽快的将湖北优质耕地资源链入全国、全球农业生产、加工和销售网络。

（二）引入现代商业模式，打造“湖北产地”标签

引入现代商业模式，重新打造全产业链。打造高端粮食产品需要将现代商业模式引入产品从生产到销售的每一个环节之中。可考虑引进如“褚橙模式”之类的成熟商业模式，通过简单的加盟和复制实现以点带片，以片促面的“雁阵型发展”。在此基础上选择湖北特色的粮食品牌进行大力培育和宣传，力争早日形成与全省优质耕地资源相匹配的“湖北产地”标签。

（三）探索农业灾后保险模式，降低农业生产周期性风险

通过农业保险的方式建立农业生产“兜底机制”，在农户遭受灾害损失后，帮助他们迅速的恢复生产。一方面，继续支持农户自愿参保、政府补贴保费的农业保险，加强宣传，增加参保率；另一方面，可探索农业巨灾保险模式。目前，黑龙江、山东、湖南等省均已建立了农业巨灾保险体系。通过农业巨灾保险方式可有效的建立重大农业灾害风险和救灾资金转移分摊机制，以保险机制“熨平”农业生产周期，将灾年短期高额的财政支出“平滑”为常年每年的财政支出，有效解决财政救灾资金“无灾小灾花不出、大灾巨灾不够花”的问题。

（撰稿：萧一啸）

畜禽生产水平稳步提升

2017年，湖北省生猪生产扭转了两年多的下滑局势，实现小幅增长，牛羊生产基本平稳，家禽养殖从重创中较快恢复。全年生猪出栏4299.6万头，同比增长1.8%；牛出栏107.9万头，同比增长0.4%；羊出栏557.1万只，同比增长0.3%；家禽出笼50891.0万只，同比下降2.5%。畜牧业生产存在的能繁母猪存栏量仍处低位、产业发展跟不上环保要求、养殖方式无法适应现代畜牧业发展要求、融资难用地难等隐忧需引起高度关注。

一、2017年湖北畜牧业生产的主要特点

（一）生猪生产扭转下滑局势，养殖效益较好

据调查，2017年，湖北省生猪出栏量达到4299.6万头，同比增长1.8%，这是湖北省生猪出栏自2015年下降2.5%，2016年下降3.2%后开始恢复性增长；生猪存栏2451.6万头，其中，能繁母猪存栏242.2万头，也分别增长0.8%和1.1%，生猪存、出栏量均由降转增，显示湖北省生猪生产连续下滑的趋势得到有效扭转。

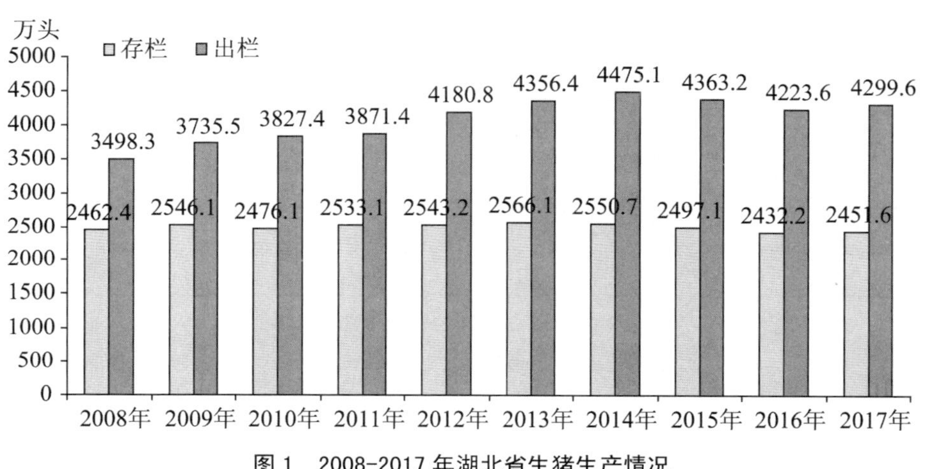

图1 2008-2017年湖北省生猪生产情况

与此同时，生猪养殖效益较好。从全年生猪生产价格趋势来看，2017年初最高价格为18元/公斤以上，至6月初跌至12.5元/公斤左右，之后价格逐步企稳回升，9月底回升至14.5元/公斤左右，年底继续上涨至15.5元/公斤左右，全省实现盈利。目前，平均每头生猪养殖利润为200多元，虽低于去年同期的500元左右，但属于正常盈利水平。

随着近两年散养户的大量退出，行业规模化趋势进一步提速，未来一个时期生猪生产将保持平稳运行的态势。主要原因：一是能繁母猪存栏量持续增加。2017年生猪生产价格高位运行时间较长，提振了养殖户信心，能繁母猪存栏量持续增加。监测数据显示，能繁母猪存栏四个季度末均实现1%以上的增长。二是禁养区和限养区的划分使得部分养殖场关停，但大中型养殖企业都在恢复或扩大产能，全省生猪产能将更趋于合理发展水平。三是中小规模养殖户的产能逐渐向生猪养殖龙头企业集中，随着生猪养殖技术的不断进步，生猪产能必将提升。

（二）全省生猪规模养殖水平不断提高

集约化、规模化是未来生猪养殖发展的趋势，随着市场竞争加剧和人们对畜产品质量要求的提高，千

家万户的分散饲养已经难以满足现代畜牧业发展的需求。近年来，随着各项支农惠农政策的出台和落实，以及环保、技术等方面原因都成了湖北省生猪养殖集中度提升的驱动力。主要表现为：一是农户散养加速退出；二是环保和养殖风险等方面压力剧增；三是生猪养殖龙头企业的带动。随着规模化养殖水平的提高，培育和壮大了生猪养殖的经营主体，中粮集团、双汇集团、正邦集团、牧原股份等外来企业快速发展，襄大农牧、湖北思乐牧业等本土企业快速成长，形成了引进品牌和本土品牌竞相发展的良好态势。

在现有政策环境的影响下，生猪大县奖励政策的持续实施大大改善生猪调出大县的生产条件，促进了生猪调出大县的高效发展。有关监测数据显示，33 个生猪调出大县生猪出栏量占全省的比重超过 68%，对全省生猪生产具有决定性影响，起到了“压舱石”的作用。

（三）牛羊市场价格保持稳定，养殖效益有保证

近几年，牛羊市场价格总体上保持较高水平，从某种程度上拉动了牛羊生产的稳定增长。2017 年，全省牛羊出栏分别为 107.9 万头和 557.1 万只，同比增长 0.4%和 0.3%。牛羊存栏分别为 238.0 万头和 501.2 万只，同比增长 12.7%和 6.4%。但从价格方面看，2017 年全省牛羊生产价格有所波动，总体较上年有所下降。2017 年初以来，牛、羊出栏价格分别由一季度的 25 元/公斤、26 元/公斤左右下滑至二季度的 23 元/公斤和 22 元/公斤左右；年底缓慢回升至 24 元/公斤、25 元/公斤左右，牛、羊养殖利润空间有所收窄。

草牧业在湖北省畜牧业生产中占比较小，但随着农业供给侧结构性改革持续深入，湖北省草牧业也持续迎来包括“粮改饲”、南方现代草地畜牧业推进行动项目等政策红利，通过大力发展以草养畜、品种选育及改良等方式，逐步提高湖北省牛羊养殖标准化规模化水平，产能也将得到进一步提升。

（四）家禽生产摆脱疫情影响逐步恢复，跌幅逐季收窄

2017 年上半年，受 H7N9 疫情的影响，家禽养殖行业遭受了巨大冲击，蛋鸡、肉鸡养殖损失惨重，随着亏损养殖户缩减规模或退出，市场供应下降。疫情解除后，市场需求快速增加，鸡蛋、活鸡价格迎来了快速回升，由此也带来了家禽生产的较快恢复。2017 年，全省家禽出笼 50891.0 万只，同比下降 2.5%，但跌幅逐步收窄，分别比上半年和前三季度低 5.3 和 1.7 个百分点。禽蛋产量 164.8 万吨，同比下降 1.8%，跌幅比前三季度低 2 个百分点。随着禽流感疫情影响的消失，家禽市场渐渐恢复，活鸡活鸭从三季度开始进入集市，活禽和禽蛋价格环比都呈上涨态势。

从鸡蛋价格运行情况来看，鸡蛋生产价格从年初最高价 9.0 元/公斤左右下滑至 6 月初的最低价 6.2 元/公斤左右，跌幅达到三成以上，部分市县一度下探至 3.8 元/公斤。疫情影响消退后，鸡蛋生产价格在 9 月中旬迅速飙升至今年以来的最高点 9.5 元/公斤左右，之后一直保持在 9.0 元/公斤左右。从活鸡来看，生产价格从年初最高价 18.9 元/公斤左右下滑至 3 月底的 13.0 元/公斤左右，自三季度开始逐步回升，12 月份上涨至 16.4 元/公斤左右。

二、当前湖北畜牧业生产面临的突出问题

（一）能繁母猪存栏量仍处低位

由于前几年生猪养殖效益持续下滑，2015 和 2016 两年能繁母猪存栏快速下滑，2016 年末能繁母猪存栏处于近九年来最低位。2017 年全省母猪存栏实现增长，年末能繁母猪存栏 242.2 万头，同比上涨 1.1%。虽然存栏量已呈上升态势，但能繁母猪存栏数量仍居低位，仅略高于 2008 年的 241.1 万头，比 2013 年的 264.5 万头历史最高水平低 22.3 万头，仅处于近十年前的存栏水平。

（二）畜牧业绿色发展要求更高，产业发展跟不上环保要求

国家环保政策的连续出台提高了畜禽养殖门槛，也抑制了部分养殖场的扩张。随着《水污染防治行动计划》、《湖北省水污染防治行动计划工作方案》和《畜禽规模养殖污染防治条例》等一系列法律法规的实施，生猪养殖面源污染治理深入推进，养殖业环保压力日渐增大。《湖北省水污染防治行动计划工作方案》明确要求，2016 年底前完成全省禁养区、限养区、适养区划定，2017 年底前依法关闭或搬迁禁养区内的畜禽养殖场（小区）和养殖专业户。截止 2017 年底，据行业部门统计数据，全省 109 个县市已全部

完成“三区”划定，禁养区内已搬迁或关闭畜禽养殖场4764个，地方投入补偿资金共计超过10亿元。

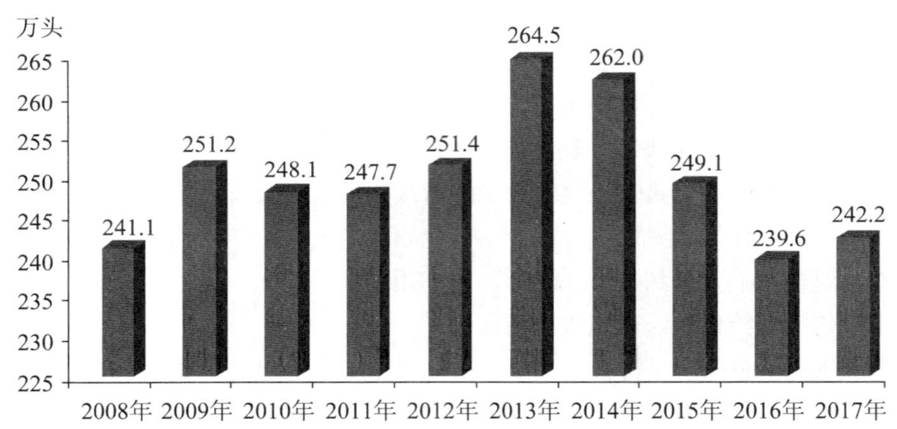

图2　2008-2017年能繁母猪存栏量

（三）养殖方式难以适应现代畜牧业发展要求，畜牧业结构调整任务更重

种养主体分离、种养布局错位、种养依存关系弱化，已成为湖北畜牧业可持续发展的巨大障碍。在传统畜牧业发展阶段，农户饲养几头猪和几十只家禽，畜禽排泄物可以通过土地消化吸纳。随着现代畜牧业的发展，农户散养模式逐渐被规模养殖取代。在这种形势下，一方面土地因较少使用有机肥导致土壤板结，另一方面畜禽养殖场的粪便等排泄物因得不到有效转化利用，造成环境污染，影响现代畜牧业的持续发展。目前，湖北省大型规模养殖场基本都有条件通过无害化处理手段生产肥料、沼气，但占全省绝大比重的中型规模养殖户大多难以达到无害化处理要求，势必会造成一定的污染，与现代畜牧业发展要求还有较大距离。

（四）重大动物疫病形势更复杂

国内外新病毒不断出现，交替流行，传统病毒、变异病毒以及不同亚型病毒同时存在，呈现出疫源分布广、毒株变异快、外疫威胁大等新特点。例如：年初禽流感疫情导致禽类产品价格持续低迷，养殖场户处于亏损经营的境地，禽类存笼量急剧萎缩；鸡蛋和淘汰鸡价格也处于近十年来的最低点，给蛋鸡养殖生产带来重大打击；同时禽类产品销量锐减养殖场户亏损严重。

三、几点建议

（一）加大对绿色发展财政支持力度

在财政补贴方面，对粪污无害化处理，生产有机肥、清洁能源等给予补贴；加大对养殖场粪便综合利用相关设施建设的贷款和减息支持；建立健全长效管理机制，落实各项惠牧政策，提高资金管理水平，确保项目真正落地生根，落实无害化处理项目补助资金。按照“谁处理、补给谁”的原则，将无害化处理补助范围扩大到畜禽散养户。收集暂存和集中处理的，由县级财政将补助直接拨付到集中处理厂。湖北被称为“千湖之省”，地处南方水网地区，粪污废弃物治理要求高、难度大，需要地方政府增加财政支持力度应对环境污染问题的解决。

（二）提升畜牧业规模化养殖水平

积极引导养殖企业采用先进技术和生产设备，推动养殖业向规模化、标准化和现代化方向发展，大力实施品牌战略，稳定提高畜牧业生产能力。发挥龙头企业带动作用，以合作社的方式，引导中小规模养殖户建立专业合作经济组织，技术共享提高畜牧业经营水平。加大现有畜禽养殖场技术改造力度，注重资源环境保护，推行先进生产工艺，配套完善粪污深度处理设施，通过粪肥还田、生产沼气、制造有机肥等方法，综合利用畜禽养殖废弃物。推行干法清粪、雨污分流等先进科学的生产工艺，配套完善粪污深度处理设施，做到源头控制、中间预处理、末端治理的全过程控制管理，减少直至消灭污染，逐步实现畜禽粪便基本资源化利用，实现畜牧业可持续发展。

（三）健全科技服务体系

发挥各级畜牧管理部门和科技服务部门的优势，创新和完善机制，更好地实行公益性的无偿服务与市场经济的有偿服务相结合，加强畜牧兽医人员队伍建设，提高畜牧兽医人员的待遇，逐年充实专业技术人员，改变年龄老化，知识陈旧和服务能力不强的现状。加大科技推广力度，确保新技术、新成果的应用与推广；加强科技培训和技术服务，提升畜牧养殖的科技水平；加大科技投入，突出科技含量，提高科技贡献率。加强生产动态监测，及时发布预警信息，引导养殖场户适时调节养殖规模，合理安排生产计划，大力发展生态养殖，走高端绿色品牌路线。

（四）做好疫情防控，建立畜牧养殖保险制度

坚持预防为主与科学防控，提高畜牧业自我保障能力。稳定防疫员队伍，加强动物防疫体系建设，组织实施好动物疫病强制免疫工作，做好突发疫情应急准备。建立畜牧养殖保险制度，完善畜牧养殖的风险防范投保，借鉴欧美国家和国内发达省市家禽政策性保险制度经验，采取养殖户和财政共同投保的方式，增强畜牧业抵御风险能力，促进其持续稳定发展。

（撰稿：雷　迪　祁　炜）

规模以下工业稳中向好

经国家统计局湖北调查总队调查，并经国家统计局核定，2017 年湖北规模以下工业（下称“规下工业”）同比增长 4.4%，呈现出稳中向好、稳中有进的发展态势，但成本上涨过快、需求不足等老问题依然困扰着企业，需进一步研究对策加以解决。

一、规下工业运行特点

（一）增长速度加速上行。2017 年，湖北规下工业增速经历一季度低位运行后，从二季度开始逐季好转，呈现出企稳回升、加速上行的态势。具体来看，一季度增速为 0.5%，上半年增速为 2.7%，前三季度为 4.4%。

（二）企业主要经济指标实现较快增长。2017 年规下工业企业主要经济指标实现较快增长。企业主营业务收入同比增长 11.7%，主营业务成本同比增长 12.9%，税金总额同比增长 8.9%，应付职工薪酬同比增长 2.8%，从业人员期末人数同比增长 6.5%，工业生产电力消费同比增长 16.2%。

（三）企业人均收入水平提升。2017 年规下工业企业实现主营业务收入 931.96 亿元，从业人员期末人数为 36.87 万人，规下企业人均主营业务收入 25.3 万元，比上年同期增加 1.2 万元。

（四）行业发展冰火两重天。一方面，部分行业发展较好，增速较快，为全年规下工业企稳回升作出了积极贡献，如通用设备制造业，主营业务收入同比增长 44.9%，利润总额同比增长 48.1%；计算机、通信和其他电子设备制造业，主营业务收入同比增长 27%，利润总额同比增长 73.7%。但另一方面，部分行业发展则遇到瓶颈，例如，非金属矿采选业主营业务收入同比下降 28.3%，利润总额同比下降 41.4%；纺织服装、服饰业主营业务收入同比下降 20.2%，利润总额同比下降 59.2%。

二、当前规下工业企业发展面临的主要问题

（一）成本上涨过快，经营压力加大

2017 年规下工业企业主营业务成本较上年增长 12.9%，增幅比前三季提高 1.1 个百分点，比去年同期提高 16.3 个百分点；558 家企业问卷调查也表明，50.5%的企业认为原材料成本高，42.3%的企业认为用工成本上升快。这些都从不同侧面反映出成本上涨快是当前规下工业企业进一步发展面临的最大问题。例如赤壁市晟宇钙业有限公司，企业原材料使用的石料去年可直接从周边的乡镇购买，今年由于政策因素导致周边石料厂均关闭，企业只能从外省购买原材料，价格由去年的 24 元/吨上涨至 50 元/吨，涨幅达 108.33%。随州市亿力汽车配件有限公司和随州市龙王泵业有限公司均是生产改装车配件的企业，主要原材料铸铁，由于近一两年来环保整顿，小铁矿关停多，铸铁价格大幅上涨，企业原材料成本压力大。

（二）有效需求不足的问题依然存在

调查问卷显示，45.3%的企业认为市场需求不足是当前面临的另一个突出问题。不过从企业产品订货量看，需求不足问题有所好转。23.5%的企业订货量“低于正常水平”，71.7%的企业“处于正常水平”，仅 4.8%的企业“高于正常水平”。处于和高于正常水平的企业比重比去年同期提高 7.1 个百分点。例如崇阳县晶海鑫包装有限公司，受周边新成立企业影响，企业订单大幅减少，被迫停产。黄石中维木业有限公司主要生产木门，因房地产行业不景气，近来订单量不多，加上原材料价格也不稳定，企业总体维持在较

低水平。

（三）融资难、融资贵和流动资金紧张状况制约企业发展

本季有银行贷款需求的企业中，有贷款需求并全部贷到的占 4.4%，有贷款需求大部分贷到的占 6.1%，有贷款需求少部分贷到的占 10.5%，有贷款需求没能贷到的占 79%。在 558 家填报问卷企业中，26.2%的企业反映流动资金存在缺口，其中，6.8%的企业流动资金缺口在 20%以上。部分企业不得不通过民间融资解决资金短缺问题，但较高贷款利息必然带来较大风险。例如，湖北省钟祥市三利蟠龙食品有限公司为缓解流动资金紧张局面，向民间的借款年利息高达 30%。

三、加快规下工业发展的政策建议

（一）落实十九大和中央经济工作会议精神，深化供给侧结构改革

党的十九大和中央经济工作会议均提出，坚持以供给侧结构性改革为主线，统筹推进稳增长、促改革、调结构、惠民生、防风险各项工作，大力推进改革开放，创新和完善宏观调控，推动质量变革、效率变革、动力变革，在打好防范化解重大风险、精准脱贫、污染防治的攻坚战方面取得扎实进展，引导和稳定预期，加强和改善民生，促进经济社会持续健康发展。贯彻党的十九大和中央经济工作会议精神，一是要严格落实国家和湖北“三去一降一补”方案要求，进一步清理涉企收费，降低涉企收费标准；清理整顿金融服务乱收费，严禁各种提高利率行为，规范担保、评估、保险等中介机构的收费行为，降低企业融资成本。二是要吃透国家和湖北出台的有关政策，适当降低困难企业社保费率，降低企业用工成本；结合国家的产业帮扶政策，对不同企业采取不同的税收优惠政策，降低企业生产经营成本。三是要加大对“公路三乱”治理力度，充分运用现代物联网等新技术，切实降低企业流通成本；推动企业加强管理创新、营销创新和商业模式创新，降低产品营销成本。

（二）力促转型升级，提振市场需求

一是激发市场主体活力，出台政策鼓励企业积极向战略型新兴产业靠拢，逐步降低对高价格、高耗能资源的依赖，发展低排放、绿效益的新型工业；针对当前市场需求不足、成本增加过快等不利因素影响，各职能部门应统筹协调，优化产业布局，降成本、补短板，助力企业转型，引导企业多元发展，大力调整产品结构，增强抵御市场风险能力。二是企业自身应主动转型升级。以当前社会新消费需求为导向，明确产业转型升级方向，大力发展新技术、新产品、新业态、新模式，不断优化产业结构，丰富产品种类，引导企业加大科技创新力度，推动传统产业多元化发展，积极适应新形势下的新需求，以需求促发展。三是企业内部应深挖潜力，打造精品。从追求产品数量到追求产品质量、从走同质化经营路线到打造自身特色产品，走“专精特新”的发展路线，打造更具市场竞争力的“拳头”产品。四是更新生产经营理念，拓宽发展思路，摒弃传统的生产经营模式和理念，充分利用如“青桐汇”、“众创空间”等各类新型创业服务平台，建立多渠道生产经营管理模式，不断降低产品营销成本；强化企业创新意识，提高科研成果转化率，加大与科研机构、大中院校的沟通和合作，升级技术水平，提升核心竞争力。

（撰稿：胡　宇）

小微企业就业质量向好

就业是最大的民生。党的十九大报告提出，要坚持就业优先战略和积极就业政策，实现更高质量和更充分就业。为进一步了解湖北服务业小微企业就业情况，近日，国家统计局湖北调查总队结合 2017 年规下服务业抽样调查，在全省 16 个市（州）各抽选 5-10 家服务业小微企业进行实地座谈，并走访人社等相关部门，专题调研服务业小微企业就业情况。调研结果显示：在积极的就业创业政策的推动下，湖北服务业小微企业用工规模稳中有增，用工需求保持稳定，从业人员工资逐年增加，企业用工日渐规范，招工方式逐步多元化，就业表现出更高质量的发展态势。但就业结构性矛盾突出、高素质人才稳定性不足、企业用工成本上升等问题依然存在。

一、出台积极的就业创业政策推动小微企业就业发展

近年来，湖北出台了多项积极的就业创业政策。2015 年，湖北省人民政府出台《省人民政府关于做好新形势下就业创业工作的实施意见》，致力于发挥小微企业就业主渠道作用，落实支持小微企业发展的金融税收政策。取消政府采购中对中小企业的不合理限制门槛。对小微企业新招用劳动者，按规定给予支持。2017 年，出台《省人民政府关于做好当前和今后一段时期就业创业工作的实施意见》，提出了支持新经济发展扩大就业、优化政策机制扶持创业、强化创业孵化场地支持、拓宽创业投融资渠道、促进农村劳动力创业就业、开展就业扶贫攻坚行动、加强精细化就业援助、稳妥做好化解过剩产能职工安置工作、鼓励支持退役军人就业创业、深化人才培养体制机制改革、实施“技能强省”战略工程、推进人力资源服务业跨越式发展、强化就业创业公共服务供给、强化政府促进就业责任、强化政府促进就业责任十六个方面的具体实施意见，旨在促进新经济发展和传统经济转型升级，稳定和扩大就业。

武汉市实行阶段性降低养老保险费率和事业保险费率，有效降低企业成本；实行稳岗补贴政策，2016 年以来实施范围不断扩大，补贴额度成倍增加，有力地支持了企业发展；出台《关于贯彻落实个转企过渡期社会保险费率政策的通知》，在 2017 年至 2022 年的五年过渡期内，对于个体工商户转型升级为企业的，继续执行个体灵活就业人员参加职工基本养老保险和基本医疗保险的优惠费率政策，比企业费率低 12 个百分点，有利于培育个私民营经济发展壮大。

黄石市出台《关于深化人才发展体制机制改革推动黄石转型发展的实施意见》《关于支持重点产业高层次人才创新创业的若干政策》《“我选湖北·留在黄石”大学生就业创业行动计划》等“1+2”三个人才文件。是黄石现行人才政策的优化版、加强版、升级版，政策含金量高、可操作性强，对企业高层次人才提供了一系列政策优惠和保障服务。

十堰市出台《关于开展全民创业促进就业工作的实施意见》、《关于鼓励大众创业促进就业的实施意见》；制定了《十堰市全民创业促进就业工作实施方案》，从多方面鼓励创业促进就业。

恩施州制定“青年创业扶持计划”“返乡创业和特色产业扶持计划”“巾帼创业扶持计划”“自强创业扶持计划”，力在培养贫困村致富带头人，增加就业岗位，更好帮助建档立卡贫困户就业脱贫。出台了《关于做好大学生实习实训补贴有关工作的通知》，制定了《恩施州大力推进“我选湖北·绿色恩施梦”大学生就业创业行动实施方案》，力争到 2020 年，建成 400 个大学生实习实训基地，建立 20 家人才工作站，力争大学生在恩施实习实训人数达到 15 万人次，新增高校毕业生在恩施就业创业人数达到 3 万人。

二、积极的就业创业政策初显成效

在积极的就业创业政策推动下，湖北就业形势呈现良好发展态势，据人社部门数据显示，全省城镇新增就业 91.86 万人，城镇登记失业率 2.6%。规下服务业小微企业就业也逐步向高质量发展。

（一）用工规模稳中有增。据规下服务业抽样调查显示，2017 年，湖北 1687 家样本企业吸纳从业人员 24781 人，单位平均用工规模 14.69 人，比上年同期增长 1.3%。调查的 10 个行业门类中，交通运输、仓储和邮政业，卫生和社会工作，房地产业的用工规模最大，分别吸纳从业人员 4548 人、3782 人、2759 人。卫生和社会工作单位平均用工规模最大，达 19.80 人。

表 1　调查企业分行业从业人数

行业名称	从业人数（人）	单位数（个）	户均从业人数（人）
全　省	24781	1687	14.69
交通运输、仓储和邮政业	4548	296	15.36
信息传输、软件和信息技术服务业	1813	182	9.96
房地产业	2759	153	18.03
租赁和商务服务业	2357	199	11.84
科学研究和技术服务业	2166	143	15.15
水利、环境和公共设施管理业	1656	117	14.15
居民服务、修理和其他服务业	2009	123	16.33
教育	1922	111	17.32
卫生和社会工作	3782	191	19.80
文化、体育和娱乐业	1769	172	10.28

（二）用工需求保持稳定。据规下服务业抽样调查显示，81.2%的调查企业本季对劳动力的需求与上季持平，9.9%的调查企业用工需求增加，8.9%的调查企业用工需求减少。调研企业反映，用工需求增加的企业主要有两种：一是企业规模扩大需要增加员工，二是企业员工退休、解聘、离职等需要补充。2017 年湖北服务业小微企业发展整体比较平稳，用工需求比较稳定，保证了服务业小微企业持续发挥吸纳就业的作用。

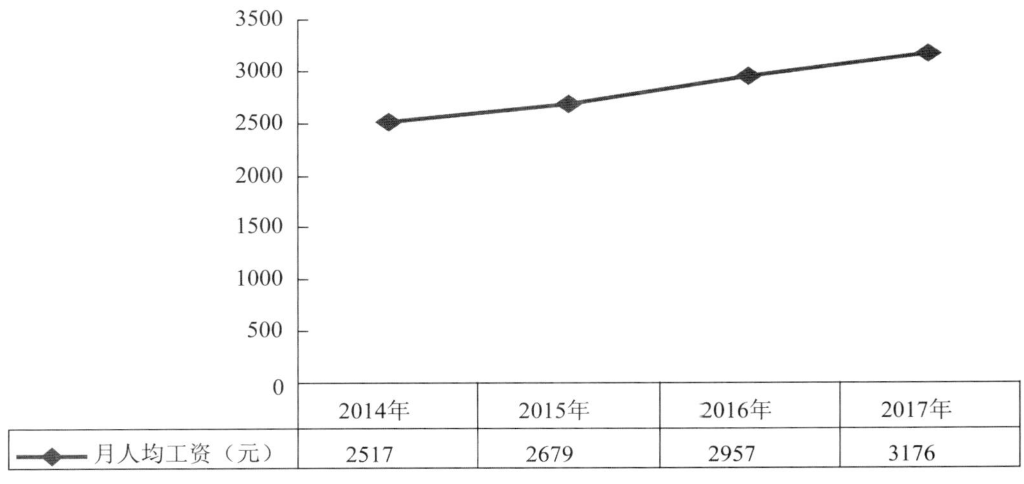

图 1　2014-2017 年样本企业月人均薪酬（单位：元）

（三）员工工资逐年增加。据规下服务业抽样调查显示，2017 年，湖北 1687 家样本企业应付职工薪酬 9.45 亿元，月人均薪酬 3176 元，比上年同期增加 219 元，增速 7.4%，比 2014 年增长 659 元，年均增长 219.67 元。调查的 10 个行业门类中，科学研究和技术服务业，信息传输、软件和信息技术服务业这两个技术含量较高的行业月人均薪酬较高，分别为 4313 元和 3876 元。

（四）企业用工日渐规范。调研企业反映，企业为留住职工，稳定发展，逐渐开始通过完善劳动合同、购买五险、增加过节福利等措施确保员工权益，服务业小微企业从业人员福利待遇得到改善，工作时间更加灵活，学习机会也有所增加，企业用工更加规范。

调研的所有企业都与员工签订了劳动合同，除快递员、物流司机等流动性大的职业，大部分员工均有社保。在武汉市调研的 5 家企业都为员工办理了社保（五险），同时表示均实行员工薪酬增长机制，根据员工工龄和工作熟练程度增加工资。恩施市某规划设计公司员工月工资每年上涨 100 元，还力所能及的方便员工照顾家庭，使员工在家门口就可以工作。

员工工作时间方面，除特殊行业外基本保证每天工作时间不超过 8 小时。根据行业特征，部分企业采用灵活的工作时间。武汉市某园艺公司，园艺师完成每日养护工作即可下班，满足了家庭妇女照顾子女的需求。

在岗学习也日益受到企业的重视，企业对员工能力的培训开发力度越来越大。在恩施州调研的 10 家企业中，有 8 家企业每年都会组织不同规模的培训，2017 年，8 家企业累计组织外出培训 68 人次，较 2016 年增加 23 人次，同比增长 51.1%。在鄂州市调研的 5 家企业中，有 3 家企业会对员工进行 2-3 月的技能培训。

（五）招工方式逐步多元。调研企业反映，服务业小微企业招工逐步摆脱以往完全依靠熟人介绍的方式，开始根据不同的行业特征，多元化招工。网络招聘、劳动市场招聘、校园招聘、劳动部门推介等招聘方式逐渐被越来越多的服务业小微企业使用，更有利于企业与员工之间实现双向选择，获得“双赢”。以在武汉调研的情况为例，某控制技术有限公司，员工 10 人，主要招聘方式通过招聘网站进行招聘；某园艺服务有限公司，主营业务为室内花卉租赁及养护，员工以 40 岁左右家庭妇女，主要招聘方式为熟人介绍；某货物运输公司，主营业务为钢材运输，采用船运，招聘船员一般通过行业内介绍；某仓储公司，主营业务为仓储业务，其为国有控股企业，人员招聘由上级公司人事部门负责。

三、服务业小微企业就业仍存在三个突出问题

（一）不好招，就业结构性矛盾突出。调研显示，湖北服务业小微企业就业结构性矛盾依然突出，表现在企业基本不缺少普通员工，主要缺少的是管理型、专业技术型和技能性人才。劳动力市场中素质偏低的人员无法满足企业的需求，高素质人员择业要求过高，又不愿意选择小微企业，造成了企业高素质人才“招工难”和普通劳动者“就业难”并存的结构性矛盾。据襄阳市一家幼儿园反映，学前教育对幼师的要求较高，不仅要有较好的专业知识，还要有爱心和耐心，但他们很难招到这样的人才。2017 年该市一家中专学校有 9 名愿意在本地就业的幼师毕业，该园去招聘时由于薪酬较低，工作环境较差，无法招到合适的幼师。十堰市某机动车检测公司反映，该公司需要招聘了解最新汽车专业技术知识并熟练使用维修检测工具和设备的人员，但招聘时，应聘人员较少，应聘者的专业知识也不够丰富，不符合企业的要求。

（二）留不住，高素质人才稳定性不足。调研企业反映，服务业小微企业体量小资金有限，薪酬福利待遇、工作环境、发展空间等方面无法与成熟大中企业相媲美，对从业人员吸引力不足，不利于人员的稳定性，特别是高素质人才、技术性人才招不进、招进了留不住。即使是新员工，一旦经过历练，成长为技术工、熟练工后，也有跳槽的隐忧。武汉市某园艺公司反映，该公司曾经招聘过有技术的青年大学生，但由于行业经营地离市区远，较为偏僻，加之工资待遇优势不大，该员工已离职。荆州市某货物运输有限公司表示年底节前员工流动性大，尤其是技术性人才流失较多，需求缺口较大。

（三）用人贵，企业用工成本上升。据规下服务业抽样调查显示，2017 年，湖北 1687 家样本企业营业成本 32.21 亿元，比上年同期增长 14.7%，应付职工薪酬 9.45 亿元，劳动力成本占企业营业成本的 29.3%。

24.0%的企业营业成本上升，64.1%的企业认为企业成本上升的主要原因是劳动力成本上升。调研企业反映，随着生活水平的大幅提升，务工人员对薪资水平的期望越来越高，为更好的稳定员工，提高薪资水平成为企业的主要措施。加上医疗保险、养老保险、失业保险、工伤保险等福利的普遍推广，企业用工成本不断增加。恩施某茶叶企业的普通生产人员 2016 年平均年收入是 3-4 万元，而 2017 年的平均年收入就达到了 4-6 万元，用工支出大幅增长。

四、做好“三实”助推服务业小微企业就业更高质量

（一）政府部门做好服务，就业政策要加强落实。近年来，湖北密集出台新的就业创业政策，必须进一步加强宣传，将积极的政策落到实处。在财政、税收、金融等方面加大对服务业小微企业的支持，让企业增加一定的利润空间。完善公共就业服务，逐步建立统一开放、公平竞争、规范有序的劳动力市场，为企业提供信息咨询，职业培训、指导、介绍等公共服务，通过专场招聘会、区域劳务对接、校企合作等途径，增强就业服务机构与用人单位的双向联系，为企业招聘牵线搭桥，引导劳动者合理流动。

（二）小微企业增强责任，企业发展要做得扎实。作为企业，不仅要为自身创造财富，推动社会经济发展，也承担着改善员工生活，促进员工全面发展的义务。服务业小微企业要积极寻求发展，不断创新发展方式，加快专业化、精细化、特色化、创新化发展，增强企业综合实力，将企业做大做强，提高企业对员工的吸引力。同时，要强化社会责任，坚持福利牌和亲情牌相结合，在薪资福利、工作环境、劳动合同以及人文关怀上加大措施，创造良好的“事业”环境，营造良好的企业文化，创建公平的竞争环境，让留下的人有存在感，提高员工对企业的认同感。

（三）从业人员转变观念，职业规划要理性务实。从业人员在择业时要理性务实，不可“好高骛远”“眼高手低”。要不断加强学习，提升自己的素养，转变“只去大城市”“只进大企业”的旧观念，找准定位，踏踏实实干事。

（撰稿：潘　路）

农产品生产者价格平稳

2017 年，随着农业供给侧结构性改革的深入推进，湖北农产品生产者价格总体趋稳。调查资料显示，2017 年，湖北农产品生产者价格指数持平略降，但高于全国平均水平，在中部六省排名第一。四大行业的价格呈现三涨一跌，其中，种植业、林业、渔业产品价格上涨，畜牧业产品价格下跌。

一、湖北农产品生产者价格整体波动的特征

2017 年，湖北农产品生产者价格指数为 99.3，比上年略降 0.7 个百分点，但从近年来的农产品价格走势情况看，价格仍处于高位。2010-2017 年，湖北农产品生产者价指数总体上涨 23.3%，年均涨幅为 3%（见图 1）。

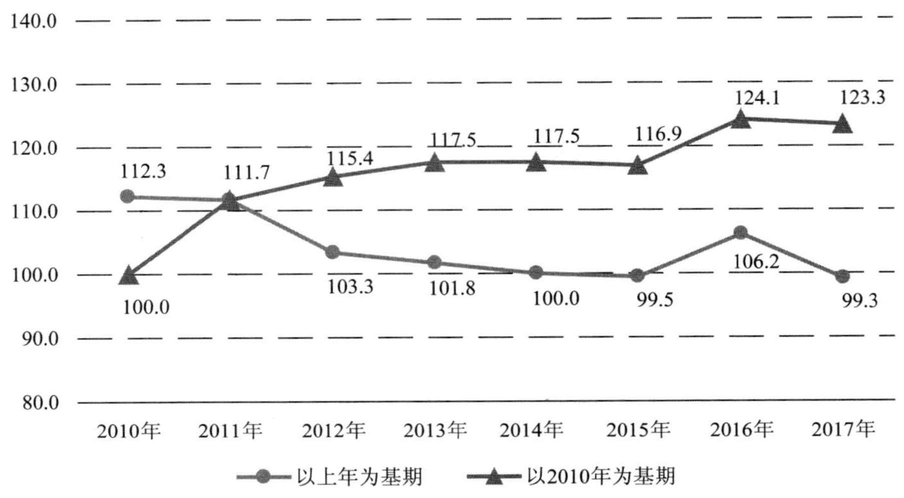

图 1　2010-2017 年湖北农产品生产者价格指数

（一）全年农产品价格波动明显

从分季度看，2017 年四个季度的农产品生产者价格呈倒 N 型走势，环比波动明显（见图 2）。

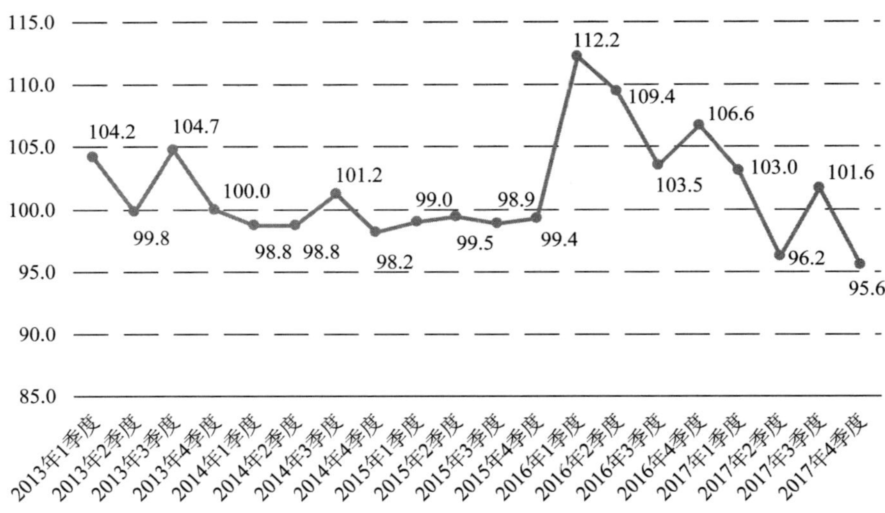

图 2　2013-2017 年各季度湖北农产品生产者价格指数

一季度，由于种植业产品价格上涨，拉动农产品生产者价格进入上升通道；二季度，受禽流感疫情影响，家禽类产品价格急速下跌，加之生猪价格也出现下滑，农产品生产者价格由涨转跌；三季度，粮油价格的持续上涨，渔业产品涨势强劲，家禽类产品价格逐步回暖，带动农产品生产者价格平缓上扬；四季度，种植业、林业、畜牧业产品价格均呈小幅下跌态势，渔业产品价格涨幅收窄，全省农产品生产者价格整体水平低于上年同期。

（二）农林牧渔四大行业价格“三涨一跌”

2017 年，湖北农业、林业、渔业产品价格分别上涨 3.5%、3.1%和 6.9%，畜牧业产品价格下跌 13%。

种植业产品价格先涨后跌。一季度同比上涨 6.1%，二季度涨幅收窄，同比降至 3.7%，三季度同比上涨 8.3%，涨幅为全年最大值，四季度再次由涨转跌，较上年同期下降 3.7 个百分点。

林业产品价格整体稳定，一季度上涨 3.9%，二、三、四季度均呈小幅下跌趋势。

畜牧业产品受活猪和家禽类产品价格影响明显，全年价格处于收缩空间，四个季度的跌幅分别为 4.1%、22.0%、15.4%、8.5%，呈“V”字型走势。

渔业产品价格全年处于上升通道。前三个季度的同比涨幅分别为 9.3、8.2、10.5 个百分点，四季度涨幅开始收窄，但同比仍上涨 2.1 个百分点。

（三）湖北与全国和中部六省的比较

2017 年，湖北农产品生产者价格指数高于全国平均水平，在中部六省中排名第一（见表 1）。

表 1　2017 年全国和中部六省农产品生产者价格指数比较

地　区	农产品生产者价格指数	种植业	林业	畜牧业	渔业
全　国	96.5	99.5	104.9	90.8	104.9
湖　北	99.3	103.5	103.1	87.0	106.9
山　西	95.9	97.6	92.3	92.1	110.5
安　徽	98.4	102.5	96.6	88.7	101.2
江　西	97.3	101.1	98.4	87.9	106.1
河　南	94.9	99.8	103.7	86.6	100.9
湖　南	98.0	107.4	91.9	86.6	102.8

二、主要农产品价格走势和影响因素分析

（一）主要粮食作物价格稳中有涨

2017 年，湖北稻谷价格累计上涨 1.5%，结束了连续两年的下跌趋势，其中，早、中、晚稻同比分别上涨 4.2%、0.8%、2.0%。这主要是由于上一年湖北遭受夏秋水灾及高温热害的轮番侵袭，稻谷产量有所下滑，一定程度上影响了年初稻谷价格的上扬。2017 年，早稻生产风调雨顺，米质好且出米率高，价格好于去年同期。受托市收购政策支持，中晚稻（国标 3 级以上粮源少于上年）价格总体企稳微涨，普优价差进一步拉大。

2017 年，湖北小麦价格止跌回升，累计上涨 9.1%。小麦品质整体优于去年，且收割期间天气晴好，多地开秤价优且稳，农户售粮积极性高，加之需求较为旺盛，北方粮食收购主体加大收购力度，麦价处于上行通道。

2017 年，湖北玉米价格累计下跌 1.9%，跌幅较上年缩小 3.9 个百分点。市场大环境普遍低迷，随着畜牧业养殖结构变化，生猪存栏扩张趋于理性，对饲料玉米消费的恢复增长带来一定压力。

（二）油菜籽、棉花价格呈恢复性上涨

2017 年，湖北油菜籽价格逐步回暖，全年累计上升 21.6 个百分点。究其原因：一是油菜籽品质较好，

收购价格高于去年。在油菜生长期内，气候条件较好，油菜籽长势良好，出油率高。二是油菜籽市场产不足需，价格呈恢复性上涨。2015 年国家取消油菜籽的托市收购政策，在去库存的驱动下，油菜籽价格下跌，使得国内油菜籽高于全球市场价格的虚高部分得以释放。在市场的调节作用下，国内油菜籽供求关系趋于合理，价格在当前供求关系下呈现恢复性上涨。

2017 年，湖北棉花价格累计上涨 1.6%，呈现先涨后跌的走势。“减棉扩粮”是近年来湖北农业种植结构调整的突出特点，受国家取消棉花收储政策和棉花市场持续疲软的影响，棉农种植意愿持续降低，棉花种植面积减少。2017 年一季度，棉花价格延续去年来的上涨态势，涨幅达 25%。三季度，棉花价格由涨转跌，跌幅为 3.0%，四季度跌幅进一步加深至 12.5%。后期价格下跌主要是收获期阴雨天气较多，棉花的颜色、长度、强力等指标都受到明显影响，品质达不到收购标准所致。

（三）蔬菜价格总体平稳，水果价格走高

2017 年，湖北蔬菜价格持平略降，全年累计下跌 2.4%。其中，一季度下跌 2.8%，二季度下跌 1.9%，三季度止跌回升同比上涨 5.4%，四季度同比下跌 6.8%。蔬菜价格波动程度与供求关系密切相关。从需求情况来看，近年来随着饮食结构的变化，人们对于蔬菜的消费需求有所增加，目前已基本趋于稳定。从供给情况来看，2017 年湖北省气候条件较好，灾害天气较少，地产蔬菜生长顺利，在人工采摘和运输成本并未大幅升高的情况下，蔬菜供给总体充足，价格呈现稳定回落趋势。

2017 年，湖北水果价格受主导品种柑橘类水果价格大幅上涨而上涨，全年累计上涨 10.2%。随着品牌价值的提升、宣传效应以及网络电商模式的推动，湖北柑橘类产品销量大增，价格一路走高。据了解，仅秭归县举办的第六届橙交会暨 2017 年脐橙文化旅游节上签订的脐橙销售协议就达 8 万吨。

（四）生猪价格回落，牛羊价格止跌

2017 年，湖北生猪价格从高位逐渐回落进入下行期，全年累计下跌 15.3%，四个季度的跌幅分别为 3.0%、22.8%、22.7%、13.4%。总体而言，市场生猪供给保持平稳，养殖户心态平和，屠宰企业强势压价，特别是前期猪价已经处于高位，上涨空间狭小，节假日对终端消费市场的提振作用有限，猪价逐渐走低，呈现回落态势。

2017 年，牛、羊价格止跌趋稳，分别较上年上涨 1.9、0.8 个百分点。2017 年供给侧结构性改革，草牧业持续迎来政策红利，牛羊养殖比重和产能进一步提升，有利于其价格相对稳定。

（五）家禽、禽蛋类产品逐渐走出禽流感阴霾

2017 年，受新一轮禽流感疫情影响，湖北家禽产业遭受重创，后期市场逐步恢复稳定，但全年价格仍现跌势，活家禽价格累计下跌 13.3%，禽蛋价格累计下跌 4.6%。开年伊始，活家禽、禽蛋类产品价格大幅下降，二季度跌至最低点，跌幅分别为 27.5%和 21.5%。进入下半年后，随着禽流感疫情影响的减退，消费者对家禽产品的需求逐步增加，市场价格呈现回升态势，尤其是禽蛋类价格反弹明显，四季度涨幅达 15%。

（六）渔业产品价格持续上涨

2017 年，湖北淡水鱼价格累计上涨 6.9%。其中，四大家鱼品种价格全线上扬，青鱼、草鱼、鲢鱼、鳙鱼分别上涨 1.7%、17.1%、4.4%、6.1%。黄鳝、鳜鱼、鲈鱼等高档鱼种价格小幅下滑。虾、蟹价格分别上涨 4.9%、4.6%。

渔业产品价格上涨的主要原因：一是近年来湖北、江西等地迫于环境保护压力，大量取缔库区网箱养殖，致使草鱼及其他一些淡水产品产量减少，导致市场供应不足。二是前期淡水鱼类价格较低，导致养殖市场自发减产，草鱼等此前亏损较多的养殖品种经“去产能”后开始补偿性涨价，价格回弹幅度较大。三是终端餐饮市场的火爆导致渔业产品消费需求不断扩大，直接带动渔业产品价格上涨。

三、有关建议

2018 年中央一号文件强调，必须坚持质量兴农、绿色兴农，以农业供给侧结构性改革为主线，加快构

建现代农业产业体系、生产体系、经营体系，提高农业创新力、竞争力和全要素生产率，加快实现由农业大国向农业强国的转变。在全球农产品供需继续保持总体宽松格局和我国农业供给侧结构性改革深入推进的大背景下，预计2018年国内农产品市场有望继续保持总体平稳。为此，我们建议:

（一）大力推进农业高质量发展

市场对资源配置起决定性作用，价格则是农业发展中的风向标，通过对农产品市场机制的调整，完善农产品价格形成机制，有效推进农业由量到质的转变，不断提升农产品附加值。推进农产品质量分等分级，聘请专家进行名特优新品种的种植（养殖），促进农业科学化、规范化、标准化生产，提倡生态、绿色农业，确保农产品质量达标，甚至高出国家和地方检测标准。建立完善的信息传递网，从横向和纵向两个方向全面快速地传递信息。横向信息，包括与农业相关的气象、农资、市场等行业信息，纵向信息，包括从中央到地方传达的政策信息，从而克服农产品市场信息不对称的弊端。

（二）大力培育农产品特色知名品牌

立足各地资源禀赋和产业要素，因地制宜发展水稻、茶叶、水果、食用菌、水产等特色农产品，建设一批湖北特色农产品优势产区。加快实施农产品品牌战略，建立完善农产品品牌培育、发展和保护体系。有关部门要引导农业生产经营主体积极开展农产品的相关认证，包括无公害产品、绿色食品、有机食品等，还可以申请地理标志优质农产品。加大特色农产品市场宣传推介力度，把优势品牌宣传列入政府或公益宣传内容，利用广电、报刊、网络等媒体，适时举办各种展销会，加强对当地农产品品牌化发展的宣传引导。

（三）大力推广农产品电商交易模式

积极推广互联网+农业电商交易模式，引导更多农业主体入驻淘宝、天猫、京东等大型电商平台开设专卖店、旗舰店，开展农产品网上销售、大宗交易、订单农业等业务，鼓励农产品交易市场和生产基地开展网上分销和网上批发交易。提升农村互联网普及率和应用率，加快农村电商与农产品销售、物流配送网络、互联网金融、农业科技等融合发展，打通电商进村“最后一公里”。

（四）强化农产品市场监测预警

建立农产品市场监测预警体系是发展现代农业的重要基础。要从农业产业多部门管理、信息多部门采集的实际出发，研究建立全产业市场监测预警体系的基本架构、发布平台及运行机制，由分散布局转变为整体推进，统筹监测预警工作体系，加强农产品主产区天气情况及供需变化的监测。通过提高农产品市场监测预警水平，为调控农产品市场提供一个科学的“坐标系”，从而促进农产品市场稳定运行，既保护农民合理收益，又兼顾好市民利益。

（撰稿：李筱霏）

工业生产价格稳步回升

2017 年湖北省委省政府继续深入贯彻党中央治国理政新理念新思想新战略，坚持以深入推进供给侧结构性改革为抓手，努力提升供给体系质量，改善市场供求关系，全省经济运行呈现“总体平稳、稳中向好”的良好态势，作为经济重要先行指标的工业生产者价格（PPI）在于 2016 年 10 月结束持续 45 个月的下行走势以来继续企稳回升：全年同比平均上涨 5.6%，与上年下降 1%相比回升 6.6 个百分点，钢材、水泥、化工等一批前期大幅下跌行业价格先后反弹，并对 PPI 回升产生重要推动，从一个侧面反映了湖北工业供给侧结构性改革取得显著成效。

一、工业生产者价格运行特征

（一）月度同比稳步上涨，环比“九涨三降”

2017 年 PPI 延续上年末的回升态势，继续上涨。月度同比涨幅在 4.8-6.5%间波动，3 月份达到峰值，上涨 6.5%，刷新自 2011 年 10 月份以来新高，随后涨幅有所回落，但仍在 5%上下波动，进入 9 月份涨势加快，上涨 6.1%，10 月份上涨 6.2%，11 月份上涨 6.0%，12 月份上涨 5.8%。

从环比看，除 4-6 月份因部分国际大宗商品价格下降以及钢铁、水泥等产品价格经过前期相对较长时间上涨后有所回调外，其余月份均呈涨势，特别是进入 8 月份以来，月度环比涨幅均保持在 0.5%以上，涨势强劲：8 月份上涨 0.6%，9 月份上涨 1.1%，10 月份上涨 0.6%，11 月份上涨 0.5%，12 月份上涨 1.0%。后期涨幅较大，究其原因主要是受经济平稳运行韧性增强以及供给侧结构性改革持续发力，去产能、环保政策进一步收紧综合因素影响所致。

（二）生产资料、生活资料价格双双上涨

2017 年生产资料价格同比平均上涨 7.6%，与上年-1.6%相比回升 9.2 个百分点。其中采掘工业价格上涨 15.3%，加工工业价格上涨 6.3%，原料工业价格上涨 11.2%；生活资料价格同比平均上涨 1.3%，涨幅较上年扩大 1.1 个百分点。其中衣着价格上涨 1.6%，食品价格上涨 1.0%。

（三） 钢材、水泥等去产能重点行业价格回升对 PPI 拉升作用明显

2017 年调查的 37 个工业行业大类同比平均价格“33 涨 4 降”，上涨面 89.2%，与上年 15 个行业价格上涨相比，上涨面扩大 48.7 个百分点。从影响程度看，钢铁、水泥等去产能重点行业价格回升对全省 PPI 转正作用显著。经分析测算，黑色金属冶炼及压延加工业、化学原料和化学制品制造业、非金属矿物制品业以及纺织业价格的上涨，影响 PPI 价格总水平上涨 3.38 个百分点，贡献率高达 60.0%。

1.钢铁行业价格强势回升。2016 年以来，湖北持续加大化解钢铁过剩产能举措落实，坚决遏制钢铁行业违规新增产能、严查“地条钢”，淘汰落后产能，随着“去产能”政策效应的持续显现，钢铁价格在持续下行 52 个月后于 2016 年 5 月份转正，2017 年涨幅继续快速扩大，同比平均上涨 30.9%，涨幅较上年扩大 30.5 个百分点。成为推动湖北 PPI 上涨的最强动力。具体产品中，厚钢板价格上涨 52.3%，棒材价格上涨 49.2%。

2.水泥行业价格涨势明显。水泥行业去产能是湖北贯彻落实中央推进供给侧结构性改革的又一重要内容。今年以来，湖北水泥行业采取启动错峰生产机制强力推进去产能进程，要求水泥企业全年停窑错峰生产时间不得少于 90 天，水泥行业产能过剩矛盾得到有效化解，加之市场需求稳定、原材料成本价格上涨推动，水泥行业价格呈现涨势。2017 年湖北矿物制品业价格同比平均上涨 8%，与上年-0.2%相比回升 8.2

个百分点，全年月度环比“8涨4降”，12月份创单月环比涨幅最高值7.9%，上涨势头强劲。具体产品中，全年通用硅酸盐水泥价格同比平均上涨30.2%，专用水泥价格同比平均上涨14.8%。

3.化工行业价格走出低迷。扎实推进化工行业“去产能”与环保整改、企业转型升级举措落实，行业结构布局得到深度调整，环保不达标企业被勒令停产整顿，市场供应量减少，推动行业价格明显回升：2017年湖北化学原料及化学制品制造业价格同比平均上涨9.7%，与上年-3.5%相比回升13.2个百分点。具体产品中，硫酸价格上涨27.5%，磷肥制造价格上涨13.6%。

4.纺织行业价格涨势较好。受棉花收储政策放开以及湖北纺织行业持续推进供给侧结构性改革，精加工、深加工、高附加值产业发展能力增强影响，2017年以来，全省纺织行业价格走出近年来持续下行通道，呈现稳步增长态势，全年同比平均上涨7.9%，与上年-1.3%相比回升9.2个百分点，月度环比“10涨1平1降”。具体产品中，已梳皮棉价格上涨7.9%，纱价格上涨8.2%。

值得强调的是，受益于“去产能、调结构”举措的落实，在相关行业价格走出低谷的同时，企业经营情况也在好转，赢利能力明显增强，传统产业在改革中焕发新的生机与活力。数据显示：2017年湖北钢铁行业实现主营业务收入2305.71亿元，同比增长33.4%，利润总额63.25亿元，同比增长189.1%，呈现跨越式增长；化工行业实现主营业务收入3134.33亿元，同比增长8.4%，利润总额164.87亿元，同比增长31.3%，另外水泥行业和纺织行业利润增幅也分别达到了15.7%和6.7%。

（四）高新产业价格温和上涨

从高新技术价格走势看，虽然受创新驱动引领，产品更新换代步伐加快以及劳动生产率提高影响，2017年行业涨幅仅为1.5%，表现总体温和，但这并不意味着高新产业发展活跃程度的降低。近年来，随着其市场主体不断扩大，产业结构持续优化以及产业发展后劲的增强，湖北已初步形成了以电子信息、生物技术与新医药、新材料和制造业信息化等为核心的特色高新技术产业集群，高新技术产业正成为湖北经济发展的新亮点和新引擎。2017年上半年，全省“四上”高新技术企业和高新产品登记备案企业数达到4047家，同比增加492家；其中，产值过10亿元的大型企业158家。2017全省高技术制造业增加值增长14.9%，高于全部规模以上工业增速7.5个百分点，对全省经济发展的支撑作用持续增强。

（五）与全国及中部六省PPI的比较

2017年湖北PPI同比平均上涨5.6%，涨幅比全国平均水平（上涨6.3%）低0.7个百分点，在全国31个省（市、区）中位列第21位；与中部五省相比，涨幅分别比山西、安徽、江西、河南、湖南低13.8、2.4、2.3、1.2、0.2个百分点，位列中部六省第六位。

湖北PPI涨幅排名靠后，究其原因，主要是2017年以来，以煤炭、石油、钢铁、水泥为代表的“三黑一色”行业价格不断走高，对总指数影响较大。而湖北受自身资源缺乏以及产业结构差异性影响，资源型产业相较于其他五省在工业经济中的占比较小，加之湖北是传统制造业大省，而相关行业价格波动较为温和，因此PPI涨幅相对较低。

（六）购进价格全面上涨，回升态势明显

2017年工业生产者购进价格上涨8.3%，与上年下降1.7%相比回升10个百分点。从具体类别来看，九大类原材料价格全面上涨，其中黑色金属材料类价格涨幅居首位，上涨19.2%，其次涨幅超过10%的行业类别依次为有色金属材料及电线类价格上涨17.1%，燃料、动力类价格上涨16.2%，其余行业类别涨幅在1.6%-8.8%区间。

二、影响工业生产者价格变动的原因分析

（一）国内经济总体向好，稳中有进

2017年我国经济结构调整扎实推进，经济形势稳中向好，反映经济运行动态的制造业采购经理指数呈现扩张走势，年均值51.6%，高于上年总体水平1.3个百分点。从湖北情况看，省委省政府坚持稳中求进工作总基调，坚持新发展理念，坚持以供给侧结构性改革为主线，经济发展稳的基础继续巩固，进的力度

持续加大，新旧动能不断转换，全省经济呈现“稳中有进、质效提升”发展态势，为价格回升提供支撑。2017 年全省规模以上工业增加值增长 7.4%，高于全国平均增速 0.8 个百分点。重点行业平稳支撑，41 个行业大类中 36 个实现增长。汽车、计算机通信设备制造业、电气机械和器材制造业增加值分别增长 14.5%、16.1%、18.1%。工业结构逐步向中高端迈进。

（二）供给侧改革深化，相关行业价格恢复性上涨

应该说，此轮 PPI 价格回升，是在深入推进“去产能、调结构”供给侧改革举措落实的大背景下，钢铁、水泥等前期大幅下跌行业价格恢复性上涨的结果。2012-2015 年期间，受国内经济增速放缓，国际经济复苏乏力影响，钢铁、水泥等行业市场需求大幅降低，产能过剩矛盾突出，行业价格创下几年来新低，企业生产经营面临较大困难。为化解困境，湖北坚决贯彻国务院统一部署，以化解过剩产能为突破口，加快“去产能、调结构”步伐，2016 年湖北钢铁、煤炭两个行业均提前两年超额完成与国家签订的三年目标任务，为相关价格回升赢得主动。2017 年湖北再出重拳，承诺在两年之内全域退出煤炭生产行业，同时综合运用市场机制、经济手段和法治办法，持续推进钢铁、水泥、化工等一批重点“高污高耗”工业行业去产能与环保整治，积极优化供给领域结构，提高产品质量，市场供需关系得到明显改善，价格随之恢复性上涨。

（三）国际大宗商品价格总体回升

2017 年世界经济增长步伐加快，发达经济体超预期复苏，总体经济稳中向好，但受全球主要经济体货币政策不确定性以及地缘局势对商品供需因素的波动影响，国际大宗商品价格走势振荡加剧，总体回升。从原油走势看，WTI 原油由 1 月初 50.7 美元/桶下跌至 6 月下旬 42.05 美元/桶，随后上涨到 12 月末 60.5 美元/桶，带动石油化工产品价格随之波动；从铁矿石走势看，2017 年全年中国铁矿石价格指数（CIOPI）为 254.82 点，同比上升 43.46 点，涨幅 20.56%。其中进口铁矿石价格指数 258.90 点，同比上升 45.05 点，涨幅 21.07%。其他大宗商品如煤炭、有色、橡胶等产品价格先后出现反弹，对国内原材料成本及下游行业销售价格产生影响。

三、2018 年工业生产者价格走势预测

2018 年，在各国一系列政策作用下，世界经济有望延续增长态势。据世界银行最新预测，2018 年世界经济将增长 3.1%，增幅比 2017 年高 0.1 个百分点。从国内经济看，中国将继续深入推进供给侧结构性改革，大力实施创新驱动发展战略，坚定不移地推进工业经济走向高质量发展，这些均为价格平稳运行、保持国民经济合理区间提供有力支撑。但也应看到，当前经济运行中仍存在诸多不稳定、不确定因素，面对国内外经济环境复杂严峻，发展质量不高、不平衡不充分以及产能过剩等长期积累的矛盾仍待进一步化解，经济结构调整、转型升级阵痛仍在持续。

综上所述，预计 2018 年湖北 PPI 将延续平稳上涨态势，但涨幅相对温和。

（撰稿：余 南）

固定资产投资价格上行

2017 年，湖北坚持深化供给侧结构性改革，加大产业投资力度，固定资产投资增长平稳，钢铁、水泥等行业去产能成效显现，供求关系发生显著变化，以钢材、水泥为代表的主要建筑材料价格和人工费价格涨幅明显，拉动固定资产投资价格逐季走高，全年湖北固定资产投资价格上涨 5.9%。

一、固定资产投资价格变动的主要特点

（一）固定资产投资价格逐季上涨

2017 年湖北固定资产投资价格同比上涨 5.9%，分季度来看，一季度上涨 3.9%，二季度上涨 4.5%，三季度上涨 5.8%，四季度上涨 9.4%。从具体走势来看，自 2015 年 2 季度开始，湖北固定资产投资价格指数连续 5 个季度呈下降态势，于 2016 年 3 季度由降转涨，2017 年继续保持逐季上行态势，4 季度达到单季最高涨幅。

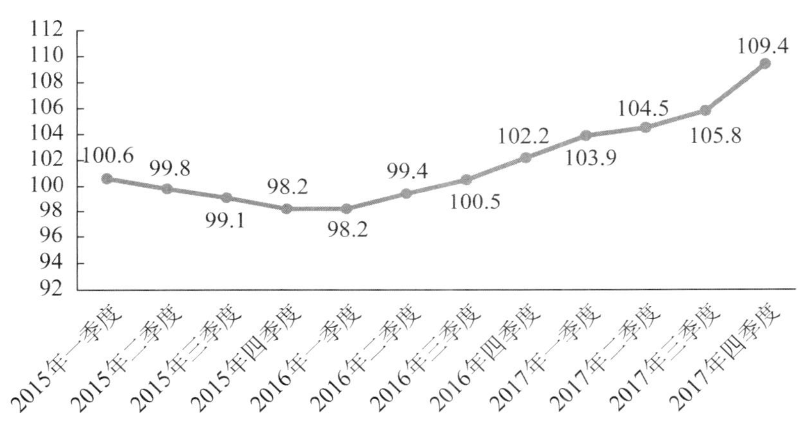

图 1　2015 年-2017 年湖北固定资产投资价格走势图

（二）三大类价格指数全面上涨

构成固定资产投资价格的三大类价格指数全面上涨，其中，建筑安装、装饰工程价格指数上涨 8.0%，其他费用价格指数上涨 1.9%，设备、工器具购置价格指数上涨 0.8%。三大类投资价格中建筑安装、装饰工程价格影响程度最大，影响固定资产投资价格总水平上涨 5.5%。

表 1　2016 年和 2017 年固定资产投资价格指数主要指标比较

指　标	指数（%）		涨跌幅度差
	2016 年	2017 年	
固定资产投资价格指数	100.1	105.9	5.8
建筑安装、装饰工程	100.2	108.0	7.8
设备、工器具购置	99.1	100.8	1.7
其他费用	100.7	101.9	1.2

建筑安装、装饰工程价格涨幅明显。2017 年，构成固定资产投资实体的建筑安装、装饰工程价格上涨

8.0%，与 2016 年相比涨幅扩大 7.8 个百分点。从构成上看，人工费价格、材料费价格和机械费价格均有所上涨。

人工费价格保持上涨之势。2017 年，人工费价格上涨 5.4%，延续了前几年的上涨态势，与 2016 年相比涨幅扩大 1.7 个百分点。分类别看，普通工人上涨 5.5%，工程技术人员上涨 5.2%，工程管理人员上涨 4.9%。

材料费价格涨幅较大。受主要建筑材料钢材、水泥等价格持续回升的影响，2017 年材料费价格上涨 9.5%，与 2016 年相比由降转涨。调查的七大建筑材料，均呈上涨态势，具体来看，钢材上涨 14.8%、水泥上涨 7.7%、木材上涨 3.7%、地方建筑材料上涨 5.1%、化工材料上涨 2.5%、电料上涨 2.4%、其他材料上涨 2.0%。由于钢材、水泥费用占材料费用比重超过六成，且价格涨幅较大，是影响材料费价格上涨的最主要因素。

机械费价格小幅上涨。2017 年机械费价格上涨 1.7%，与 2016 年相比由降转涨。调查的九大类机械费价格也均呈上涨态势，其中上涨较大的有加工机械费用、土石方及筑路机械、船舶机械等。

设备、工器具购置及其他费用价格平稳上涨。受工业生产者出厂、原材料购进价格总水平上涨的影响，2017 年，设备、工器具购置价格上涨 0.8%，与 2016 年相比由降转涨；其他费用价格上涨 1.9%，与 2016 年相比涨幅扩大 1.2 个百分点，从构成上看，土地取得费、前期工程费、施工工作费、建设单位其他费用均有不同程度上涨，分别上涨 1.6%、2.0%、2.3%和 1.8%。

（三）与全国及中部省份的比较

2017 年，全国固定资产投资价格同比上涨 5.8%，湖北涨幅与全国相近，略高 0.1 个百分点；湖北涨幅在中部六省排第五位，高于湖南 0.2 个百分点。

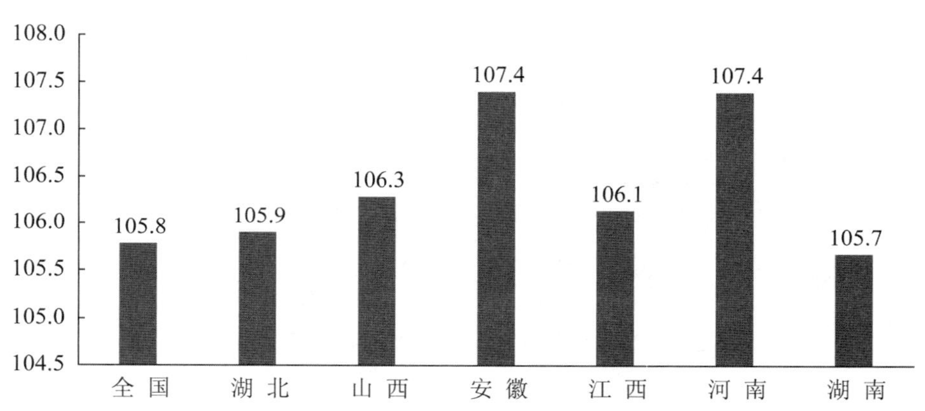

图 2　2017 年全国和中部六省固定资产投资价格指数对比

二、影响固定资产投资价格变动的主要因素

（一）固定资产投资增长平稳，支撑价格上涨

2017 年，湖北固定资产投资累计完成 31872.57 亿元，增长 11.0%；全省基础设施完成投资 9640.6 亿元，增长 18.3%，高于全省投资平均水平 7.3 个百分点；全省房地产开发投资完成 4574.89 亿元，增长 6.5%，同比提高 5.4 个百分点。全省经济呈现稳中有进、质效提升的发展态势，固定资产投资增长平稳，基础设施投资依然保持快速增长，房地产开发投资增长加快，多种因素有效扩大了投资品需求，拉动了投资品价格的上升，从而带动了固定资产投资价格的上涨。

（二）钢铁、水泥行业去产能成效显现，主要建材价格涨幅明显

供给侧结构性改革首要任务是化解过剩产能，2017 年以来，湖北去产能举措持续发力，过剩产能得到有效化解，钢铁、水泥等行业运行态势总体向好，供求关系发生显著变化，钢铁、水泥等主要建筑材料价格大幅上涨，调查显示，2017 年湖北钢材出厂价格同比上涨 30.9%，涨幅比 2016 年扩大 30.5 个百分点，

水泥出厂价格同比上涨 8.0%，由 2016 年下降 0.2%转为上涨，以钢材、水泥为代表的主要建筑材料价格的大幅上涨，是拉动材料费价格上涨的主要因素，也是拉动投资价格总水平上行的重要因素。

（三）人工费价格刚性上涨拉动了投资价格的上行

2017 年，人工费延续了前几年的上涨态势。人工费主要体现在建筑安装、装饰工程项目中，随着建筑工程技术含量和质量的不断提高，对工人技术能力的要求也越来越高，技术工人和特殊工种作业人员紧缺且工资涨幅相对较高；另外，固定资产投资的不断增长，使得建筑行业市场对劳动力需求较旺，普通工人也面临用工紧张的问题，建筑行业劳动力市场要求高、人员短缺导致近年来人工费价格持续上涨，支撑了固定资产投资价格总水平的上行。

三、2018 年湖北固定资产投资价格走势预测

2018 年，湖北将深化供给侧结构性改革，着力振兴实体经济，继续巩固“三去一降一补”成果，持续加快产业结构调整，充分发挥重大项目对振兴实体经济的支撑作用，固定资产投资仍将保持稳定增长态势；主要建筑材料钢材、水泥去产能力度的加大，将进一步拉动建筑材料价格的上升；劳动力工资的刚性上涨仍将使人工费保持上涨趋势。综合多种因素，预计 2018 年湖北固定资产投资价格将保持平稳上涨态势。

（撰稿：肖　强）

房地产市场调控显成效

2017 年，湖北省各地注重因城施策调控房地产市场，三个房价重点调查城市（武汉、宜昌、襄阳）房地产市场总体呈现平稳健康运行态势。特别是武汉严格执行限购、限贷、限价、限售等多维度、全方面的宏观调控措施，同时加快建立多主体供给、多渠道保障、租购并举的住房制度，房地产市场整体保持平稳运行；宜昌、襄阳楼市整体回暖，因城施策针对性出台一系列调控措施后效果显著，房价趋于稳定。

一、2017 年湖北三个重点调查城市房地产价格走势情况

（一）新建住宅价格环比趋向平稳

2017 年，湖北三个重点调查城市新建住宅价格环比趋向平稳。其中，武汉新建住宅价格环比指数涨跌交替、总体平稳，1-3 月、8-10 月指数呈微降态势，降幅在 0.1-0.2 个百分点之间波动，其余月份呈上涨态势，涨幅在 0.1%-0.4%之间波动；宜昌“8 涨 2 降 2 平”，8 月、10 月分别下降 0.1%、0.2%，7 月、9 月持平，其余月份涨幅均在 0.3%-2.1%间波动；襄阳以涨为主，除 8 月下降 0.2%、10 月持平外，其余月份均呈上涨态势，涨幅在 0.3%-1.9%之间波动。

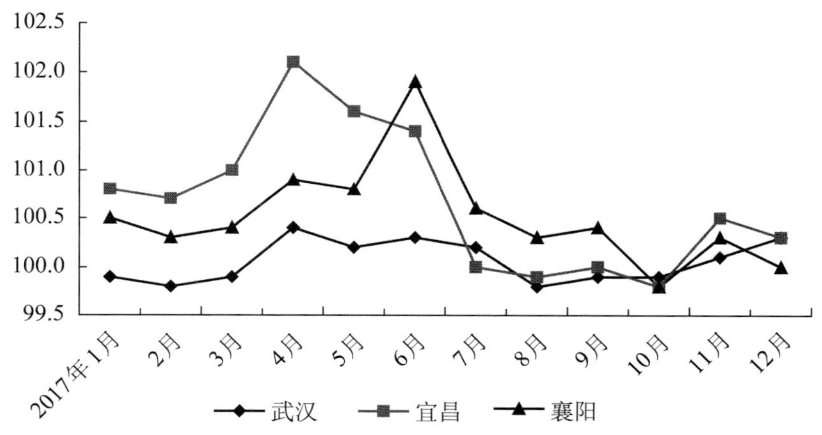

图 1　武汉、宜昌、襄阳新建住宅价格环比指数走势

（二）新建住宅价格同比分化调整

2017 年，湖北三个重点调查城市新建住宅价格同比分化调整。其中，武汉 1-11 月同比涨幅逐月收窄，从 23%收窄至 0.1%，12 月稍有回升，涨幅为 0.6%；宜昌、襄阳房价“前涨后稳”：宜昌 1-6 月涨幅逐月扩大，从 5.9%扩大至 11.5%，7 月推出调控措施后，涨幅逐步回落至 8.4%；襄阳 1-7 月涨幅逐月扩大，从 3.2%扩大至 7.3%，之后逐步回落至 6.4%。

（三）二手住宅价格总体以涨为主

2017 年，三个重点调查城市二手住宅价格总体以涨为主。从环比看，武汉全年均呈上涨态势，涨幅在 0.1%-1.3%之间波动，其中 6 月涨幅最高；宜昌“8 涨 4 降”，除 7-10 月微降外，其余月份涨幅均在 0.3%-1.4%间波动；襄阳“11 涨 1 平”，除 10 月持平外，各个月份涨幅在 0.1%-0.8%间波动。

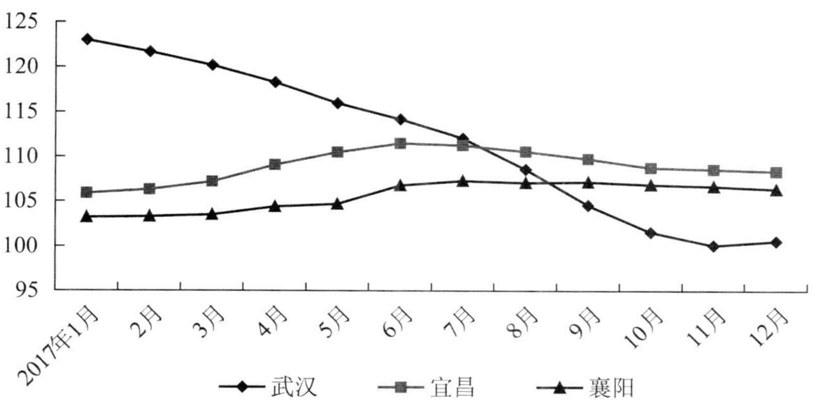

图 2　武汉、宜昌、襄阳新建住宅价格同比指数走势

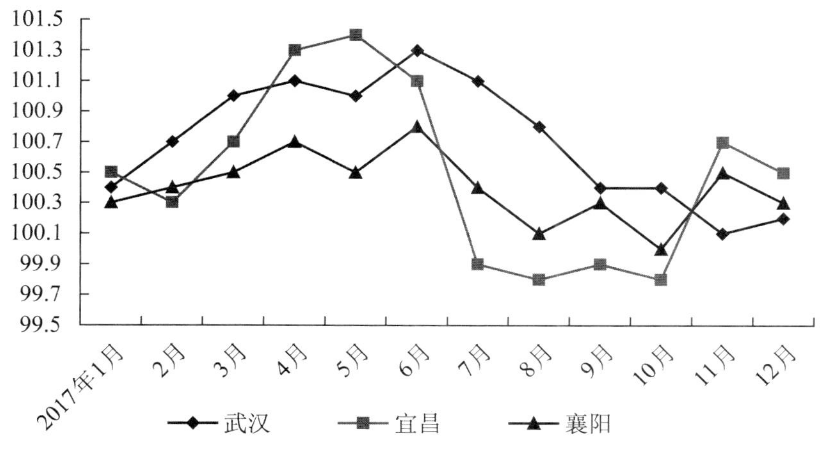

图 3　武汉、宜昌、襄阳二手住宅价格环比指数走势

从同比看，武汉涨幅呈收窄趋势，从年初的 21.9%收窄至 12 月的 8.9%；宜昌、襄阳呈现波动中小幅上涨趋势，宜昌涨幅从年初的 3.5%扩大至 12 月的 6.1%，襄阳涨幅从年初的 0.8%扩大至 5.0%。

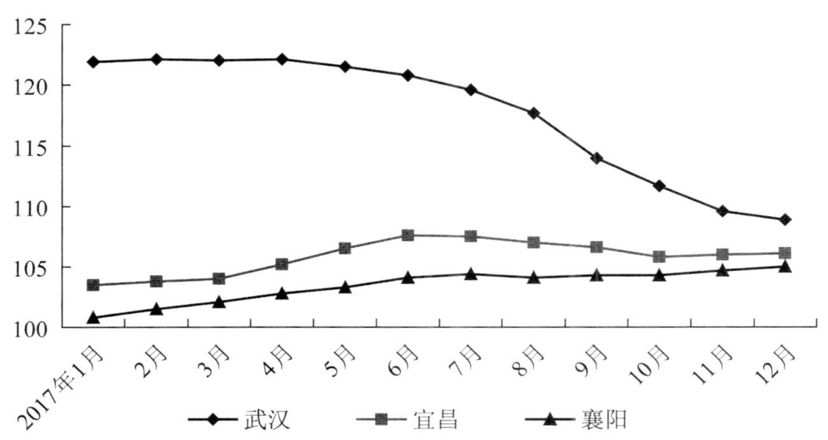

图 4　武汉、宜昌、襄阳二手住宅价格同比指数走势

二、重点调查城市住宅销量及库存呈现向好态势

（一）新建住宅成交量以回调为主

2017 年，武汉成交量与成交总面积结束了自 2012 年以来连续 5 年上涨记录，首次出现下滑，成交总面积和成交套数分别较 2016 年下降 31%、29.1%。襄阳“限售”调控措施效果显著，全年成交总面积和成

交套数分别较 2016 年下降 2.8%、4.9%。宜昌受棚改和上半年去库存政策推动，房地产销售市场上涨明显，成交总面积和成交套数分别较 2016 年上涨 36%、39%。

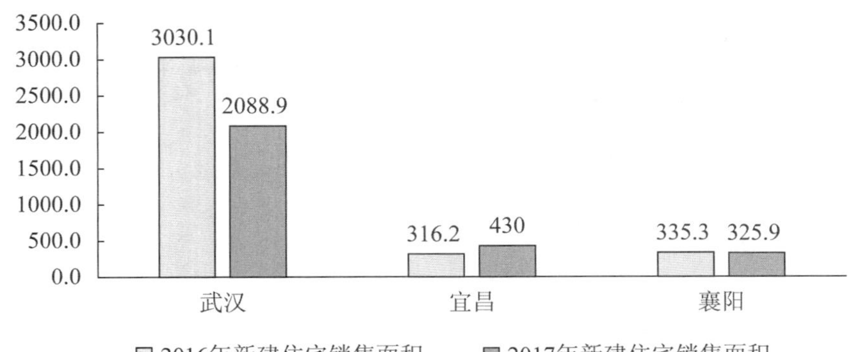

图 5　2017 年和 2016 年武汉、宜昌、襄阳新建住宅成交面积（万平方米）对比

（二）二手住宅成交全面上涨

武汉、襄阳在严格的房地产市场调控政策下，新房上市供应数量有限，受市场需求拉动影响，二手住宅销售量小幅上涨。宜昌随着房地产市场新建住宅成交活跃和棚改工作的持续深入，二手房成交量出现了较大幅度上涨。2017 年，武汉、宜昌、襄阳二手住宅成交套数较 2016 年分别增长 1.2%、39%、3.9%。

（三）新建住宅库存维持在可控范围

从统计局房地产开发投资数据来看，今年来，湖北省房地产开发投资增速稳中有降，商品房施工和竣工面积增幅收窄，新开工面积增速逐月回落。截至 2017 年底，按照武汉新建住宅存销比情况看，去化周期为 3.5 个月，较 2016 年底的 3.2 个月稍有回升；宜昌新建商品住宅可售面积 90 万平方米，同比下降 47%，可售套数 6343 套，同比下降 43%，去化周期约 4 个月；襄阳市 2016 年底新建住宅可售面积为 213 万平方米，去化周期约为 8 个月。

三、影响房地产市场变动的主要因素

（一）政策调节有力，房地产市场稳中向好

2017 年，湖北省认真贯彻落实中央经济工作会议精神和党的十九大会议精神，各地因地制宜、精准施策，促进房地产市场平稳健康发展。武汉通过限购、限贷、限价、限售等多维度、全方面的宏观调控措施，确保了房地产市场持续平稳发展。襄阳实行预售价格专家评审制度和限售政策，规定在市区范围内（含襄州区）新购买的新建商品住房和二手住房，须满两年后才能上市交易。宜昌实施房价会商机制，要求各项目备案价不超过 6 月销售均价，并对过热地段房价涨幅实施限制措施。调控措施出台以来，三个城市房价快速上涨态势得到有效遏制。

（二）加大人才引进，带动城市吸引力增强

根据教育部公布的 2016 年数据显示，武汉拥有 89 所高等院校，在校生人数居全国前列，一直是重要的人才输出地。武汉近年来经济社会快速发展，城建基础不断加强，区位优势不断显现，今年又相继推出多项针对大学生的优惠政策，其中包括硕士、博士研究生无条件落户并提供人才公寓，新政的出台对人才的吸引力大大增强，释放出一部分刚需人群，更多年轻人愿意选择此地生活定居。调研发现，武汉保利茉莉公馆、保利时代等项目推出婚房置业优惠政策，看好新政释放的这部分刚需人群。

（三）加强惩治力度，市场环境进一步优化

针对房地产市场出现的违法违规行为，武汉、襄阳等地纷纷出台专项整治行动，严厉打击房产企业违法违规行为，对优化市场环境、稳定房地产市场起到了重要作用。为了更精准、持续地严厉打击房地产企业违法违规行为，武汉市房管局梳理出重点整治的 15 类违法违规行为，包括收取“茶水费”、未按预售方案销售、变相囤积房源、捆绑销售、拒绝公积金贷款、发布虚假信息哄抬房价等，并公开一批房地产市场投诉举报热线电话。襄阳市为保障市场监管有力，房地产市场执法大队通过一周一检查、一周一汇报的网格化检查制度，有效避免了开发企业捂盘惜售、随意涨价、操纵市场的违规行为。

四、需要注意的房地产市场新动向

（一）探索租购并举，满足多层次住房需求

构建租购并举的住房制度，将更好的满足市民群体多层次居住需求，有利于建立房地产市场长效机制，进一步促进房地产市场平稳健康发展。2017 年 7 月，武汉入选全国首批住房租赁试点城市（共 12 个）后，切实承担起国家住房租赁试点的责任，在政策引导、平台建设、土地供应等方面持续发力，旨在规范租赁市场，探索建立促进房地产市场健康发展的长效机制，为全省提供可复制、可推广的经验。2018 年 1 月，襄阳印发《襄阳市加快培育和发展住房租赁市场责任分工方案的通知》，加快培育和发展住房租赁市场。

（二）部分区域供不应求，新房二手房价格倒挂

新一轮楼市宏观调控以来，武汉市对限购和非限购区域的新住房统一实行价格指导，严格限价政策下新房价格走势平稳，但政策和交通等多方利好的辐射区域二手房价格走高，出现新房、二手房市场价格倒挂现象。如该市 8 月 24 日开盘加推的汉阳四新路招商公园 1872 小区，毛坯房均价每平方米 14000 元，同小区的 34 套二手房挂牌均价为每平方米 14967 元。

（三）“楼王”、“地王”频现，高地价支撑房价

后期将入市的商品房项目对应的大多数是前期成交的高溢价土地，开发商高成本对房价的构成起着基础性作用。2017 年，武汉中海以总价 26.4 亿元、楼面价 19095 元/平方米拿下青年路商住地块，刷新武汉上半年最高单价记录，也创下江汉片区单价地王。2017 年 7 月宜昌滨江 29 号地块成交楼面价为 5635 元/平方米，已超过 2016 年城区商品住房全年均价，11 月位于中船重工第七一零研究所对面的 44 号地块成交楼面价为 7168 元/平方米，不断刷新历史记录，高成交地价必然导致高房价。

五、2018 年湖北省重点城市住宅销售价格走势展望

从基本面来看，2017 年湖北经济运行平稳，主要经济指标稳中向好，在长江经济带、湖北自贸区、长江新城、“百万大学生留汉工程”等政策性措施的推动下，湖北房地产市场前景可期；从政策面来看，湖北紧跟全国调控趋势，采取限购、限贷、数次上调房贷利率、加大土地供给量等多种调控手段以抑制房价过快上涨，湖北省国资委发出“关于谨慎投资房地产的通知”后，各大银行纷纷出手收紧房贷政策，房地产调控继续加码的市场预期浓厚；从市场面来看，供需缺口正逐渐收窄，但开发商高拿地成本对房价的构成的推动作用不容忽视。

综上所述，2018 年湖北重点调查城市虽房价上涨压力仍然存在，但房地产市场将逐步形成调控长效机制，回归理性平稳发展。

（撰稿：张文怡）

居民消费价格小幅上扬

2017年，湖北居民消费价格总水平比上年上涨1.5%，涨幅较上年回落0.7个百分点，比全国平均水平低0.1个百分点，在31个省（市、区）中居第16位。2018年，在坚持经济稳中求进的工作总基调背景下，国家将进一步深化供给侧结构性改革，实施积极的财政政策和稳健中性的货币政策，湖北市场物价水平有望继续保持温和上扬的态势。

一、2017年湖北居民消费价格的主要特点

（一）价格总水平保持平稳

与上年相比，湖北省居民消费价格上涨1.5%，涨幅回落0.7个百分点。从时间序列分布看，价格水平波动不大。1月份价格水平上涨3.2%，为全年最高值；7月份价格水平上涨1.0%，为全年最低值；其余月份均在1.2-1.8%的范围内窄幅震荡。分季度看，一季度上涨1.9%，二季度上涨1.3%，三季度上涨1.3%，四季度上涨1.7%。2017年湖北居民消费价格涨跌幅走势见图1:

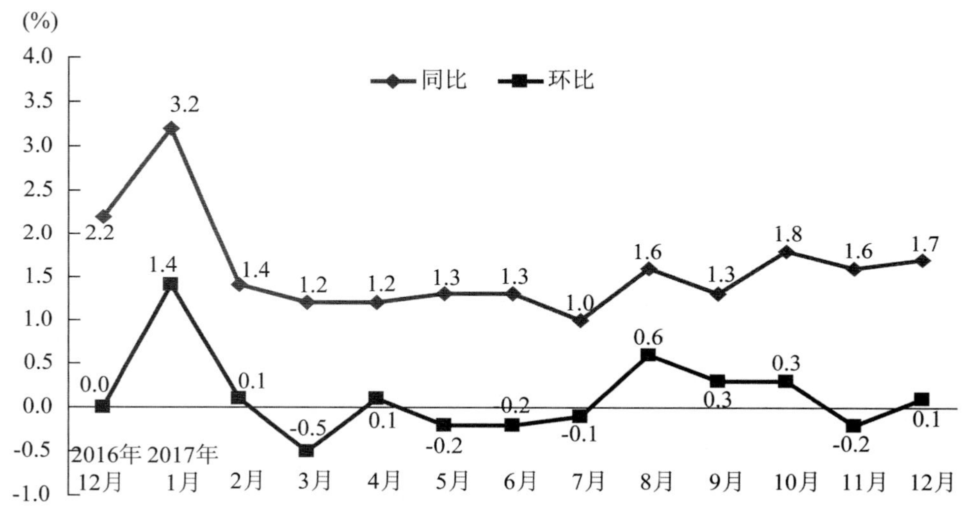

图1　2017年湖北居民消费价格涨跌幅分月走势图

（二）八大类商品价格“七涨一降”

在调查统计的八大类商品服务价格中，除食品烟酒价格比上年下降0.6%外，其余七个大类均有不同程度上涨。其中医疗保健价格上涨10.6%，涨幅最大。居住价格上涨2.0%，教育文化和娱乐价格上涨1.7%，其他用品和服务价格上涨1.6%，交通和通信价格上涨1.0%，衣着价格上涨0.8%，生活用品及服务价格上涨0.6%。

（三）当年新涨价因素明显减弱

在2017年1.5%的累计涨幅中，当年新涨价因素约为1.1个百分点，相比2016年的新涨价因素，减小0.8个百分点。

在翘尾因素影响中，居住、教育文化和娱乐、医疗保健等大类对价格总水平上拉作用分别为0.24、0.12和0.12个百分点，而食品烟酒类的“负翘尾”影响对湖北价格总水平保持平稳起到了“稳定器”的作用。

（四）涨幅位次在中部六省中靠前

2017 年，湖北居民消费价格涨幅在中部六省中位居第 2 位，涨幅比江西低 0.5 个百分点，比湖南、河南、安徽和山西分别高 0.1、0.1、0.3 和 0.4 个百分点。

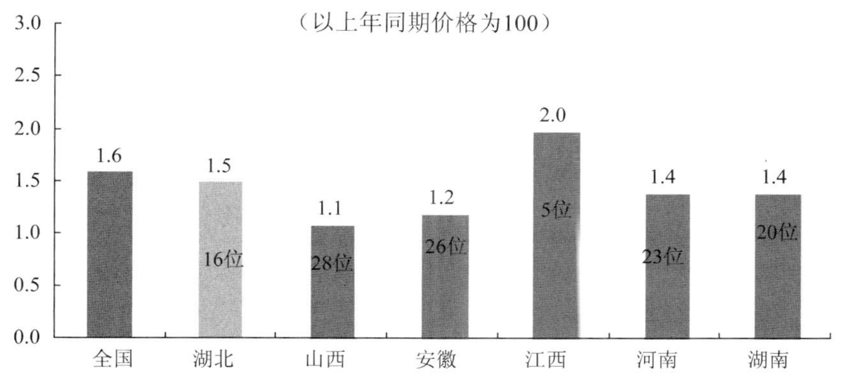

图 2　2017 年全国与中部六省消费价格涨幅和位次

二、2017 年湖北居民消费价格变化的因素分析

（一）食品价格小幅回落抑制价格总水平上涨

2017 年，全省食品烟酒类价格呈现降势。其中食品类价格是自 2010 年以来的首次下降。居民消费统计的 14 个食品类别中，呈现“七涨七跌”的态势。

鲜菜和猪肉价格分别比上年下降 8.5%和 9.7%，是食品类价格水平回落的主要因素，仅这两项因素影响价格总水平下降 0.54 个百分点。鲜菜和猪肉价格水平的下降一定程度源于 2016 年价格水平基数较高。2016 年恶劣的倒春寒天气和“98+”洪涝灾害导致鲜菜价格大幅上涨。加之 2016 年生猪市场供应偏紧，猪肉价格涨幅很大。而 2017 年气候条件正常，鲜菜供应量充足，价格走势平稳；猪肉价格不断从高位回落，除 1 月春节期间价格同比上涨 3.7%外，其他月份猪肉价格均呈下降态势，其中 5-11 月同比降幅达到 10%。全年鲜菜和猪肉价格走势见图 3、图 4:

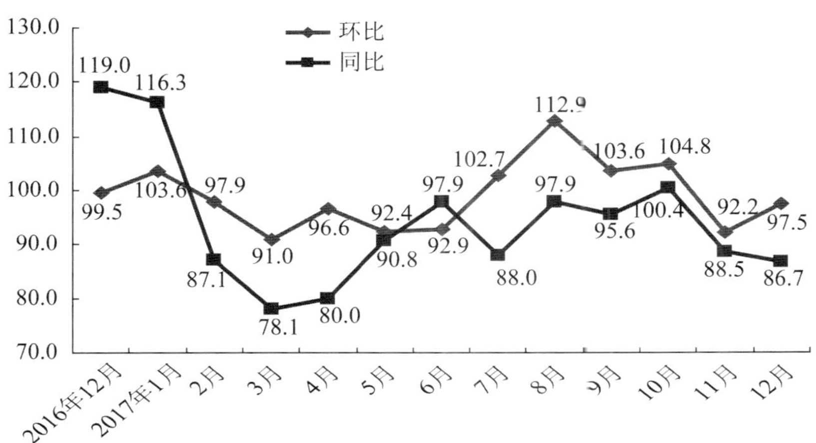

图 3　2017 年湖北鲜菜价格涨跌幅分月走势图

2017 年上半年湖北部分地区出现“禽流感”疫情，给养殖业带来很大冲击，居民对禽肉、蛋类的需求量减小，价格持续下跌，禽肉、蛋类价格分别比去年下降 0.9%和 2.4%；与此同时食品消费的替代效应推动了淡水鱼产品的消费需求增加，拉动淡水鱼价格上涨。全年淡水鱼、粮食和鲜瓜果价格分别比上年上涨 7.5%、1.9%和 1.4%，共同影响价格总水平上涨 0.14 个百分点。

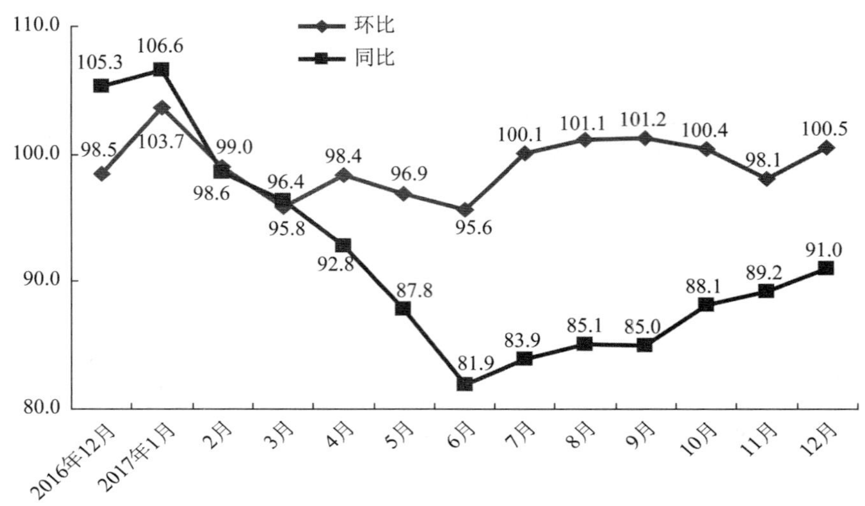

图 4　2017 年湖北猪肉价格涨跌幅分月走势图

（二）居住价格持续上行

2017 年，全省居住类价格上涨 2.0%，涨幅比上年减小 0.8 个百分点，拉动价格总水平上涨 0.42 个百分点。其中私房房租价格上涨 3.2%，自有住房价格上涨 2.3%。受环保、公路限超令、去产能等政策逐步落地影响，住房装潢材料类价格上涨 2.7%，其中水泥价格上涨 13.2%。

（三）服务类价格成为拉动价格总水平上涨最主要因素

随着收入水平的稳步攀升，民众的消费升级逐步加快，但人口红利因素的减弱，导致劳动力等要素成本上升，以服务价格为主的非食品价格对 CPI 的影响程度越来越大。自 2013 年以来，服务价格涨幅已连续 5 年超过消费品价格涨幅。近 10 年湖北服务和消费品价格指数见图 5:

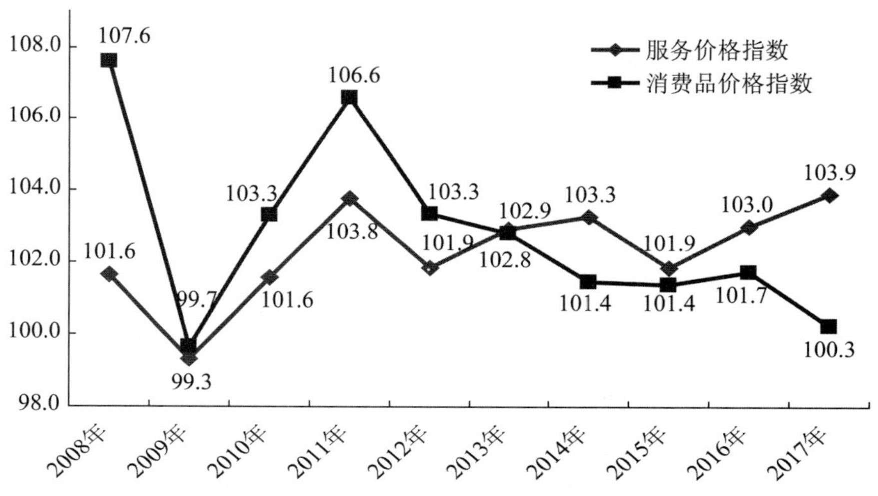

图 5　2008-2017 年湖北服务和消费品价格指数

2017 年，全省服务价格上涨 3.9%，影响价格总水平上涨 1.38 个百分点，是拉动价格总水平上涨的重要因素。其中医疗服务价格上涨 15.3%，影响价格总水平上涨 0.73 个百分点，占全部价格总水平的 47.2%。医疗服务价格的上涨主要是城市公立医院医疗改革的全面铺开所致。医药服务价格调整的主要措施是取消药品加成（中药饮片除外），降低大型医用设备检查治疗价格，合理调整提升体现医务人员技术劳务价值的医疗服务价格，重点调整诊疗、手术、护理、床位、中医等服务项目价格。武汉市为减小医疗价格综合改革的社会震荡，在加强宣传的同时，还分时段推进了市属医院、省属医院和部属医院的改革，效果较好。

全年养老服务价格上涨 16.7%，教育服务价格上涨 2.7%。家庭服务、车辆维修与保养、旅游等与民众生活息息相关的服务价格也有小幅上涨。

三、对 2018 年湖北居民消费价格走势的展望

2018 年，国家将继续实施积极的财政政策和稳健中性的货币政策，客观上有利于市场物价总水平保持稳定，特别是目前国内市场消费品供给相对过剩的状况将导致 CPI 上涨的动力受到一定程度的抑制。另一方面，伴随着全球经济的复苏，将引起国际市场大宗商品价格不同程度地上涨，将影响并带动国内市场部分商品的价格有所上涨。同时，我国大力推进供给侧结构性改革，已导致 PPI 呈现较大幅度的上涨（2017 年全省 PPI 上涨 5.6%），上游产品的价格上涨，势必向下游环节传导，从而对居民消费品价格总水平有一定的拉升作用。

随着湖北医疗改革医药服务价格调整完成，药品价格和医疗服务比价关系的进一步理顺，民众对医疗价格调整政策的认同度不断提高，一些社会性药店也将根据市场需求的变化相应调整药品价格，医疗保健价格将趋于平稳。教育资源分配有待进一步优化，优质私立学校和课外辅导等教育资源受到民众追捧，相关教育服务价格仍有上涨空间。受畜禽养殖业环保政策力度加大的影响，部分畜禽等农产品也将因市场供求矛盾扩大带动价格上涨。但总体上看，2018 年湖北市场物价水平将呈现出温和上扬的态势，价格水平总体上是可控的。

（撰稿：熊承煦）

居民收入水平持续提高

2017年，湖北全省上下认真贯彻落实中央和省委省政府决策部署，经济呈现稳中有进、质效提升的发展态势，为城乡居民增收奠定坚实基础；一系列促增收、提民生具体政策的有效实施，为促进人民生活持续改善提供了保障。全年城镇居民收入基本实现平稳增长，农村居民收入实现恢复性增长，城乡居民生活消费支出稳步提升。2018年，随着经济回暖，供给侧结构性改革和收入分配改革进一步深化，精准扶贫持续发力，招商引资成效不断显现，预计全省城乡居民收入将继续保持中高速增长。

一、全体居民收入保持中高速增长

据国家统计局湖北调查总队对全省近5600户城乡居民家庭抽样调查，2017年湖北全体居民人均可支配收入23757元，比上年增加1970元，增长9.0%，增速较上年快0.2个百分点；比全国平均水平25974元少2217元，增速持平。收入水平仍居全国第12位，中部第1位；增速居全国第18位，中部第5位。

从收入构成上看，全体居民人均工资性收入11831元，占可支配收入的49.8%，比上年提高0.1个百分点，仍是居民收入的首要来源；人均经营净收入5157元，占比21.7%，比上年降0.2个百分点；人均财产净收入1502元，占比6.3%，比上年增加0.2个百分点；人均转移净收入5267元，占比22.2%，比上年降低0.1个百分点。

从收入增长来源看，工资性收入对人均可支配收入增长的贡献率最大，达51.3%，拉动收入增长4.6个百分点；经营净收入、财产净收入与转移净收入对可支配收入增长的贡献率依次为19.1%、9.1%和20.5%，分别拉动增长1.7、0.8和1.9个百分点。与2016年相比，工资性收入、经营净收入对可支配收入的贡献率分别提高9.3、2.0个百分点，财产净收入、转移净收入的贡献率分别降低了1.2和10.1个百分点（见表1）。

表1　2017年湖北省全体居民人均可支配收入及构成

指标名称	2017年（元）	2016年（元）	增加额（元）	增幅（%）	占比（%）	贡献率（%）	拉动增长（%）
可支配收入	23757	21787	1970	9.0	–	–	–
一、工资性收入	11831	10819	1012	9.4	49.8	51.3	4.6
二、经营净收入	5157	4781	376	7.9	21.7	19.1	1.7
三、财产净收入	1502	1323	179	13.5	6.3	9.1	0.8
四、转移净收入	5267	4864	403	8.3	22.2	20.5	1.9

二、城镇居民收入平稳增长

调查显示，2017年湖北省城镇常住居民人均可支配收入为31889元，增长8.5%，比上年回落0.1个百分点。收入水平居全国第13位，中部第2位；增速居全国第9位，与安徽、河南、湖南并列中部第2位。其中，工资性收入人均增加1397元，增长8.5%；经营净收入人均增加348元，增长8.4%；财产净收入和转移净收入人均增加295元和463元，分别增长12.8%和7.2%（见表2）。

表 2　2017 年湖北省城镇常住居民人均可支配收入及构成

指标名称	2017 年（元）	2016 年（元）	增加额（元）	增幅（%）	占比（%）	贡献率（%）	拉动增长（%）
可支配收入	31889	29386	2503	8.5	–	–	–
一、工资性收入	17915	16518	1397	8.5	56.2	55.8	4.8
二、经营净收入	4498	4150	348	8.4	14.1	13.9	1.2
三、财产净收入	2594	2299	295	12.8	8.1	11.8	1.0
四、转移净收入	6882	6419	463	7.2	21.6	18.5	1.6

（一）城镇居民就业形势总体稳定，工资性收入持续增长。工资性收入对城镇居民收入增长的贡献率为 55.8%，拉动收入增长 4.8 个百分点。一是积极促进就业的政策措施推动城镇居民就业人数稳中有升。2017 年全省城镇新增就业 91.86 万人，较上年增长 1.3%，城镇登记失业率继续维持在低位运行。二是“四上”单位工资水平持续增长。据统计，前三季度，全省“四上”单位从业人员平均工资同比增长 8.2%。三是企业工资指导线标准提升。省人力资源和社会保障厅在 8 月份下发《关于发布湖北省 2017 年企业工资指导线的通知》，规定 2017 年度企业职工货币工资增长基准线为 8%，上线为 10%，下线为 3.5%。

（二）改革红利持续释放，经营净收入稳步增长。经营净收入对城镇居民收入增长的贡献率为 13.9%，拉动收入增长 1.2 个百分点。一是政策扶持力度较大，企业经营效益向好。全省“营改增”税改继续深入推进，前 10 个月，全省营改增净减税 239.1 亿元。二是社会主体创新创业热情不断升温，市场主体增加。1-10 月全省市场主体新增户数同比增长 7.9%，其中私营企业新登记数增长 5.6%；个体工商户新登记数增长 9.2%。三是消费增长促进城镇居民增收。1-11 月，全省城镇市场共实现社会消费品零售额同比增长 11.2%，在拉动经济增长的同时，促进了城镇居民就业和二三产业经营收入的增长。

（三）房价房租普遍上涨，推动财产净收入快速增长。财产净收入对城镇居民收入增长的贡献率为 11.8%，拉动收入增长 1.0 个百分点。一是房价普遍上涨带动房屋虚拟租金较快上涨。武汉、宜昌、襄阳及部分中小城市房价上涨，重大项目落地城市、旅游热点城市等房价增幅较大，推动房租较快增长。二是城镇居民投资渠道的多元以及网络投资日渐广泛且收益较高，促使财产性收入实现较快增长。

（四）民生政策给力，转移净收入较快增长。转移净收入对城镇居民收入增长的贡献率为 18.5%，拉动收入增长 1.6 个百分点。一是离退休金上调。7 月初，湖北省发布全省退休人员基本养老金上调细则，八月底落实到位，惠及全省 500 多万离退休人员，调整到位后人均增长 5.5%。二是低保标准提高。2017 年各地结合实际继续提高本地低保标准，增幅平均在 10%以上，增加了低收入群体的收入。三是报销医疗费保持较大幅度提升。随着医疗制度改革继续深入推进，医药费报销范围扩大，报销比例提高，城镇居民的医疗费报销额度保持较高增幅。

三、农村居民收入恢复性增长

调查显示，2017 年湖北省农村常住居民人均可支配收入为 13812 元，增长 8.5%，较上年提高 1.1 个百分点，得到恢复性增长。收入水平居全国第 9 位，较上年提高一个位次，在中部居第 1 位；增速居全国第 20 位，中部第 4 位。其中，人均工资性收入增加 367 元，增长 9.1%；经营净收入增加 430 元，增长 7.8%；财产净收入增加 7 元，增长 4.3%；转移净收入增加 291 元，增长 9.4%（见表 3）。

（一）本地务工人数持续增加，工资性收入保持中高速增长。工资性收入对农村居民收入的贡献率为 33.7%，拉动收入增长 2.9 个百分点。一是本地务工人数继续增加。在中部崛起、长江经济带发展等重大战略带动下，全省基础设施建设和招商引资力度增强，农村土地流转，特色高效农业和乡村旅游蓬勃兴起，为农民能够就近务工、本地务工，进一步释放劳动力潜能和增加收入创造了条件。据农民工监测调查，2017 年湖北省农村劳动力在本地非农务工人数比上年增长 9%。二是务工收入水平有所上涨。据对省内招聘企业调查，多数单位工资报酬提高 8%左右。农民在本地务工的工价水平普遍上涨 6%-8%。

表 3　2017 年湖北省农村常住居民人均可支配收入及构成

指标名称	2017 年（元）	2016 年（元）	增加额（元）	增幅（%）	占比（%）	贡献率（%）	拉动增长（%）
可支配收入	13812	12725	1087	8.5	–	–	–
一、工资性收入	4390	4023	367	9.1	31.8	33.7	2.9
二、经营净收入	5964	5534	430	7.8	43.2	39.6	3.4
三、财产净收入	166	159	7	4.3	1.2	0.6	0.1
四、转移净收入	3293	3009	284	9.4	23.8	26.1	2.2

（二）主要农产品产量增加，效益提升，经营净收入呈恢复性增长。家庭经营净收入增速比上年提高 3.0 个百分点，对农村居民增长的贡献率为 39.6%，拉动增长 3.4 个百分点。一是农业气候条件好于上年，农业生产呈现恢复性增长。全年粮食总产比上年增 1.8%，油菜增 2.7%，蔬菜和水产品产量、生猪出栏量均稳中有增。二是大部分主要农产品价格有不同程度上涨。稻谷、小麦、油菜、棉花、水产品价格均较上年有所上升，三季度生猪价格触底反弹，养殖效益开始扭亏为盈。三是全省特色高效农业发展势头良好，农业提质增效。农村电商蓬勃发展，乡村旅游日益繁荣，推动农村一二三产业融合发展，拓宽了收入来源，为农民家庭经营收入增长创造了条件。

（三）“三权分置”改革不断推进，土地流转促进财产性收入增加。财产净收入占可支配收入 1.2%，对农村居民收入增长的贡献率为 0.6%。农村专业合作社发展加快，农户将资金、土地以入股等形式进行投资，理财意识逐渐增强，促进财产净收入保持一定增长。但受限于农业经营效益，农村土地流转价格总体趋于平稳，个别地区甚至下降，影响到财产净收入增速。

（四）扶贫政策精准发力，转移净收入保持较快增长。转移净收入对农村居民收入增长的贡献率为 26.1%，拉动收入增长 2.2 个百分点。一是精准扶贫精准脱贫力度不断增强，财政转移支付增加，保障了贫困地区、贫困人口收入实现较快增长。二是全省农民外出务工人数总体稳定，务工工资水平提高，农民寄带回收入继续保持一定增速。三是农村社会保障体系不断完善，低保、五保供养标准及看病报销比例提高，政策性生活补贴收入增加，推动转移性收入增长。

四、居民消费支出持续增长

2017 年湖北省居民人均生活消费支出 16938 元，增加 1049 元，增长 6.6%，比 2016 年降低 4.4 个百分点。其中城镇居民人均生活消费支出 21276 元，增长 6.2%；农村居民人均生活消费支出 11633 元，增长 6.3%（见表 4）。

全省居民生活消费支出呈现四个特点:

一是消费八大类呈“七涨一降”态势，除交通通信支出同比下降 7.0%外，食品烟酒、衣着、居住、生活用品及服务、教育文化娱乐、医疗保健、其他用品和服务支出分别增长 3.5%、2.2%、9.8%、9.4%、10.9%、20.3%、19.8%。

二是消费支出增速慢于可支配收入增幅，城镇和农村居民生活消费支出增速比可支配收入增速分别低 2.3 和 2.2 个百分点。

三是医疗保健项目增幅最快，随着居民生活水平提高，城乡医疗保障制度不断完善，医疗保健支出保持较快增长，增幅达 20.3%。

四是消费结构更趋合理，食品烟酒、衣着、居住、生活用品及服务等基本消费项目占消费支出的比例比 2016 年下降 0.4 个百分点，而反映较高层次的消费项目交通通信、教育文化娱乐、医疗保健、其他用品和服务占比比 2016 年提高 0.4 个百分点。

表 4　2017 年湖北省居民人均消费支出及构成

指标名称	2017 年（元）	2016 年（元）	增加额（元）	增幅（%）	占比（%）
消费支出	16938	15889	1049	6.6	
1.食品烟酒	5098	4926	172	3.5	30.1
2.衣着	1132	1107	25	2.3	6.7
3.居住	3699	3370	329	9.8	21.8
4.生活用品及服务	1026	938	88	9.4	6.1
5.交通通信	1796	1931	-135	-7.0	10.6
6.教育文化娱乐	1930	1740	190	10.9	11.4
7.医疗保健	1838	1528	310	20.3	10.8
8.其他用品和服务	418	349	69	19.8	2.5

五、2018 年居民收入形势展望及促收建议

随着宏观经济企稳向好，企业税费负担进一步减轻，深化收入分配制度和医疗社保制度等一系列改革的持续推进，在稳就业、促民生政策保障下，2018 年城镇居民收入将继续保持平稳增长。但如果没有新的重大增资政策出台，城镇居民收入增幅将有所趋缓。在城镇化进程加快，农村一二三产业进一步融合发展的带动下，农民本地务工人数和工资水平将保持一定增速；农业供给侧改革深入推进，特色高效农业规模不断扩大，农业生产经营效益提升，如果不发生重大自然灾害，农民家庭经营收入将持续增长；精准扶贫力度不断加大，农村社会保障条件持续完善，农民转移性收入将继续较快增长，预计 2018 年农村居民收入增速有望继续保持中高速增长。

确保居民收入保持适当增速，是改善民生，决胜全面建成小康社会的基础。各级政府和有关部门要高度重视居民增收，采取有效措施，确保 2018 年湖北省居民收入实现与经济发展同步增长。

（一）在稳就业促增收方面出实招。要进一步加大改革力度，激发市场活力，培育经济增长的内生动力，加大招商引资力度，督促项目落实进度；加强和改善职业技能培训，尤其是农民职业培训，着力为城乡居民就业增收创造条件。切实做好去产能去库存、环保整改等涉及的企业职工安置工作，增加公益性岗位托底帮扶，确保最低工资标准落实效果。加快推进有关收入分配改革政策措施落地，建立机关事业单位工资正常增长机制，保障中等收入群体收入水平适度增长。

（二）增强对市场主体的扶持力度。加大对小微企业发展的扶持，进一步减轻企业负担，降低企业成本，改善企业经营状况。进一步推进农业供给侧改革，促进农村一二三产业融合发展，加强对休闲观光农业和高效农业发展的政策、金融支持。突出特色优势调整农业结构，打造和擦亮湖北农业品牌，提升农业创收增收能力。

（三）努力增加居民财产性收入。拓展居民投资理财渠道，完善政策环境，为居民资产提供更多的保值增值方式。加强规范和维护房屋租赁市场秩序，保障出租房屋收入持续增长。加快农村土地“三权分置”改革步伐，扩大农村集体经营性土地入市和宅基地改革试点范围，完善农户土地承包经营权流转管理服务，增加农民财产性收入。

（四）加大转移支付力度。进一步提高城乡居民养老金，低保、五保供养标准，提标幅度应不低于上年全省居民收入增幅，保障低收入群体利益。加强城乡居民离退休金、农村养老金、医疗统筹资金、农村扶贫资金等政策性转移资金落实情况的监督检查，提高资金到点到户率，确保城乡居民转移性收入继续保持较快增长。

（撰稿：李支立）

农民工就业呈现新特点

据湖北省农民工监测调查，2017 年湖北农民工总量比上年略有增加；收入水平保持增长但增速放缓；农民工省外就业人数减少，就近就地转移增加的趋势渐显；相关权益保障仍需进一步加强。

一、农民工总体情况

（一）规模稳中略增，本地农民工增加较快。据湖北省 3124 户农村住户监测数据推算，2017 年湖北农民工（外出务工、在本地非农务工和非农自营活动时间达到或超过 6 个月以上的农村从业人员）总量达到 1491.05 万人，比上年增加 30.71 万人，增长 2.10%。其中，外出农民工（本乡域以外）1083.99 万人，比上年增加 3.08 万人，增长 0.28%；本地农民工（本乡域以内）407.06 万人，比上年增加 27.63 万人，增长 7.28%（见表 1）。

表 1　2013-2017 年湖北农民工总量

单位：万人

	2013 年	2014 年	2015 年	2016 年	2017 年
全省总量（A+B+C）	1385.50	1410.82	1453.60	1460.34	1491.05
外出农民工（A+B）	1081.90	1077.71	1086.00	1080.91	1083.99
A．举家外出农民工	421.30	406.50	401.20	422.26	425.98
B．住户中外出农民工	660.60	671.21	684.80	658.65	658.01
C．本地农民工	303.60	333.11	367.60	379.43	407.06

（二）男性明显多于女性，年龄结构趋于老化。据调查，湖北农民工中男性占比 66.3%，女性占 33.7%，男性比例高出女性 32.6 个百分点。分年龄段来看，30 岁以下农民工占 29.0%；30-40 岁农民工占 31.2%；41-50 岁农民工占 22.3%；50 岁以上农民工占 17.5%，比上年提高 1.9 个百分点。35 岁以下新生代农民工占 48.1%，比上年下降 2.1 个百分点。

（三）文化程度有所提高，总体水平仍然较低。初中及以下文化程度的农民工占 69.0%，比上年下降 1.8 个百分点；高中文化程度农民工占 20.2%，比上年提高了 0.4 个百分点；大专及以上文化程度农民工占 10.8%，比上年提高了 1.3 个百分点（见表 2）。

表 2　农民工受教育程度构成

单位：%

受教育程度	2016 年	2017 年	两年对比
1.未上过学	0.9	0.8	-0.1
2.小学	11.9	11.4	-0.5
3.初中	58.0	56.8	-1.2
4.高中	19.8	20.2	0.4
5.大学专科	5.8	6.4	0.6
6.大学本科	3.6	4.3	0.7
7.研究生	0.1	0.1	—

（四）收入水平继续提高，增长速度明显趋缓。2017 年外出农民工月均收入为 3869.3 元，比上年增加 110.5 元，增长 2.9%，增幅比上年明显收窄。

二、外出农民工主要特征

经监测调查，2017 年，湖北省 1083.99 万外出农民工呈现出以下主要特征。

（一）省内务工人数增加，省外务工人数减少。外出农民工在省内务工的人数为 432.70 万人，比上年增加 26.42 万人，增幅为 6.5%；在省外务工的农民工人数为 651.29 万人，比上年减少 23.34 万人，减幅为 3.5%。

（二）东部地区务工比例继续下降。监测显示，2017 年湖北省在广东、浙江、北京、上海、江苏等东部地区务工的农民工有 557.98 万人，东部地区仍为湖北省农民工外出务工的首选地区，但占外出农民工的比例在 2016 年下降 2.8 个百分点的基础上又下降了 1.7 个百分点（见表 3）。

表 3　湖北外出农民工地区分布

单位：万人、%

外出地区	2016 年		2017 年	
	人数	比重	人数	比重
合计	1080.91	100.0	1083.99	100.0
1.本省	406.28	37.6	432.70	39.9
（1）乡外县内	125.82	11.6	148.62	13.7
（2）县外省内	280.46	26.0	284.08	26.2
2.省外	674.63	62.4	651.29	60.1
东部地区	575.15	53.2	557.98	51.5
其中：广东	355.43	32.9	336.57	31.0
浙江	70.28	6.5	69.50	6.4
北京	26.78	2.5	29.47	2.7
上海	32.99	3.1	31.18	2.9
江苏	39.19	3.6	39.22	3.6
中部地区	46.34	4.3	43.31	4.0
西部地区	34.57	3.1	38.56	3.6
东北地区	17.95	1.7	10.98	1.0
其他地区	0.62	0.1	0.46	—

（三）省会城市就业比例最高。从城市分布看，外出农民工就业主要集中在省会城市和地级市，但比例有所下降。在直辖市就业的占 8.1%，比上年下降 0.8 个百分点；在省会城市和地级市就业的占 70.5%，下降 0.2 个百分点；在县（市）城区就业的占 17.0%，比上年提高 1.6 个百分点；在村委会及其他地区就业的占 0.3%（见表 4）。

（四）从业仍以二产业为主，制造业比例继续下降。2017 年，全省农民工从事第二产业的比重为 64.6%。占比在 2016 年下降 1.4 个百分点的基础上又下降 1.9 个百分点。其中，制造业占 42.2%，在 2016 年下降 0.9 个百分点的基础上又下降 0.7 个百分点；35.0%的农民工从事第三产业，比上年提高 2.1 个百分点。三产业相对集中的行业分别是：从事批发和零售业的农民工占 8.4%；居民服务、修理和其他服务业占 7.1%；住宿餐饮业占 6.0%；交通运输、仓储和邮政业占 3.8%。

表 4　农民工就业地区类型

单位：%

就业地区类型	2016 年	2017 年	两年对比
直辖市	8.9	8.1	-0.8
省会城市	37.3	37.8	0.5
地级市	33.4	32.7	-0.7
县市城区	15.4	17.0	1.6
建制镇	4.0	4.1	0.1
村委会及其他	1.0	0.3	-0.7

（五）日均工作时间保持稳定。外出农民工日均工作时间为 8.60 个小时，与上年基本持平。其中，每天工作 8 小时以下的占 1.3%，比上年减少 0.9 个百分点；工作 8-10 小时的（不含 10 小时）占 74.1%，比上年提高 2.9 个百分点；工作 10 小时以上的占 24.6%，比上年减少 2.1 个百分点。

（六）月收入 5000 元以上占比有所提高。外出农民工月均收入在 3000 元以上的占 84.3%，比上年提高 1.0 个百分点。其中，月均收入在 3000-5000 元的占 65.6%，比上年下降 0.7 个百分点；月均收入在 5000 元以上的占 18.7%，比上年提高了 1.7 个百分点（见表 5）。

表 5　不同收入层次比重

单位：%

各收入层次	2016 年	2017 年	两年对比
2000 元及以下	1.9	1.9	—
2000-3000 元	14.8	13.8	-1.0
3000-5000 元	66.3	65.6	-0.7
5000 元及以下	17.0	18.7	1.7

（七）医疗和养老保险参保情况较好。据调查，湖北省有 99.5%的农民工至少享有一种医疗保险，其中，参加新型农村合作医疗保险的占 91.6%；参加城镇职工基本医疗保险的占 3.9%；参加城镇居民基本医疗保险的占 3.8%；参加商业医疗保险的占 0.3%。有 85.4%的农民工参加了养老保险，其中，参加新型农村社会养老保险的占 84.1%；参加城镇职工基本养老保险的占 10.7%；参加城镇居民社会养老保险的占 2.6%；参加商业养老保险的占 0.8%。

（八）从事职业相对稳定。2017 年从事目前工作 5 年及以上的比例为 36.3%，比上年提高 5.6 个百分点；从事目前工作 1-2 年的比例为 13.3%，比上年下降 1.5 个百分点。

三、农民工面临的主要问题

（一）文化程度和劳动技能水平较低。一是总体文化素质不高，大专及以上文化程度占比仅为 10.8%；初中及以下文化程度占比高达 69.0%，仍是农民工的主体。二是从事管理和技术职业的比例偏低，2017 年在本乡域以外的 1083.99 万农民工中，只有 13.6%的职业属于管理人员和专业技术人员，其余都属于技术含量不高的一般工种。三是接受过技能培训的比例不高，2017 年接受过农业或非农技能培训的人员占外出农民工的 44.9%。

（二）外出务工组织化程度不高。2017 年外出农民工从业人员中，自发外出的占 65.8%；亲朋好友介绍的占 28.9%；中介组织介绍和政府及有关部门组织外出的仅分别占 1.6%和 1.1%。湖北农村劳动力外出务工仍以自发为主，集体或中介组织作用不明显。

（三）签订劳动合同比例有所下降。2017 年外出农民工与用人单位或雇主签订劳动合同的占 48.6%，比上年的 51.5%下降了 2.9 个百分点（见表 6）。

表 6 农民工从业劳动关系

单位：%

外出从业的劳动关系	2016 年	2017 年	两年对比
①无固定期限劳动合同工	16.9	14.5	-2.4
②一年及以上劳动合同工	29.5	29.8	0.3
③一年以下劳动合同工	5.1	4.3	-0.8
④没有劳动合同	40.9	43.8	2.9
⑤自营	7.4	7.1	-0.3
⑥其他	0.2	0.5	0.3

（四）居住环境和条件有待改善。2017 年外出农民工月均居住支出 346.9 元，比上年增加 51.5 元。33.9%的农民工住单位宿舍；15.5%住工地工棚或生产经营场所；43.0%租赁住房；自购住房的仅占 1.5%；回家居住及以其他形式解决住房问题的占 6.1%。在城镇居住的农民工居住环境与周围有较大差距。另外，只有 6.9%的外出农民工由单位（雇主）缴纳了住房公积金。

注：东部地区：北京、天津、河北、上海、江苏、浙江、福建、山东、广东、海南
中部地区：山西、安徽、江西、河南、湖北、湖南
西部地区：内蒙古、广西、重庆、四川、贵州、云南、西藏、陕西、甘肃、青海、宁夏、新疆
东北地区：吉林、黑龙江、辽宁
其他地区：港澳台地区及国外

（撰稿：郁 雁）

1-1 土地面积与行政区划

项　目	Item	单位	unit	1990	2000
常住人口	Number of Usual Residents in the Households Surveyed	万人	10000 persons	5439	5646
土地面积	Land Area	万平方公里	10000 sq.km	18.59	18.59
耕地面积	Cultivated Area	千公顷	1000 hectares	3476.77	3282.96
行政区划	Adinimisrtative Division				
省辖市	Municipality	个	unit	8	12
自治州	Prefecture	个	unit	1	1
林　区	Forest Zone	个	unit	1	1
县级市	City	个	unit	22	24
省辖行政单位	Adinimistrative Units under the Jurisdiction of Province	个	unit		3
县	County	个	unit	48	41
乡政府	Village Government	个	unit	1121	476
镇政府	Township Government	个	unit	844	853
办事处	Office	个	unit		
村民委员会	Village Committee	个	unit	32765	32400
村民小组	Village Groups	个	unit	260847	259250

Land Area and Administrative Division

2005	2010	2012	2013	2014	2015	2016	2017
5710	5723	5779	5799	5816	5852	5885	5902
18.59	18.59	18.59	18.59	18.59	18.59	18.59	18.59
3161.17	3323.92	3390.06	3409.91	3420.51	3436.24	3444.3	3457.58
12	12	12	12	12	12	12	12
1	1	1	1	1	1	1	1
1	1	1	1	1	1	1	1
24	24	24	24	24	24	24	24
3	3	3	3	3	3	3	3
39	40	40	40	39	39	39	39
217	201	188	175	170	168	168	165
737	742	746	757	761	761	759	761
	211	298	300	302	304	307	308
26678	26018	25991	25955	25606	25343	25063	24312
212587	209598	210432	210108	208966	208546	208050	206786

1-2 市、州行政区划(2017年底)
Administrative Division of Municipalities and Prefecture(End of 2017)

单位：个 (unit)

地 区	Region	县级市 Cities	县 Counties	区 Districts	乡政府 Village Government	镇政府 Township Government	村民委员会 Village Committee	村民小组 Village Groups
全 省	**Total**	**24**	**39**	**39**	**165**	**761**	**24312**	**206739**
武汉市	Wuhan Municipality			13	3	1	1923	16735
黄石市	Huangshi Municipality	1	1	4	1	27	800	7563
十堰市	Shiyan Municipality	1	4	3	34	72	1847	10051
荆州市	Jingzhou Municipality	3	3	2	13	89	1567	19262
宜昌市	Yichang Municipality	3	5	5	19	67	1386	8204
襄阳市	Xiangyang Municipality	3	3	3	4	74	2325	14829
鄂州市	Ezhou Municipality			3	3	18	324	4038
荆门市	Jingmen Municipality	1	2	2	2	50	1340	10010
孝感市	Xiaogan Municipality	3	3	1	23	72	2887	23348
黄冈市	Huanggang Municipality	2	7	1	16	99	4029	37473
咸宁市	Xianning Municipality	1	4	1	12	52	901	10029
恩施自治州	Enshi Prefecture	2	6		32	51	2336	22789
随州市	Suizhou Municipality	1	1	1		37	852	8400
仙桃市	Xiantao Municipality	1				15	628	4474
天门市	Tianmen Municipality	1			1	21	747	6451
潜江市	Qianjiang Municipality	1				10	353	2751
神农架林区	Shennongjia Forest Zone	1			2	6	67	332

注：乡政府、镇政府、村民委员会、村民小组数只涉及农村生产经营单位数。

Note: The number of village government, township government, village committee and village groups only refers to the number of units run by village production operation.

1-3　各市、县(市、区)名称(2017年底)
Municipalities and Counties(End of 2017)

市	Municipality	县(市、区)数(个) Number of Counties (unit)	市辖县 Counties	市辖区 Districts	县级市 Cities
武汉市	Wuhan Municipality	13		江岸区、江汉区、硚口区、汉阳区、武昌区、青山区、洪山区、东西湖区、汉南区、蔡甸区、江夏区、黄陂区、新洲区	
黄石市	Huangshi Municipality	6	阳新县	黄石港区、西塞山区、下陆区、铁山区、	大冶市
十堰市	Shiyan Municipality	8	郧西县、竹山县、竹溪县、房县	茅箭区、张湾区、郧阳区	丹江口市
荆州市	Jingzhou Municipality	8	江陵县、公安县、监利县	沙市区、荆州区	石首市、洪湖市、松滋市
宜昌市	Yichang Municipality	13	秭归县、远安县、兴山县、长阳县、五峰县	西陵区、伍家岗区、点军区、猇亭区、夷陵区	宜都市、当阳市、枝江市
襄阳市	Xiangyang Municipality	9	南漳县、谷城县、保康县	襄城区、樊城区、襄州区	老河口市、枣阳市、宜城市
鄂州市	Ezhou Municipality	3		鄂城区、华容区、梁子湖区	
荆门市	Jingmen Municipality	5	沙洋县	东宝区、掇刀区	钟祥市、京山市
孝感市	Xiaogan Municipality	7	孝昌县、云梦县、大悟县	孝南区	应城市、安陆市、汉川市
黄冈市	Huanggang Municipality	10	团风县、浠水县、蕲春县、黄梅县、英山县、罗田县、红安县	黄州区	麻城市、武穴市
咸宁市	Xianning Municipality	6	通山县、崇阳县、通城县、嘉鱼县	咸安区	赤壁市
恩施自治州	Enshi Prefecture	8	建始县、咸丰县、巴东县、宣恩县、来凤县、鹤峰县		恩施市、利川市
随州市	Suizhou Municipality	3	随县	曾都区	广水市
仙桃市	Xiantao Municipality	1			
天门市	Tianmen Municipality	1			
潜江市	Qianjiang Municipality	1			
神农架林区	Shennongjia Forest Zone				

1-4 部分主要调查指标
Part of the Main Survey Indicators

指　　标	Item	单位	unit	2014	2015	2016	2017
主要农产品产量	Output of Major Farm Products	万吨	10000 tons				
粮食	Grain			2658.26	2914.75	2796.35	2846.13
棉花	Cotton			36.30	30.08	19.00	18.40
油料	Oil-Bearing Crops			321.18	316.71	305.15	307.69
猪肉	Pork			353.61	346.83	338.85	339.29
水产品	Aquatic Products			433.30	455.80	470.80	465.40
家庭、生活	Family, People's Livelihood and Environment						
家庭	Family						
城镇居民平均每户家庭常住人口	Average Household Size in Urban Areas	人	person	2.85	2.85	2.86	2.84
农村居民平均每户家庭常住人口	Average Household Size in Rural Areas	人	person	2.87	2.88	2.89	2.87
居住	Housing						
城镇居民人均住房面积	Per Capita Net Floor Space of Urban Residents	平方米	sq.m	38.16	40.10	41.75	42.48
农村居民人均住房面积	Per Capita Net Floor Space of Rural Residents	平方米	sq.m	54.78	55.61	57.67	58.71
生活	People's Livelihood						
城镇居民人均可支配收入	Per Capita Disposable Income of Urban Residents	元	yuan	24852.28	27051.47	29385.80	31889.42
农村居民人均纯收入（可支配收入）	Per Capita Net Income of Rural Residents (Disposable Income)	元	yuan	10849.06	11843.89	12724.97	13812.09
物价(上年=100)	Price (preceding year = 100)						
商品零售价格总指数	General Retail Price Index			100.9	100.5	100.8	100.3
居民消费价格指数	General Consumer Price Index			102.0	101.5	102.2	101.5
工业生产者出厂价格指数	Producer Price Indices for Industrial Products			98.4	96.7	99.0	105.6

注：2014-2017年农业相关数据为根据第三次全国农业普查资料修订数据。

Note: The data related to agriculture from 2014 to 2017 were revised according to the third national agricultural census data.

主要统计指标解释

户数　包括家庭户(含单身独居)和集体户。

人口数　指一定时点、一定地区范围内有生命的个人的总和。

市镇人口　指市人口和县辖镇人口。

乡村人口　指县辖乡的全部人口。

Explanatory Notes on Main Statistical Indicators

Households include family household (including single household) and collective households.

Total Population refers to the total number of people alive at a certain point of time within a given area.

Urban Population refers to city population and town population.

Country Population refers to the total population under the jurisdiction of country.

农业调查

Chapter 2

Rural Survey

资料整理：朱利明　祁　炜　雷　迪　周雁峰

2-1 主要农作物播种面积、产量和单位面积产量(2017年)
Total Sown Areas, Output and Yield per Unit Area of Farm Crops(2017)

单位：千公顷、万吨、公斤/公顷 (1000 hectares, 10000 ton, kg/hectare)

指 标	Item	播种面积 Total Sown Area	总产量 Total Output	单位面积产量 Yield per Unit Area
农作物总播种面积	**Total Sown Area of Farm Crops**			
粮食作物总计	Grain Crops	4853.00	2846.13	5864.69
夏收粮食	Summer Grain	1363.19	488.24	3581.61
谷物	Cereals	1163.11	430.05	3697.40
小麦	Wheat	1153.22	426.90	3701.83
大麦	Barley	8.16	2.69	3291.77
蚕豌豆	Broad Bean and Peas	17.69	3.11	1757.25
薯类	Tubers	182.39	55.09	3020.40
马铃薯	Potato	182.39	55.09	3020.40
早稻	Early-season Rice	174.04	100.87	5795.58
秋收粮食	Autumn Grain	3315.76	2257.02	6806.95
谷物	Cereals	2994.64	2185.11	7296.72
中稻	Semilate Rice	1991.65	1688.73	8479.04
双季晚稻	Double-crop Late Rice	202.38	137.56	6797.11
玉米	Corn//Maize	794.78	356.75	4488.66
豆类	Beans	220.78	35.37	1602.00
大豆	Soybean	212.34	34.31	1615.80
绿豆	Green Beans	4.51	0.61	1349.55
红小豆	Red Bean	1.77	0.09	503.10
薯类	Tubers	100.33	36.54	3641.86
马铃薯	Potato	21.36	9.79	4582.73
油料作物	Oil-bearing Crops	1291.33	307.69	2382.72
花生	Peanuts	230.53	78.37	3399.59
油菜籽	Rapeseeds	971.17	213.17	2195.00
芝麻	Sesames	62.69	10.55	1682.08
棉花	Cotton	204.80	18.40	898.44
麻类	Fiber Crops	0.57	0.25	4405.21
苎麻	Ramee	0.51	0.24	4699.04
糖料	Sugar	6.59	26.99	40938.63
甘蔗	Sugar Cane	6.57	26.98	41047.49
烟叶	Tobacco	39.69	6.84	1723.70
烤烟	Flue-cured Tobacco	36.62	6.18	1688.63
蔬菜(含菜用瓜)	Vegetables	1188.62	3826.40	32191.92

注：2016、2017年数据为根据第三次全国农业普查资料修订数据。
Note: The data in 2016 and 2017 were revised according to the third national agricultural census data.

2-2 主要农作物播种面积
Total Sown Areas of Farm Crops

单位：千公顷 (1000 hectares)

指 标	Item	2017	2016	2017年比2016年增加 Growth Rate in 2017 over 2016	
				绝对数 Absolute Figures	%
农作物总播种面积	**Total Sown Area of Farm Crops**				
粮食作物总计	Grain Crops	4853.00	4816.14	36.86	0.8
夏收粮食	Summer Grain	1363.19	1344.81	18.38	1.4
谷物	Cereals	1163.11	1149.89	13.22	1.1
小麦	Wheat	1153.22	1140.67	12.55	1.1
大麦	Barley	8.16	7.60	0.56	7.4
蚕豌豆	Broad Bean and Peas	17.69	17.29	0.40	2.3
薯类	Tubers	182.39	177.63	4.76	2.7
马铃薯	Potato	182.39	177.63	4.76	2.7
早稻	Early-season Rice	174.04	224.74	-50.70	-22.6
秋收粮食	Autumn Grain	3315.76	3246.59	69.17	2.1
谷物	Cereals	2994.64	2937.37	57.27	1.9
中稻	Semilate Rice	1991.65	1920.49	71.16	3.7
双季晚稻	Double-crop Late Rice	202.38	213.43	-11.05	-5.2
玉米	Corn//Maize	794.78	797.33	-2.55	-0.3
豆类	Beans	220.78	210.50	10.28	4.9
大豆	Soybean	212.34	202.25	10.09	5.0
绿豆	Green Beans	4.51	4.37	0.13	3.0
红小豆	Red Bean	1.77	1.77	0.01	0.4
薯类	Tubers	100.33	98.73	1.61	1.6
马铃薯	Potato	21.36	21.08	0.28	1.3
油料作物	Oil-bearing Crops	1291.33	1310.86	-19.53	-1.5
花生	Peanuts	230.53	232.14	-1.60	-0.7
油菜籽	Rapeseeds	971.17	983.62	-12.45	-1.3
芝麻	Sesames	62.69	64.31	-1.62	-2.5
棉花	Cotton	204.80	204.96	-0.16	-0.1
麻类	Fiber Crops	0.57	0.63	-0.05	-8.3
苎麻	Ramee	0.51	0.52	-0.01	-1.5
糖料	Sugar	6.59	6.44	0.16	2.5
甘蔗	Sugar Cane	6.57	6.42	0.16	2.5
烟叶	Tobacco	39.69	44.59	-4.90	-11.0
烤烟	Flue-cured Tobacco	36.62	40.89	-4.26	-10.4
蔬菜(含菜用瓜)	Vegetables	1188.62	1168.90	19.73	1.7

注：2016、2017年数据为根据第三次全国农业普查资料修订数据。
Note: The data in 2016 and 2017 were revised according to the third national agricultural census data.

2-3 主要农作物产量
Output of Farm Crops

单位：万吨 (10000 tons)

指标	Item	2017	2016	2017年比2016年增加 Growth Rate in 2017 over 2016	
				绝对数 Absolute Figures	%
粮食作物总计	Grain Crops	2846.13	2796.35	49.78	1.8
夏收粮食	Summer Grain	488.24	497.59	-9.35	-1.9
谷物	Cereals	430.05	443.68	-13.63	-3.1
小麦	Wheat	426.90	440.74	-13.84	-3.1
大麦	Barley	2.69	2.50	0.20	8.0
蚕豌豆	Broad Bean and Peas	3.11	3.00	0.11	3.7
薯类	Tubers	55.09	50.91	4.18	8.2
马铃薯	Potato	55.09	50.91	4.18	8.2
早稻	Early-season Rice	100.87	117.87	-17.00	-14.4
秋收粮食	Autumn Grain	2257.02	2180.89	76.13	3.5
谷物	Cereals	2185.11	2116.17	68.94	3.3
中稻	Semilate Rice	1688.73	1609.19	79.54	4.9
双季晚稻	Double-crop Late Rice	137.56	147.40	-9.84	-6.7
玉米	Corn//Maize	356.75	357.41	-0.66	-0.2
豆类	Beans	35.37	32.35	3.02	9.3
大豆	Soybean	34.31	31.35	2.96	9.4
绿豆	Green Beans	0.61	0.57	0.04	7.0
红小豆	Red Bean	0.09	0.08	0.01	12.5
薯类	Tubers	36.54	32.36	4.18	12.9
马铃薯	Potato	9.79	9.20	0.59	6.4
油料作物	Oil-bearing Crops	307.69	305.15	2.54	0.8
花生	Peanuts	78.37	77.98	0.39	0.5
油菜籽	Rapeseeds	213.17	211.14	2.03	1.0
芝麻	Sesames	10.55	9.51	1.03	10.9
棉花	Cotton	18.40	19.00	-0.60	-3.2
麻类	Fiber Crops	0.25	0.24	0.01	3.3
苎麻	Ramee	0.24	0.22	0.02	10.3
糖料	Sugar	26.99	26.98	0.02	0.1
甘蔗	Sugar Cane	26.98	26.97	0.01	0.0
烟叶	Tobacco	6.84	8.15	-1.31	-16.0
烤烟	Flue-cured Tobacco	6.18	7.31	-1.13	-15.4
蔬菜(含菜用瓜)	Vegetables	3826.40	3712.77	113.63	3.1

注：2016、2017年数据为根据第三次全国农业普查资料修订数据。
Note: The data in 2016 and 2017 were revised according to the third national agricultural census data.

2-4 主要农作物单位面积产量
Yield per Unit Area of Farm Crops

单位：公斤/公顷 (kg/hectare)

指 标	Item	2017	2016	2017年比2016年增加 Growth Rate in 2017 over 2016	
				绝对数 Absolute Figures	%
粮食作物总计	Grain Crops	5864.69	5806.21	58.48	1.0
夏收粮食	Summer Grain	3581.61	3700.11	-118.50	-3.2
谷物	Cereals	3697.40	3858.47	-161.07	-4.2
小麦	Wheat	3701.83	3863.89	-162.06	-4.2
大麦	Barley	3291.75	3276.75	15.00	0.5
蚕豌豆	Broad Bean and Peas	1757.25	1735.44	21.81	1.3
薯类	Tubers	3020.40	2866.12	154.28	5.4
马铃薯	Potato	3020.40	2866.12	154.28	5.4
早稻	Early-season Rice	5795.57	5244.86	550.71	10.5
秋收粮食	Autumn Grain	6806.95	6717.46	89.49	1.3
谷物	Cereals	7296.72	7204.33	92.39	1.3
中稻	Semilate Rice	8479.04	8379.06	99.98	1.2
双季晚稻	Double-crop Late Rice	6797.11	6906.35	-109.24	-1.6
玉米	Corn//Maize	4488.66	4482.57	6.09	0.1
豆类	Beans	1602.00	1536.93	65.07	4.2
大豆	Soybean	1615.80	1550.09	65.71	4.2
绿豆	Green Beans	1349.55	1300.38	49.17	3.8
红小豆	Red Bean	503.10	458.72	44.38	9.7
薯类	Tubers	3641.86	3277.66	364.20	11.1
马铃薯	Potato	4581.90	4364.93	216.97	5.0
油料作物	Oil-bearing Crops	2382.72	2327.88	54.84	2.4
花生	Peanuts	3399.59	3359.40	40.20	1.2
油菜籽	Rapeseeds	2195.00	2146.53	48.47	2.3
芝麻	Sesames	1682.08	1479.01	203.08	13.7
棉花	Cotton	898.44	927.01	-28.57	-3.1
麻类	Fiber Crops	4405.21	3912.44	492.78	12.6
苎麻	Ramee	4699.04	4196.28	502.76	12.0
糖料	Sugar	40938.63	41920.35	-981.72	-2.3
甘蔗	Sugar Cane	41047.49	42043.25	-995.76	-2.4
烟叶	Tobacco	1723.70	1827.12	-103.43	-5.7
烤烟	Flue-cured Tobacco	1688.63	1788.84	-100.21	-5.6
蔬菜(含菜用瓜)	Vegetables	32191.92	31763.02	428.90	1.4

注：2016、2017年数据为根据第三次全国农业普查资料修订数据。
Note: The data in 2016 and 2017 were revised according to the third national agricultural census data.

2-5 分品种主要农作物播种面积(2000-2017年)

单位：千公顷

指 标	Item	2000	2005	2006	2007	2008
农作物总播种面积	**Total Sown Area of Farm Crops**					
粮食作物总计	Grain Crops	4156.16	3926.82	3902.27	4032.18	3891.72
夏收粮食	Summer Grain	1203.42	1052.12	1244.83	1297.24	1191.63
谷物	Cereals	893.03	766.38	1062.26	1137.73	1030.20
小麦	Wheat	845.10	716.20	1016.93	1099.41	1006.35
大麦	Barley		49.10	43.91	36.93	22.85
蚕豌豆	Broad Bean and Peas	92.79	83.78	67.76	60.53	59.97
马铃薯	Potato	217.60	201.96	114.81	98.98	101.47
早稻	Early-season Rice	393.50	365.00	342.38	343.20	302.16
秋收粮食	Autumn Grain	2559.20	2509.70	2315.06	2391.74	2397.93
谷物	Cereals	2043.22	2107.26	2069.03	2134.37	2147.66
中稻	Semilate Rice	1097.60	1282.30	1230.91	1281.67	1295.40
双季晚稻	Double-crop Late Rice	504.20	430.10	401.78	402.30	359.36
玉米	Corn//Maize	424.10	389.60	431.93	444.55	488.24
谷子	Millet	4.20	0.60	0.30	0.32	0.08
高粱	Jowar	7.30	3.10	3.50	3.29	3.93
豆类	Beans	266.01	206.23	142.17	138.84	139.54
大豆	Soybean	224.80	178.70	118.40	117.20	115.60
绿豆	Green Beans		23.20	18.79	17.00	18.24
薯类	Tubers	250.01	196.21	103.86	118.53	110.73
马铃薯	Potato	13.66	13.24	8.39	17.73	20.22
油料作物	Oil-bearing Crops	1503.40	1460.20	1244.90	1159.71	1337.78
花生	Peanuts	193.40	171.70	140.10	139.45	180.24
油菜籽	Rapeseeds	1158.90	1178.70	1001.20	912.69	1056.00
芝麻	Sesames	143.80	102.50	97.20	88.14	87.79
棉花	Cotton	318.07	360.95	496.40	514.84	544.31
麻类	Fiber Crops	22.80	23.60	24.80	19.94	14.07
黄红麻	Jute and Ambary Hemp	3.10	1.00	0.70	0.53	0.41
甘蔗	Sugar Cane	22.20	10.00	3.70	3.48	6.19
烟叶	Tobacco	74.60	58.40	35.70	42.61	60.11
烤烟	Flue-cured Tobacco	48.10	43.70	26.50	32.42	45.97
蔬菜(含菜用瓜)	Vegetables	968.60	1004.80	817.60	956.63	1010.36

注：2007-2017年数据为根据第三次全国农业普查资料修订数据。
Note: The data from 2007 to 2017 were revised according to the third national agricultural census data.

Total Sown Areas of Farm Crops by Type(2000-2017)

(1000 hectares)

2009	2010	2011	2012	2013	2014	2015	2016	2017
4072.96	4135.78	4191.52	4294.51	4416.60	4522.12	4784.38	4816.14	4853.00
1200.24	1230.43	1260.08	1305.65	1344.32	1323.75	1337.42	1344.81	1363.19
1022.49	1029.70	1042.38	1095.56	1127.44	1109.97	1132.80	1149.89	1163.11
1001.98	1011.70	1028.32	1084.08	1117.11	1099.38	1122.15	1140.67	1153.22
19.25	16.72	12.67	10.46	9.10	9.30	9.50	7.58	8.16
48.91	42.97	38.79	37.78	33.40	33.57	17.75	17.29	17.69
128.84	157.76	178.92	172.31	183.47	180.21	186.87	177.63	182.39
304.65	305.00	241.30	246.30	249.70	251.90	260.70	224.74	174.04
2568.07	2600.35	2690.14	2742.56	2822.59	2946.47	3186.26	3246.59	3315.76
2331.28	2360.86	2449.33	2509.12	2611.41	2700.54	2941.14	2937.37	2994.64
1426.65	1420.10	1552.79	1547.20	1655.88	1650.30	1812.60	1920.49	1991.65
362.32	362.74	286.98	292.93	296.97	299.59	310.05	213.43	202.38
536.46	572.53	603.37	663.58	653.43	745.72	813.53	797.33	794.78
0.15	0.10	0.12	0.07	0.11	0.09	0.10	0.12	0.10
4.66	4.60	5.71	5.15	4.68	4.50	4.40	5.33	5.03
135.58	136.43	135.81	129.81	122.12	151.98	155.92	210.50	220.78
111.36	109.94	108.12	105.67	103.27	136.79	144.40	202.25	212.34
17.98	19.27	18.90	16.30	11.06	8.45	8.65	4.37	4.51
101.21	103.07	105.01	103.63	89.06	93.95	89.20	98.73	100.33
16.61	16.60	17.05	19.72	18.10	13.37	18.23	21.08	21.36
1410.82	1390.30	1357.89	1411.61	1411.49	1420.59	1389.39	1310.86	1291.33
190.41	198.50	203.96	257.57	217.77	218.37	221.65	232.14	230.53
1112.36	1089.43	1055.39	1062.61	1098.94	1101.62	1070.11	983.62	971.17
91.45	82.46	77.28	74.28	69.06	71.50	66.75	64.31	62.69
461.74	482.37	491.61	476.29	419.11	348.13	267.62	204.96	204.80
8.70	5.85	4.04	2.61	1.87	1.31	0.89	0.63	0.57
0.26	0.07	0.06	0.05	0.04	0.02	0.02	0.04	0.03
9.36	7.04	6.60	6.37	5.95	5.83	6.30	6.42	6.57
72.50	59.97	64.07	68.13	60.22	42.75	43.73	44.59	39.69
54.42	39.36	45.61	49.40	46.69	36.53	39.60	40.89	36.62
1001.55	998.54	1022.69	1089.68	1092.52	1113.77	1143.67	1168.90	1188.62

2-6 分品种主要农作物产量

单位：万吨

指　标	Item	2000	2005	2006	2007	2008	2009
粮食作物总计	Grain Crops	2218.53	2177.38	2099.10	2139.07	2145.47	2291.05
夏收粮食	Summer Grain	322.39	302.49	369.08	409.86	382.28	392.08
谷物	Cereals	243.89	223.50	325.53	366.14	338.68	341.91
小麦	Wheat	233.70	208.90	311.10	354.23	331.09	334.55
大麦	Barley		14.40	14.10	11.70	7.40	7.14
蚕豌豆	Broad Bean and Peas	16.93	16.97	13.36	14.97	12.71	11.54
马铃薯	Potato	61.57	62.02	30.19	28.74	30.90	38.64
早稻	Early-season Rice	217.50	206.87	192.00	194.48	175.77	177.58
秋收粮食	Autumn Grain	1678.64	1668.02	1538.02	1534.74	1587.42	1721.39
谷物	Cereals	1501.30	1525.80	1451.76	1454.23	1507.62	1645.71
中稻	Semilate Rice	971.98	1075.40	1012.00	1007.83	1054.89	1167.10
双季晚稻	Double-crop Late Rice	307.78	253.05	233.90	235.18	215.86	218.34
玉米	Corn//Maize	216.70	194.90	203.80	208.94	235.02	258.16
谷子	Millet	1.00	0.20	0.20	0.11	0.03	0.02
高粱	Jowar	2.70	1.10	1.40	1.25	1.50	1.90
豆类	Beans	54.12	48.04	33.75	29.61	30.68	31.75
大豆	Soybean	45.80	43.40	26.60	26.09	26.74	27.04
绿豆	Green Beans		4.00	3.00	2.88	3.11	3.55
薯类	Tubers	123.22	94.18	52.51	50.89	49.11	43.93
马铃薯	Potato	7.80	6.08	6.81	8.50	8.68	7.97
油料作物	Oil-bearing Crops	287.16	293.90	254.45	252.78	279.20	306.83
花生	Peanuts	65.71	60.19	48.40	49.01	50.24	64.21
油菜籽	Rapeseeds	198.49	219.15	191.83	190.71	209.17	227.13
芝麻	Sesames	21.54	13.67	13.52	11.71	11.88	12.87
棉花	Cotton	30.43	37.50	55.20	55.80	49.98	48.22
麻类	Fiber Crops	5.15	4.86	5.37	4.30	3.20	2.01
黄红麻	Jute and Ambary Hemp	1.83	0.34	0.26	0.21	0.21	0.13
甘蔗	Sugar Cane	101.66	42.90	16.20	14.42	24.78	31.19
烟叶	Tobacco	13.73	11.14	6.82	7.77	11.27	14.21
烤烟	Flue-cured Tobacco	8.22	7.88	4.85	5.82	8.35	10.20
蔬菜(含菜用瓜)	Vegetables		2916.91	2648.93	2678.88	2861.25	2924.82

注：2007—2017年数据为根据第三次全国农业普查资料修订数据。
Note: The data from 2007 to 2017 were revised according to the third national agricultural census data.

Output of Farm Crops by Type

(10000 tons)

2010	2011	2012	2013	2014	2015	2016	2017
2304.26	2407.45	2485.14	2586.21	2658.25	2914.75	2796.35	2846.13
412.11	415.84	437.75	490.08	493.82	493.09	497.59	488.24
353.57	354.92	381.84	429.09	435.09	435.52	443.68	430.05
347.05	349.78	377.25	425.29	431.43	431.99	440.74	426.90
6.17	4.97	4.31	3.45	3.32	3.22	2.48	2.69
10.37	8.19	5.53	5.96	5.90	3.03	3.00	3.11
48.16	52.74	50.38	55.04	52.83	54.54	50.91	55.09
169.79	137.28	146.25	144.24	145.78	155.49	117.87	100.87
1722.36	1854.33	1901.14	1951.89	2018.66	2266.17	2180.89	2257.02
1644.90	1783.27	1838.62	1894.70	1953.54	2201.62	2116.17	2185.11
1139.16	1301.40	1327.46	1385.87	1406.10	1594.14	1609.19	1688.73
222.04	175.82	192.61	198.21	204.56	211.80	147.40	137.56
281.23	303.19	316.01	308.50	340.89	393.71	357.41	356.75
0.02	0.04	0.02	0.03	0.03	0.03	0.04	0.04
2.20	2.73	2.44	1.93	1.84	1.78	1.87	1.78
32.13	29.73	26.17	26.05	35.29	32.07	32.35	35.37
27.68	25.39	22.79	23.33	33.10	30.52	31.35	34.31
3.28	2.90	2.33	1.43	1.11	1.15	0.57	0.61
45.34	41.33	36.36	31.14	29.82	32.48	32.36	36.54
7.88	7.84	9.13	7.84	7.46	7.98	9.20	9.79
302.28	293.13	305.13	315.57	321.18	316.71	305.15	307.69
66.64	71.67	78.16	72.21	73.83	73.21	77.98	78.37
220.35	206.02	212.15	227.90	230.86	226.02	211.14	213.17
12.20	12.37	11.78	10.79	11.15	10.78	9.51	10.55
47.41	52.90	53.53	46.36	36.30	30.08	19.00	18.40
1.38	0.98	0.73	0.58	0.45	0.31	0.24	0.25
0.06	0.03	0.02	0.01	0.01	0.01	0.01	0.01
28.37	27.55	25.51	22.81	23.37	23.81	26.97	26.98
11.31	12.58	12.74	10.83	7.35	7.08	8.15	6.84
7.17	8.64	8.69	8.12	6.04	6.30	7.31	6.18
3091.21	3244.71	3375.50	3438.55	3513.70	3664.08	3712.77	3826.40

2-7　分品种主要农作物单位面积产量

单位：公斤/公顷

指　　标	Item	2000	2005	2006	2007	2008	2009
粮食作物总计	Grain Crops	5337.93	5544.89	5379.18	5304.99	5512.91	5625.02
夏收粮食	Summer Grain	2678.95	2875.05	2964.90	3159.45	3208.06	3266.67
谷物	Cereals	2731.04	2916.31	3064.50	3218.18	3287.50	3343.85
小麦	Wheat	2765.35	2916.78	3059.21	3221.98	3290.02	3338.87
大麦	Barley		2932.79	3211.11	3169.38	3237.07	3709.27
蚕豌豆	Broad Bean and Peas	1824.55	2025.54	1971.66	2473.82	2118.80	2358.53
马铃薯	Potato	2829.50	3070.91	2629.56	2903.65	3045.24	2998.97
早稻	Early-season Rice	5527.32	5667.67	5607.80	5666.52	5817.13	5829.09
秋收粮食	Autumn Grain	6421.63	6522.04	6510.10	6416.82	6619.96	6703.02
谷物	Cereals	7053.74	7008.45	6816.59	6813.42	7019.84	7059.25
中稻	Semilate Rice	8855.50	8386.49	8221.56	7863.44	8143.32	8180.76
双季晚稻	Double-crop Late Rice	6104.32	5883.52	5821.59	5845.97	6006.79	6026.04
玉米	Corn//Maize	5109.64	5002.82	4718.36	4700.00	4813.66	4812.33
谷子	Millet	2380.95	3333.33	7500.00	3458.10	3491.40	988.51
高粱	Jowar	3698.63	3548.39	3971.40	3801.84	3824.18	4082.28
豆类	Beans	2034.51	2329.44	2373.92	2132.52	2198.99	2341.50
大豆	Soybean	2037.37	2428.65	2246.62	2225.71	2313.24	2428.58
绿豆	Green Beans		1724.14	1596.59	1695.94	1707.69	1975.95
薯类	Tubers	4928.60	4799.96	5055.84	4293.78	4435.21	4340.47
马铃薯	Potato	5710.10	4592.15	8116.81	4791.68	4292.83	4797.10
油料作物	Oil-bearing Crops	1910.07	2012.74	2043.94	2179.71	2087.02	2174.83
花生	Peanuts	3397.62	3505.53	3454.68	3514.46	2787.46	3371.97
油菜籽	Rapeseeds	1712.74	1859.25	1916.00	2089.55	1980.78	2041.89
芝麻	Sesames	1497.91	1333.66	1390.95	1328.14	1353.14	1407.24
棉花	Cotton	956.71	1038.93	1112.01	1083.78	918.23	1044.38
麻类	Fiber Crops	2258.77	2059.32	2165.32	2154.92	2272.57	2315.40
黄红麻	Jute and Ambary Hemp	5903.23	3400.00	3828.20	3857.92	5103.88	4923.25
甘蔗	Sugar Cane	45792.79	42900.00	43783.78	41405.88	40018.94	33303.79
烟叶	Tobacco	1840.48	1907.53	1910.36	1822.52	1875.51	1959.29
烤烟	Flue-cured Tobacco	1708.94	1803.20	1830.19	1794.27	1816.22	1874.46
蔬菜(含菜用瓜)	Vegetables		29029.76	32398.85	28003.43	28319.05	29203.03

注：2007-2017年数据为根据第三次全国农业普查资料修订数据。
Note: The data from 2007 to 2017 were revised according to the third national agricultural census data.

Yield per Unit Area of Farm Crops by Type

(kg/hectare)

2010	2011	2012	2013	2014	2015	2016	2017
5571.51	5743.63	5786.79	5855.66	5878.35	6092.22	5806.21	5864.69
3349.28	3300.11	3352.77	3645.58	3730.46	3686.88	3700.10	3581.63
3433.74	3404.87	3485.36	3805.87	3919.84	3844.60	3858.47	3697.37
3430.32	3401.51	3479.87	3807.09	3924.31	3849.63	3863.88	3701.82
3688.63	3923.38	4124.51	3784.25	3565.43	3391.24	3276.75	3291.77
2414.29	2111.34	1464.37	1783.52	1757.50	1708.72	1735.44	1757.28
3052.70	2947.49	2923.71	2999.63	2931.49	2918.69	2866.12	3020.45
5566.93	5689.29	5937.69	5776.56	5787.34	5964.30	5244.86	5795.58
6623.56	6893.05	6932.00	6915.26	6851.11	7112.31	6717.46	6806.93
6967.37	7280.65	7327.73	7255.45	7233.89	7485.59	7204.33	7296.73
8021.67	8381.06	8579.75	8369.38	8520.24	8794.77	8379.06	8479.04
6121.23	6126.75	6575.33	6674.52	6828.15	6830.98	6906.35	6797.26
4912.12	5024.92	4762.19	4721.26	4571.28	4839.60	4482.57	4488.61
1666.67	3444.00	3444.00	3159.75	3144.60	3064.65	3000.00	3750.00
4793.10	4782.61	4725.74	4126.98	4093.57	4038.46	3511.21	3529.02
2354.89	2188.84	2016.00	2133.57	2322.19	2056.95	1536.93	1601.93
2518.14	2348.72	2157.17	2259.14	2419.62	2113.65	1550.09	1615.57
1703.06	1533.14	1429.38	1296.30	1317.83	1324.17	1300.38	1349.56
4398.54	3936.17	3508.20	3496.72	3174.42	3641.22	3277.66	3641.72
4748.08	4600.30	4627.51	4334.04	4060.51	4376.25	4364.93	4582.73
2174.21	2158.71	2161.57	2235.71	2260.89	2279.49	2327.88	2382.72
3357.18	3514.02	3034.59	3315.95	3380.79	3302.77	3359.40	3399.59
2022.65	1952.04	1996.49	2073.84	2095.60	2112.09	2146.53	2195.00
1479.94	1600.23	1585.46	1562.95	1559.79	1614.74	1479.01	1682.08
982.81	1076.00	1123.99	1106.13	1042.63	1124.12	927.01	898.44
2351.55	2430.87	2783.26	3095.11	3448.18	3553.07	3912.44	4397.22
8051.67	4746.42	4019.85	2895.53	4405.72	4037.50	3681.89	3187.98
40270.41	41737.24	40049.93	38302.85	40096.50	37819.57	42043.25	41047.49
1885.60	1963.78	1870.68	1798.58	1718.32	1618.47	1827.12	1723.70
1822.91	1895.23	1759.00	1737.96	1654.94	1591.56	1788.84	1688.63
30957.44	31727.36	30976.95	31473.60	31547.66	32037.80	31763.02	32191.92

2-8 产粮大县全年粮食总产量(2017)
The Grain Yield of the Major Grain Producing Counties(2017)

单位：千公顷、万吨、公斤/公顷 (1000 hectares, 10000 tons, kg/hectare)

地 区	Region	播种面积 Sown Area	总产量 Total Yield	单位面积产量 Unit Yield
蔡甸区	Caidian	21.65	12.71	5869.35
江夏区	Jiangxia	32.84	20.75	6318.30
黄陂区	Huangpi	47.22	32.33	6847.20
新洲区	Xinzhou	37.67	22.58	5994.90
大冶市	Daye	39.69	25.36	6390.15
阳新县	Yangxin	51.25	31.43	6133.05
竹山县	Zhushan	39.35	15.20	3863.40
竹溪县	Zhuxi	38.69	14.96	3867.45
郧阳区	Yunyang	52.64	20.13	3824.25
夷陵区	Yiling	42.04	20.76	4937.85
当阳市	Dangyang	80.64	46.53	5770.50
枝江市	Zhijiang	60.73	31.57	5198.70
襄阳市直	Xiangyang	57.21	36.27	6340.05
襄 州	Xiangzhou	216.89	135.20	6233.40
南漳县	Nanzhang	81.03	44.65	5510.85
谷城县	Gucheng	47.75	27.99	5861.40
老河口市	Laohekou	72.59	36.74	5062.05
枣阳市	Zaoyang	217.12	136.09	6268.05
宜城市	Yicheng	106.57	68.73	6448.95
鄂州市直	Ezhou	43.63	27.04	6196.50
荆门市直	Jingmen	47.41	33.30	7023.15
京山县	Jingshan	123.91	72.02	5811.90
沙洋县	Shayang	128.91	90.24	6999.90
钟祥市	Zhongxiang	179.97	99.21	5512.20
孝南区	Xiaonan	32.41	23.48	7246.05
孝昌区	Xiaochang	42.13	26.82	6365.85
大悟县	Dawu	42.51	29.22	6874.95
云梦县	Yunmeng	39.22	24.81	6326.10
应城市	Yingcheng	53.68	36.14	6732.90
安陆市	Anlu	65.75	44.24	6727.65
汉川市	Hanchuan	92.33	56.72	6143.10
荆州市直	Jingzhou	71.01	42.45	5977.80
公安县	Gongan	147.72	90.45	6123.15

注：2017年数据为根据第三次全国农业普查资料修订数据。
Note: The data in 2017 were revised according to the third national agricultural census data.

2-8 续表 Continued

单位：千公顷、万吨、公斤/公顷 (1000 hectares, 10000 tons, kg/hectare)

地　区	Region	播种面积 Sown Area	总产量 Total Yield	单位面积产量 Unit Yield
监利县	Jianli	191.06	137.61	7202.25
江陵县	Jiangling	90.41	50.22	5554.65
石首市	Shishou	52.92	30.06	5680.50
洪湖市	Honghu	101.58	68.48	6741.75
松滋市	Songzi	89.68	51.07	5694.75
团风县	Tuanfeng	17.97	11.18	6222.90
红安县	Hong'an	30.00	17.50	5833.05
罗田县	Luotian	42.36	25.75	6078.75
英山县	Yingshan	18.69	10.60	5669.40
浠水县	Xishui	56.61	41.94	7408.95
蕲春县	Qichun	66.15	46.30	6998.25
黄梅县	huangmei	68.34	48.28	7064.55
麻城市	Macheng	50.16	36.58	7293.30
武穴市	Wuxue	48.55	34.68	7142.70
咸安区	Xian'an	33.72	21.18	6279.90
嘉鱼县	Jiayu	30.12	18.20	6041.85
通城县	Tongcheng	32.56	18.26	5609.40
崇阳县	Chongyang	41.95	24.10	5744.55
赤壁市	Chibi	42.98	28.95	6735.90
随　县	Suixian	126.79	83.25	6566.55
曾都区	Zengdu	36.94	24.00	6496.65
广水市	Guangshui	54.47	38.26	7023.15
恩施市	Enshi	59.75	21.60	3615.90
利川市	Lichuan	77.47	32.60	4208.70
建始县	Jianshi	46.71	20.65	4421.70
巴东县	Badong	62.69	21.13	3369.90
咸丰县	Xianfeng	43.65	20.63	4725.90
仙桃市	Xiantao	121.92	75.69	6208.20
潜江市	Qianjiang	108.87	63.71	5852.25
天门市	Tianmen	174.19	88.05	5054.85

注：2017年数据为根据第三次全国农业普查资料修订数据。
Note: The data in 2017 were revised according to the third national agricultural census data.

2-9 产粮大县夏收粮食产量(2017)

The Grain Yield of the Major Grain Producing Counties in the Summer(2017)

单位：千公顷、万吨、公斤/公顷 (1000 hectares, 10000 tons, kg/hectare)

地 区	Region	播种面积 Sown Area	总产量 Total Yield	单位面积产量 Unit Yield
蔡甸区	Caidian	1.87	0.60	3222.90
江夏区	Jiangxia	0.74	0.19	2630.55
黄陂区	Huangpi	2.77	0.68	2470.80
新洲区	Xinzhou	5.09	1.45	2848.80
大冶市	Daye	4.35	1.20	2767.80
阳新县	Yangxin	5.61	1.49	2656.35
竹山县	Zhushan	12.35	3.51	2844.60
竹溪县	Zhuxi	12.01	3.54	2953.65
郧阳区	Yunyang	25.06	7.68	3063.75
夷陵区	Yiling	6.93	2.39	3448.50
当阳市	Dangyang	19.43	6.32	3250.05
枝江市	Zhijiang	19.80	6.11	3088.20
襄阳市直	Xiangyang	25.49	13.25	5196.15
襄 州	Xiangzhou	109.89	65.33	5954.25
南漳县	Nanzhang	38.19	14.04	3675.90
谷城县	Gucheng	19.55	8.53	4361.70
老河口市	Laohekou	35.11	17.12	4876.50
枣阳市	Zaoyang	110.31	58.58	5310.75
宜城市	Yicheng	49.91	25.19	5047.20
鄂州市直	Ezhou	6.59	1.92	2907.30
荆门市直	Jingmen	7.43	2.23	2999.70
京山县	Jingshan	36.02	10.67	2963.40
沙洋县	Shayang	27.63	8.62	3117.45
钟祥市	Zhongxiang	62.66	19.69	3142.35
孝南区	Xiaonan	3.56	0.98	2764.05
孝昌区	Xiaochang	9.01	2.42	2689.95
大悟县	Dawu	11.39	2.61	2293.50
云梦县	Yunmeng	8.33	2.39	2866.20
应城市	Yingcheng	7.36	1.97	2675.55
安陆市	Anlu	19.51	5.71	2926.80
汉川市	Hanchuan	28.97	8.35	2881.65
荆州市直	Jingzhou	20.71	5.90	2848.65
公安县	Gongan	42.71	12.70	2973.75

注：2017年数据为根据第三次全国农业普查资料修订数据。
Note: The data in 2017 were revised according to the third national agricultural census data.

2-9 续表 Continued

单位：千公顷、万吨、公斤/公顷 (1000 hectares, 10000 tons, kg/hectare)

地 区	Region	播种面积 Sown Area	总产量 Total Yield	单位面积产量 Unit Yield
监利县	Jianli	22.49	6.05	2686.05
江陵县	Jiangling	39.26	11.51	2930.55
石首市	Shishou	10.77	2.94	2731.65
洪湖市	Honghu	22.44	6.46	2876.70
松滋市	Songzi	26.39	7.69	2916.15
团风县	Tuanfeng	1.85	0.58	3143.40
红安县	Hong'an	2.25	0.64	2797.35
罗田县	Luotian	9.08	2.78	3058.50
英山县	Yingshan	4.44	1.23	2771.10
浠水县	Xishui	2.19	0.70	3201.60
蕲春县	Qichun	3.02	0.97	3199.50
黄梅县	huangmei	10.57	3.12	2951.85
麻城市	Macheng	6.49	1.98	3050.85
武穴市	Wuxue	5.41	1.59	2941.65
咸安区	Xian'an	1.75	0.43	2471.10
嘉鱼县	Jiayu	3.70	1.06	2853.75
通城县	Tongcheng	1.69	0.47	2791.80
崇阳县	Chongyang	2.37	0.64	2716.50
赤壁市	Chibi	2.33	0.68	2917.65
随 县	Suixian	47.41	16.85	3552.75
曾都区	Zengdu	13.36	4.48	3355.35
广水市	Guangshui	12.63	3.99	3157.80
恩施市	Enshi	17.28	4.68	2705.85
利川市	Lichuan	19.96	4.91	2459.85
建始县	Jianshi	16.03	5.00	3116.85
巴东县	Badong	18.24	4.19	2291.85
咸丰县	Xianfeng	11.00	3.20	2909.25
仙桃市	Xiantao	30.79	8.44	2740.05
潜江市	Qianjiang	36.83	10.39	2822.25
天门市	Tianmen	68.49	19.17	2798.70

注：2017年数据为根据第三次全国农业普查资料修订数据。
Note: The data in 2017 were revised according to the third national agricultural census data.

2-10　主要畜禽生产情况
Number of Livestock or Poultry

指　　标	Item	单位	Units	2009	2010	2011	2012
畜禽存栏	**Nunber of Livestock or Poultry in Stock**						
猪	Hogs	万头	10000 heads	2584.94	2526.60	2597.79	2621.37
其中：能繁殖母猪	Sow	万头	10000 heads	255.03	253.17	254.02	259.14
牛	Cattle and Buffaloes	万头	10000 heads	285.77	264.78	247.14	244.24
羊	Sheep and Goats	万只	10000 heads	423.45	414.96	439.53	456.86
活家禽	Poultry	万只	10000 heads	28000.40	27637.05	30119.81	32923.18
畜禽出栏	**Number of Slaughtered Livestock or Poultry**						
猪	Hogs	万头	10000 heads	3792.49	3905.44	3970.32	4309.39
牛	Cattle and Buffaloes	万头	10000 heads	105.46	104.86	103.43	103.59
羊	Sheep and Goats	万只	10000 heads	506.21	526.22	522.81	536.58
活家禽	Poultry	万只	10000 heads	43820.04	47049.63	46358.37	50484.17
畜禽产品产量	**Output of Livestock or Poultry**						
猪肉	Pork	万吨	10000 tons	284.44	292.91	297.77	327.04
牛肉	Beef	万吨	10000 tons	15.10	15.07	14.87	14.90
羊肉	Mutton	万吨	10000 tons	8.04	8.36	8.36	8.56
禽肉	Poultry	万吨	10000 tons	61.79	66.34	64.99	67.79
禽蛋	Poultry Eggs	万吨	10000 tons	129.74	133.68	138.44	141.09
牛奶	Cow Milk	万吨	10000 tons	12.34	11.13	11.31	12.21

2-10　续表　Continued

指　　标	Item	单位	Units	2013	2014	2015	2016	2017
畜禽存栏	**Nunber of Livestock or Poultry in Stock**							
猪	Hogs	万头	10000 heads	2658.35	2655.76	2613.15	2558.06	2578.53
其中：能繁殖母猪	Sow	万头	10000 heads	274.04	272.74	260.68	252.00	254.78
牛	Cattle and Buffaloes	万头	10000 heads	239.11	232.40	226.31	211.22	238.00
羊	Sheep and Goats	万只	10000 heads	490.08	501.55	501.14	510.84	543.53
活家禽	Poultry	万只	10000 heads	33584.45	35566.79	35752.61	33855.62	34160.32
畜禽出栏	**Number of Slaughtered Livestock or Poultry**							
猪	Hogs	万头	10000 heads	4513.10	4659.50	4566.00	4442.25	4448.02
牛	Cattle and Buffaloes	万头	10000 heads	105.99	110.41	111.49	107.43	107.90
羊	Sheep and Goats	万只	10000 heads	545.27	578.37	592.48	602.59	604.40
活家禽	Poultry	万只	10000 heads	52965.51	52490.49	52177.53	53278.13	51946.17
畜禽产品产量	**Output of Livestock or Poultry**							
猪肉	Pork	万吨	10000 tons	342.50	353.61	346.83	338.85	339.29
牛肉	Beef	万吨	10000 tons	15.24	15.88	16.03	15.53	15.76
羊肉	Mutton	万吨	10000 tons	8.70	9.19	9.48	9.64	9.67
禽肉	Poultry	万吨	10000 tons	71.12	70.34	69.92	71.40	69.61
禽蛋	Poultry Eggs	万吨	10000 tons	147.15	157.63	168.37	171.25	168.17
牛奶	Cow Milk	万吨	10000 tons	12.26	12.81	13.41	13.42	12.76

注：2009-2017年数据为根据第三次全国农业普查资料修订数据。
Note: The data from 2009 to 2017 were revised according to the third national agricultural census data.

2-11 生猪调出大县年末生猪存栏
Number of Hogs in Stock at End of Period by Regions

单位：万头 (10000 heads)

地 区	Region	2010	2011	2012	2013	2014	2015	2016	2017
江夏区	Jiangxia	53.23	56.97	58.05	60.25	59.96	58.83	56.99	53.61
黄陂区	Huangpi	46.28	47.24	48.51	51.57	52.05	52.37	50.83	47.76
大冶市	Daye	31.80	32.76	32.79	35.01	34.46	35.34	34.70	37.01
夷陵区	Yiling	48.98	50.32	51.02	54.18	55.16	53.77	52.07	51.39
宜都市	Yidu	46.94	45.28	46.00	47.83	47.13	46.03	44.62	45.44
当阳市	Dangyang	68.95	66.79	68.19	71.85	71.40	69.16	67.48	65.94
枝江市	Zhijiang	80.38	84.69	81.02	78.18	72.61	69.79	68.14	67.06
襄州区	Xiangzhou	51.40	51.92	51.35	51.76	52.68	52.87	51.35	50.47
南漳县	Nanzhang	48.62	51.24	52.22	51.43	52.57	52.82	51.20	51.76
老河口市	Laohekou	39.91	40.35	41.00	39.56	38.78	39.26	38.44	49.65
枣阳市	Zaoyang	66.50	65.65	63.20	63.93	64.29	62.35	60.62	60.01
宜城市	Yicheng	54.34	45.28	46.41	47.71	46.48	47.85	50.40	45.37
鄂州市	Ezhou	47.51	58.55	56.25	55.01	53.58	51.34	49.91	51.33
京山县	Jingshan	55.98	56.62	58.20	60.14	60.59	59.62	57.91	58.26
沙洋县	Shayang	49.45	48.07	49.42	46.85	48.90	48.11	46.79	46.40
钟祥市	Zhongxiang	91.56	80.86	76.70	79.24	76.66	76.41	77.40	93.97
安陆市	Anlu	38.29	39.44	39.52	39.04	38.96	40.24	39.47	40.55
公安县	Gong'an	52.27	54.48	54.36	55.81	55.50	53.62	52.28	51.83
监利县	Jianli	42.27	46.31	45.91	50.48	49.97	51.85	54.04	52.46
松滋市	Songzi	59.75	60.44	62.37	66.57	66.62	64.78	65.23	64.91
浠水县	Xishui	34.11	35.13	35.20	37.45	37.47	37.59	37.36	38.96
麻城市	Macheng	38.31	39.46	39.50	40.98	40.70	41.82	41.54	43.95
武穴市	Wuxue	65.00	64.71	64.71	67.02	67.11	67.62	69.81	69.38
通城县	Tongcheng	39.54	40.16	42.03	43.41	43.14	42.18	41.03	39.27
随 县	Suixian	37.06	39.09	38.08	40.34	40.38	39.02	37.86	36.88
广水市	Guangshui	29.43	30.31	30.37	34.52	34.54	34.00	33.56	40.30
恩施市	Enshi	65.20	59.15	51.99	53.06	52.64	51.00	49.49	50.08
利川市	Lichuan	39.19	39.23	39.23	37.94	39.34	39.38	38.16	38.89
建始县	Jianshi	35.03	35.14	35.14	34.37	35.49	36.97	36.20	37.08
巴东县	Badong	39.62	39.78	39.78	38.39	37.95	37.34	36.51	37.82
仙桃市	Xiantao	48.39	48.63	49.45	52.84	53.11	51.95	50.73	47.14
潜江市	Qianjiang	46.77	53.02	54.02	58.29	57.86	56.32	55.14	50.81
天门市	Tianmen	66.77	65.41	66.24	70.21	68.55	65.67	63.75	64.60

2-12 生猪调出大县能繁殖母猪年末存栏
Number of Sows in Stock at End of Period by Regions

单位：万头 (10000 heads)

地 区	Region	2010	2011	2012	2013	2014	2015	2016	2017
江夏区	Jiangxia	5.14	5.40	5.49	6.11	6.13	6.09	5.85	5.51
黄陂区	Huangpi	4.73	4.38	4.44	5.05	5.03	4.97	4.78	4.50
大冶市	Daye	2.95	3.00	3.01	3.22	3.19	3.23	3.14	3.36
夷陵区	Yiling	5.88	5.25	5.32	5.93	5.95	5.72	5.49	5.43
宜都市	Yidu	3.24	4.09	4.21	4.32	4.26	4.10	3.93	4.01
当阳市	Dangyang	8.10	8.30	8.50	8.78	8.70	8.30	8.02	7.85
枝江市	Zhijiang	12.55	11.57	11.10	11.11	10.62	9.88	9.55	9.42
襄州区	Xiangzhou	6.36	6.12	5.97	6.47	6.48	6.41	6.16	6.07
南漳县	Nanzhang	5.07	5.70	5.82	6.21	6.25	6.26	6.01	6.09
老河口市	Laohekou	4.33	4.41	4.50	4.60	4.51	4.50	4.36	4.79
枣阳市	Zaoyang	7.41	7.12	7.22	7.12	7.14	6.82	6.57	6.52
宜城市	Yicheng	4.84	4.95	5.06	4.95	4.85	4.87	5.08	4.58
鄂州市	Ezhou	4.73	6.09	5.81	6.20	6.12	5.87	5.65	5.82
京山县	Jingshan	4.75	4.61	4.72	5.18	5.17	5.01	4.82	4.86
沙洋县	Shayang	4.86	4.76	4.80	5.01	4.91	4.66	4.49	4.46
钟祥市	Zhongxiang	9.35	7.86	7.97	8.01	7.83	7.58	7.61	9.26
安陆市	Anlu	3.82	3.89	3.90	3.87	3.82	3.89	3.78	3.89
公安县	Gong'an	4.63	4.56	4.58	5.16	5.17	4.92	4.75	4.72
监利县	Jianli	3.52	3.97	4.07	4.66	4.70	4.80	4.95	4.81
松滋市	Songzi	6.66	6.80	6.87	7.41	7.40	7.19	7.20	7.18
浠水县	Xishui	3.33	3.40	3.40	3.77	3.75	3.71	3.65	3.81
麻城市	Macheng	3.63	3.70	3.70	3.85	3.84	3.86	3.79	4.02
武穴市	Wuxue	4.66	5.34	5.49	5.81	5.79	5.79	5.92	5.89
通城县	Tongcheng	3.63	3.50	3.59	3.82	3.80	3.70	3.56	3.41
随 县	Suixian	3.65	3.76	3.76	3.99	3.98	3.79	3.64	3.55
广水市	Guangshui	2.88	2.89	2.89	3.20	3.21	3.16	3.09	3.72
恩施市	Enshi	7.39	6.60	6.61	6.50	6.49	6.30	6.05	6.13
利川市	Lichuan	3.88	3.89	3.89	4.35	4.34	4.28	4.11	4.20
建始县	Jianshi	3.35	3.36	3.36	3.67	3.68	3.78	3.66	3.76
巴东县	Badong	3.87	3.87	3.87	3.91	3.92	3.85	3.73	3.87
仙桃市	Xiantao	4.93	5.31	5.30	5.61	5.55	5.35	5.17	4.81
潜江市	Qianjiang	5.65	6.64	5.79	6.45	6.38	6.12	5.93	5.47
天门市	Tianmen	6.41	5.70	5.67	6.09	5.98	5.65	5.43	5.51

2-13 生猪调出大县生猪出栏

Number of Slaughtered Hogs by Regions

单位：万头 (10000 heads)

地　区	Region	2010	2011	2012	2013	2014	2015	2016	2017
江夏区	Jiangxia	86.54	90.75	91.84	96.71	102.23	102.78	99.20	93.50
黄陂区	Huangpi	86.92	90.41	91.04	96.32	99.31	100.60	97.30	91.60
大冶市	Daye	49.06	50.04	50.14	50.24	51.52	53.29	52.10	55.70
夷陵区	Yiling	95.72	96.35	96.54	99.25	103.24	101.35	97.80	96.70
宜都市	Yidu	74.27	73.42	73.86	75.02	76.60	75.40	72.80	74.30
当阳市	Dangyang	98.83	102.85	100.38	105.47	107.66	105.18	102.20	100.10
枝江市	Zhijiang	103.98	105.81	106.76	111.40	109.62	106.26	103.30	101.90
襄州区	Xiangzhou	112.52	114.72	107.95	108.92	112.61	113.71	110.10	101.29
南漳县	Nanzhang	93.80	97.52	100.93	104.21	105.61	106.80	103.20	104.50
老河口市	Laohekou	59.51	60.41	61.43	65.27	65.53	66.85	65.20	87.76
枣阳市	Zaoyang	110.52	113.48	113.82	118.78	116.88	114.16	110.60	109.70
宜城市	Yicheng	75.72	76.89	77.74	80.49	79.77	83.58	87.70	81.10
鄂州市	Ezhou	91.66	95.77	92.81	96.60	98.75	95.28	92.30	95.10
京山县	Jingshan	94.87	96.58	97.45	99.40	102.56	101.70	98.40	99.20
沙洋县	Shayang	86.05	87.40	88.27	92.12	96.16	95.22	92.30	91.70
钟祥市	Zhongxiang	121.56	120.22	117.82	123.24	126.57	127.15	128.30	156.10
安陆市	Anlu	64.40	65.69	65.89	68.91	70.33	73.16	71.50	73.60
公安县	Gong'an	74.40	78.85	79.80	84.19	83.72	81.58	79.20	78.70
监利县	Jianli	55.92	61.83	62.76	66.21	68.57	71.82	74.50	72.50
松滋市	Songzi	115.12	118.74	115.06	124.04	128.36	125.66	126.10	125.70
浠水县	Xishui	54.08	55.16	55.33	60.18	64.34	65.05	64.40	67.30
麻城市	Macheng	59.04	60.22	60.34	61.92	63.13	65.40	64.70	68.60
武穴市	Wuxue	91.43	95.05	95.81	97.79	100.61	102.25	105.10	104.70
通城县	Tongcheng	68.61	70.38	70.94	72.88	74.16	73.05	70.80	67.90
随　县	Suixian	74.39	78.24	78.10	81.89	83.24	80.95	78.30	76.40
广水市	Guangshui	49.77	50.77	50.92	56.52	58.02	57.55	56.60	68.10
恩施市	Enshi	82.59	85.34	85.60	88.76	91.25	89.05	86.10	87.30
利川市	Lichuan	58.86	60.04	60.22	65.50	67.58	68.16	65.80	67.20
建始县	Jianshi	57.16	58.31	58.54	61.82	59.09	62.03	60.50	62.10
巴东县	Badong	64.29	65.58	65.71	67.71	68.45	67.85	66.10	68.60
仙桃市	Xiantao	116.84	118.40	99.93	104.66	102.78	101.20	98.50	91.70
潜江市	Qianjiang	98.36	95.09	95.85	101.26	104.86	102.81	100.30	92.60
天门市	Tianmen	99.16	103.06	103.68	107.80	110.74	106.94	103.40	105.00

2-14 生猪调出大县猪肉产量
Output of Pork by Regions

单位：万吨 (10000 tons)

地 区	Region	2010	2011	2012	2013	2014	2015	2016	2017
江夏区	Jiangxia	6.67	6.99	7.08	7.45	7.73	7.77	7.50	7.07
黄陂区	Huangpi	7.23	7.52	7.57	8.01	8.10	8.11	7.84	7.38
大冶市	Daye	3.75	3.86	3.87	3.88	3.89	4.02	3.93	4.20
夷陵区	Yiling	7.51	7.56	7.58	7.75	7.91	7.76	7.49	7.41
宜都市	Yidu	5.77	5.70	5.74	5.83	5.84	5.74	5.55	5.66
当阳市	Dangyang	7.65	7.96	7.78	8.17	8.19	8.01	7.78	7.62
枝江市	Zhijiang	8.11	8.25	8.33	8.69	8.38	8.12	7.89	7.78
襄州区	Xiangzhou	7.90	8.06	7.86	8.01	8.44	8.61	8.33	7.66
南漳县	Nanzhang	6.58	6.84	7.17	7.59	7.85	8.01	7.74	7.84
老河口市	Laohekou	4.46	4.55	4.63	4.92	4.94	5.04	4.91	6.61
枣阳市	Zaoyang	8.22	8.44	8.47	8.84	8.82	8.62	8.35	8.28
宜城市	Yicheng	5.86	5.95	6.02	6.23	6.06	6.35	6.66	6.16
鄂州市	Ezhou	7.14	7.46	7.20	7.50	7.51	7.24	7.02	7.23
京山县	Jingshan	7.95	8.10	8.17	8.27	8.33	8.03	7.77	7.83
沙洋县	Shayang	6.21	6.31	6.42	6.70	7.12	7.11	6.90	6.86
钟祥市	Zhongxiang	9.86	9.75	9.38	9.81	9.85	9.89	9.98	12.14
安陆市	Anlu	4.83	4.98	4.99	5.22	5.33	5.54	5.42	5.58
公安县	Gong'an	5.58	5.92	5.99	6.32	6.28	6.12	5.95	5.91
监利县	Jianli	4.19	4.63	4.70	4.98	5.17	5.42	5.62	5.47
松滋市	Songzi	9.61	9.91	9.11	9.82	9.94	9.73	9.76	9.73
浠水县	Xishui	4.08	4.20	4.21	4.58	4.85	4.90	4.85	5.07
麻城市	Macheng	4.38	4.51	4.52	4.64	4.76	4.93	4.88	5.17
武穴市	Wuxue	6.78	7.05	7.11	7.25	7.56	7.69	7.90	7.87
通城县	Tongcheng	4.99	5.12	5.20	5.34	5.53	5.52	5.35	5.13
随 县	Suixian	5.77	6.07	5.92	6.21	6.31	6.14	5.94	5.80
广水市	Guangshui	3.82	3.93	3.95	4.38	4.39	4.36	4.29	5.16
恩施市	Enshi	6.44	6.65	6.67	6.92	6.93	6.77	6.54	6.63
利川市	Lichuan	4.35	4.48	4.50	4.89	5.12	5.16	4.98	5.09
建始县	Jianshi	4.28	4.41	4.42	4.67	4.46	4.68	4.57	4.69
巴东县	Badong	4.80	4.95	4.96	5.11	5.17	5.12	4.99	5.18
仙桃市	Xiantao	9.68	9.81	8.32	8.71	8.37	8.08	7.86	7.32
潜江市	Qianjiang	8.22	7.95	8.02	8.47	8.52	8.11	7.91	7.30
天门市	Tianmen	7.44	7.74	7.78	8.09	8.31	8.03	7.76	7.88

2-15 中晚稻中间消耗
Mid-consumption of Middle-season and Late Rice

单位：元/亩 (yuan/mu)

指 标	Item	2011	2012	2013	2014	2015	2016	2017
平均每单位产值	**Output Value per Unit**	**1327.20**	**1364.96**	**1288.00**	**1398.80**	**1400.14**	**1188.22**	**1263.04**
平均每单位中间消耗	**Intermediate Consumption per Unit**	**408.69**	**399.42**	**401.17**	**390.90**	**443.84**	**438.56**	**461.65**
物质消耗	**Material Consumption**	**279.57**	**272.16**	**260.28**	**259.85**	**301.26**	**292.49**	**303.59**
用种量	Seed Quantity	67.79	65.78	67.82	67.37	81.01	81.01	91.67
饲料、饲草	Forages, Forage Grass	0.02	0.21					
肥料	Fertilizers	128.49	131.46	130.15	135.10	123.21	134.40	127.66
燃料	Fuels	9.99	4.70	4.62	2.52	28.94	15.98	21.13
农膜(棚膜、地膜)	Agricultural Film (shed film, mulch)	0.80	1.58	1.94	1.80	1.37	1.30	1.58
农药	Pesticides	61.04	59.50	54.47	50.56	53.81	52.45	52.17
畜牧水产养殖用药品	Pesticides for Cultivation							
用水量	Water Consumption	5.26	4.00	0.51	0.42	1.79	2.15	1.01
用电量	Electricity Consumption	4.77	1.90	0.72	1.53	8.63	2.88	5.69
棚架材料费	Scaffold Material Cost		0.02			0.19	0.97	0.22
小农具购置费	Small Farm Implements	0.97	0.87	0.07	0.51	1.13	0.82	1.94
办公用品购置	Office Supplies					0.08	0.07	0.02
其他物质消耗	Others	0.44	2.16		0.06	1.13	0.45	0.50
生产服务支出	**Cost of Production Services**	**129.12**	**127.26**	**140.89**	**131.05**	**142.58**	**146.07**	**158.05**
外雇运输费	Transport Fee	3.03	3.22	4.00	1.88	9.46	9.76	7.67
外雇排灌费	Irrigation and Drainage Fee	5.49	6.81	10.04	8.48	7.68	8.71	5.06
外雇机械作业费	Mechanical Work Fee	118.16	114.23	126.38	117.51	116.17	119.07	131.95
配种费	Breeding Fee							
防疫费	Epidemic Prevention Fee							
技术服务费	Technical Advisory Fee					0.42	0.13	0.02
保险费	Insurance Fee	0.02	0.10	0.02	0.08	0.95	1.08	1.50
其他服务费	Others	2.41	2.91	0.47	3.12	7.90	7.32	11.85

2-16 小麦中间消耗
Mid-consumption of Wheat

单位：元/亩 (yuan/mu)

指 标	Item	2011	2012	2013	2014	2015	2016	2017
平均每单位产值	**Output Value per Unit**	**479.76**	**433.48**	**634.07**	**653.68**	**516.80**	**519.20**	**530.62**
平均每单位中间消耗	**Intermediate Consumption per Unit**	**248.89**	**220.34**	**255.30**	**278.29**	**272.99**	**312.06**	**276.78**
物质消耗	**Material Consumption**	**174.90**	**132.85**	**170.71**	**175.01**	**190.50**	**208.71**	**192.32**
用种量	Seed Quantity	57.15	43.56	48.97	52.55	56.30	64.61	55.33
饲料、饲草	Forages, Forage Grass							
肥料	Fertilizers	96.85	75.50	98.83	98.03	102.82	105.31	101.89
燃料	Fuels	4.85	1.74	5.25	4.50	10.11	12.32	8.50
农膜(棚膜、地膜)	Agricultural Film (shed film, mulch)			0.29				
农药	Pesticides	15.91	11.37	16.30	18.29	19.08	23.43	22.50
畜牧水产养殖用药品	Pesticides for Cultivation							
用水量	Water Consumption		0.30	0.32	0.27	0.60	0.90	0.79
用电量	Electricity Consumption	0.06		0.33	0.87	0.83	0.79	0.40
棚架材料费	Scaffold Material Cost				0.04			
小农具购置费	Small Farm Implements	0.03	0.38	0.42	0.46	0.56	0.07	0.21
办公用品购置	Office Supplies					0.02	0.01	0.01
其他物质消耗	Others	0.04				0.18	1.28	2.69
生产服务支出	**Cost of Production Services**	**73.99**	**87.49**	**84.59**	**103.28**	**82.49**	**103.35**	**84.46**
外雇运输费	Transport Fee	0.44	1.29	0.97	2.84	3.60	4.69	3.03
外雇排灌费	Irrigation and Drainage Fee	0.02				1.04	0.25	0.45
外雇机械作业费	Mechanical Work Fee	70.05	84.73	83.13	100.44	71.35	87.25	78.25
配种费	Breeding Fee							
防疫费	Epidemic Prevention Fee							
技术服务费	Technical Advisory Fee					0.14	0.01	0.12
保险费	Insurance Fee					0.52	0.41	0.16
其他服务费	Others	3.48	1.47	0.49		5.84	10.74	2.45

2-17 玉米中间消耗
Mid-consumption of Corn

单位：元/亩 (yuan/mu)

指 标	Item	2011	2012	2013	2014	2015	2016	2017
平均每单位产值	**Output Value per Unit**	**835.93**	**834.42**	**923.15**	**924.72**	**835.62**	**735.46**	**848.63**
平均每单位中间消耗	**Intermediate Consumption per Unit**	**278.49**	**229.67**	**244.82**	**276.64**	**317.71**	**375.08**	**326.35**
物质消耗	**Material Consumption**	**254.51**	**213.33**	**204.86**	**220.47**	**240.56**	**266.84**	**252.29**
用种量	Seed Quantity	64.76	52.26	60.63	60.79	62.93	63.36	54.09
饲料、饲草	Forages, Forage Grass	0.59	0.52					
肥料	Fertilizers	157.64	141.87	124.07	133.82	143.42	168.88	158.75
燃料	Fuels	18.07	3.18	2.11	2.27	8.51	7.49	9.37
农膜(棚膜、地膜)	Agricultural Film (shed film, mulch)	0.14	3.30	0.03	0.31	3.48	2.44	3.28
农药	Pesticides	8.41	9.96	17.42	22.26	20.74	21.86	23.02
畜牧水产养殖用药品	Pesticides for Cultivation							
用水量	Water Consumption						0.01	
用电量	Electricity Consumption	0.07	0.02	0.29	0.93	0.24	0.32	0.88
棚架材料费	Scaffold Material Cost							0.62
小农具购置费	Small Farm Implements	0.04		0.18	0.09	0.83	2.06	1.23
办公用品购置	Office Supplies							
其他物质消耗	Others	4.78	2.22	0.13		0.41	0.42	1.06
生产服务支出	**Cost of Production Services**	**23.98**	**16.34**	**39.96**	**56.17**	**77.15**	**108.24**	**74.06**
外雇运输费	Transport Fee	0.53	0.47	1.84	1.20	3.37	9.98	5.91
外雇排灌费	Irrigation and Drainage Fee			0.19		0.79	5.22	
外雇机械作业费	Mechanical Work Fee	21.94	14.76	34.37	51.24	71.77	88.49	64.12
配种费	Breeding Fee							
防疫费	Epidemic Prevention Fee							
技术服务费	Technical Advisory Fee					0.06		
保险费	Insurance Fee						0.01	
其他服务费	Others	1.51	1.11	3.56	3.73	1.16	4.55	4.02

2-18 油菜籽中间消耗
Mid-consumption of Rapeseeds

单位：元/亩 (yuan/mu)

指 标	Item	2011	2012	2013	2014	2015	2016	2017
平均每单位产值	**Output Value per Unit**	**537.95**	**652.74**	**718.02**	**636.23**	**461.07**	**484.80**	**626.99**
平均每单位中间消耗	**Intermediate Consumption per Unit**	**176.68**	**160.42**	**227.74**	**215.44**	**240.47**	**251.85**	**227.61**
物质消耗	**Material Consumption**	**124.67**	**127.71**	**157.55**	**142.34**	**170.03**	**150.11**	**145.92**
用种量	Seed Quantity	18.44	17.43	24.09	22.87	21.82	19.81	19.87
饲料、饲草	Forages, Forage Grass	0.02						
肥料	Fertilizers	91.40	95.19	115.32	101.75	108.80	104.24	96.54
燃料	Fuels	1.26	1.64	1.01	1.11	13.64	4.07	6.75
农膜(棚膜、地膜)	Agricultural Film (shed film, mulch)	0.02						
农药	Pesticides	13.00	12.52	16.51	16.42	24.90	21.67	20.60
畜牧水产养殖用药品	Pesticides for Cultivation							
用水量	Water Consumption	0.17		0.09		0.02		1.76
用电量	Electricity Consumption	0.37		0.20	0.15	0.08	0.27	0.13
棚架材料费	Scaffold Material Cost							
小农具购置费	Small Farm Implements			0.33	0.04	0.58		
办公用品购置	Office Supplies							
其他物质消耗	Others		0.93			0.19	0.05	0.28
生产服务支出	**Cost of Production Services**	**52.01**	**32.71**	**70.19**	**73.10**	**70.44**	**101.75**	**81.69**
外雇运输费	Transport Fee	0.39		1.08	1.48	0.03	0.41	0.48
外雇排灌费	Irrigation and Drainage Fee	0.42			0.84		0.56	
外雇机械作业费	Mechanical Work Fee	43.47	25.76	69.11	70.78	69.27	98.19	79.03
配种费	Breeding Fee							
防疫费	Epidemic Prevention Fee							
技术服务费	Technical Advisory Fee					0.14	0.03	0.21
保险费	Insurance Fee							0.28
其他服务费	Others	7.73	6.95			1.00	2.56	1.68

2-19 棉花中间消耗
Mid-consumption of Cotton

单位：元/亩　　　　(yuan/mu)

指　　标	Item	2011	2012	2013	2014	2015	2016	2017
平均每单位产值	**Output Value per Unit**	**1699.31**	**1834.63**	**1550.69**	**1190.25**	**1244.16**	**1350.77**	**929.05**
平均每单位中间消耗	**Intermediate Consumption per Unit**	**468.16**	**380.55**	**405.35**	**375.54**	**354.27**	**392.76**	**379.56**
物质消耗	**Material Consumption**	**419.29**	**354.48**	**369.17**	**339.23**	**292.77**	**334.67**	**335.60**
用种量	Seed Quantity	60.48	61.42	56.67	53.39	51.95	53.98	51.04
饲料、饲草	Forages, Forage Grass							
肥料	Fertilizers	265.88	207.92	201.48	187.19	151.56	178.89	189.73
燃料	Fuels	14.90	6.81	4.22	0.26	2.60	1.88	1.67
农膜(棚膜、地膜)	Agricultural Film (shed film, mulch)	6.56	4.39	5.95	5.38	8.56	5.95	2.96
农药	Pesticides	69.93	72.03	97.05	89.38	74.79	91.56	88.37
畜牧水产养殖用药品	Pesticides for Cultivation							
用水量	Water Consumption	0.06	1.25					
用电量	Electricity Consumption	0.29		0.04	0.05	1.31	1.85	
棚架材料费	Scaffold Material Cost							
小农具购置费	Small Farm Implements	1.17	0.66	0.62	0.58			
办公用品购置	Office Supplies							
其他物质消耗	Others			3.14	3.00	2.00	0.56	1.82
生产服务支出	**Cost of Production Services**	**48.87**	**26.07**	**36.18**	**36.31**	**61.50**	**58.09**	**43.96**
外雇运输费	Transport Fee	1.99	0.17	0.40		2.71	8.79	4.32
外雇排灌费	Irrigation and Drainage Fee	2.45	0.19	0.55	3.73			
外雇机械作业费	Mechanical Work Fee	43.67	23.79	34.90	31.66	58.79	49.30	38.10
配种费	Breeding Fee							
防疫费	Epidemic Prevention Fee							
技术服务费	Technical Advisory Fee							
保险费	Insurance Fee							
其他服务费	Others	0.77	1.92	0.33	0.92			1.55

2-20 活鸡中间消耗
Mid-consumption of Live Chickens

单位：元/只 (yuan/head)

指 标	Item	2011	2012	2013	2014	2015	2016	2017
平均每单位产值	**Output Value per Unit**	**20.22**	**46.95**	**31.63**	**40.12**	**29.48**	**44.87**	**22.70**
平均每单位中间消耗	**Intermediate Consumption per Unit**	**15.91**	**23.59**	**17.56**	**24.02**	**19.67**	**18.26**	**16.90**
物质消耗	**Material Consumption**	**15.74**	**23.44**	**17.15**	**23.71**	**19.03**	**17.57**	**16.22**
用种量	Seed Quantity	2.90	3.23	2.43	4.60	2.21	2.90	2.34
饲料、饲草	Forages, Forage Grass	12.33	19.98	13.65	17.99	15.68	13.03	12.82
肥料	Fertilizers							
燃料	Fuels	0.06	0.04	0.41	0.51	0.09	0.14	0.08
农膜(棚膜、地膜)	Agricultural Film (shed film, mulch)							
农药	Pesticides							
畜牧水产养殖用药品	Pesticides for Cultivation	0.24	0.18	0.43	0.43	0.51	0.54	0.43
用水量	Water Consumption	0.03		0.05	0.01	0.19	0.39	0.20
用电量	Electricity Consumption	0.09	0.02	0.15	0.17	0.32	0.53	0.27
棚架材料费	Scaffold Material Cost						0.02	
小农具购置费	Small Farm Implements						0.01	0.06
办公用品购置	Office Supplies	0.00				0.02	0.00	0.01
其他物质消耗	Others	0.09		0.04	0.01	0.02	0.01	0.01
生产服务支出	**Cost of Production Services**	**0.17**	**0.15**	**0.42**	**0.32**	**0.65**	**0.68**	**0.68**
外雇运输费	Transport Fee	0.01	0.03	0.01	0.02	0.15	0.04	0.12
外雇排灌费	Irrigation and Drainage Fee							
外雇机械作业费	Mechanical Work Fee							
配种费	Breeding Fee						0.00	
防疫费	Epidemic Prevention Fee	0.10	0.11	0.30	0.26	0.30	0.60	0.46
技术服务费	Technical Advisory Fee			0.01	0.02	0.09	0.01	0.05
保险费	Insurance Fee						0.01	0.03
其他服务费	Others	0.06	0.02	0.11	0.02	0.11	0.02	0.02

2-21 生猪中间消耗
Mid-consumption of Live Hogs

单位：元/头 (yuan/head)

指　　标	Item	2011	2012	2013	2014	2015	2016	2017
平均每单位产值	**Output Value per Unit**	**1737.52**	**1793.50**	**1780.86**	**1543.00**	**1682.35**	**2098.73**	**1918.94**
平均每单位中间消耗	**Intermediate Consumption per Unit**	**1246.00**	**1230.58**	**1132.93**	**1121.16**	**1113.75**	**1069.94**	**1081.35**
物质消耗	**Material Consumption**	**1213.21**	**1214.29**	**1113.96**	**1097.81**	**1088.16**	**1035.84**	**1043.11**
用种量	Seed Quantity	254.29	334.47	227.02	174.70	50.24	100.45	60.25
饲料、饲草	Forages, Forage Grass	903.17	850.62	860.25	893.85	995.83	895.90	936.65
肥料	Fertilizers							
燃料	Fuels	4.15	7.30	0.27	3.46	0.61	1.23	2.65
农膜(棚膜、地膜)	Agricultural Film (shed film, mulch)							
农药	Pesticides							
畜牧水产养殖用药品	Pesticides for Cultivation	34.72	15.66	21.08	17.70	20.20	18.10	21.38
用水量	Water Consumption	0.79	1.11	1.19	1.90	4.74	3.49	2.37
用电量	Electricity Consumption	6.84	4.07	4.15	6.22	15.19	14.82	11.94
棚架材料费	Scaffold Material Cost						0.24	
小农具购置费	Small Farm Implements	0.12	0.03			0.29	0.42	1.13
办公用品购置	Office Supplies	0.00	0.02	0.01		0.08	0.04	0.40
其他物质消耗	Others	9.14	1.03			1.00	1.15	6.33
生产服务支出	**Cost of Production Services**	**32.79**	**16.30**	**18.97**	**23.35**	**25.59**	**34.11**	**38.23**
外雇运输费	Transport Fee	3.20	0.60	2.08	0.92	1.02	1.85	0.99
外雇排灌费	Irrigation and Drainage Fee						0.24	
外雇机械作业费	Mechanical Work Fee							
配种费	Breeding Fee	0.02	1.29	3.21	1.46	1.90	5.64	8.61
防疫费	Epidemic Prevention Fee	22.66	10.06	9.43	15.76	14.21	19.73	21.26
技术服务费	Technical Advisory Fee		0.40	2.48	0.78	1.34	0.66	1.35
保险费	Insurance Fee		0.03	0.21	0.16	1.55	1.29	2.92
其他服务费	Others	6.91	3.93	1.56	4.28	5.59	4.88	3.10

主要统计指标解释

粮食产量 指全社会的产量。包括国有经济经营的、集体统一经营的和农民家庭经营的粮食产量，还包括工矿企业办的农场和其他生产单位的产量。粮食除包括稻谷、小麦、玉米、高粱、谷子及其他杂粮外，还包括薯类和豆类。其产量计算方法，豆类按去豆荚后的干豆计算；薯类（包括甘薯和马铃薯，不包括芋头和木薯）1963 年以前按每 4 公斤鲜薯折 1 公斤粮食计算，从 1964 年开始改为按 5 公斤鲜薯折 1 公斤粮食计算。城市郊区作为蔬菜的薯类（如马铃薯等）按鲜品计算，并且不作粮食统计。其他粮食一律按脱粒后的原粮计算。1989 年以前全国粮食产量数据主要靠全面报表取得，1989 年开始使用抽样调查数据。

猪、牛、羊肉产量 指当年出栏并已屠宰、除去头蹄下水后带骨肉（即胴体重）的重量。包括全社会范围内的产量。1996 年前为各级逐级上报数据。1996 年第一次农业普查以后，由于畜牧业产品年报数据与普查数据之间存在一定的差距，国家统计局农调总队对畜牧业年报数据与普查数据进行衔接。1999 年以后，国家统计局开展了猪、牛、羊、禽等主要畜禽品种的抽样调查，并用抽样数据作为国家定案数据使用。未开展抽样调查的品种，仍使用各级统计部门逐级上报数据。

期初（末）畜禽存栏头（只）数 指报告期初（末）农村各种合作经济组织和国营农场、农民个人、机关、团体、学校、工矿企业、部队等单位以及城镇居民饲养的大牲畜、猪、羊、家禽等畜禽的存栏数。数据上报方式及数据调整情况同猪、牛、羊肉产量。

当年出栏头数 指农林牧渔企业生产单位饲养的，供屠宰并已出栏的全部牲畜头数。包括交售给国家，集市上出售的部分。

常用耕地 是指耕地总资源中专门种植农作物并经常进行耕种、能够正常收获的土地。包括当年实际耕种的熟地；弃耕、休闲不满三年，随时可以复耕的地；开荒利用三年以上的土地。在统计口径上包括南方小于 1 米、北方小于 2 米宽的沟、渠、路和田埂。不包括临时种植农作物的坡度在 25 度以上的陡坡地；在河套、湖畔、库区临时开发的成片或零星土地；也不包括已列为国家和省（区、市）退耕计划但临时耕种的土地。常用耕地是国家需要重点保护的耕地，是反映我国农业综合生产能力的一个重要指标。

农作物播种面积 指实际播种或移植有农作物的面积。凡是实际种植有农作物的面积，不论种植在耕地上还是种植在非耕地上，均包括在农作物播种面积中。在播种季节基本结束后，因遭灾而重新改种和补种的农作物面积，也包括在内。它是反映我国耕地面积利用情况的一个重要指标。目前，农作物播种面积主要包括粮食、棉花、油料、糖料、麻类、烟叶、蔬菜和瓜类、药材和其他农作物九大类。

农林牧渔业中间消耗 指在一定时期内农林牧渔业生产过程中所消耗的物质产品和劳务价值。中间消耗包括物质产品消耗和生产服务支出两个部分。

Explanatory Notes on Main Statistical Indicators

Grain Output refers to the total output in the whole country including grains produced by state farms, collective units, rural households, as well as by farms affiliated to industrial and mining enterprises and other production units. Grain includes rice, wheat, corn, sorghum, millet and other miscellaneous grains as well as tubers and bean. Output of beans refers to dry beans without pods. The output of tubers（sweet potatoes and potatoes, not including taros and cassava）was converted into that of grain at the ratio 4：1, i.e. 4 kilograms of fresh tubers was equivalent to 1 kilogram of grain up to 1963. Since 1964 the ratio for conversion has been 5：1. Tubers supplied as vegetables （such as potatoes） in cities and suburbs are calculated as fresh vegetables and their output is not included in the output of grain. Output of all other grains refers to husked grain. Data on grain production before 1989 were obtained through Comprehensive Statistical Reporting System. Since 1989, data from sample surveys are used.

Output of Pork, Beef, and Mutton refers to the meat of slaughtered hogs, cattle, sheep and goats with head, feet, and offal taken away. Data refers to the production of the whole country. The first agriculture census of China in 1996 revealed some discrepancy between the production of animal products from the annual reports and that from the census. Efforts were made by the Rural Socio-economic Survey Organization of NBS to adjust the output value of animal husbandry to make the figures from the annual reports consistent with the census data. Since 1999, NBS conducted sample survey for the major animal husbandry products, such as hogs, cattle, sheep and goats and fowls, and the data from sample surveys are used as national finalized data. Those products, which are not covered by the sample survey, are still reported by statistical agencies level by level.

Number of Livestock or Poultry in Stock at Beginning （or End） refers to the total number of large animals, pigs, sheep, fowls, etc. raised by rural cooperative organizations, state farms, rural individuals, government agencies, schools, industrial and mining enterprises, army, and urban residents at the beginning （or end） of the reference period. Data reporting system and data adjustment are the same as that in the output of pork, beef and mutton.

Number of Livestock Slaughtered refers to the total number of animals for butchering by farming, forestry, animal husbandry and fishery, including parts of selling to country and markets.

Regularly Cultivated Land refers to farmland among the total land resources, which is exclusively used for farming and is under regular cultivation with harvest in normal years. Included are currently cultivated land, land that has been abandoned or put in idle for less than 3 years and could be re-used for cultivation at any time, and new-claimed land that has been put into cultivation for more than 3 years. According to statistical coverage, it includes the gouges, dykes, roads and ridges of field with 1 meter wide in Southern areas and 2 meters wide in Northern areas. Excluded under this category are steep slope land over 25 degrees under temporary cultivation, land (large or small plots) that is claimed along river bends, lake sides or banks of reservoirs, as well as land that has been designated under the "Green for Grain" programme of the state and provincial governments but is still temporarily under cultivation. The regularly cultivated land is the key protection land of the nation, an important indicator reflecting the comprehensive productivity of agriculture of China.

Sown Area of Crops refers to area of land sown or transplanted with crops regardless of being in cultivated area or non-cultivated area. Area of land re-sown due to natural disasters is also included. This is an important indicator that can reflect the utilization condition of the cultivated land in China. At present, the sown area of crops mainly include the following 9 categories of crops: grain, cotton, oil-bearing crops, sugar crops, fiber crops, tobacco, vegetables and melons, medicinal materials and other farm crops.

Intermediate Consumption of Farming, Forestry, Animal Husbandry and Fishery refers to the value input and consumption in the process of agriculture production and various physical products during a certain period. It is classified into intermediate material consumption and intermediate service consumption.

企业调查

Chapter 3

Enterprise Survey

资料整理：胡 宇 潘 路

3-1 规模以下工业主要指标
Main Indicators of Industrial Enterprises below Designated Size

单位：亿元 (100 million yuan)

指 标	Item	2014	2015	2016	2017
总体估计量	**Population Estimator**				
单位数合计(万个)	Number of Units (10000 units)	18.74	13.51	14.71	14.25
期末从业人数(万人)	Number of Employed Persons at the Year-end (10000 persons)	111.29	78.76	72.17	74.47
企业子总体估计量	**Population Estimator of Enterprise**				
企业数(万个)	Number of Enterprises (10000 units)	3.2	2.8	4.4	4.9
期末从业人数(万人)	Number of Employed Persons at the Year-end (10000 persons)	61.77	41.66	34.27	36.87
工业总产值(当年价格)	Gross Industrial Output Value (current prices)	1419.28	980.31	807.61	1026.85
主营业务收入	Revenue from Principal Business	1405.23	970.6	799.61	1016.68
应交税金	Payable Tax	45.51	43.75	29.96	32.24
工资总额	Total Wages	143.82	127.88	107.84	124.45
折旧	Depreciation	69.73	96.16	88.09	55.62
个体子总体估计量	**Population Estimator of Individual**				
个体单位数(万个)	Number of Individuals (10000 units)	15.54	10.71	10.31	9.35
期末从业人数(万人)	Number of Employed Persons at the Year-end (10000 persons)	49.52	37.1	37.9	37.6

注：以上数据是以湖北为总体进行抽样调查推估而得，其中工业总产值为抽样核心指标，抽样误差较小；而其他指标不是抽样核心指标，抽样误差可能较大。同时，2015年因全部更换了新样本和抽样框，故2015年数据和之前的数据不具备可比性。

Note: The above data are surveyed and projected base on samples for Hubei, the projected value of the indicators are certain sampling error. Meanwhile, due to replace of all the new samples and sampling frames in 2015, the data of 2015 and previous data are not comparable.

3-2 历年规模以下工业主要经济指标(2009-2017)
Main Indicators of Industrial Enterprises below Designated Size(2009-2017)

年份 Year	单位数合计(万个) Number of Units (10000 units)	企业 Enterprise	个体 Self-employed Individuals	从业人员合计(万人) Number of Staff and Workers (10000 persons)	企业 Enterprise	个体 Self-employed Individuals	工业增加值合计(亿元) Total of Industrial Value-added (100 million yuan) 本期 Current	增幅(%) Rate of Increase (%)
2009	19.39	2.57	16.82	107.47	52.70	54.77	452.71	8.5
2010	18.49	3.57	14.92	99.09	50.10	48.99	495.84	10.4
2011	19.03	4.23	14.80	133.05	83.03	50.02	735.30	8.5
2012	19.12	3.91	15.21	130.84	79.67	51.17	854.14	6.8
2013	18.81	3.32	15.49	115.99	66.76	49.23	744.00	6.8
2014	18.74	3.20	15.54	111.29	61.77	49.52	765.30	5.6
2015	13.51	2.80	10.71	78.76	41.66	37.10	528.80	7.5
2016	14.71	4.40	10.31	72.17	34.27	37.90	435.50	3.2
2017	14.25	4.90	9.35	74.47	36.87	37.60	561.20	4.4

注：规模以下工业部分所有指标均为抽样调查数据，指数均按可比价格计算。2011年以前工业增加值为企业年营业收入在500万元以下推算数，2011年工业增加值为样本企业年营业收入在2000万元以下推算数。

Note: Data in this table were the figures of Sample Survey, the indices was calculated on the basis of constant coverage. Before 2011, industrial value-added was calculated according to all industrial enterprises with revenue from principal business below 5 million yuan, while according to the sample of corporate below 20 million yuan.

3-3 规模以下工业企业按类型分组主要指标(2017年)

单位：亿元

分　组	Item	企业数(个) Number of Enterprises (unit)
总　计	**Total**	**48515**
按登记注册类型分组	By Status of Registration	
内资企业	Domestic Funded Enterprises	48219
国有企业	State-owned Enterprises	389
集体企业	Collective-owned Enterprises	911
股份合作企业	Cooperative Enterprises	83
联营企业	Joint Ownership Enterprises	175
有限责任公司	Limited Liability Corporations	9442
股份有限公司	Share-holding Corporations Ltd.	1087
私营企业	Private Enterprises	33344
其他企业	Other Enterprises	2788
港、澳、台商投资企业	Enterprises with Funds from Hong Kong, Macao and Taiwan	180
与港澳台商合资经营企业	Joint Venture Enterprises with Funds from Hong Kong, Macao and Taiwan	23
与港澳台商合作经营企业	Cooperative Enterprises with Funds from Hong Kong, Macao and Taiwan	
港澳台商独资经营企业	Enterprises with Sole (exclusive) Investment from Hong Kong, Macao and Taiwan	157
港澳台商投资股份有限公司	Share-holding Corporations Ltd. with Investment from Hong Kong, Macao and Taiwan	
外商投资企业	Enterprises with Foreign Investment	116
中外合资经营企业	Joint Venture Enterprises with Foreign Investment//Joint-venture Enterprises	59
中外合作经营企业	Cooperative Enterprises with Foreign Investment//Cooperative Enterprises	18
外资企业	Enterprises with Sole (exclusive) Foreign Investment//Enterprises with Sole Funds	39
外商投资股份有限公司	Share-holding Corporations Ltd. with Foreign Investment	

注：部分企业有“企业数”而无“经济指标”是因为该类别或行业的样本企业生产状态或为“转产”或为“停产”或为“关闭”等，但参与了汇总。特说明。

Note: Several enterprises have "number of enterprises" without "economic indicators" due to the production status of sample enterprises are "conversion" or "stopping production" or "abandoning production"，but calculate in the statistical report. Please pay attention.

Main Indicators of Industrial Enterprises below Designated Size by Type(2017)

(100 million yuan)

工业总产值 Gross Industrial Output Value	主营业务收入 Income of Principal Business	期末从业人员（万人） Number of Engaged Persons (10 thousand person)	资产总计 Total Assets	主营业务成本 Cost of Principal Business	应付职工薪酬 Wages Payable
1026.85	**1016.68**	**36.87**	**1447.54**	**818.34**	**124.45**
1020.14	1010.04	36.72	1436.99	813.02	123.88
3.08	3.05	0.37	3.53	2.89	1.06
10.88	10.77	0.93	29.53	8.63	3.15
0.19	0.19	0.02	0.50	0.15	0.07
14.43	14.29	0.16	18.76	11.04	0.81
204.69	202.66	9.44	324.28	159.32	31.71
31.64	31.33	1.31	139.53	25.06	4.02
725.34	718.16	23.69	877.33	581.56	80.45
29.89	29.59	0.80	33.53	24.37	2.61
4.49	4.44	0.100	3.80	3.41	0.41
4.49	4.44	0.100	3.80	3.41	0.41
2.22	2.20	0.05	5.75	1.91	0.16
2.22	2.20	0.05	5.75	1.91	0.16

3-4 规模以下工业企业分行业主要指标(2017年)

单位：亿元

分组	Item	企业数(个) Number of Enterprises (unit)
总计	**Total**	**48515**
煤炭开采和洗选业	Mining and Washing of Coal	348
石油和天然气开采业	Extraction of Petroleum and Natural Gas	15
黑色金属矿采选业	Mining and Processing of Ferrous Metal Ores	162
有色金属矿采选业	Mining and Processing of Non-ferrous Metal Ores	84
非金属矿采选业	Mining and Processing of Non-metal Ores	1882
开采辅助活动	Mining of Auxiliary Activities	25
其他采矿业	Mining of Other Ores	222
农副食品加工业	Processing of Food from Agricultural Products	3284
食品制造业	Manufacture of Foods	1393
酒、饮料和精制茶制造业	Manufacture of Liquor, Beverage and Tea	2020
烟草制品业	Manufacture of Tobacco	5
纺织业	Manufacture of Textile	1339
纺织服装、服饰业	Manufacture of Textile and Apparel	1740
皮革、毛皮、羽毛(绒)及其制品业	Manufacture of Leather, Fur, Feather and Its Products	511
木材加工及木、竹、藤、棕、草制品业	Processing of Timber, Manufacture of Wood, Bamboo, Rattan, Palm and Straw Products	1429
家具制造业	Manufacture of Furniture	1591
造纸及纸制品业	Manufacture of Paper and Paper Products	606
印刷业和记录媒介的复制	Printing, Reproduction of Recording Media	1373
文教、工美、体育和娱乐用品制造业	Manufacture of Culture and Education, Art and Craft, Sport Activities, Entertainment	523
石油加工、炼焦及核燃料加工业	Processing of Petroleum, Coking, Processing of Nuclear Fuel	56
化学原料及化学制品制造业	Manufacture of Raw Chemical Materials and Chemical Products	2492
医药制造业	Manufacture of Medicines	326
化学纤维制造业	Manufacture of Chemical Fibre	25
橡胶和塑料制品业	Manufacture of Rubber and Plastics	1802
非金属矿物制品业	Manufacture of Non-metallic Mineral Products	6444
黑色金属冶炼及压延加工业	Smelting and Pressing of Ferrous Metals	291
有色金属冶炼及压延加工业	Smelting and Pressing of Non-ferrous Metals	314
金属制品业	Manufacture of Metal Products	2636
通用设备制造业	Manufacture of General Purpose Machinery	2513
专用设备制造业	Manufacture of Special Purpose Machinery	2571
汽车制造业	Manufacture of Automobile	2967
铁路、船舶、航空航天和其他运输设备制造业	Manufacture of Railway, Shipbuilding, Aerospace, and Other Transport Equipment	200
电气机械及器材制造业	Manufacture of Electrical Machinery and Equipment	2045
计算机、通信及其他电子设备制造业	Manufacture of Computer, Communication and Other Electronic Equipment	694
仪器仪表制造业	Manufacture of Measuring Instrument	683
其他制造业	Other Manufacture	441
废弃资源综合利用业	Comprehensive Utilization of Waste Resources	347
金属制品、机械和设备修理业	Metal product, Machinery and Equipment Repair	345
电力、热力的生产和供应业	Production and Supply of Electric Power and Heat Power	1677
燃气生产和供应业	Production and Supply of Gas	210
水的生产和供应业	Production and Supply of Water	884

Main Indicators of Industrial Enterprises below Designated Size by Sector(2017)

工业总产值 Gross Industrial Output Value	主营业务收入 Income of Principal Business	期末从业人员 (万人) Number of Engaged Persons (10 thousand person)	税金总额 Total Tax
1026.85	**1016.68**	**36.87**	**32.24**
5.66	5.60	0.61	0.37
0.57	0.56	0.01	0.02
0.08	0.08	0.01	0.01
0.03	0.03	0.0009	0.0005
19.22	19.03	1.10	0.58
1.25	1.24	0.02	0.04
15.52	15.37	0.21	1.19
65.19	64.54	1.68	0.36
20.06	19.86	1.29	0.46
23.72	23.49	0.98	0.40
33.68	33.35	1.29	0.61
10.32	10.22	1.40	0.40
11.87	11.75	1.53	0.77
58.90	58.32	2.66	1.09
19.70	19.50	1.32	0.09
12.36	12.24	0.36	0.20
20.97	20.76	0.55	2.54
3.63	3.59	0.32	0.38
0.25	0.25	0.007	0.002
102.09	101.08	1.69	1.92
7.22	7.15	0.26	0.12
0.17	0.17	0.02	0.001
74.14	73.41	2.07	2.05
132.73	131.42	2.28	5.21
3.34	3.31	0.05	0.02
2.30	2.28	0.09	0.08
78.89	78.11	3.42	1.66
30.99	30.68	1.85	0.81
57.92	57.35	1.84	3.00
92.37	91.46	2.50	2.81
4.57	4.52	0.08	0.22
44.19	43.75	2.20	0.92
12.95	12.82	0.50	0.58
10.32	10.22	0.36	0.74
5.62	5.56	0.14	0.10
4.44	4.40	0.14	0.09
5.59	5.53	0.19	0.20
15.99	15.83	0.74	1.61
4.77	4.72	0.09	0.19
13.26	13.13	1.01	0.40

3-4 续表

单位：亿元

分　　组	Item	利润总额 Total Profit
总　　计	**Total**	**69.65**
煤炭开采和洗选业	Mining and Washing of Coal	0.71
石油和天然气开采业	Extraction of Petroleum and Natural Gas	0.03
黑色金属矿采选业	Mining and Processing of Ferrous Metal Ores	0.03
有色金属矿采选业	Mining and Processing of Non-ferrous Metal Ores	0.002
非金属矿采选业	Mining and Processing of Non-metal Ores	1.00
开采辅助活动	Mining of Auxiliary Activities	0.18
其他采矿业	Mining of Other Ores	2.26
农副食品加工业	Processing of Food from Agricultural Products	3.57
食品制造业	Manufacture of Foods	1.60
酒、饮料和精制茶制造业	Manufacture of Liquor, Beverage and Tea	3.47
烟草制品业	Manufacture of Tobacco	
纺织业	Manufacture of Textile	2.37
纺织服装、服饰业	Manufacture of Textile and Apparel	0.71
皮革、毛皮、羽毛(绒)及其制品业	Manufacture of Leather, Fur, Feather and Its Products	-0.25
木材加工及木、竹、藤、棕、草制品业	Processing of Timber, Manufacture of Wood, Bamboo, Rattan, Palm and Straw Products	5.53
家具制造业	Manufacture of Furniture	2.18
造纸及纸制品业	Manufacture of Paper and Paper Products	0.93
印刷业和记录媒介的复制	Printing, Reproduction of Recording Media	3.35
文教、工美、体育和娱乐用品制造业	Manufacture of Culture and Education, Art and Craft, Sport Activities, Entertainment	0.17
石油加工、炼焦及核燃料加工业	Processing of Petroleum, Coking, Processing of Nuclear Fuel	-0.01
化学原料及化学制品制造业	Manufacture of Raw Chemical Materials and Chemical Products	9.50
医药制造业	Manufacture of Medicines	0.39
化学纤维制造业	Manufacture of Chemical Fibre	0.03
橡胶和塑料制品业	Manufacture of Rubber and Plastics	2.42
非金属矿物制品业	Manufacture of Non-metallic Mineral Products	7.57
黑色金属冶炼及压延加工业	Smelting and Pressing of Ferrous Metals	0.03
有色金属冶炼及压延加工业	Smelting and Pressing of Non-ferrous Metals	0.25
金属制品业	Manufacture of Metal Products	5.92
通用设备制造业	Manufacture of General Purpose Machinery	3.08
专用设备制造业	Manufacture of Special Purpose Machinery	2.28
汽车制造业	Manufacture of Automobile	4.25
铁路、船舶、航空航天和其他运输设备制造业	Manufacture of Railway, Shipbuilding, Aerospace, and Other Transport Equipment	0.08
电气机械及器材制造业	Manufacture of Electrical Machinery and Equipment	0.88
计算机、通信及其他电子设备制造业	Manufacture of Computer, Communication and Other Electronic Equipment	3.16
仪器仪表制造业	Manufacture of Measuring Instrument	0.51
其他制造业	Other Manufacture	0.23
废弃资源综合利用业	Comprehensive Utilization of Waste Resources	0.21
金属制品、机械和设备修理业	Metal product, Machinery and Equipment Repair	0.07
电力、热力的生产和供应业	Production and Supply of Electric Power and Heat Power	-1.40
燃气生产和供应业	Production and Supply of Gas	0.71
水的生产和供应业	Production and Supply of Water	1.64

Continued

(100 million yuan)

应付职工薪酬 Wages Payable	本年折旧 Depreciation This Year	资产总计 Total Assets
124.45	**55.62**	**1447.54**
2.13	0.69	30.84
0.04	0.01	0.87
0.03	0.005	0.63
0.003	0.002	0.01
4.30	0.99	14.73
0.10	0.10	5.05
0.91	3.38	19.53
4.50	1.31	41.69
1.84	1.40	33.10
2.38	2.15	19.64
4.32	0.57	29.84
3.30	0.34	7.73
2.30	0.36	9.17
9.56	1.21	41.81
3.51	1.25	67.76
1.32	0.40	6.31
3.17	1.03	28.36
0.94	0.13	6.18
0.01	0.01	0.33
10.51	1.00	53.49
0.74	0.25	9.55
0.05	0.003	0.09
7.27	8.56	112.10
7.60	3.15	122.15
0.08	0.09	2.28
0.28	0.08	2.95
14.98	2.99	77.01
5.06	1.69	51.00
6.69	1.69	71.47
7.78	4.15	105.66
0.46	0.66	6.00
7.09	2.44	61.17
1.94	0.72	67.86
1.84	0.82	26.23
0.44	0.22	7.55
0.37	0.19	5.00
0.80	0.09	7.45
2.18	8.79	213.94
0.35	0.36	16.75
3.28	2.34	64.26

3-5 规模以下服务业企业样本调查单位主要指标(2017年)

Major Indicators for Sample Units of Services Enterprises below Designated Size(2017)

项　目	Item	单　位	Unit	指标值 Value
单位数	Number of Enterprises	个	unit	1696
固定资产原价	Original Value of Fixed Assets	千元	1000 yuan	5933454
资产总计	Total Assets	千元	1000 yuan	29169895
负债合计	Total Liabilities	千元	1000 yuan	19588878
营业收入	Business Revenue	千元	1000 yuan	4837543
营业成本	Operating Costs	千元	1000 yuan	3230518
营业税金及附加	Operating Tax and Extra Charges	千元	1000 yuan	60920
销售费用	Selling Expenses	千元	1000 yuan	303863
管理费用	Management Expenses	千元	1000 yuan	807853
财务费用	Financing Expenses	千元	1000 yuan	61124
营业利润	Operating Profit	千元	1000 yuan	267254
应付职工薪酬(本年贷方累计发生额)	Payroll Payable	千元	1000 yuan	946084
应交增值税	Value Added Tax Payable	千元	1000 yuan	93887
从业人员平均人数	Average Number of Employed Persons	人	person	24825

注：规模以下服务业企业是指辖区内一定规模以下的服务业行业法人单位(辖区内年末从业人员50人以下，且年营业收入1000万元以下)。具体包括：交通运输、仓储和邮政业，信息传输、软件和信息技术服务业，租赁和商务服务业，科学研究和技术服务业，水利、环境和公共设施管理业，教育，卫生和社会工作；以及物业管理、房地产中介服务、自有房地产经营活动和其他房地产业等行业。2017年全省共调查有效样本企业1696家。

Note: Service Enterprises below Designated Size refers to service industry corporations below a certain size in the area: There are less than 50 employees at the end of the year, and the annual operating income is less than 10 million yuan. Specific include: transportation, storage and postal industry, information transmission, software and information technology services industry, leasing and business services, scientific research and technical services, water conservancy, environment and public facilities management industry, education, health and social work, property management and real estate intermediary services, own real estate business activities and other real estate industries. In total of 1696 effective samples are surveyed in 2017.

3-6 规模以下交通运输、仓储和邮政业企业样本调查单位主要指标(2017年)

Major Indicators for Sample Units of Transport, Storage and Postal Enterprises below Designated Size(2017)

项　目	Item	单　位	Unit	指标值 Value
单位数	Number of Enterprises	个	unit	298
固定资产原价	Original Value of Fixed Assets	千元	1000 yuan	1238806
资产总计	Total Assets	千元	1000 yuan	2259360
负债合计	Total Liabilities	千元	1000 yuan	1291721
营业收入	Business Revenue	千元	1000 yuan	843982
营业成本	Operating Costs	千元	1000 yuan	600391
营业税金及附加	Operating Tax and Extra Charges	千元	1000 yuan	13433
销售费用	Selling Expenses	千元	1000 yuan	46522
管理费用	Management Expenses	千元	1000 yuan	103540
财务费用	Financing Expenses	千元	1000 yuan	20070
营业利润	Operating Profit	千元	1000 yuan	29985
应付职工薪酬(本年贷方累计发生额)	Payroll Payable	千元	1000 yuan	152562
应交增值税	Value Added Tax Payable	千元	1000 yuan	14868
从业人员平均人数	Average Number of Employed Persons	人	person	4561

3-7 规模以下信息传输、软件和信息技术服务业企业样本调查单位主要指标(2017年)

Major Indicators for Sample Units of the Information Transmission, Technology Services and Software Enterprises Information below Designated Size(2017)

项　　目	Item	单　位	Unit	指标值 Value
单位数	Number of Enterprises	个	unit	183
固定资产原价	Original Value of Fixed Assets	千元	1000 yuan	258379
资产总计	Total Assets	千元	1000 yuan	680193
负债合计	Total Liabilities	千元	1000 yuan	333039
营业收入	Business Revenue	千元	1000 yuan	551852
营业成本	Operating Costs	千元	1000 yuan	377422
营业税金及附加	Operating Tax and Extra Charges	千元	1000 yuan	5680
销售费用	Selling Expenses	千元	1000 yuan	32179
管理费用	Management Expenses	千元	1000 yuan	93763
财务费用	Financing Expenses	千元	1000 yuan	8920
营业利润	Operating Profit	千元	1000 yuan	20438
应付职工薪酬(本年贷方累计发生额)	Payroll Payable	千元	1000 yuan	84566
应交增值税	Value Added Tax Payable	千元	1000 yuan	12402
从业人员平均人数	Average Number of Employed Persons	人	person	1817

3-8 规模以下房地产业企业样本调查单位主要指标(2017年)

Major Indicators for Sample Units of Real Estate Enterprises below Designated Size(2017)

项　　目	Item	单　位	Unit	指标值 Value
单位数	Number of Enterprises	个	unit	155
固定资产原价	Original Value of Fixed Assets	千元	1000 yuan	1133312
资产总计	Total Assets	千元	1000 yuan	4162390
负债合计	Total Liabilities	千元	1000 yuan	2889445
营业收入	Business Revenue	千元	1000 yuan	488347
营业成本	Operating Costs	千元	1000 yuan	307548
营业税金及附加	Operating Tax and Extra Charges	千元	1000 yuan	11341
销售费用	Selling Expenses	千元	1000 yuan	19644
管理费用	Management Expenses	千元	1000 yuan	138004
财务费用	Financing Expenses	千元	1000 yuan	7136
营业利润	Operating Profit	千元	1000 yuan	-1102
应付职工薪酬(本年贷方累计发生额)	Payroll Payable	千元	1000 yuan	99867
应交增值税	Value Added Tax Payable	千元	1000 yuan	12401
从业人员平均人数	Average Number of Employed Persons	人	person	2770

3-9 规模以下租赁和商务服务业企业样本调查单位主要指标(2017年)
Major Indicators for Sample Units of Leasing and Business Services Enterprises below Designated Size(2017)

项　　目	Item	单　位	Unit	指标值 Value
单位数	Number of Enterprises	个	unit	202
固定资产原价	Original Value of Fixed Assets	千元	1000 yuan	1102315
资产总计	Total Assets	千元	1000 yuan	16753912
负债合计	Total Liabilities	千元	1000 yuan	12852491
营业收入	Business Revenue	千元	1000 yuan	621364
营业成本	Operating Costs	千元	1000 yuan	438161
营业税金及附加	Operating Tax and Extra Charges	千元	1000 yuan	7938
销售费用	Selling Expenses	千元	1000 yuan	22470
管理费用	Management Expenses	千元	1000 yuan	102328
财务费用	Financing Expenses	千元	1000 yuan	-11294
营业利润	Operating Profit	千元	1000 yuan	61264
应付职工薪酬(本年贷方累计发生额)	Payroll Payable	千元	1000 yuan	95224
应交增值税	Value Added Tax Payable	千元	1000 yuan	13791
从业人员平均人数	Average Number of Employed Persons	人	person	2371

3-10 规模以下科学研究和技术服务业企业样本调查单位主要指标(2017年)
Major Indicators for Sample Units of the Scientific Research and Technical Services Enterprises below Designated Size(2017)

项　　目	Item	单　位	Unit	指标值 Value
单位数	Number of Enterprises	个	unit	143
固定资产原价	Original Value of Fixed Assets	千元	1000 yuan	415197
资产总计	Total Assets	千元	1000 yuan	1112695
负债合计	Total Liabilities	千元	1000 yuan	514318
营业收入	Business Revenue	千元	1000 yuan	587439
营业成本	Operating Costs	千元	1000 yuan	403514
营业税金及附加	Operating Tax and Extra Charges	千元	1000 yuan	3640
销售费用	Selling Expenses	千元	1000 yuan	26283
管理费用	Management Expenses	千元	1000 yuan	117749
财务费用	Financing Expenses	千元	1000 yuan	5801
营业利润	Operating Profit	千元	1000 yuan	25821
应付职工薪酬(本年贷方累计发生额)	Payroll Payable	千元	1000 yuan	112104
应交增值税	Value Added Tax Payable	千元	1000 yuan	14380
从业人员平均人数	Average Number of Employed Persons	人	person	2166

3-11 规模以下水利、环境和公共设施管理业企业样本调查单位主要指标(2017年)

Major Indicators for Sample Units of the Water Conservancy, Environment and Public Facilities Management Enterprises below Designated Size(2017)

项　目	Item	单　位	Unit	指标值 Value
单位数	Number of Enterprises	个	unit	118
固定资产原价	Original Value of Fixed Assets	千元	1000 yuan	597630
资产总计	Total Assets	千元	1000 yuan	1948887
负债合计	Total Liabilities	千元	1000 yuan	876869
营业收入	Business Revenue	千元	1000 yuan	320700
营业成本	Operating Costs	千元	1000 yuan	222551
营业税金及附加	Operating Tax and Extra Charges	千元	1000 yuan	4508
销售费用	Selling Expenses	千元	1000 yuan	13575
管理费用	Management Expenses	千元	1000 yuan	42505
财务费用	Financing Expenses	千元	1000 yuan	14993
营业利润	Operating Profit	千元	1000 yuan	13073
应付职工薪酬(本年贷方累计发生额)	Payroll Payable	千元	1000 yuan	56523
应交增值税	Value Added Tax Payable	千元	1000 yuan	7800
从业人员平均人数	Average Number of Employed Persons	人	person	1658

3-12 规模以下居民服务、修理和其他服务业企业样本调查单位主要指标(2017年)

Major Indicators for Sample Units of Resident Services, Repair Services and other Services Enterprises below Designated Size(2017)

项　目	Item	单　位	Unit	指标值 Value
单位数	Number of Enterprises	个	unit	123
固定资产原价	Original Value of Fixed Assets	千元	1000 yuan	202561
资产总计	Total Assets	千元	1000 yuan	390188
负债合计	Total Liabilities	千元	1000 yuan	131716
营业收入	Business Revenue	千元	1000 yuan	331462
营业成本	Operating Costs	千元	1000 yuan	229527
营业税金及附加	Operating Tax and Extra Charges	千元	1000 yuan	3603
销售费用	Selling Expenses	千元	1000 yuan	17525
管理费用	Management Expenses	千元	1000 yuan	41043
财务费用	Financing Expenses	千元	1000 yuan	2983
营业利润	Operating Profit	千元	1000 yuan	29982
应付职工薪酬(本年贷方累计发生额)	Payroll Payable	千元	1000 yuan	71279
应交增值税	Value Added Tax Payable	千元	1000 yuan	6991
从业人员平均人数	Average Number of Employed Persons	人	person	2009

3-13 规模以下教育企业样本调查单位主要指标(2017年)

Major Indicators for Sample Units of Education Enterprises below Designated Size(2017)

项　目	Item	单　位	Unit	指标值 Value
单位数	Number of Enterprises	个	unit	111
固定资产原价	Original Value of Fixed Assets	千元	1000 yuan	205396
资产总计	Total Assets	千元	1000 yuan	274040
负债合计	Total Liabilities	千元	1000 yuan	85715
营业收入	Business Revenue	千元	1000 yuan	201678
营业成本	Operating Costs	千元	1000 yuan	118412
营业税金及附加	Operating Tax and Extra Charges	千元	1000 yuan	2943
销售费用	Selling Expenses	千元	1000 yuan	9727
管理费用	Management Expenses	千元	1000 yuan	40977
财务费用	Financing Expenses	千元	1000 yuan	2711
营业利润	Operating Profit	千元	1000 yuan	22168
应付职工薪酬(本年贷方累计发生额)	Payroll Payable	千元	1000 yuan	62300
应交增值税	Value Added Tax Payable	千元	1000 yuan	2435
从业人员平均人数	Average Number of Employed Persons	人	person	1922

3-14 规模以下卫生和社会工作企业样本调查单位主要指标(2017年)

Major Indicators for Sample Units of Health and Social Work Enterprises below Designated Size(2017)

项　目	Item	单　位	Unit	指标值 Value
单位数	Number of Enterprises	个	unit	191
固定资产原价	Original Value of Fixed Assets	千元	1000 yuan	574040
资产总计	Total Assets	千元	1000 yuan	1128545
负债合计	Total Liabilities	千元	1000 yuan	357777
营业收入	Business Revenue	千元	1000 yuan	626676
营业成本	Operating Costs	千元	1000 yuan	391009
营业税金及附加	Operating Tax and Extra Charges	千元	1000 yuan	3523
销售费用	Selling Expenses	千元	1000 yuan	75598
管理费用	Management Expenses	千元	1000 yuan	76156
财务费用	Financing Expenses	千元	1000 yuan	6138
营业利润	Operating Profit	千元	1000 yuan	48896
应付职工薪酬(本年贷方累计发生额)	Payroll Payable	千元	1000 yuan	146266
应交增值税	Value Added Tax Payable	千元	1000 yuan	3460
从业人员平均人数	Average Number of Employed Persons	人	person	3782

3-15 规模以下文化、体育和娱乐业企业样本调查单位主要指标(2017年)

Major Indicators for Sample Units of Cultural, Sports, Entertainment Enterprises below Designated Size(2017)

项　目	Item	单　位	Unit	指标值 Value
单位数	Number of Enterprises	个	unit	172
固定资产原价	Original Value of Fixed Assets	千元	1000 yuan	205818
资产总计	Total Assets	千元	1000 yuan	459685
负债合计	Total Liabilities	千元	1000 yuan	255787
营业收入	Business Revenue	千元	1000 yuan	264043
营业成本	Operating Costs	千元	1000 yuan	141983
营业税金及附加	Operating Tax and Extra Charges	千元	1000 yuan	4311
销售费用	Selling Expenses	千元	1000 yuan	40340
管理费用	Management Expenses	千元	1000 yuan	51788
财务费用	Financing Expenses	千元	1000 yuan	3666
营业利润	Operating Profit	千元	1000 yuan	16729
应付职工薪酬(本年贷方累计发生额)	Payroll Payable	千元	1000 yuan	65393
应交增值税	Value Added Tax Payable	千元	1000 yuan	5359
从业人员平均人数	Average Number of Employed Persons	人	person	1769

主要统计指标解释

国有企业 是指企业全部资产归国家所有,并按《中华人民共和国企业法人登记管理条例》规定登记注册的非公司制的经济组织。不包括有限责任公司中的国有独资公司。

集体企业 指企业资产归集体所有，并按《中华人民共和国企业法人登记管理条例》规定登记注册的经济组织，是社会主义公有制的组成部分。包括城乡所有使用集体投资举办的企业，以及部分个人通过集资自愿放弃所有权并依法经工商行政管理机关认定为集体所有制的企业。

股份合作企业 指以合作制为基础，由企业职工共同出资入股，吸收一定比例的社会资产投资组建，实行自主经营，自负盈亏，共同劳动，民主管理，按劳分配与按股分红相结合的一种集体经济组织。

有限责任公司 指根据《中华人民共和国登记管理条例》规定登记注册，由两个以上，五十个以下的股东共同出资，每个股东以其所认缴的出资额对公司承担有限责任，公司以其全部资产对其债务承担责任的经济组织。

有限责任公司包括国有独资公司以及其他有限责任公司。国有独资公司是指国家授权的投资机构或者国家授权的部门单独投资设立的有限责任公司。其他有限责任公司是指国有独资公司以外的其他有限责任公司。

股份有限公司 指根据《中华人民共和国公司登记管理条例》规定登记注册,其全部注册资本由等额股份构成并通过发行股票筹集资本,股东以其认购的股份对公司承担有限责任,公司以其全部资产对其债务承担责任的经济组织。

固定资产原价 指固定资产的成本，包括企业在购置、自行建造、安装、改建、扩建、技术改造某项固定资产时所发生的全部支出总额。根据会计“固定资产”科目的期末借方余额填报。

资产总计 指企业过去的交易或者事项形成的、由企业拥有或者控制的、预期会给企业带来经济利益的资源。资产一般按流动性（资产的变现或耗用时间长短）分为流动资产和非流动资产。其中流动资产可分为货币资金、交易性金融资产、应收票据、应收账款、预付款项、其他应收款、存货等;非流动资产可分为长期股权投资、固定资产、无形资产及其他非流动资产等。根据会计“资产负债表”中“资产总计”项目的期末余额数填报。

负债合计 指企业过去的交易或者事项形成的，预期会导致经济利益流出企业的现时义务。负债一般按偿还期长短分为流动负债和非流动负债。根据会计“资产负债表”中“负债合计”项目的期末余额数填报。

Explanatory Notes on Main Statistical Indicators

State-owned Enterprises refer to non-corporation economic units where the entire assets are owned by the State and which have registered in accordance with the Regulation of the People's Republic of China on the Management of Registration of Corporation Enterprises. Excluded from this category are sole State-funded corporation in the limited liability Corporations.

Collective-owned Enterprises refer to economic entities registered in accordance with the Regulation of the People's Republic of China on the Management of Registration of Legal Enterprises, where assets are owned collectively. Collective enterprises constitute and integral part of the socialist economy with public ownership. They include urban and rural enterprises invested collectively, and some enterprises registered in industrial and commercial administration agency as collective units where funds are pooled together by individuals who voluntarily give up their right of ownership.

Share-holding Cooperative Enterprises refer to economic units set up on a cooperative basis, with funding partly from employees of the enterprise and partly from outside investment, where the operation and management is decided by all the members who also participate in the production, and the distribution of income is based both on work(labour input)and on shares(capital input).

Limited Liability Corporations refer to economic units registered in accordance with the Regulation of the People's Republic of China on the Management of Registration of Corporations, with capital from 2 to 49 investors, each investor bears limited liability to the corporation depending on his/her holding of shares, and the corporation bears liability to its debt to the maximum of its total assets.

Limited Liability Corporations, include wholly state-owned companies and other limited liability companies. Wholly state-owned company is a state authorized investment institution or a separate investment set up by state authorized department. Other Limited Liability Companies refer to limited liability companies except the wholly state-owned companies.

Share-holding Corporations Ltd. refer to economic units registered in accordance with the Regulation of the People's Republic of China on the Management of Registration of Corporations, with total registered capitals divided into equal shares and raised through issuing stocks. Each investor bears limited liability to the corporation depending on the holding shares, and the corporation bears liability to its debt to the maximum of its total assets.

Original Value of Fixed Assets refers to the cost of fixed assets, or the total expenditure of an enterprise spent on certain fixed assets, through purchase, construction, installation, transformation, expansion or technical upgrading. It is reported according to the year-end debit balance of fixed assets of accounting records.

Total Assets refer to all resources that are owned or controlled by enterprises through previous trades or transactions with expectation of making economic profits. Classified by the degree of liquidity, total assets include current assets, and non-current assets. Current assets can be classified into monetary assets, tracing financial assets, notes receivable, accounts receivable, advanced payments, other prepaid money and inventories. Non-current assets can be divided into long-term equity investment, fixed assets, intangible assets and other non-current assets. Data on this indicator can be obtained by the year-end figures of total assets in the Assets and Liability Table of accounting records of enterprises.

Total Liabilities refer to payable liabilities of enterprises that accumulated from previous trades or transactions with expectation of economic profits leaking out. In terms of payment, it can be divided into liquid liabilities and long-term liabilities. Data on this item is obtained from the year-end figures on total liabilities from the Assets and Liability Table fof the accounting record of the enterprises.

人民生活

Chapter 4

People's Living Conditions

资料整理：陶 杰 盛坤郁 雁

4-1 城镇居民家庭人均收支及恩格尔系数(1982-2017年)
Per Capita Annual Income and Expenditure & Engle's Coefficient of Urban Households(1982-2017)

年 份 Year	城镇居民家庭人均可支配收入 Per Capita Annual Disposable Income of Urban Households		城镇居民家庭人均消费性支出 Average Urban Household Consumption Expenditure		恩格尔系数(%) Engel's Coefficient (%)
	绝对数(元) Value(yuan)	比上年±% Growth Rate Over Preceding Year(%)	绝对数(元) Value(yuan)	比上年±% Growth Rate Over Preceding Year(%)	
1982	481.40	5.5	430.70	1.9	57.6
1983	511.20	6.2	465.00	8.0	58.7
1984	590.60	15.5	516.40	11.1	56.4
1985	704.20	19.2	644.20	24.7	50.4
1986	851.30	20.9	751.50	16.7	51.6
1987	951.80	11.8	836.10	11.3	53.0
1988	1128.10	18.5	1058.80	26.6	50.9
1989	1262.60	11.9	1130.70	6.8	53.7
1990	1427.20	13.0	1220.30	7.9	53.5
1991	1592.90	11.6	1380.20	13.1	52.0
1992	1874.20	17.7	1577.70	14.3	50.6
1993	2438.70	30.1	2097.60	33.0	44.9
1994	3346.00	37.2	2733.10	30.3	47.8
1995	4016.70	20.0	3433.80	25.6	48.9
1996	4350.20	8.3	3713.50	8.1	46.6
1997	4673.20	7.4	3855.60	3.8	46.0
1998	4826.40	3.3	4074.40	5.7	43.9
1999	5212.80	8.0	4340.60	6.5	41.1
2000	5524.50	6.0	4644.50	7.0	38.3
2001	5856.00	6.0	4804.80	3.5	37.5
2002	6789.00	15.9	5608.91	16.7	37.2
2003	7322.00	7.9	5963.30	6.3	38.2
2004	8022.80	9.6	6398.50	7.3	39.3
2005	8785.94	9.5	6736.56	5.3	39.0
2006	9802.65	11.6	7397.32	9.8	38.8
2007	11485.80	17.2	8701.18	17.6	39.7
2008	13152.86	14.5	9477.51	8.9	42.2
2009	14367.48	9.2	10294.07	8.6	40.4
2010	16058.37	11.8	11450.97	11.2	38.7
2011	18373.87	14.4	13163.77	15.0	40.7
2012	20839.59	13.4	14495.97	10.1	40.3
2013	22906.42	9.9	15749.50	8.6	39.7
2014	24852.28	9.6	16681.41	8.8	32.3
2015	27051.47	8.8	18192.28	9.1	32.0
2016	29385.80	8.6	20040.03	10.2	31.4
2017	31889.42	8.5	21275.63	6.2	30.8

注：①1992年前可支配收入为生活费收入；
②2014年起使用城乡一体化住户收支与生活状况调查数据，与之前的分城镇和农村住户调查的范围、方法、指标口径有所不同(此后相关表同)；
③2014年起，城镇居民人均可支配收入改为城镇常住居民人均可支配收入；
④2014年起，食品消费支出包括食品和烟酒。

Note: ①Disposable income is equal to living expenses before 1992;
②Survey data of income and expenditure of urban and rural household integration was used since 2014, and the scope of the investigation, the method and index are different(But these indexes are same in the thereafter related tables);
③Since 2014, the per capita disposable income of urban household was changed to the per capita disposable income of urban household;
④Since 2014, consumption expenditure on food including food, alcohol and tobacco.

4-2 按收入五等份分组城镇居民家庭基本情况(2017年)

项 目	Item	总 计 Total
家庭居住人口数(人/户)	Household Size(person/household)	2.84
现住房总建筑面积(平方米/人)	Total Floor Space for Current Housing(sq.m/person)	45.07
现住房房屋来源(%)	Source of Current Housing(%)	
租赁公房	Rental Public Housing	3.35
租赁私房	Rental Privately Housing	5.01
自建住房	Self Built Housing	30.45
购买商品房	Commercial Housing	30.60
购买房改住房	Privately Owned House After Housing Reform	22.45
购买保障性住房	Affordable Housing	2.94
拆迁安置房	Removal and Resettlement Housing	2.05
继承或获赠住房	Inheritance or Gift of Housing	0.32
免费借用房	Free Housing	1.32
雇主提供免费住房	Free Housing Provide by Employers	0.59
其他来源	Other Sources	0.93
本住户居住空间样式(%)	Residential Space Style(%)	
单栋楼房	Single Building	31.04
单栋平房	Single One-storey House	5.27
四居室及以上单元房	Four Bedroom and Above Apartment	3.80
三居室单元房	Three Bedroom Apartment	24.42
二居室单元房	Two Bedroom Apartment	28.04
一居室单元房	One Bedroom Apartment	5.56
筒子楼或连片平房	Tube-shaped Apartment or Gathered One-storey House	1.70
其他	Others	0.18
现有住房按市场价估计值(元/户)	Existing Housing at Market Value Estimates(yuan/household)	463398.13
租赁房房租(元/户)	Rental Housing Rent(yuan/household)	356.53
住户主要饮用水来源情况(%)	Main Source of Drinking Water	
经过净化处理的自来水	Tap Water After Purification Treatment	95.64
受保护的井水和泉水	Protected Wells and Springs	2.81
不受保护的井水和泉水	Unprotected Wells and Springs	0.61
江河湖泊水	Rivers and Lakes	0.33
收集雨水	Rainwater Collected	
桶装水	Bottled Water	0.52
其他水源	Other Water Sources	0.09
住户厕所类型(%)	Type of Household Toilet	
水冲式卫生厕所	Hygiene Water Flush Toilet	92.48
水冲式非卫生厕所	Unhygiene Water Flush toilet	0.79
卫生旱厕	Hygiene Toilet with No Flush Facilities	1.96
普通旱厕	Common Toilet with No Flush Facilities	3.43
无厕所	No Toilet	1.34
住户洗澡设施情况(%)	Household Bathing Facilities	
统一供热水	Unified Supplied Hot Water	4.63
家庭自装热水器	Home Self Installed Water Heater	86.80
其他	Others	2.28
无洗澡设施	No Bathing Facilities	6.28

Basic Conditions of Urban Households by Five Equal Parts of Income(2017)

低收入户 Low Income Households	中低收入户 Lower Middle Income Households	中等收入户 Middle Income Households	中高收入户 Upper Middle Income Households	高收入户 High Income Households
3.29	3.22	2.84	2.54	2.33
44.53	40.74	46.27	44.46	50.90
4.19	1.57	1.71	3.55	5.74
5.28	7.07	3.94	6.16	2.60
50.69	35.89	33.51	18.24	13.96
21.08	27.17	29.97	34.51	40.25
11.46	20.31	24.07	29.04	27.33
2.01	2.44	2.27	2.98	4.99
1.53	1.83	1.87	3.72	1.29
0.03	0.11	0.84	0.34	0.26
2.60	1.76	0.96	0.86	0.41
0.28	0.03	0.22	0.24	2.16
0.85	1.80	0.63	0.36	1.02
47.04	35.52	33.60	22.25	16.85
10.95	5.57	4.28	3.23	2.33
1.67	3.60	2.94	3.10	7.65
18.23	22.79	24.02	26.23	30.82
15.33	26.30	29.91	36.29	32.33
3.40	3.78	3.70	8.24	8.64
2.76	2.26	1.55	0.56	1.38
0.63	0.18		0.10	
272784.66	332311.66	429221.70	579896.51	702067.42
428.67	616.33	236.91	299.71	201.27
91.15	94.61	96.86	97.47	98.11
6.27	3.07	1.67	2.07	0.96
1.53	1.08	0.16		0.27
0.02	0.72	0.21	0.22	0.51
0.92	0.52	1.11	0.07	
0.12			0.17	0.15
82.30	91.80	93.69	96.37	98.24
1.74	0.85	0.67	0.67	
4.36	2.77	1.58	0.91	0.18
9.00	3.20	2.97	1.47	0.54
2.60	1.37	1.09	0.58	1.04
2.83	4.09	4.25	5.78	6.21
82.41	84.44	88.58	89.19	89.39
3.34	2.39	2.94	2.11	0.64
11.42	9.08	4.23	2.92	3.77

4-2 续表

项 目	Item	总 计 Total
住户主要取暖设备状况(%)	Household Main Heating Equipment Status	
由市政或小区集中供暖	Central Heating by Municipal or District	4.06
自行供暖	Self Heating	59.12
无取暖设备	No Heating Equipment	36.82
主要炊用能源状况(%)	The Main Cooking Energy Situation	
柴草	Firewood	3.31
煤炭	Coal	0.76
罐装液化石油气	Canned Liquefied Petroleum Gas	44.40
管道液化石油气	Pipeline Liquefied Petroleum Gas	2.12
管道煤气	Pipe Gas	0.93
管道天然气	Natural Gas Pipeline	39.91
电	Electric	6.73
燃料用油	Fuel Oil	0.11
沼气	Biogas	0.02
其他	Others	0.09
无炊用行为	No Cooking Behavior	1.62
通信设备使用情况	Communications Facilities	
固定电话(部/百户)	Fixed-line Telephone(set/100 household)	27.13
移动电话(部/百户)	Mobile Phone(set/100 household)	234.58
接入互联网的计算机(台/百户)	Network-connected Telephone(set/100 household)	58.30
期末拥有房屋面积(平方米/户)	Housing Area at the End of the Term (m^2 / household)	
自有现住房面积	Owned Housing Area	116.84
出租住房面积	Rental Housing Area	7.84
出租商用建筑物面积	Commercial Building Area	0.75
偶尔居住房面积	Occasional Lived Housing Area	2.11
空宅或其他用途房面积	Empty House or Other Use Forms Area	1.64

Continued

低收入户 Low Income Households	中低收入户 Lower Middle Income Households	中等收入户 Middle Income Households	中高收入户 Upper Middle Income Households	高收入户 High Income Households
1.56	3.88	3.82	4.44	6.58
47.37	54.46	59.70	63.70	70.33
51.07	41.66	36.48	31.85	23.09
10.07	3.25	1.82	1.09	0.34
2.03	0.44	1.00	0.27	0.05
57.48	51.95	44.78	37.60	30.23
1.41	1.50	3.09	1.91	2.69
0.35	0.79	0.82	1.04	1.63
21.58	36.26	37.84	48.68	55.15
6.54	5.58	9.38	7.47	4.67
0.15	0.04	0.38		
0.11				
	0.19	0.25		
0.28		0.64	1.93	5.24
20.95	27.16	26.53	25.93	35.07
242.55	248.83	239.11	223.20	219.23
39.25	51.79	55.07	63.10	82.21
133.01	118.25	122.24	101.65	109.14
5.20	5.45	9.41	5.99	13.15
0.22	1.37	0.40	0.06	1.71
2.01	2.00	1.12	1.06	4.36
0.93	1.64	1.11	1.55	2.96

4-3 城镇居民家庭人均收入与支出情况

单位：元

项　　目	Item	2012
家庭总收入	**Total Income**	**22903.85**
可支配收入	Disposable Income	20839.59
工资性收入	Wages Income	14191.04
经营净收入	Net Operation Income	2158.33
财产净收入	Property Net Income	476.23
利息收入	Interest Income	84.92
股息与红利收入	Dividend and Bonus	85.05
保险收益	Insurance Proceeds	1.26
出租房屋收入	Rental Income	219.45
转移净收入	Transferred Net Income	6078.25
养老金或离退休金	Pensions and Retirement Pay	5218.56
社会救济救助收入	Social Relief	97.42
赡养收入	Supporting Income	244.02
借贷收入	**Lending and Loaning Income**	**3732.56**
提取储蓄存款	Saving Deposit	3120.09
借入款	Borrowed funds	362.93
收回借出款	Recalled Loan	33.02
收回储蓄性保险本金	Recalled Endowment Assurance	2.84
住房贷款	Accomadation Loan	201.37
汽车贷款	Automobile Loan	3.23
教育贷款	Rerurned Education Loan	0
其他贷款	Other Loans	5.32
其他借贷收入	Other Income on Loan	0.25
家庭总支出	**Total Expenditures**	**20107.11**
生活消费支出	Expenditure for Consumption	14495.97
食品	Food	5837.93
衣着	Clothing	1783.41
居住	Residence	1371.15
家庭设备用品及服务	Expenditure for Consumption	978.26
交通和通信	Transportation, Post and Communications	1476.98
教育文化娱乐服务	Recreation, Education and Cutural Services	1651.92
医疗保健	Medicine and Medical Service	1029.55
其他商品和服务	Miscellaneous Commodities and Services	366.78
购房与建房支出	Expenditure on House-purchase and Building	978.94
购房	Puchase of the House	964.07
建房	House Building	14.87
转移性支出	Transferred Income	2708.76
社会保障支出	Social Security Expentiduture	1898.46
个人交纳的养老基金	Personal Paid Pension Fund	950.64
个人交纳的住房公积金	Personal Paid Housing Accumulation Fund	611.71
个人交纳的医疗基金	Personal Paid Medical Care Fund	274.45
个人交纳的失业基金	Personal Paid Unemployment Fund	44.21
其他社会保障支出	Others	17.45
财产性支出	Property Expenditure	24.98
储蓄性商业保险支出	Commercial Insurance for Savings	151.85
借贷支出	**Lending and Loaning Expenditure**	**5995.09**
存入储蓄款	Savings	5264.62
借出款	Lending Funds	108.93
归还借款	Returned Loan	226.96
购买有价证券	Purchase of Securities	56.95
其他投资支出	Other Investment Expenditure	9.87
归还住房贷款	Returned Accomadation Loan	160.32
归还汽车贷款	Returned Automobil Loan	8.46
归还教育贷款	Returned Education Loan	2.40
归还其他贷款	Returned Others Loan	0.91
其他借贷支出	Others	3.83

注：①2014年起可支配收入是常住居民可支配收入，其中财产性收入、转移性收入及其中项都是净收入；
②2014年起股息与红利收入只包括红利收入；
③2014年起食品支出包括食品和烟酒；
④2014年起借贷收入是家庭总收入的其中项之一，借贷支出是家庭总支出的其中项之一。

Per Capita Annual Income and Expenditures of Urban Households

(yuan)

2013	2014	2015	2016	2017
25180.49	**27538.89**	**30057.39**	**32239.85**	**34972.27**
22906.42	24852.28	27051.47	29385.80	31889.42
15571.83	14215.35	15571.59	16517.54	17915.22
2340.01	3515.07	3792.21	4150.24	4497.65
535.76	1922.42	1985.26	2299.27	2594.48
59.08	60.57	60.72	101.69	73.16
112.53	140.00	89.58	82.05	93.02
6.46	4.11	1.82	4.02	8.01
297.18	240.34	253.63	295.74	339.99
6732.89	5199.44	5702.40	6418.75	6882.07
5779.62	5275.66	5813.50	6481.11	7033.70
109.24	98.51	95.83	116.90	106.64
398.47	663.27	386.36	374.14	423.93
2599.86	**1279.24**	**856.29**	**977.71**	**798.63**
2060.68	929.24	558.84	714.52	517.81
274.60	266.21	179.07	97.34	94.23
72.13	33.99	51.16	67.24	76.96
0	0.35	0.17	2.38	0.03
46.39	36.12	39.50	50.51	87.97
88.41	0.83	15.02	17.89	0.76
2.83	4.54	1.52	0.71	0.98
36.47	7.23	4.69	16.85	16.00
0.83	0.73	6.33	10.28	3.89
20419.53	**23175.07**	**24798.38**	**27376.26**	**28784.60**
15749.50	16681.41	18192.28	20040.03	21275.63
6259.22	5390.63	5828.55	6294.26	6542.48
1881.85	1463.90	1523.08	1557.43	1544.84
1456.30	3575.10	3742.72	4176.70	4669.38
1059.22	1024.67	1099.31	1163.77	1287.25
1745.05	1802.35	2155.38	2391.87	2131.71
1922.83	1894.84	1972.20	2228.38	2420.90
1033.46	1187.81	1482.05	1792.04	2165.46
391.57	342.11	388.98	435.59	513.61
351.77	564.59	326.23	896.73	872.05
248.24	383.08	192.70	632.43	613.07
103.53	181.51	133.53	264.30	258.98
2873.77	1407.82	1603.91	1638.14	1899.23
1420.81	1072.32	1264.16	1314.35	1496.31
711.17	766.13	886.12	952.34	1099.55
423.95				
222.56	242.79	318.08	306.14	333.98
44.78	45.72	44.75	35.29	33.78
18.35	17.68	15.21	20.59	29.00
23.69	26.87	59.36	78.70	80.10
80.70	85.36	91.36	150.91	146.86
4979.64	**1128.48**	**835.71**	**699.14**	**660.77**
4237.54	662.06	288.59	105.50	54.32
66.75	24.55	44.84	30.35	16.53
116.85	120.77	118.92	116.53	89.18
4.83	2.16	1.83	0.03	0.32
82.09	2.40	6.22	17.52	5.19
363.21	279.18	325.02	345.25	402.38
11.44	23.91	35.84	66.95	61.48
2.15	0	0.12		0.38
13.24	1.86	11.28	14.76	27.38
0.86	11.58	3.05	2.24	3.61

Note: ①Since 2014, disposable income is a permanent resident disposable income, in which property income, transfer income, and the item is the net income;

②Dividends and bonus income in 2014 only included the bonus income;

③Since 2014, food expenditure including food and tobacco;

④Since 2014, lending income is one of a family's total income, loan expenditure is one of the family's total expenditures.

4-4 按收入五等份分组城镇居民家庭人均收入与支出情况(2017年)

单位：元

项　　目	Item	低收入户 Low Income Households
总收入	**Total Income**	**14603.33**
可支配收入	Disposable Income	12076.78
工资性收入	Wages Income	6190.95
工资	Wage	6112.61
实物福利	Physical Benefits	35.12
其他	Others	43.23
经营净收入	Net Business Income	2685.93
第一产业经营净收入	Net Income of the First Industry	521.83
第二产业经营净收入	Net Income of Second Industries	-60.56
第三产业经营净收入	Net Income of Third Industries	2224.66
财产净收入	Property Net Income	1092.34
利息净收入	Net Interest Income	-6.81
红利收入	Dividend Income	9.52
储蓄性保险净收益	Net Income of Savings Insurance	0.87
转让承包土地经营权租金净收入	Net Income of Renting and Transfer Land Management Right	22.62
出租房屋财产性收入	Property Income of Rental Housing	90.03
出租机械、专利、版权等资产的收入	Rental Machinery, Patents, Copyrights and Other Assets	2.27
房屋虚拟租金	Virtual Rent of House	1.47
转移净收入	Transfer Net Income	972.37
转移性收入	Transfer Income	2107.56
养老金或离退休金	Pension or Pension	3031.19
社会救济和补助	Social Relief and Subsidies	1721.94
政策性生活补贴	Policy Oriented Living Allowance	163.13
报销医疗费	Reimbursement of Medical Expenses	15.74
家庭外出从业人员寄回带回收入	Income of Family Members Sent Back	144.05
赡养收入	Maintenance Income	597.63
其他经常转移收入	Other Frequent Transfer Income	303.69
从政府和组织得到的实物产品和	Discounts on Physical Products and Services Received from	54.64
服务折价	the Government and Organizations	11.12
现金政策性惠农补贴	Cash for the Policy of Agricultural Subsidies	19.24
转移性支出	Expenses on Transfers	923.63
个人所得税	Individual Income Tax	2.84
社会保障支出	Social Security Expenditure	805.38
外来从业人员寄给家人的支出	Expenditure of Employees from Other Provinces Send Home	3.79
赡养支出	Maintenance Expenses	56.12
其他转移性支出	Other Transfer Expenses	55.49
借贷性所得	Loan Income	472.00
提取储蓄存款	Dissaving	211.31
借入款	Borrowed Money	69.13
收回借出款	Recovered Loan	0.94
收回储蓄性保险本金	Recovered Deposit Insurance Principal	0.14
住房贷款	Housing Loan	165.49
汽车贷款	Auto Loan	
教育贷款	Educational Loan	4.20
其他贷款	Other Loans	20.80
其他借贷所得	Other Borrowings	

注：2014年起为城镇常住居民人均可支配收入，其中各项均为净收入。
Note: Data since 2014 are about per capita disposable income of urban household , which are net income.

Per Capita Annual Income and Expenditures of Urban Households by Five Equal Parts of Income(2017)

(yuan)

中低收入户 Lower Middle Income Households	中等收入户 Middle Income Households	中高收入户 Upper Middle Income Households	高收入户 High Income Households
23516.80	**32721.74**	**43118.83**	**72809.92**
21603.58	29984.29	40067.79	66923.49
12910.32	15718.47	21126.56	40225.42
12675.85	15290.58	20167.19	37438.92
55.78	45.52	119.50	329.89
178.69	382.37	839.88	2456.61
3194.10	4105.49	3825.00	9985.69
341.49	364.62	222.73	256.90
140.48	246.47	440.13	2710.76
2712.13	3494.40	3162.13	7018.04
1466.58	2496.41	3470.73	5388.02
1.53	40.59	22.90	374.89
16.10	96.16	183.59	212.01
0.45	0.90	39.00	3.23
9.87	5.15	6.26	14.38
188.84	367.04	391.63	805.35
0.96	19.30	1.24	6.34
-2.22	26.34	10.24	4.48
1251.05	1940.94	2815.87	3967.34
4032.58	7663.92	11645.50	11324.36
5275.19	9145.07	13905.01	15585.06
4198.30	7581.26	11921.85	12354.10
121.88	56.42	31.23	148.58
33.28	24.71	18.57	30.80
152.62	319.83	617.43	1318.58
470.92	733.89	539.05	682.11
225.60	375.33	582.96	746.07
43.03	30.73	152.38	278.87
19.75	15.99	29.89	24.24
9.80	6.91	11.65	1.70
1242.61	1481.16	2259.50	4260.70
4.07	20.70	83.54	509.29
1037.76	1336.50	1780.05	2966.08
3.66		120.29	15.04
89.27	92.75	193.57	370.90
107.85	31.20	82.05	399.39
922.36	522.06	1099.46	1094.65
701.58	464.30	878.77	372.83
112.92	18.50	64.61	226.76
107.48	16.02	123.89	164.37
0.37	0.48	0.31	297.07
		4.23	
	12.15	18.71	32.53
	10.61	8.93	1.09

4-4 续表

单位：元

项　目	Item	低收入户 Low Income Households
总支出	**Total Expenditures**	**16839.36**
消费支出	Expenditure for Consumption	11912.24
食品烟酒	Food	4068.68
衣着	Clothing	703.43
居住	Residence	2685.99
生活用品及服务	Household Facilities Articles and Services	552.12
交通通信	Medicine and Medical Services	1016.64
教育文化娱乐	Traffic and Communications	1584.31
医疗保健	Education, Culture and Recreation Articles and Services	1037.62
其他用品和服务	Miscellanecus Commodities and Services	263.46
生产经营费用支出	Production and Operating Expenses	1163.89
第一产业经营费用支出	First Industry Operating Expenses	368.80
第二产业经营费用支出	Second Industrial Operating Expenses	94.70
第三产业经营费用支出	Third Industrial Operating Expenses	700.39
财产性支出	Expenses on Properties	28.93
转移性支出	Expenses on Transfers	923.63
个人所得税	Individual Income Tax	2.84
社会保障支出	Social Security Expenditure	805.38
外来从业人员寄给家人的支出	Expenditure of Employees from Other Provinces Send Home	3.79
赡养支出	Maintenance Expenses	56.12
其他转移性支出	Other Transfer Expenses	55.49
部分商业保险支出	Part of Commercial Insurance Expenses	61.27
意外伤害保险	Accident Injury Insurance	6.69
商业医疗保险(含大病保险)	Commercialized Health Care Insurance	17.90
其他非储蓄性商业保险	Other Non Savings Commercial Insurance	11.08
其他储蓄性商业保险	Other Savings Commercial Insurance	25.60
购房与建房支出	Purchase and Housing Expenses	506.17
购房	Purchase	27.71
建房	House Building	478.46
借贷性支出	Borrowing Expenses	200.93
存入储蓄款	Savings Deposit	35.76
借出款	Loan	0.91
归还借款	Return Loan	42.67
购买有价证券	Purchase Securities	
其他投资支出	Other Investment Spending	
归还住房贷款	Return of Housing Loans	105.62
归还汽车贷款	Return of Auto Loan	8.22
归还教育贷款	Return Education Loan	1.35
归还其他贷款	Return Other Loans	6.40
其他借贷支出	Other Borrowing Costs	

Continued

(yuan)

中低收入户 Lower Middle Income Households	中等收入户 Middle Income Households	中高收入户 Upper Middle Income Households	高收入户 High Income Households
21124.64	**27105.31**	**32923.81**	**53364.37**
16104.26	19936.45	24662.72	39292.48
5277.84	6516.21	8186.96	9964.02
1167.11	1458.89	1801.37	3057.02
3385.93	4277.30	5475.46	8773.46
933.08	1105.53	1484.26	2797.86
1765.87	2032.53	2091.75	4346.65
1860.53	2193.88	2613.95	4410.08
1370.61	1887.69	2503.65	4782.29
343.29	464.42	505.31	1161.10
287.04	877.16	337.64	534.04
131.56	131.25	108.78	80.82
0.17	15.11	112.39	44.45
155.31	730.80	116.48	408.78
53.67	20.77	204.12	124.39
1242.61	1481.16	2259.50	4260.34
4.07	20.70	83.54	509.29
1037.76	1336.50	1780.05	2966.08
3.66		120.29	15.04
89.27	92.75	193.57	370.90
107.85	31.20	82.05	399.03
108.68	149.93	110.45	353.70
4.97	20.12	19.69	18.28
17.10	74.79	55.06	144.79
28.62	12.08	17.19	66.22
57.98	42.94	18.50	124.41
260.27	996.09	1475.73	1408.74
87.45	893.67	1473.84	875.53
172.82	102.42	1.89	533.21
309.32	428.96	820.35	1883.09
15.77	26.63	103.35	112.45
0.11	0.79	72.19	19.25
46.36	41.19	90.44	268.05
	0.24		1.66
	25.63	0.54	
215.32	287.41	411.20	1197.84
20.87	42.18	99.08	173.24
		0.39	
10.78	0.02	43.06	94.94
0.11	4.86	0.10	15.66

4-5 按收入五等份分组城镇居民家庭主要生活用品购买量(2017年)

项目	Item	计量单位	Unit	总计 Total
食品烟酒	Food, Alcohol and Tobacco			
食品	Food			
谷物	Cereals	公斤/人	kg / person	54.43
大米	Rice	公斤/人	kg / person	35.91
面粉制品	Flour Products	公斤/人	kg / person	10.90
其他谷物制品	Other Cereal Products	公斤/人	kg / person	2.80
薯类	Tubers	公斤/人	kg / person	8.92
豆类	Beans	公斤/人	kg / person	10.17
食用植物油	Edible Vegetable Oil	公斤/人	kg / person	10.33
食用动物油	Edible Animal Oil	公斤/人	kg / person	0.17
蔬菜和食用菌	Vegetables and Edible Fungi	公斤/人	kg / person	111.34
鲜菜	Fresh Vegetables	公斤/人	kg / person	107.20
干菜及菜制品	Dried Vegetables and Vegetable Products	公斤/人	kg / person	2.16
肉类	Meat	公斤/人	kg / person	28.74
猪肉	Pork	公斤/人	kg / person	20.77
牛肉	Beef	公斤/人	kg / person	2.38
羊肉	Mutton	公斤/人	kg / person	0.81
其他肉类及制品	Other Meats and Products	公斤/人	kg / person	4.77
禽类	Poultry	公斤/人	kg / person	6.47
鸡	Chicken	公斤/人	kg / person	3.44
鸭	Duck	公斤/人	kg / person	0.64
水产品	Aquatic Products	公斤/人	kg / person	18.40
鱼类	Fish	公斤/人	kg / person	14.96
蛋类	Eggs	公斤/人	kg / person	7.70
奶类	Milk	公斤/人	kg / person	9.47
干鲜瓜果类	Dried and Fresh Melons and Fruits	公斤/人	kg / person	49.72
鲜瓜果	Fresh Melons & Fruits	公斤/人	kg / person	45.42
坚果类	Nuts and Processed Products	公斤/人	kg / person	3.12
糖果糕点类	Sweets and Cakes	公斤/人	kg / person	5.33
卷烟	Cigarettes	盒/人	box / person	21.98
啤酒	Beer	公斤/人	kg / person	2.73
白酒	Distilled Spirit	公斤/人	kg / person	3.41
水电燃料	Water, Electricity and Fuels			
水	Water	吨/人	ton/ person	39.44
电	Electric	度/人	degree / person	599.55
煤炭	Coal	公斤/人	kg / person	4.46
管道天然气	Natural Gas Pipeline	立方米/人	m^2 / person	28.05
罐装液化石油气	Canned Liquefied Petroleum Gas	公斤/人	kg / person	10.88

Per Capita Annual Purchase of Major Items of Life of Urban Households by Five Equal Parts of Income(2017)

低收入户 Low Income Households	中低收入户 Lower Middle Income Households	中等收入户 Middle Income Households	中高收入户 Upper Middle Income Households	高收入户 High Income Households
51.86	49.89	63.41	55.19	52.57
36.38	32.29	42.09	35.61	33.06
9.63	9.93	12.23	11.67	11.57
1.97	2.75	3.30	2.98	3.24
7.92	7.92	10.55	9.85	8.71
9.98	9.81	11.67	10.80	8.43
9.11	9.09	12.14	10.75	11.10
0.19	0.13	0.19	0.14	0.17
94.62	101.97	122.51	130.62	113.18
91.36	98.30	117.56	125.90	108.76
1.76	1.99	2.57	2.39	2.22
22.38	26.61	32.35	33.21	31.35
17.21	19.83	23.50	23.02	21.34
1.39	2.08	2.82	3.00	2.96
0.50	0.67	0.90	1.03	1.11
3.28	4.02	5.13	6.16	5.95
5.02	6.02	7.52	7.83	6.40
2.68	3.26	4.11	4.08	3.25
0.46	0.50	0.80	0.86	0.68
15.14	16.06	20.32	21.98	19.97
13.01	13.25	16.38	17.51	15.55
6.02	6.88	8.78	8.98	8.46
6.05	7.53	10.55	12.12	12.73
36.63	44.79	56.80	58.35	56.89
33.55	40.98	51.79	53.08	52.09
2.16	2.81	3.71	3.85	3.41
3.73	4.64	5.57	6.51	6.93
19.46	16.90	28.58	24.18	22.09
2.23	2.63	3.73	2.66	2.41
2.83	2.97	3.83	3.67	4.05
29.88	34.50	43.13	45.31	48.70
510.62	507.25	613.28	654.03	773.19
5.98	3.46	6.69	4.67	0.81
13.11	22.45	24.21	35.63	52.92
11.63	9.18	13.37	11.07	8.92

4-5 续表

项　　目	Item	计量单位	Unit	总　计 Total
耐用消费品	Durable Consumer Goods			
洗衣机	Washing Machine	台/百户	set/100 households	4.31
电冰箱(柜)	Refrigerator	台/百户	set/100 households	5.22
空调器	Air Conditioner	台/百户	set/100 households	7.27
吸尘器	Vacuum Cleaner	台/百户	set/100 households	0.68
抽油烟机	Exhaust Fans	台/百户	set/100 households	2.76
微波炉	Microwave Oven	台/百户	set/100 households	1.06
非太阳能热水器	Non Solar Water Heater	台/百户	set/100 households	3.17
太阳能热水器	Solar Heater	台/百户	set/100 households	0.44
燃气炉具	Gas Stove	台/百户	set/100 households	3.37
洗碗机	Dishwasher	台/百户	set/100 households	
消毒碗柜	Disinfection Cupboard	台/百户	set/100 households	0.35
汽车	Motor Vehicles	辆/百户	set/100 households	1.34
摩托车	Motorcycles	辆/百户	set/100 households	0.79
自行车	Bicycles	辆/百户	set/100 households	2.80
电动自行车	Electric Bicycle	辆/百户	set/100 households	2.02
电话机	Telephone Sets//Telephone	部/百户	set/100 households	0.42
移动电话机	Mobile Telephone	部/百户	set/100 households	26.39
彩色电视机	Color TV Set	台/百户	set/100 households	5.18
家用台式电脑	Home Desktop Computer	台/百户	set/100 households	1.13
家用笔记本电脑	Notebook Computer	台/百户	set/100 households	1.14
交通工具用燃料	Fuel for Transportation			
汽油	Gasoline	升/人	L/person	45.96
柴油	Diesel Oil	升/人	L/person	0.23

Continued

低收入户 Low Income Households	中低收入户 Lower Middle Income Households	中等收入户 Middle Income Households	中高收入户 Upper Middle Income Households	高收入户 High Income Households
2.60	3.94	3.04	6.10	5.85
4.70	5.82	4.66	5.97	4.93
3.66	6.91	8.83	6.35	10.61
0.11	0.30	0.92	1.45	0.60
1.23	3.44	3.04	2.14	3.93
0.86	0.72	0.29	0.77	2.64
3.45	2.08	2.84	2.35	5.14
0.38	0.49	0.43	0.88	0.02
3.52	3.08	3.26	4.48	2.52
0.12	0.10		0.39	1.14
0.74	1.63	1.48	0.95	1.89
0.96	1.36	0.99	0.60	0.03
2.86	5.39	2.47	2.43	0.87
2.14	2.92	1.23	1.70	2.08
	0.39	0.68	0.21	0.84
17.51	28.74	29.93	26.44	29.35
3.86	3.42	6.14	4.78	7.70
0.23	1.79	1.41	0.97	1.26
0.51	1.58	0.65	1.36	1.62
24.24	30.33	42.60	52.33	94.54
0.09	0.15	0.67	0.12	0.11

4-6 按收入五等份分组城镇居民家庭人均购买商品支出(2017年)

单位：元

项　目	Item	总　计 Total	低收入户 Low Income Households
购买生活消费品及服务	**Purchase Consumer Goods and Services**	**16199.18**	**9482.64**
食品烟酒	Food, Alcohol and Tobacco	5650.92	3608.45
食品	Food	3521.91	2568.02
谷物	Cereals	296.38	256.34
大米	Rice	180.67	173.55
面粉制品	Flour Products	73.30	54.37
其他谷物制品	Other Cereal Products	20.27	11.66
薯类	Tubers	36.11	29.58
豆类	Beans	63.66	56.51
食用油	Oil and Fats	140.83	119.12
蔬菜和食用菌	Vegetables and Edible Fungi	617.56	471.32
肉类	Meat	857.75	619.24
猪肉	Pork	532.94	435.30
牛肉	Beef	121.99	69.52
羊肉	Mutton	35.70	19.58
禽类	Poultry	154.46	109.13
鸡	Chicken	79.09	57.67
鸭	Duck	13.76	9.11
鹅	Goose	1.18	0.41
其他禽类及制品	Other Poultry and Products	60.42	41.94
水产品	Aquatic Products	331.60	217.28
鱼类	Fish	237.29	172.80
虾类	Shrimp	44.72	18.65
蟹类	Crab	10.83	3.33
蛋类	Eggs	93.92	73.45
鲜蛋	Fresh Eggs	83.84	66.02
蛋制品	Egg Products	10.08	7.44
奶类	Milk	193.03	169.42
鲜奶	Milk	60.86	35.12
酸奶	Yogurt	34.27	17.01
奶粉	Milk Powder	84.50	104.87
其他奶制品	Others	13.41	12.42
干鲜瓜果类	Dried and Fresh Melons and Fruits	374.49	219.33
鲜瓜果	Fresh Melons & Fruits	291.64	171.39
瓜果制品	Melon and Fruit Products	20.78	14.49
坚果类	Nuts and Processed Products	62.06	33.45
糖果糕点类	Sweets and Cakes	111.23	66.22
饮料	Beverages	88.80	67.20
茶叶	Tea	26.69	12.00
咖啡	Coffee	4.17	0.22
卷烟	Cigarettes	370.08	242.14

Per Capita Annual Expenditures on Goods of Urban Households by Five Equal Parts of Income(2017)

(yuan)

中低收入户 Lower Middle Income Households	中等收入户 Middle Income Households	中高收入户 Upper Middle Income Households	高收入户 High Income Households
12737.17	**16189.48**	**18204.44**	**28109.55**
4599.60	6111.71	7155.90	7749.23
3044.86	3814.93	4293.85	4315.36
257.34	328.21	328.03	332.76
158.06	204.07	187.72	185.51
61.87	76.36	90.37	93.08
16.79	21.51	25.30	30.10
32.80	40.87	42.58	37.00
60.33	73.00	69.90	60.27
121.86	157.52	156.25	160.19
547.25	640.51	758.32	737.48
762.89	952.94	1040.52	1008.05
497.24	591.66	602.15	572.63
108.38	141.51	153.12	156.79
27.95	39.80	45.49	53.21
135.67	180.45	197.17	165.98
71.85	95.57	96.84	79.94
10.39	17.39	18.47	15.40
1.42	1.21	1.35	1.73
52.01	66.29	80.51	68.91
261.54	359.49	437.12	438.67
195.08	257.78	300.15	292.03
31.37	46.18	67.58	72.76
5.86	10.98	17.72	20.40
84.09	104.24	111.90	104.03
75.69	94.12	98.41	91.72
8.40	10.12	13.49	12.31
174.16	198.02	208.18	229.21
42.25	61.43	90.05	89.74
25.21	33.30	45.31	59.87
93.64	87.95	59.04	67.03
13.06	15.34	13.78	12.57
306.44	393.25	497.85	527.63
235.58	303.49	387.85	417.40
16.46	22.20	26.49	27.56
54.40	67.57	83.51	82.66
91.63	110.56	141.79	168.43
70.74	90.64	105.28	123.36
17.42	32.91	35.84	42.43
2.27	2.53	6.34	11.90
276.01	455.22	442.16	496.20

4-6 续表 1

单位：元

项 目	Item	总 计 Total
酒类	Liquor	185.21
啤酒	Beer	14.46
白酒	Distilled Spirit	150.29
果酒	Fruit Wine	5.86
其他酒	Other Alcohols	14.59
饮食服务	Catering Services	1484.78
食堂用餐	Dining Room	36.00
其他在外饮食	Others Outside the Diet	1443.57
衣着	Clothing and Other Articles of Daily Use	1348.66
衣类	Clothing	1075.45
鞋类	Footwear	273.21
居住	Housing	1475.84
租赁房房租	Rent	129.62
住房维修及管理	Housing Maintenance and Management	707.67
水电燃料及其他	Water, Electricity, Fuels and Others	638.54
水	Water	91.59
电	Electric	353.24
燃料	Fuels	156.32
煤炭	Coal	5.33
管道天然气	Natural Gas Pipeline	70.13
罐装液化石油气	Canned Liquefied Petroleum Gas	77.40
取暖费	Heating Fee	4.36
生活用品及服务	Daily Necessities and Services	1171.87
家具及室内装饰品	Furniture and Interior Decoration	215.76
家用器具	Household Appliances	306.52
耐用消费品	Durable Consumer Goods	250.99
洗衣机	Washing Machine	30.81
电冰箱(柜)	Refrigerator	46.11
空调器	Air Conditioner	87.31
吸尘器	Vacuum Cleaner	2.14
抽油烟机	Exhaust Fans	10.06
微波炉	Microwave Oven	2.09
非太阳能热水器	Non Solar Water Heater	18.31
太阳能热水器	Solar Heater	3.83
燃气炉具	Gas Stove	9.95
洗碗机	Dishwasher	
消毒碗柜	Disinfection Cupboard	0.81
小家电	Small Household Electrical Appliances	55.53
家用纺织品	Home Textiles	107.47
家庭日用杂品	Household Articles for Daily Use	258.16
个人用品	Personal Items	222.29

Continued

(yuan)

低收入户 Low Income Households	中低收入户 Lower Middle Income Households	中等收入户 Middle Income Households	中高收入户 Upper Middle Income Households	高收入户 High Income Households
100.36	135.21	210.36	254.32	266.60
11.55	14.26	18.43	15.07	13.39
81.27	108.37	168.59	206.95	220.30
1.91	2.75	4.52	9.40	13.38
5.63	9.82	18.83	22.90	19.53
630.68	1072.69	1540.57	2059.98	2547.37
8.44	19.62	30.67	29.02	110.55
616.79	1048.80	1505.32	2024.84	2430.89
643.44	1037.15	1337.79	1559.21	2540.86
506.72	819.00	1052.66	1231.79	2075.27
136.72	218.15	285.13	327.42	465.59
1009.81	1306.78	1404.92	1304.55	2625.53
134.12	200.07	86.60	121.79	88.24
351.02	586.00	649.07	466.75	1700.93
524.68	520.71	669.25	716.01	836.36
69.77	78.67	98.52	104.65	117.12
300.64	294.99	359.66	382.81	465.74
129.22	125.45	163.31	180.80	201.04
8.60	3.80	6.57	5.83	0.82
34.83	52.91	61.07	90.67	131.41
83.70	66.70	91.34	78.28	65.38
	0.66	1.33	9.21	13.82
529.31	861.71	1057.16	1343.21	2441.21
48.93	124.62	138.43	216.48	663.78
141.04	264.06	292.89	374.00	538.66
114.83	229.12	233.20	307.71	430.96
11.47	21.59	19.16	54.58	58.59
23.75	48.03	37.56	63.44	66.35
36.06	79.06	103.07	83.19	155.73
0.17	0.65	1.07	6.03	4.00
2.77	12.67	13.68	6.88	15.81
1.33	0.90	0.76	1.47	7.00
16.59	7.66	16.83	15.88	39.48
3.60	2.20	3.22	10.33	0.07
5.49	7.80	6.77	17.64	14.56
0.22	0.20		0.60	3.66
26.22	34.94	59.69	66.29	107.70
34.81	62.25	76.06	129.99	283.34
166.61	213.25	257.68	325.66	374.44
116.19	172.38	228.74	247.47	403.09

4-6 续表 2

单位：元

项　目	Item	总　计 Total
家庭服务	Domestic Service	61.68
交通通信	Transport and Communications	1844.42
交通工具	Transport Facility	520.36
汽车	Motor Vehicles	470.30
摩托车	Motorcycles	11.17
自行车	Bicycles	5.76
电动自行车	Electric Bicycle	19.97
其他交通工具	Other Means of Transportation	13.15
交通费	Traffic Expense	283.27
飞机	Aircraf	47.12
火车	Train	72.94
长途汽车	Coach	20.91
市内公共交通	City Public Transport	99.97
出租汽车费	Rental Car Charge	28.52
其他交通费	Other Transportation Expenses	13.80
交通工具用燃料	Fuel for Transportation	293.79
汽油	Gasoline	290.76
柴油	Diesel Oil	1.26
交通工具使用及维修	Vehicle Maintenance	153.75
通信工具	Communication Facility	177.04
电话机	Telephone Sets//Telephone	0.50
移动电话机	Mobile Telephone	167.02
通信服务	Communication Services	416.22
固定电话费	Fixed Telephone Charge	11.22
移动电话费	Mobile Phone Charge	274.82
上网费	Internet Access Fee	121.70
邮费	Postage	2.83
教育文化娱乐	Educational and Cultural Recreation	2212.18
教育	Education	1249.16
学前教育	Pre-school Education	166.47
小学教育	Primary School Education	186.84
初中教育	Junior High School Education	188.57
高中教育	Senior High School Education	214.16
中专职高教育	Secondary Vocational Education	5.53
大专及以上教育	College Degree and above	421.29
成人教育	Adult Education	66.29
文化娱乐	Cultural Recreation	963.02
文娱耐用消费品	Entertainment and Durable Consumer Goods	129.35
彩色电视机	Color TV Set	53.90
照相机	Camera	9.26
家用台式电脑	Home Desktop Computer	14.40

Continued

(yuan)

低收入户 Low Income Households	中低收入户 Lower Middle Income Households	中等收入户 Middle Income Households	中高收入户 Upper Middle Income Households	高收入户 High Income Households
21.72	25.15	63.36	49.60	177.89
929.25	1578.96	1892.66	1762.67	3513.03
244.62	557.21	562.24	290.94	1053.91
201.75	500.45	501.85	257.21	997.61
14.80	11.84	13.65	12.30	0.99
5.53	10.66	5.31	4.12	1.79
18.48	26.17	12.64	16.69	26.01
4.06	8.09	28.80	0.62	27.50
123.92	207.30	281.30	318.71	572.71
2.45	16.30	28.05	32.78	189.46
28.29	57.75	77.01	80.85	142.47
15.58	21.70	23.14	22.94	22.46
57.08	85.14	109.82	124.05	142.21
11.92	21.04	29.87	35.54	52.63
8.60	5.37	13.41	22.55	23.48
155.53	191.06	276.98	333.05	603.46
153.44	189.10	269.55	331.41	601.46
0.53	0.90	3.58	0.60	0.71
62.87	101.02	132.96	149.62	381.32
75.00	167.18	182.98	192.53	309.20
	0.07	1.14	1.03	0.43
69.47	158.93	172.35	181.48	292.35
267.32	355.19	456.20	477.82	592.43
8.77	8.36	10.30	12.45	18.29
183.83	228.56	311.88	314.72	377.03
70.92	113.21	124.41	137.48	183.89
1.33	1.97	2.15	3.33	6.39
1532.42	1738.99	2131.49	2304.24	3798.40
1230.87	1203.73	1233.90	1187.20	1421.19
148.56	113.46	187.78	196.86	204.69
181.79	196.53	153.92	202.40	203.44
159.36	195.33	227.27	164.56	199.94
304.31	202.74	180.34	136.72	227.58
8.08	4.78	12.87	0.16	
398.85	437.98	413.61	371.54	493.10
29.91	52.91	58.11	114.96	92.44
301.55	535.27	897.59	1117.04	2377.20
73.11	124.32	106.42	124.46	247.52
33.97	30.33	54.08	44.93	123.04
	30.44	0.10		14.61
2.77	18.89	18.49	14.63	19.47

4-6 续表 3

单位：元

项　目	Item	总计 Total
家用笔记本电脑	Notebook Computer	16.54
中高档乐器	Middle or High-grade Musical Instrument	8.47
健身器材	Health Equipment	1.40
其他文娱用品	Other Entertainment Products	136.70
书、报、杂志及音像制品	Books, Newspapers, Magazines and Audio-visual Products	24.76
文具纸张	Stationery Paper	29.56
体育户外用品	Outdoor Sports Products	11.92
游戏用品和玩具	Games and Toys	26.89
园艺花卉及有关产品	Garden Flowers and Related Products	10.09
宠物及有关产品	Pets and Related Products	8.11
其他文娱用品及维修	Other Recreational Supplies and Maintenance	25.36
文化娱乐服务	Cultural and Recreational Services	696.98
团体旅游	Group Tourism	461.42
景点门票	Attractions Tickets	45.33
体育健身活动	Sports Fitness Activity	25.63
电影、话剧、演出票	Movies, Plays, Performances Tickets	21.00
有线电视费	Cable TV Fee	79.80
其他文化娱乐服务	Other Cultural Entertainment Services	63.80
医疗保健	Health Care	2041.64
医疗器具及药品	Medical Apparatus and Medicine	445.45
医疗服务	Medical Service	1596.19
门诊医疗总费用	Total Medical Expenses	415.31
住院医疗总费用	Total Hospitalization Expenses	1180.88
其他用品和服务	Other Supplies and Services	453.66
其他用品	Other Supplies	258.62
首饰及手表	Jewelry and Watches	109.06
其他杂项用品	Other Miscellaneous Items	149.56
其他服务	Other Services	195.04
旅馆住宿费	Hotel Accommodation	44.57
美容美发洗浴	Beauty Salon	65.09
其他杂项服务	Other Miscellaneous Services	85.38

Continued

(yuan)

低收入户 Low Income Households	中低收入户 Lower Middle Income Households	中等收入户 Middle Income Households	中高收入户 Upper Middle Income Households	高收入户 High Income Households
7.33	20.45	7.37	18.66	32.80
12.45	3.82	2.61	6.61	18.19
0.70	0.32	1.52	0.52	4.67
82.89	108.57	135.57	162.13	223.77
12.18	19.84	23.53	34.43	40.03
28.31	27.17	27.71	33.05	32.95
4.42	6.11	11.05	22.51	19.86
14.44	20.25	30.43	28.74	47.01
3.33	6.75	7.99	11.48	25.07
0.40	2.60	2.16	7.79	33.80
19.80	25.86	32.68	24.13	25.05
145.56	302.37	655.60	830.46	1905.91
44.35	144.30	432.09	526.59	1437.28
7.87	29.65	52.07	66.50	87.93
9.54	12.78	18.34	25.58	74.25
3.36	10.22	18.85	40.76	41.45
63.85	65.61	85.74	94.64	98.14
16.58	39.81	48.51	76.40	166.86
983.63	1312.18	1811.60	2329.44	4469.91
251.30	301.60	464.11	592.65	729.80
732.33	1010.58	1347.49	1736.79	3740.11
320.64	313.47	422.48	519.08	564.45
411.69	697.11	925.01	1217.71	3175.66
246.32	301.80	442.14	445.23	971.39
180.88	169.46	253.71	243.35	509.98
54.85	50.52	92.84	103.41	289.36
126.02	118.95	160.87	139.94	220.62
65.44	132.34	188.43	201.88	461.41
6.66	18.02	50.08	39.42	132.38
27.87	40.54	60.45	81.05	138.60
30.91	73.78	77.90	81.41	190.43

4-7 按收入五等份分组城镇居民家庭人均食品消费量(2017年)

项　目	Item	计量单位	Unit	总　计 Total
粮食	Grain	公斤	kg	92.07
谷物	Cereals	公斤	kg	79.99
小麦	Wheat	公斤	kg	18.15
稻谷	Rice	公斤	kg	56.94
玉米	Corn//Maize	公斤	kg	1.16
薯类	Tubers	公斤	kg	1.84
豆类	Beans	公斤	kg	10.24
植物油	Vegetable Oil	公斤	kg	10.83
动物油	Animal Oil	公斤	kg	0.17
蔬菜及菜制品	Vegetable and Vegetable Products	公斤	kg	119.53
鲜菜	Fresh Vegetables	公斤	kg	115.39
干菜及菜制品	Dried Vegetables and Vegetable Products	公斤	kg	2.17
肉类	Meat	公斤	kg	28.92
猪肉	Pork	公斤	kg	20.96
牛肉	Beef	公斤	kg	2.38
羊肉	Mutton	公斤	kg	0.81
禽类	Poultry	公斤	kg	6.54
鸡	Chicken	公斤	kg	3.50
鸭	Duck	公斤	kg	0.64
鹅	Goose	公斤	kg	0.06
水产品	Aquatic Products	公斤	kg	18.45
鱼类	Fish	公斤	kg	15.00
蛋类及蛋制品	Eggs and Egg Products	公斤	kg	7.90
奶和奶制品	Milk and Dairy Products	公斤	kg	9.46
干鲜瓜果类	Dried and Fresh Melons and Fruits	公斤	kg	49.83
糖果糕点类	Sweets and Cakes	公斤	kg	5.33
茶叶	Tea	公斤	kg	0.27
酒	Liquor	公斤	kg	6.23
白酒	Distilled Spirit	公斤	kg	3.43
啤酒	Beer	公斤	kg	2.73

Per Capita Annual Consumption on Food of Urban Households by Five Equal Parts of Income(2017)

低收入户 Low Income Households	中低收入户 Lower Middle Income Households	中等收入户 Middle Income Households	中高收入户 Upper Middle Income Households	高收入户 High Income Households
96.04	85.50	104.46	90.05	82.71
84.15	73.98	90.65	77.24	72.49
15.80	16.97	21.06	19.26	18.34
64.64	52.37	63.66	52.61	48.95
1.14	1.09	1.38	1.21	0.97
1.72	1.64	2.11	1.98	1.79
10.17	9.87	11.71	10.83	8.44
10.33	9.58	12.45	10.95	11.16
0.21	0.13	0.19	0.14	0.17
114.96	110.54	126.55	133.04	115.03
111.73	106.87	121.59	128.32	110.62
1.77	1.99	2.57	2.39	2.22
23.00	26.71	32.34	33.26	31.38
17.84	19.94	23.49	23.08	21.37
1.39	2.08	2.82	2.99	2.96
0.50	0.67	0.90	1.03	1.11
5.15	6.10	7.56	7.85	6.43
2.82	3.33	4.15	4.10	3.27
0.46	0.50	0.80	0.86	0.68
0.02	0.09	0.06	0.07	0.08
15.28	16.10	20.34	21.98	20.01
13.12	13.27	16.40	17.51	15.57
6.54	7.09	8.86	9.07	8.50
6.04	7.53	10.56	12.08	12.73
37.00	44.90	56.81	58.28	56.92
3.73	4.63	5.56	6.52	6.93
0.16	0.25	0.29	0.32	0.37
5.13	5.65	7.65	6.48	6.56
2.87	2.97	3.84	3.68	4.05
2.23	2.64	3.73	2.66	2.41

4-8 按收入五等份分组城镇居民家庭每百户耐用消费品拥有量(2017年)

Ownership of Major Durable Consumer Goods per 100 Urban Households by Five Equal Parts of Income(2017)

项　目	Item	低收入户 Low Income Households	中低收入户 Lower Middle Income Households	中等收入户 Middle Income Households	中高收入户 Upper Middle Income Households	高收入户 High Income Households
摩托车(辆)	Motorcycle(set)	45.57	41.06	31.98	18.85	19.92
助力车(辆)	Man-drawn Vehicle(set)	35.13	37.11	28.83	22.85	23.29
家用汽车(辆)	Household Automobile(set)	16.85	19.99	20.65	25.77	42.62
洗衣机(台)	Washing Machine(set)	90.21	97.07	96.50	96.62	98.79
电冰箱(台)	Refrigerator(set)	97.68	101.02	99.56	101.48	101.71
彩色电视机(台)	Color TV(set)	117.69	118.44	117.86	117.43	122.81
家用电脑(台)	Household Computer(set)	54.51	69.12	72.30	75.52	97.37
照相机(架)	Camera(set)	10.33	14.96	17.11	25.94	40.44
中高档乐器(件)	Medium Upscale Musical Instrument(piece)	1.24	3.15	4.56	4.65	7.46
微波炉(台)	Microwave Oven(set)	31.39	43.57	50.19	61.25	71.44
空调器(台)	Air Conditioner(set)	106.57	124.84	136.03	153.27	188.69
热水器(台)	Shower(set)	87.84	93.77	95.57	93.28	100.81
洗碗机(台)	Dishwasher(set)	0.81	1.15	1.15	1.41	2.20
排油烟机(台)	Kitchen Ventilator(set)	53.31	60.96	69.17	71.00	78.72
健身器材(套)	Healthy Equipment(set)	1.62	2.75	3.61	3.71	6.61
固定电话(部)	Telephone(set)	20.95	27.16	26.53	25.93	35.07
移动电话(部)	Hand Telephone(set)	242.55	248.83	239.11	223.20	219.23
接入有线电视网络的电视机(台)	Cable Television(set)	82.14	86.83	83.50	91.27	95.90
接入互连网的计算机(台)	Network-connected Computers(set)	39.25	51.79	55.07	63.10	82.21
接入互连网的移动电话(部)	Network-connected Hand Telephone(set)	157.90	158.41	149.61	143.92	151.41

4-9 城镇居民家庭平均每百户耐用消费品拥有量
Ownership of Major Durable Consumer Goods per 100 Urban Households

项　目	Item	2012	2013	2014	2015	2016	2017
摩托车(辆)	Motorcycle(set)	21.90	22.22	31.64	30.41	30.50	31.47
助力车(辆)	Man-drawn Vehicle(set)	20.05	18.61	22.83	24.25	27.35	29.44
家用汽车(辆)	Household Automobile(set)	12.48	13.28	13.65	17.68	23.63	25.18
洗衣机(台)	Washing Machine(set)	98.55	90.15	88.04	91.02	94.17	95.84
电冰箱(台)	Refrigerator(set)	100.36	94.71	93.24	95.21	98.10	100.29
彩色电视机(台)	Color TV(set)	132.52	117.13	116.59	116.90	117.66	118.85
家用电脑(台)	Household Computer(set)	81.91	73.48	69.95	74.05	74.43	73.77
照相机(架)	Camera(set)	40.50	33.21	28.35	25.44	18.80	21.76
中高档乐器(件)	Medium Upscale Musical Instrument(piece)	6.65	3.22	2.81	3.23	3.74	4.21
微波炉(台)	Microwave Oven(set)	65.56	52.99	44.98	47.61	50.25	51.58
空调器(台)	Air Conditioner(set)	144.04	122.03	119.26	128.43	139.62	141.90
热水器(台)	Shower(set)	96.27	85.63	84.27	87.40	92.68	94.26
洗碗机(台)	Dishwasher(set)	0.73	1.93	2.03	1.83	1.22	1.34
健身器材(套)	Healthy Equipment(set)	4.53	2.34	3.33	3.82	3.32	3.66
固定电话(部)	Telephone(set)	59.32	39.22	41.71	33.91	28.70	27.13
移动电话(部)	Hand Telephone(set)	204.35	207.61	212.26	223.13	233.48	234.58
接入有线电视网络的电视机(台)	Cable Television(set)	103.82	94.93	90.27	94.06	93.51	87.93
接入互连网的计算机(台)	Network-connected Computers(set)	68.87	63.31	55.84	59.83	61.86	58.30
接入互连网的移动电话(部)	Network-connected Hand Telephone(set)	38.01	93.72	94.12	112.70	141.66	152.25

4-10 市、州城镇居民人均可支配收入

Per Capita Disposable Income of Urban Households by Regions

单位：元 (yuan)

地 区	Region	城镇居民人均可支配收入				城镇常住居民人均可支配收入			
		2010	2011	2012	2013	2014	2015	2016	2017
武汉市	Wuhan	20806.32	23738.09	27061.00	29821.22	33270.16	36436	39737	43405
黄石市	Huangshi	14665.50	17003.00	19417.00	21329.58	25207.83	27536	29906	32535
十堰市	Shiyan	12652.52	14171.97	16011.26	17694.04	22143.23	24057	26030	28518
宜昌市	Yichang	14281.55	16451.41	18774.98	20934.10	25025.46	27275	29735	32316
襄阳市	Xiangyang	13332.67	15351.65	17532.00	19329.03	24112.76	26282	28794	31316
鄂州市	Ezhou	14787.95	17008.14	19306.60	20878.16	22763.25	24774	26986	29399
荆门市	Jingmen	13600.63	15526.06	17677.80	19820.34	24627.00	26731	28920	31317
孝感市	Xiaogan	13796.20	15887.83	18091.00	19818.69	23490.53	25753	27939	30264
荆州市	Jingzhou	13285.45	14946.97	17010.00	18705.90	23128.16	25382	27666	29973
黄冈市	Huanggang	12832.00	14731.21	16765.39	18431.87	20729.00	22620	24796	26884
咸宁市	Xianning	12968.21	14874.52	16913.00	18580.62	21591.25	23505	25839	28053
随州市	Suizhou	13824.25	15870.32	18171.00	19806.39	20958.96	22791	24799	26959
恩施州	Enshi	11406.15	13174.00	15058.00	16639.09	20245.00	22198	24410	26766
仙桃市	Xiantao	13021.12	15052.00	17280.00	19065.02	22502.68	24641	26845	29266
潜江市	Qianjiang	13879.14	15560.86	17450.85	19187.21	22609.00	24721	26985	29284
天门市	Tianmen	12209.85	13885.75	15685.00	17112.34	20622.34	22618	24475	26528
神农架林区	Shennongjia	11146.00	12312.00	13567.00	14937.27	19810.00	21404	23452	25767

注：2013年前分城镇和农村开展住户调查，为城镇居民人均可支配收入。2014年起使用城乡一体化住户收支与生活状况调查数据，为城镇常住居民人均可支配收入。

Note: Before 2013, the urban and rural household were investigated separately, and the data is for per capita disposable income of urban household. Since 2014, survey data of income and expenditures of urban and rural household integration has been used, and the data is for per capita disposable income of urban household.

4-11 农村居民家庭人均收支及恩格尔系数(1983-2017年)
Per Capita Annual Income and Expenditure & Engle's Coefficient of Rural Households(1983-2017)

年 份 Year	农村居民家庭人均纯收入(元) Per Capita Annual Disposable Income of Rural Households (yuan)	比上年±% Growth Rate Over Preceding Year (%)	农村居民家庭人均生活消费支出(元) Average Rural Households Consumption Expenditure (yuan)	比上年±% Growth Rate Over Preceding Year (%)	#食品消费支出(元) #Food Expenditure (yuan)	比上年±% Growth Rate Over Preceding Year (%)	恩格尔系数(%) Engel's Coefficient (%)
1983	299.24	4.6	252.47	11.2	156.03	10.9	61.8
1984	392.29	31.1	305.03	20.8	186.56	19.6	61.2
1985	421.24	7.4	334.63	9.7	197.86	6.1	59.1
1986	445.13	5.7	373.53	11.5	217.19	9.8	58.2
1987	460.66	3.5	408.69	9.4	234.79	8.1	57.5
1988	497.84	8.1	450.62	10.3	258.09	9.9	57.3
1989	571.84	14.9	540.13	19.9	321.72	24.7	59.6
1990	670.80	17.3	607.58	12.5	376.18	16.9	61.9
1991	626.92	-6.5	615.40	1.3	369.18	-1.9	60.0
1992	677.82	8.1	611.84	-0.6	373.39	1.1	61.0
1993	783.18	15.5	722.09	18.0	446.62	19.6	61.9
1994	1170.06	49.4	1012.95	40.3	657.16	47.1	64.9
1995	1511.22	29.2	1245.10	22.9	753.91	14.7	60.6
1996	1863.62	23.3	1630.41	30.9	974.42	29.2	59.8
1997	2102.20	12.8	1660.13	1.8	928.54	-4.7	55.9
1998	2172.24	3.3	1699.43	2.4	918.95	-1.0	54.1
1999	2217.08	2.1	1572.90	-7.4	863.47	-6.0	54.9
2000	2268.50	2.3	1555.61	-1.1	827.25	-4.2	53.2
2001	2352.16	3.7	1649.18	6.0	856.25	3.5	51.9
2002	2444.06	3.9	1745.63	5.8	872.49	1.9	50.0
2003	2566.76	5.0	1801.63	3.2	930.98	6.7	51.7
2004	2890.01	12.6	2088.98	15.9	1076.35	15.6	51.5
2005	3099.20	7.2	2430.19	16.3	1192.26	10.8	49.1
2006	3419.35	10.3	2732.46	12.4	1278.80	7.3	46.8
2007	3997.41	16.9	3090.00	13.1	1479.04	15.7	47.9
2008	4656.38	16.5	3652.57	18.2	1711.34	15.7	46.9
2009	5035.26	8.1	3725.40	2.0	1668.35	-2.5	44.8
2010	5832.27	15.8	4090.78	9.8	1763.05	5.7	43.1
2011	6897.92	18.3	5010.74	22.5	1954.62	10.9	39.0
2012	7851.71	13.8	5726.73	14.3	2154.01	10.2	37.6
2013	8866.95	12.9	6279.52	9.7	2308.45	7.2	36.8
2014	10849.06	11.9	8680.93	10.6	2724.10	6.1	31.4
2015	11843.89	9.2	9803.15	12.9	2952.69	8.4	30.1
2016	12724.97	7.4	10938.30	11.6	3295.30	11.6	30.1
2017	13812.09	8.5	11632.51	6.3	3332.38	1.1	28.6

注：①2014年起使用城乡一体化住户收支与生活状况调查，与之前的分城镇和农村住户调查的范围、方法、指标口径有所不同，部分指标变化在0411—0425各表后注释。
②2014年起农民人均纯收入改为农村常住居民人均可支配收入。
③2014年起食品消费支出包括食品和烟酒。

Note: ①Survey data of income and expenditure of urban and rural household integration was used since 2014, and the scope of the investigation, the method and index are different (But these indexes are same in the thereafter related tables);
②In 2014 the per capita disposable income of rural household was changed to the per capita disposable income of rural household;
③Since 2014, consumption expenditure on food including food, alcohol and tobacco.

4-12 农村居民家庭基本情况
Basic Conditions of Rural Households

项　　目	Item	2012	2013	2014	2015	2016	2017
调查户数(户)	Number of Households Surveyed(household)	3300	2096	2522	2540	2549	2538
调查户常住人口(人)	Number of Permanent Residents per Households (person)	13140	7921	7233	7309	7360	7287
平均每户整半劳动力(人)	Average Full-Time and Part-Time Labors per Household(person)	3.12	2.88	2.03	2.04	2.05	2.06
平均每个劳动力负担人口(人)	Average Person Supported by Each Labor(person)	1.28	1.31	1.41	1.41	1.41	1.40
劳动力文化程度状况(%)	Education Attainments(%)						
不识字或识字很少	Few Illiteracy and Illiteracy	4.0	6.1	8.4	7.6	7.7	7.2
小学程度	Primary School	24.2	29.1	34.1	33.9	33.3	33.1
初中程度	Junior School	54.0	48.0	44.2	45.3	45.8	46.0
高中程度	Senior Secondary School	14.8	13.2	11.0	10.6	10.5	10.7
大专及以上	Junior College and Above	3.1	3.5	2.3	2.6	2.7	2.9
期末实际经营的土地面积(亩/人)	Land Area Dealing in Actually at the End of Term(mu/person)	3.48	3.78	5.50	4.98	5.18	
耕地	Farmland	1.71	1.78	2.41	2.73	2.88	2.85
山地/林地	Woodland	1.41	1.78	2.77	1.92	1.94	2.17
园地	Gardening Land	0.11	0.07	0.10	0.09	0.11	0.13
养殖水面	Aquatic Space	0.26	0.16	0.22	0.24	0.25	0.29
期末住房情况	Housing Conditions at the Year-end						
住房面积(平方米/人)	Dwelling Space(sq.m/person)	44.98	41.84	54.78	55.61	57.67	58.71
住房价值(元/人)	Value of Houses(yuan/person)	19453	26808	38264	43442	50766	52197
住房类型(%)	Housing Styles(%)						
楼房面积	Building Space	73.17	72.14	62.64	63.48	63.77	65.00
砖瓦平房面积	Bungalow Space	21.74	26.74	35.93	34.26	33.83	32.91
住房结构(%)	Housing Structure(%)						
钢筋混泥土结构面积	Reinforced Structure	59.27	76.06	67.91	70.70	73.57	73.88
砖木结构面积	Brick and Wood Structure	31.26	18.81	25.30	22.41	20.85	20.71
期内新建(购)住房情况	Newly-built Houses within the Year						
新建(购)住房面积(平方米/人)	Newly-built House Space(sq.m/person)	1.37	1.60	2.01	1.41	0.88	1.00
新建(购)住房价值(元/人)	Value of Newly-Build(purchased) Houses(yuan/person)	998	1709	2259	2024	1775	18825

4-13 按收入五等份分组农村居民家庭基本情况(2017年)
Basic Conditions of Rural Households by Five Equal Parts of Income(2017)

项　目	Item	低收入户 Low Income Households	中低收入户 Lower Middle Income Households	中等收入户 Middle Income Households	中高收入户 Upper Middle Income Households	高收入户 High Income Households
家庭常住人口(人)	Number of Permanent Residents per Households(person)	1548.00	1617.44	1481.75	1400.35	1239.71
就业劳动力(人)	Number of Employed Persons	978.00	1084.67	1066.50	1064.92	1025.75
劳动力文化程度状况(人)	Education Attainments(person)					
文盲或半文盲	Few Illiteracy and Illiteracy	106.00	106.17	82.00	52.00	31.00
小学程度	Primary School	425.75	409.92	369.75	285.42	239.00
初中程度	Junior Secondary School	363.25	458.58	495.75	532.50	552.33
高中程度	Senior Secondary School	71.00	93.00	97.00	158.00	139.25
大专及以上	Junior College and Above	12.00	17.00	22.00	37.00	64.17
人均年末住房面积(平方米)	Per Capita Housing Area at the Year-end(sq.m)	53.05	53.85	57.57	61.77	70.25
人均年末经营耕地面积(亩)	Per Capita Arable Land Area Business at the year-end(mu)	1.63	1.71	2.41	3.08	6.22
人均主要农产品消费量(公斤)	Per Capita Consumption of Major Farm Products(kg)					
粮食	Grain	124.89	133.79	139.65	135.19	154.68
蔬菜及制品	Fresh Vegetables and Related Products	103.34	112.19	111.04	115.08	126.62
食用油	Edible Oil	12.63	12.96	14.54	14.74	16.17
水果	Fruits					
猪肉	Pork	17.52	18.26	20.42	21.24	25.27
牛羊肉	Butcher	0.72	1.00	1.14	1.30	2.52
家禽	Poultry	2.62	3.07	3.93	4.64	6.33
蛋类及制品	Eggs and Related Products	6.25	6.47	7.14	7.86	9.06
水产品	Aquatic Products	8.45	8.89	10.90	12.38	16.12
卷烟(盒)	Cigarette(box)	31.39	35.15	36.67	40.65	52.86
酒类	Liquor and Drinks	8.78	8.35	10.58	11.23	16.47

4-14 农村居民家庭人均总收入及构成
Per Capita Total Income and Composition of Rural Households

单位：元、% (yuan, %)

项 目	Item	2012	2013	2014	2015	2016	2017
总收入(元)	**Total Income(yuan)**	**10525.66**	**11896.06**	**14836.14**	**15819.16**	**16807.81**	**17927.34**
工资性收入	Wages Income	3189.84	3868.21	3298.61	3682.91	4023.04	4389.58
家庭经营收入	Household Business Income	6718.36	7022.00	8699.22	8928.74	9242.06	9625.59
农业	Farming	4056.77	4049.41	4663.10	4927.80	4875.69	4887.51
林业	Forestry	88.49	140.80	272.35	292.41	345.81	271.17
牧业	Animal Husbandry	1044.46	1077.50	1610.39	1235.80	1199.91	1242.35
渔业	Fishery	423.50	403.93	476.41	696.02	654.65	846.48
工业	Industry	144.59	60.66	204.82	160.40	167.05	167.68
建筑业	Construction	177.49	307.83	188.27	110.67	261.24	359.50
交通、运输、邮电业	Transport and Telecommunications Industries	322.49	328.76	353.50	461.56	472.43	551.38
批发和零售贸易、餐饮业	Wholesale and Retail Trade, Catering Industry	317.95	401.46	572.30	646.44	886.04	683.34
社会服务和文教卫生业	Social Services and Cultural and Educational Sector	113.54	177.96	211.73	189.00	141.72	137.63
农林牧渔服务业	Agriculture, Forestry, Animal Husbandry and Fishery Services			133.44	171.08	189.94	222.58
其他行业	Other Industry	26.87	10.54	12.93	37.56	47.59	51.99
财产性收入	Property Income	65.87	99.13	135.33	166.91	170.07	178.85
转移性收入	Transferred Income	551.59	906.73	2702.98	3040.61	3372.64	3733.33
总收入构成(%)	**Composition of Total Income(%)**						
工资性收入	Wages Income	30.3	32.5	22.2	23.3	23.9	24.5
家庭经营收入	Household Business Income	63.8	59.0	58.6	56.4	55.0	53.7
财产性收入	Property Income	0.6	0.8	0.9	1.1	1.0	1.0
转移性收入	Transferred Income	5.2	7.6	18.2	19.2	20.1	20.8

4-15 农村居民家庭人均现金收入及构成
Per Capita Cash Income and Composition of Rural Households

单位：元、% (yuan, %)

项　目	Item	2012	2013	2014	2015	2016	2017
现金收入(元)	**Cash Income(yuan)**	**9337.04**	**10819.88**	**13243.58**	**13958.40**	**15145.85**	**16228.97**
工资性收入	Wages Income	3186.99	3858.97	3282.57	3663.96	4000.55	4370.51
家庭经营现金收入	Cash Income from Household Business	5546.68	5959.60	7328.03	7336.22	7921.93	8318.33
农业	Farming	3096.78	3179.27	3614.71	3658.73	3873.47	3751.74
林业	Forestry	88.34	142.91	163.40	172.04	241.80	224.36
牧业	Animal Husbandry	837.81	891.19	1404.35	1039.15	995.89	1128.45
渔业	Fishery	418.62	395.83	468.59	689.58	644.76	835.71
工业	Industry	144.59	60.66	204.82	160.40	167.05	167.68
建筑业	Construction	177.49	307.83	188.27	110.67	261.24	359.50
交通、运输、邮电业	Transport and Telecommunications Industries	322.49	328.76	353.50	461.56	472.43	551.38
批发和零售贸易、餐饮业	Wholesale and Retail Trade, Catering Industry	317.95	401.46	572.30	646.44	886.04	683.34
社会服务和文教卫生业	Social Services and Cultural and Educational Sector	113.54	177.96	211.73	189.00	141.72	137.63
农林牧渔服务业	Agriculture, Forestry, Animal Husbandry and Fishery Services			133.44	171.08	189.94	222.58
其他行业	Other Industry	26.87	10.54	12.93	37.56	47.59	51.99
财产性收入	Property Income	58.91	99.26	135.33	166.91	170.07	178.85
转移性收入	Transferred Income	544.46	902.05	2497.66	2791.31	3053.31	3361.28
现金收入构成(%)	**Composition of Cash Income(%)**						
工资性收入	Wages Income	34.1	35.7	24.8	26.2	26.4	26.9
家庭经营现金收入	Cash Income from Household Business	59.4	55.1	55.3	52.6	52.3	51.3
财产性收入	Property Income	0.6	0.9	1.0	1.2	1.1	1.1
转移性收入	Transferred Income	5.8	8.3	18.9	20.0	20.2	20.7

4-16 农村居民家庭人均纯收入(可支配收入)及构成
Per Capita Net Income of Rural Households (Disposable Income) and Composition

单位：元、% (yuan, %)

项 目	Item	2012	2013	2014	2015	2016	2017
全年纯收入(元)	**Net Income(yuan)**	**7851.71**	**8866.95**	**10849.06**	**11843.89**	**12724.97**	**13812.09**
工资性收入	Wages Income	3189.84	3648.20	3298.61	3682.91	4023.04	4389.58
家庭经营纯收入	Net Income from Household Business	4123.49	4616.55	5009.34	5281.41	5534.01	5963.95
财产性收入	Property Income	65.87	84.13	125.44	160.78	158.60	165.79
转移性收入	Transferred Income	472.51	518.07	2415.66	2718.79	3009.32	3292.77
纯收入构成(%)	**Composition of Net Income(%)**						
工资性收入	Wages Income	40.6	41.1	30.4	31.1	31.6	31.8
家庭经营纯收入	Net Income from Household Business	52.5	52.1	46.2	44.6	43.5	43.2
财产性收入	Property Income	0.8	0.9	1.2	1.4	1.2	1.2
转移性收入	Transferred Income	6.0	5.8	22.3	23.0	23.6	23.8

注：2014年起为农村常住居民人均可支配收入、工资性收入、家庭经营净收入、财产净收入、转移净收入。
Note: Since 2014, indexes are per capita disposable income of rural household, wage income, net income from household business, property net income, transferred net income.

4-17 按收入五等份分组农村居民家庭人均收入情况(2017年)
Per Capita Income of Rural Households by Five Equal Parts of Income(2017)

单位：元、% (yuan, %)

项 目	Item	低收入户 Low Income Households	中低收入户 Lower Middle Income Households	中等收入户 Middle Income Households	中高收入户 Upper Middle Income Households	高收入户 High Income Households
总收入(元)	**Total Income(yuan)**	**7763.64**	**10528.62**	**15151.83**	**20632.14**	**41045.72**
工资性收入	Wages Income	1370.99	2889.84	4346.24	5902.91	8568.15
家庭经营收入	Household Business Income	4486.94	4634.97	6921.14	10042.02	25641.37
财产性收入	Property Income	24.57	99.08	90.10	235.28	527.76
转移性收入	Transferred Income	1881.14	2904.72	3794.35	4451.93	6308.43
总收入构成(%)	**Composition of Total Income(%)**					
工资性收入	Wages Income	17.66	27.45	28.68	28.61	20.87
家庭经营收入	Household Business Income	57.79	44.02	45.68	48.67	62.47
财产性收入	Property Income	0.32	0.94	0.59	1.14	1.29
转移性收入	Transferred Income	24.23	27.59	25.04	21.58	15.37
可支配收入(元)	**Disposable Income(yuan)**	**3800.32**	**8489.57**	**12083.66**	**17059.61**	**32111.89**
工资性收入	Wages Income	1371.0	2889.8	4346.2	5902.9	8568.2
家庭经营净收入	Net Income from Household Business	851.5	2943.0	4309.6	6890.7	17495.4
财产净收入	Property Net Income	10.7	84.2	72.0	229.5	516.1
转移净收入	Transferred Net Income	1567.1	2572.5	3355.8	4036.5	5532.3
可支配收入构成(%)	**Composirion of Disposasle Income(%)**					
工资性收入	Wages Income	36.1	34.0	36.0	34.6	26.7
家庭经营净收入	Net Income from Household Business	22.4	34.7	35.7	40.4	54.5
财产净收入	Property Net Income	0.3	1.0	0.6	1.3	1.6
转移净收入	Transferred Net Income	41.2	30.3	27.8	23.7	17.2

注：2014年起为农村常住居民人均可支配收入、工资性收入、家庭经营净收入、财产净收入、转移净收入。
Note: Since 2014, indexes are per capita disposable income of rural household, wage income, net income from household business, property net income, transferred net income.

4-18 农村居民家庭人均总支出及构成
Per Capita Total Expenditure and Composition of Rural Households

单位：元、% (yuan, %)

项目	Item	2012	2013	2014	2015	2016	2017
总支出(元)	**Total Expenditure(yuan)**	**8923.73**	**9477.33**	**16775.27**	**18257.83**	**19372.81**	**19739.32**
家庭经营费用支出	Expenditure for Household Business	2402.73	2408.72	3413.49	3366.25	3412.31	3349.56
农业	Farming	1076.28	1049.49	1329.35	1566.04	1535.20	1387.20
林业	Forestry	16.33	19.52	27.68	23.91	126.05	25.67
牧业	Animal Husbandry	693.65	753.88	1279.08	923.32	765.09	795.14
渔业	Fishery	230.50	174.04	217.63	366.77	276.83	420.32
工业	Industry	84.17	28.31	78.83	57.14	81.29	54.87
建筑业	Construction	54.28	120.30	158.47	43.86	143.14	218.87
交通、运输、邮电业	Transport and Telecommunications Industries	120.00	81.99	74.77	136.61	114.81	132.11
批发和零售贸易、餐饮业	Wholesale and Retail Trade, Catering Industry	100.13	82.03	166.42	175.88	276.11	215.23
社会服务和文教卫生业	Social Services and Cultural, Educational, and Public Health Services	20.52	69.33	39.98	18.10	25.19	15.86
农林牧渔服务业	Agriculture, Forestry, Animal Husbandry and Fishery Services			36.77	44.08	60.89	74.14
其他行业	Other Industry	6.85	2.19	4.51	10.54	7.70	9.82
购置住房、生产性固定资产支出	Purchase of Housing, Productive Fixed Assets	240.00	315.23	876.97	1244.33	862.13	762.17
税费支出	Taxes and Fee	11.09					
生活消费支出	Consumption Expenditure	5726.73	6279.52	8680.93	9803.15	10938.30	11632.51
食品	Food	2154.0[illegible]	2308.45	2724.10	2952.69	3295.30	3332.38
衣着	Clothing	316.41	347.67	495.73	549.14	568.71	626.40
居住	Residence	1206.16	1415.73	1944.56	2150.27	2407.90	2512.27
家庭设备、用品及服务	Household Facilities, Articles and Services	397.86	425.00	574.31	599.92	669.01	706.20
交通通讯	Transport, Post and Telecommunications	496.10	605.95	816.43	1218.42	1381.37	1384.68
教育文化娱乐	Educational and Cultural Recreation	394.63	407.42	1010.19	1118.15	1156.60	1330.67
医疗保健	Medicines and Medical Services	591.87	624.40	907.33	985.09	1213.47	1438.32
其他商品和服务	Other Commodities and Services	169.68	144.90	208.28	229.48	245.94	301.59
财产性支出	Expenditure for Property	11.10	2.13	8.67	6.12	11.47	13.06
转移性支出	Transferred Expenditure	532.08	471.73	287.31	321.74	363.36	440.55
商业保险支出	Commercial Insurance Expenses			29.16	37.45	45.31	50.00
非经常性转移支出	Non Recurrently Transferred Expenditure			2313.24	2630.25	2852.52	2840.37
借贷性支出	Borrowing Expenses			1165.51	848.53	887.42	651.11
总支出构成(%)	**Composition of Total Expenditure(%)**						
家庭经营费用支出	Expenditure for Household Business	26.9	25.4	20.3	18.4	17.6	17.0
购置住房、生产性固定资产支出	Purchase of Housing, Productive Fixed Assets	2.7	3.3	5.2	6.8	4.5	3.9
生活消费支出	Consumption Expenditure	64.2	66.3	51.7	53.7	56.5	58.9
财产性支出	Expenditure for Property	0.1	0.0	0.1	0.0	0.1	0.1
转移性支出	Transferred Expenditure	6.0	5.0	1.7	1.8	1.9	2.2

4-19　农村居民家庭人均现金支出及构成
Per Capita Cash Expenditure and Composition of Rural Households

单位：元、%　　(yuan, %)

项　目	Item	2012	2013	2014	2015	2016	2017
现金支出(元)	**Cash Expenditure(yuan)**	**8149.22**	**8563.81**	**14668.88**	**15923.32**	**16677.01**	**17014.59**
家庭经营费用支出	Expenditure for Household Business	2285.75	2243.66	3249.87	3222.08	3290.04	3230.71
农业	Farming	1052.29	1025.61	1312.12	1549.04	1524.86	1374.29
林业	Forestry	16.32	19.52	27.68	23.90	126.02	25.61
牧业	Animal Husbandry	602.75	617.69	1134.39	798.39	657.97	695.01
渔业	Fishery	228.53	172.26	215.92	364.55	272.05	414.56
工业	Industry	84.17	28.31	78.83	57.14	81.29	54.87
建筑业	Construction	54.28	120.30	158.47	43.86	143.14	218.87
交通、运输、邮电业	Transport and Telecommunications Industries	119.96	81.99	74.77	136.61	114.81	132.11
批发和零售贸易、餐饮业	Wholesale and Retail Trade, Catering Industry	100.13	82.03	166.42	175.88	276.11	215.23
社会服务和文教卫生业	Social Services and Cultural, Educational, and Public Health Services	20.48	69.33	39.98	18.10	25.19	15.86
农林牧渔服务业	Agriculture, Forestry, Animal Husbandry and Fishery Services			36.77	44.08	60.89	74.14
其他行业	Other Industry	6.83	2.19	4.51	10.54	7.70	9.82
购置住房、生产性固定资产支出	Purchase of Housing, Productive Fixed Assets	240.00	315.23	876.97	1244.33	862.13	762.17
税费支出	Taxes and Fee	10.85					
生活消费支出	Consumption Expenditure	5070.68	5531.07	6738.17	7612.82	8364.76	9026.62
财产性支出	Expenditure for Property	11.10	2.13	8.67	6.12	11.47	13.06
转移性支出	Transferred Expenditure	530.85	471.72	287.31	321.74	363.36	440.55
商业保险支出	Commercial Insurance Expenses			29.16	37.45	45.31	50.00
非经常性转移支出	Non Recurrently Transferred Expenditure			2313.24	2630.25	2852.52	2840.37
借贷性支出	Borrowing Expenses			1165.51	848.53	887.42	651.11
现金支出构成(%)	**Composition of Cash Expenditure(%)**						
家庭经营费用支出	Expenditure for Household Business	28.0	26.2	22.2	20.2	19.7	19.0
购置住房、生产性固定资产支出	Purchase of Housing, Productive Fixed Assets	2.9	3.7	6.0	7.8	5.2	4.5
生活消费支出	Consumption Expenditure	62.2	64.6	45.9	47.8	50.2	53.1
财产性支出	Expenditure for Property	0.1	0.0	0.1	0.0	0.1	0.1
转移性支出	Transferred Expenditure	6.5	5.5	2.0	2.0	2.2	2.6

4-20 按收入五等份分组农村居民家庭人均支出情况(2017年)
Per Capita Expenditures of Rural Households by Five Equal Parts of Income(2017)

单位：元、%　　(yuan, %)

项　目	Item	低收入户 Low Income Households	中低收入户 Lower Middle Income Households	中等收入户 Middle Income Households	中高收入户 Upper Middle Income Households	高收入户 High Income Households
总支出(元)	**Annual Total Expenditures(yuan)**	**14465.87**	**13381.15**	**17904.70**	**20376.73**	**36377.79**
生活消费支出	Consumption Expenditure	8253.42	9166.53	11175.36	12825.75	18413.34
家庭经营费用支出	Expenditure for Household Business	3405.00	1536.34	2357.30	2791.84	7506.99
财产性支出	Property Expenditure	13.88	14.88	18.08	5.77	11.69
转移性支出	Transferred Expenditure	314.00	332.22	438.53	415.43	776.12
部分商业保险支出	Commercial Insurance Expenses	23.79	11.30	40.18	49.22	147.30
购置住房及生产性固定资产支出	Purchase of Housing, Productive Fixed Assets	533.94	166.96	818.31	352.03	2229.47
非经常性转移支出	Non Recurrently Transferred Expenditure	1661.61	1949.64	2492.76	3266.58	5467.80
借贷性支出	Borrowing Expenses	260.24	203.30	564.18	670.12	1825.07
总支出构成(%)	**Composition of Annual Total Expenditures(%)**					
生活消费支出	Consumption Expenditure	57.1	68.5	62.4	62.9	50.6
家庭经营费用支出	Expenditure for Household Business	23.5	11.5	13.2	13.7	20.6
财产性支出	Property Expenditure	0.1	0.1	0.1	0.0	0.0
转移性支出	Transferred Expenditure	2.2	2.5	2.4	2.0	2.1
部分商业保险支出	Commercial Insurance Expenses	0.2	0.1	0.2	0.2	0.4
购置住房及生产性固定资产支出	Purchase of Housing, Productive Fixed Assets	3.7	1.2	4.6	1.7	6.1
非经常性转移支出	Non Recurrently Transferred Expenditure	11.5	14.6	13.9	16.0	15.0
借贷性支出	Borrowing Expenses	1.8	1.5	3.2	3.3	5.0

4-21 农村居民家庭年人均出售主要农副产品情况
Annual Selling of Farm and Sideline Products of Rural Households per Capita

单位：千克　　(kg)

项　目	Item	2012	2013	2014	2015	2016	2017
粮食	Grain	489.22	591.56	770.96	888.88	982.69	960.01
#小麦	Wheat	91.93	79.55	111.05	129.72	151.98	138.05
稻谷	Paddy	329.15	432.85	528.86	588.64	656.03	684.99
棉花	Cotton	93.94	72.29	48.98	30.33	19.31	23.01
油料	Oil Producer	58.57	73.99	77.34	52.15	45.97	40.04
糖料	Sugar	0.17	2.16	2.08	2.21	3.43	1.80
烟草	Tobacco	3.82	7.89	7.07	14.35	13.67	7.37
蔬菜	Vegetable	143.53	99.54	134.68	163.39	125.98	181.69
瓜类	Melon	17.60	40.74	33.63	10.12	15.49	20.49
水果	Fruits	109.87	62.86	111.30	97.70	93.46	109.78
茶叶	Tea	8.08	5.02	5.01	7.55	8.39	8.00
猪肉	Pork	25.68	28.51	58.86	41.76	32.19	40.52
家禽	Poultry	2.80	1.65	8.63	4.26	3.61	1.99
蛋类	Eggs	13.01	16.54	29.12	14.59	13.58	19.47
水产品	Aquatic Products	43.25	39.61	40.65	68.30	62.48	72.54

4-22 农村居民家庭人均主要食品消费量
Per Capita Main Food Consumption of Rural Households

单位：千克 (kg)

项　目	Item	2012	2013	2014	2015	2016	2017
粮 食	Grain	151.06	125.59	153.08	152.05	137.15	136.85
#小麦	Wheat	15.55	10.17	16.74	17.90	14.74	15.70
稻谷	Paddy	126.67	104.27	121.21	118.83	107.22	106.54
豆类	Peas and Beans	1.97	3.85	7.25	7.86	8.72	3.02
蔬菜及菜制品	Fresh Vegetables and Processed Products	119.33	88.16	118.03	123.06	123.22	113.01
鲜菜	Fresh Vegetables	118.25	86.56	116.30	121.40	121.10	111.36
油脂类	Oil and Fats	10.39	11.05	29.71	16.04	15.52	14.10
植物油	Edible Vegetable Oil	9.93	10.61	29.02	15.24	14.89	13.51
动物油	Edible Animal Oil	0.47	0.43	0.70	0.79	0.62	0.58
肉禽及其制品	Meat and Processed Products	22.80	22.91	29.82	31.20	29.15	27.52
猪肉	Pork	17.63	18.11	23.12	24.12	21.43	20.29
牛羊肉	Beef and Mutton	0.53	0.63	0.93	1.14	1.26	1.28
家禽	Poultry	2.94	2.87	4.19	4.27	4.60	4.00
蛋类及蛋制品	Eggs and Processed Products	5.02	4.68	6.65	8.31	8.08	7.26
奶及奶制品	Milk and Dairy Products	1.67	2.11	3.53	3.58	4.12	3.70
水产品	Aquatic Products	8.54	7.93	11.10	11.75	12.15	11.09
鱼类	Fish	8.09	7.58	10.55	10.97	11.20	10.06
干鲜瓜果	Fresh and Dried Fruits	16.83	13.33	20.74	22.42	26.28	28.68
酒 类	Liquor and Drinks	11.12	10.08	14.25	12.78	11.85	10.81
#白酒	Distilled Spirit	3.52	3.65	5.82	5.51	5.22	5.27
啤酒	Beer	7.53	6.41	8.41	7.24	6.58	5.52

4-23 农村居民家庭主要生活用品购买量
Per Capita Annual Purchase of Major Items of Life of Rural Households

项目	Item	单位	Unit	2012	2013	2014	2015	2016	2017
粮食	Grain	千克/人	kg/person	44.45	38.34	44.06	47.43	49.61	50.47
植物油	Edible Vegetable Oil	千克/人	kg/person	5.70	5.11	7.41	8.07	7.88	7.50
动物油	Edible Animal Oil	千克/人	kg/person	0.39	0.27	0.47	0.49	0.42	0.44
蔬菜	Vegetables	千克/人	kg/person	18.27	16.51	25.95	27.28	31.31	33.07
猪肉	Pork	千克/人	kg/person	8.71	8.76	13.13	14.32	13.80	14.74
牛羊肉	Beef and Mutton	千克/人	kg/person	0.47	0.54	0.85	1.04	1.14	1.22
家禽	Poultry	千克/人	kg/person	1.24	0.97	2.40	2.46	2.95	2.58
鲜蛋	Fresh Eggs	千克/人	kg/person	2.20		2.83	4.32	4.16	3.77
鲜活鱼类	Fresh Fish	千克/人	kg/person	7.06		9.58	10.13	10.31	9.30
卷烟	Tobacco	盒/人	pack/person	31.42	26.93	41.00	40.03	40.62	38.60
酒	Wine	千克/人	kg/person	11.06	10.06	16.23	12.76	11.78	10.72
水果	Fruits	千克/人	kg/person	8.27		17.63	19.69	23.07	25.35
服装	Clothing	件/人	piece/person	2.52					
鞋类	Shoes	双/人	two/person	1.80		2.10	2.37	2.35	2.23
水泥	Cement	千克/人	kg/person	149.81					
钢材	Steel	千克/人	kg/person	9.72					
生活用煤	Coal	千克/人	kg/person	13.18		14.84	15.18	18.06	18.18
电视机	TV Sets	台/百户	set/100 households	6.48	5.76	5.31	7.17	6.39	5.66
洗衣机	Washing Machine	台/百户	set/100 households	5.09	4.44	4.93	4.35	4.48	4.29
电风扇	Electric Fans	台/百户	set/100 households	13.67					
电冰箱	Refrigerators	台/百户	set/100 households	7.12	6.16	6.03	6.61	6.62	5.62
自行车	Bicycle	辆/百户	set/100 households	7.30	6.54	6.99	6.27	5.63	5.37
摩托车	Motocycle	辆/百户	set/100 households	5.30	3.91	3.65	3.51	3.18	2.99
热水器	Shower	台/百户	set/100 households	5.70	3.58	2.75	3.20	3.19	2.66
电话机	Telephone Sets	部/百户	set/100 households	2.76	1.86	1.03	1.37	0.83	0.99
手机	Mobile Phones	部/百户	set/100 households	28.00	33.40	39.75	39.44	34.97	31.79

4-24 农村居民家庭每百户耐用消费品拥有量
Ownership of Major Durable Consumer Goods per 100 Rural Households

项目	Item	2012	2013	2014	2015	2016	2017
彩色电视机(台)	Color TV(set)	116.24	114.35	116.50	118.46	120.09	121.73
照相机(架)	Camera(set)	3.64	5.24	4.89	3.84	2.97	3.72
洗衣机(台)	Washing Machine(set)	62.42	53.79	57.94	65.02	73.13	75.52
电冰箱(台)	Refrigerator(set)	80.18	75.82	79.53	84.75	93.01	95.81
摩托车(辆)	Motorcycle(set)	74.76	68.84	76.52	77.87	78.47	80.16
摄像机(台)	Video Camera(set)	1.52	0.62	0.50	0.44	0.37	
抽油烟机(台)	Exhaust Fan(set)	15.82	10.94	13.59	14.89	14.86	17.35
空调机(台)	Air Conditioner(set)	33.15	33.05	37.79	43.49	56.47	62.65
热水器(台)	Shower(set)	55.91	52.16	58.01	61.71	68.63	71.21
电话机(部)	Telephone(set)	40.06	31.44	37.15	27.43	20.71	19.49
移动电话(部)	Mobile Telephone(set)	215.06	211.52	223.46	232.18	236.26	238.70
家用计算机(台)	Computer(set)	19.73	22.14	25.72	26.23	27.04	27.94
汽车(生活用)(台)	Automobile(set)	2.42	4.65	5.06	7.16	10.15	11.29

4-25 市、州农村居民人均纯收入(可支配收入)
Per Capita Annual Net Income of Rural Households (Disposable Income) by Regions

单位：元 (yuan)

地区	Region	农村居民人均纯收入				农村常住居民人均可支配收入			
		2010	2011	2012	2013	2014	2015	2016	2017
武汉市	Wuhan	8295	9814	11190	12713	16160	17722	19152	20887
黄石市	Huangshi	5524	6487	7477	8492	10957	12004	12925	13972
十堰市	Shiyan	3499	4044	4566	5226	7046	7779	8514	9373
宜昌市	Yichang	5980	7055	8046	9121	11837	12990	14057	15253
襄阳市	Xiangyang	6365	7549	8684	9785	12534	13650	14762	16005
鄂州市	Ezhou	6645	7909	9072	10210	12692	13812	14813	16168
荆门市	Jingmen	6951	8248	9387	10615	13481	14716	15811	17167
孝感市	Xiaogan	5943	7029	7988	9023	11597	12655	13554	14744
荆州市	Jingzhou	6453	7664	8710	9909	12625	13728	14707	15962
黄冈市	Huanggang	4634	5438	6142	6966	9388	10252	11076	12116
咸宁市	Xianning	5606	6588	7505	8480	10891	11940	12812	13925
随州市	Suizhou	6279	7427	8419	9490	11984	13022	14077	15268
恩施自治州	Enshi	3255	3939	4571	5235	7194	7969	8728	9588
仙桃市	Xiantao	6807	8006	9076	10365	13193	14422	15462	16736
天门市	Tianmen	6207	7407	8507	9608	12086	13178	14107	15367
潜江市	Qianjiang	6486	7684	8785	10017	12862	14076	15113	16397
神农架林区	Shennongjia	4083	4640	5110	5677	6920	7578	8342	9205

注：2013年前分城镇和农村开展住户调查，为农民人均纯收入。2014年起使用城乡一体化住户收支与生活状况调查数据，为农村常住居民人均可支配收入。

Note: Before 2013, the urban and rural household were investigated separately, and the data is for per capita disposable income of rural household. Since 2014, survey data of income and expenditures of urban and rural household integration has been used, and the data is for per capita disposable income of rural household.

4-26 农村居民家庭固定资产投资情况
Fixed Assets Investment of Rural Households

单位：亿元 (100 million yuan)

项　目	Item	2012	2013	2014	2015	2016	2017
新增固定资产原值	**New Original Value of Fixed Assets**	**446.89**	**526.31**	**516.68**	**423.90**	**470.67**	**373.61**
固定资产投资完成额	**Finished Value of Investment of the Fixed Assets**	**429.58**	**510.48**	**473.63**	**477.48**	**507.78**	**409.79**
按投资来源分	Investment by Source						
国内贷款	Domestic Loans	1.30	3.41			46.31	7.12
自筹资金	Self-raising Funds	427.72	506.65	472.81	467.66	449.11	398.70
其他资金	Others	0.56	0.42	0.82	9.82	12.36	3.97
按投资构成分	According to Constitute Sub-investment						
建筑工程	Construction	335.09	406.63	404.09	399.60	423.31	330.99
安装工程	Installation						
设备工、器具购置	For Equipment, the Purchase of Equipment	64.96	74.69	46.65	63.67	42.17	62.03
其他	Others	29.53	29.16	22.89	14.21	42.30	16.77
按投资方向分	According to the Investment Direction PM						
农业	Agriculture	90.34	83.84	76.18	103.90	71.26	47.48
采矿业	Mining		0.17				
制造业	Manufacturing	3.40	0.55	0.27	3.65		0.26
电力、燃气及水的生产和供应业	Production and Supply of Electricity, Gas and Water		0.62	0.74		4.36	
建筑业	Construction		16.92	0.47	0.17	0.39	0.11
交通运输、仓储和邮政业	Transport, Storage and Post	9.24	48.30	30.19	15.14	38.79	47.22
信息传输、计算机服务和软件业	Information Transmission, Computer Services and Software						
批发和零售业	Wholesale and Retail Trades		0.82	0.25	0.23	1.30	2.64
住宿和餐饮业	Hotels and Catering Services		0.16	0.03		6.01	1.00
金融业	Financial Intermediation						
房地产业	Real Estate	309.15	358.21	365.26	353.09	382.62	310.07
租赁和商务服务业	Leasing and Business Services						0.20
科学研究、技术服务和地质 勘查业	Scientific Research, Technical Services, and Geological Prospecting						
水利、环境和公共设施管理业	Management of Water Conservancy, Environment and Public Facilities						
居民服务和其他服务业	Serices to Households and Other Services	7.45	0.89	0.24	1.30	2.81	0.64
教育	Education						
卫生、社会保障和社会福利业	Health, Social Securities and Social Welfare						
文化、体育和娱乐业	Culture, Sports and Enterainment					0.23	0.16
公共管理和社会组织	Public Management and Social Organizations						
国际组织	International Organizations						
按具体投资项目分	Based on Specific Investment Projects PM						
房屋	Housing	335 09	389.46	400.63	397.52	409.16	323.44
道路	Road					382.62	
桥梁	Bridge						
设备	Equipment	45.73	74.69	46.65	63.67	42.17	62.03
水利	Water		2.17	1.30	0.23	0.91	0.37
其他	Others	48.76	44.16	25.05	16.06	55.53	23.95
施工房屋面积(万平方米)	Acreage of House Construction (10000 sq.m)		5598.80	4543.88	4289.18	4305.50	3424.23
竣工房屋面积(万平方米)	Acreage of House Completion (10000 sq.m)		4584.52	3671.35	3666.76	3799.32	3098.11
竣工房屋投资完成额	Completion Amount of Investment in House		386.32	351.79	343.94	372.05	287.26

4-27 贫困地区农村居民家庭人均总收入

单位：元

项　目	Item	2000	2005
全年总收入	**Total Income**	**2083.17**	**2450.07**
工资性收入	Income from Wages and Salaries	482.50	700.38
家庭经营收入	Income from Household Operations	1512.44	1593.47
第一产业	Primary Industry	1356.41	1460.07
农业收入	Farming	889.56	935.94
林业收入	Forestry	28.63	35.80
牧业收入	Animal Husbandry	431.80	479.65
渔业收入	Fishery	6.42	8.68
第二产业	Secondary Industry	40.56	34.61
工业收入	Industry	24.75	21.13
建筑业收入	Construction	15.81	13.48
第三产业	Tertiary Industry	115.47	98.79
交通运输、邮电业收入	Transport, Postal and Telecommunication Services		48.03
批发和零售贸易、餐饮业收入	Wholesale and Retail Trades and Catering Services		21.83
财产性收入	Income from Properties	8.99	27.86
转移性收入	Income from Transfers	79.24	128.36

4-28 贫困地区农村居民家庭人均总支出

单位：元

项　目	Item	2000	2005
全年总支出	**Total Expenditure**	**1872.82**	**2453.49**
家庭经营费用支出	Expenditure for Household Operations	401.98	601.83
第一产业	Primary Industry	369.70	551.71
农业支出	Agriculture	180.20	287.63
林业支出	Forestry	2.32	5.40
牧业支出	Animal Husbandry	186.51	256.83
渔业支出	Fishery	0.67	1.85
第二产业	Secondary Industry	10.98	17.22
工业支出	Industry	6.92	10.80
建筑业支出	Construction	4.06	6.42
第三产业	Tertiary Industry	21.30	32.90
交通运输、邮电业支出	Transport, Postal and Telecommunication Services		17.58
批发和零售贸易、餐饮业支出	Wholesale and Retail Trades and Catering Services		6.02
生活消费支出	Expenses on Household Consumption	1337.99	1698.13
食品	Food	774.32	912.75
衣着	Clothing	58.65	76.29
居住	Housing//Residence	163.91	190.10
家庭设备、用品及服务	Household Facilities, Articles and Services	60.10	73.89
交通和通讯	Transport and Communications	47.07	128.58
文化、教育、娱乐用品及服务	Recreation, Education and Culture Articles	162.86	190.77
医疗保健	Health Care	45.75	91.85
其他商品和服务	Others	25.32	33.91
财产性支出	Expenses on Properties	1.03	2.48
转移性支出	Expenses on Transfers	78.31	113.54

Per Capita Annual Total Income of Rural Households of Poor Area

(yuan)

2010	2012	2013	2014	2015	2016	2017
4428.61	**6392.05**	**7492.39**	**10133.83**	**11008.38**	**11649.77**	**12941.96**
1524.03	2430.92	3027.51	2839.28	2913.80	3157.79	3467.32
2584.36	3488.01	3597.82	4727.14	5107.29	5181.31	5754.55
2342.95	2985.54	2922.25	3621.24	3656.02	3550.69	3556.89
1603.56	1943.09	1888.86	2187.93	2269.04	2137.42	2234.38
96.39	89.80	125.66	285.87	318.56	354.85	272.54
623.27	923.19	815.79	1091.55	1025.52	1029.37	1007.41
19.74	29.47	91.92	55.89	42.90	29.05	42.56
59.41	129.39	103.77	188.27	185.29	282.46	543.42
22.90	68.03	54.98	109.73	98.58	137.61	98.15
36.51	61.36	48.79	78.54	86.71	144.85	445.27
182.00	373.08	571.81	917.64	1265.98	1348.16	1654.24
90.61	181.46	201.94	249.91	327.75	433.41	553.53
52.61	123.58	272.96	460.68	612.59	654.99	786.38
35.82	40.59	84.43	88.55	77.93	86.39	88.46
284.40	432.53	782.62	2478.86	2909.36	3224.28	3631.63

Per Capita Annual Expenditures of Rural Households of Poor Area

(yuan)

2010	2012	2013	2014	2015	2016	2017
4235.52	**6537.87**	**7088.53**	**13232.21**	**14347.79**	**14376.26**	**15752.05**
881.09	1358.34	1361.14	1898.56	1810.30	1666.15	1925.50
800.67	1136.25	1130.31	1463.02	1294.03	1071.44	1209.30
434.03	569.93	468.74	671.49	616.05	540.18	539.78
14.25	11.58	14.14	16.99	17.94	15.89	12.67
349.20	541.34	578.98	738.06	648.02	508.44	648.28
3.19	13.40	57.61	36.49	12.02	6.93	8.57
19.46	87.31	44.35	137.39	74.65	136.53	193.18
9.80	63.68	32.47	64.76	41.21	58.76	16.35
9.66	23.63	11.80	72.63	33.44	77.77	176.83
60.96	134.78	186.48	298.14	441.62	458.18	523.02
36.21	70.05	75.32	76.42	121.95	122.37	131.08
18.72	46.09	85.92	148.36	250.36	273.52	331.13
3091.52	4559.76	5076.24	7249.33	8663.14	8499.32	9456.70
1440.68	1931.78	2123.51	2363.16	2862.71	2606.85	2912.77
150.44	268.21	334.53	432.06	491.07	432.43	514.72
547.61	763.79	966.34	1657.13	2108.74	2173.78	2274.14
183.09	312.04	356.25	495.04	526.82	547.51	629.68
242.35	397.77	445.09	712.08	937.67	965.20	1006.22
215.26	289.49	315.84	733.67	829.59	799.31	995.12
240.62	470.74	416.73	711.59	729.31	766.63	905.70
71.46	37.26	117.95	144.60	177.23	207.61	218.35
3.66	23.87	1.18	10.48	5.40	10.31	11.27
204.77	488.49	478.40	215.63	265.68	239.90	293.10

4-29 贫困地区农村居民家庭人均纯收入(可支配收入)

单位：元

项　目	Item	2010
全年纯收入	**Net Income**	**3460.29**
工资性收入	Income from Wages and Salaries	1524.03
家庭经营收入	Income from Household Operations	1657.59
第一产业	Primary Industry	1500.34
农业收入	Farming	1145.83
林业收入	Forestry	81.87
牧业收入	Animal Husbandry	256.22
渔业收入	Fishery	16.41
第二产业	Secondary Industry	39.25
工业收入	Industry	12.74
建筑业收入	Construction	26.51
第三产业	Tertiary Industry	118.00
交通运输、邮电业收入	Transport, Postal and Telecommunication Services	52.04
批发和零售贸易、餐饮业收入	Wholesale and Retail Trades and Catering Services	33.52
财产性收入	Income from Properties	35.82
转移性收入	Income from Transfers	24285.00

注：2014年起为农村常住居民人均可支配收入、工资性收入、家庭经营净收入、财产净收入、转移净收入。
Note: Since 2014, indexes are per capita disposable income of rural household, wage income, net income from household business, property net income, transferred net income.

4-30 贫困地区农村居民家庭人均现金收入

单位：元

项　目	Item	2000	2005
全年现金收入	**Cash Income**	**1237.86**	**1592.04**
工资性收入	Income from Wages and Salaries	531.59	700.38
家庭经营现金收入	Income from Household Operations	631.43	754.86
第一产业	Primary Industry	4754.00	621.46
农业现金收入	Farming	242.19	324.35
林业现金收入	Forestry	23.68	28.23
牧业现金收入	Animal Husbandry	205.85	262.88
渔业现金收入	Fishery	3.68	6.00
第二产业	Secondary Industry	40.36	34.61
工业现金收入	Industry	24.75	21.13
建筑业现金收入	Construction	15.81	13.48
第三产业	Tertiary Industry	115.47	98.79
交通运输、邮电业现金收入	Transport, Postal and Telecommunication Services		48.03
批发和零售贸易、餐饮业现金收入	Wholesale and Retail Trades and Catering Services		21.83
财产性收入	Income from Properties	6.37	27.86
转移性收入	Income from Transfers	68.47	108.94

Per Capita Annual Net Income of Rural Households (Disposable Income) of Poor Area

(yuan)

2012	2013	2014	2015	2016	2017
4882.16	**5674.89**	**7831.44**	**8681.99**	**9502.22**	**10470.66**
2430.92	3027.51	2839.28	2913.80	3157.79	3467.32
2020.63	2099.90	2652.22	3052.01	3283.97	3587.62
1759.14	1721.70	2052.24	2264.65	2380.13	2244.81
1323.35	1376.14	1447.41	1596.95	1542.44	1642.75
77.10	111.27	268.40	299.62	338.09	255.61
343.26	200.49	317.16	337.49	478.06	312.95
15.43	33.80	19.27	30.60	21.54	33.50
39.37	48.24	31.32	89.14	123.04	309.60
2.85	13.58	13.76	45.88	66.98	73.13
36.52	34.67	17.56	43.26	56.06	236.47
222.12	329.96	568.66	698.22	780.80	1033.21
101.30	98.09	151.20	162.47	269.09	385.16
74.68	170.37	294.94	328.06	348.61	429.08
40.59	84.43	76.73	72.49	76.08	77.19
390.03	463.04	2263.20	2643.68	2984.38	3338.53

Per Capita Annual Cash Income of Rural Households of Poor Area

(yuan)

2010	2012	2013	2014	2015	2016	2017
3169.28	**5162.56**	**6330.00**	**8556.47**	**9541.60**	**10404.38**	**11583.18**
1524.01	2428.20	3024.06	2835.26	2907.21	3152.53	3461.61
1326.31	2269.51	2440.22	3320.22	3805.47	4104.20	4583.14
1085.24	1767.41	1764.65	2214.32	2354.20	2473.58	2385.48
606.44	1005.74	952.44	1185.14	1427.61	1471.07	1397.84
66.87	88.21	129.23	120.41	115.59	175.10	116.15
396.13	646.45	591.86	854.12	769.01	800.06	830.47
15.79	27.01	91.11	54.65	41.99	27.35	41.02
59.08	129.02	103.77	188.27	185.29	282.46	543.42
22.90	68.03	54.98	109.73	98.58	137.61	95.15
36.17	60.99	48.79	78.54	86.71	144.85	444.27
182.00	373.08	571.18	917.64	1265.98	1348.16	1654.24
90.61	181.46	201.94	249.91	327.75	433.41	553.53
52.61	123.58	272.96	917.64	612.59	654.99	786.38
35.51	32.58	84.43	88.55	77.93	86.39	88.47
283.45	432.27	781.28	2312.43	2750.99	3061.26	3449.96

4-31 贫困地区农村居民家庭人均现金支出

单位：元

项　目	Item	2000	2005
全年现金支出	**Cash Expenditure**	**1179.58**	**1745.27**
家庭经营费用现金支出	Cash Expenditure for Household Operations	282.09	422.80
第一产业	Primary Industry	250.91	374.54
农业现金支出	Agriculture	184.89	231.42
林业现金支出	Forestry	1.66	3.33
牧业现金支出	Animal Husbandry	63.70	138.01
渔业现金支出	Fishery	0.66	1.78
第二产业	Secondary Industry	10.22	16.68
工业现金支出	Industry	632.00	10.73
建筑业现金支出	Construction	3.90	5.95
第三产业	Tertiary Industry	20.96	31.59
生活消费支出	Expenses on Household Consumption	766.52	1169.89
食品	Food	242.56	422.39
衣着	Clothing	56.13	76.29
居住	Housing//Residence	128.11	152.22
家庭设备、用品及服务	Household Facilities, Articles and Services	58.71	73.89
交通和通讯	Transport and Communications	47.07	128.58
文化、教育、娱乐用品及服务	Recreation, Education and Culture Articles	162.86	190.77
医疗保健	Health Care	45.75	91.85
其他商品和服务	Others	25.32	33.91
财产性支出	Expenses on Properties	0.98	2.48
转移性支出	Expenses on Transfers	77.32	112.42

Per Capita Annual Cash Expenditures of Rural Households of Poor Area

(yuan)

2010	2012	2013	2014	2015	2016	2017
3247.45	**5537.17**	**6058.58**	**9824.79**	**11781.14**	**10892.04**	**12069.50**
591.29	1077.84	1120.05	1595.40	1558.72	1512.27	1718.49
510.87	857.80	889.66	1159.86	1042.45	917.56	1002.29
340.42	491.05	429.37	616.79	567.66	516.14	517.19
5.42	10.83	14.14	16.99	17.94	15.89	12.67
161.85	342.53	378.10	489.61	444.84	378.86	464.47
3.18	13.39	57.37	36.48	12.01	6.67	7.96
19.46	87.19	44.35	137.39	74.65	136.53	193.18
9.80	63.68	32.47	64.76	41.21	58.76	55.35
9.66	23.50	11.88	72.63	33.44	77.77	137.83
60.96	132.86	186.48	298.14	441.62	458.18	523.02
2393.40	3839.90	4286.93	5437.98	6348.07	6164.54	7069.31
768.57	1253.23	1537.72	1117.29	2086.76	1954.59	2271.87
149.14	267.81	333.17	430.76	489.24	431.30	513.54
523.58	722.93	765.74	639.16	731.26	647.38	700.64
182.41	311.99	355.76	494.17	522.71	542.52	626.10
242.35	397.77	444.49	712.08	937.63	964.38	1006.12
215.26	289.49	315.51	733.67	829.56	799.30	995.12
240.62	470.74	416.70	566.67	573.91	618.01	739.77
71.46	125.94	117.84	142.04	177.00	207.06	216.15
3.66	23.87	1.18	10.48	5.40	10.31	11.27
204.62	488.14	478.40	215.63	265.68	239.90	293.10

主要统计指标解释

一、城镇住户

城镇家庭人口 指居住在一起，经济上合在一起共同生活的家庭成员。凡计算为家庭人口的成员其全部收支都包括在本家庭中。

城镇家庭总收入 指家庭成员得到的工薪收入、经营净收入、财产性收入、转移性收入之和，不包括出售财物收入和借贷收入。

城镇家庭可支配收入 指家庭成员得到可用于最终消费支出和其它非义务性支出以及储蓄的总和，即居民家庭可以用来自由支配的收入。它是家庭总收入扣除交纳的所得税、个人交纳的社会保障支出以及记账补贴后的收入。计算公式为:

可支配收入=家庭总收入-交纳所得税-个人交纳的社会保障支出-记账补贴

城镇家庭总支出 指除借贷支出以外的全部家庭支出。包括消费性支出、购房建房支出、转移性支出、财产性支出、社会保障支出。

城镇家庭消费性支出 指家庭用于日常生活的支出，包括食品、衣着、家庭设备用品及服务、医疗保健、交通和通信、娱乐教育文化服务、居住、杂项商品和服务等八大类支出。

城镇家庭服务性消费支出 指居民家庭用于本家庭支付社会提供的各种文化和生活方面的非商品性服务费用。不包括为别人付款服务。服务消费与商品消费不同，其特点在于其劳动过程和消费过程在时间与空间上的统一。

城镇家庭收入五等份分组方法 将所有调查户按户人均可支配收入由低到高排序，各按20%的比例依次分成五等份: 低收入户、中等偏低收入户、中等收入户、中等偏上收入户、高收入户。

二、农村住户

农村住户（农村常住户） 指长期（一年以上）居住在乡镇（不包括城关镇）范围内的住户，以及长期居住在城关镇所辖行政村范围内的农村住户。户口不在本地而在本地居住一年及以上的住户也包括在本地农村常住户范围内；有本地户口，但举家外出谋生一年以上的住户，无论是否保留承包耕地都不包括在本地农村住户范围内。

常住人口 指全年经常在家或在家居住6个月以上，而且经济和生活与本户连成一体的人口。外出从业人员在外居住时间虽然在6个月以上，但收入主要带回家中，经济与本户连为一体，仍视为家庭常住人口；在家居住，生活和本户连成一体的国家职工、退休人员也为家庭常住人口。但是现役军人、中专及以上（走读生除外）的在校学生、以及常年在外（不包括探亲、看病等）且已有稳定的职业与居住场所的外出从业人员，不算家庭常住人口。家庭常住人口主要作为计算农村住户平均每人收入、消费和积累水平及分析家庭人口状况的依据。

整、半劳动力 整劳动力指男子18周岁到50周岁，女子18周岁到45周岁；半劳动力指男子16周岁到17周岁，51周岁到60周岁；女子16周岁到17周岁，46周岁到55周岁，同时具有劳动能力的人。虽然在劳动年龄之内，但已丧失劳动能力的人，不应算为劳动力；超过劳动年龄，但能经常参加劳动，计入半劳动力数内。常住人口中的职工，若这些职工为劳动力，就包括在本户的整半劳动力中。

总收入 指调查期内农村住户和住户成员从各种来源渠道得到的收入总和。按收入的性质划分为工资性收入、家庭经营收入、财产性收入和转移性收入。

工资性收入 指农村住户成员受雇于单位或个人，靠出卖劳动而获得的收入。

家庭经营收入 指农村住户以家庭为生产经营单位进行生产筹划和管理而获得的收入。农村住户家庭经营活动按行业划分为农业、林业、牧业、渔业、工业、建筑业、交通运输业邮电业、批发和零售贸易餐饮业、社会服务业、文教卫生业和其他家庭经营。

财产性收入 指金融资产或有形非生产性资产的所有者向其他机构单位提供资金或将有形非生产

性资产供其支配，作为回报而从中获得的收入。

转移性收入 指农村住户和住户成员无须付出任何对应物而获得的货物、服务、资金或资产所有权等，不包括无偿提供的用于固定资本形成的资金。一般情况下，是指农村住户在二次分配中的所有收入。

现金收入 指农村住户和住户成员在调查期内得到以现金形态表现的收入。按来源分成工资性收入、家庭经营现金收入、财产性收入、转移性收入。

纯收入 指农村住户当年从各个来源得到的总收入相应地扣除所发生的费用后的收入总和。纯收入主要用于再生产投入和当年生活消费支出，也可用于储蓄和各种非义务性支出。“农民人均纯收入”按人口平均的纯收入水平，反映的是一个地区农村居民的平均收入水平。计算方法：

纯收入=总收入-家庭经营费用支出-税费支出-生产性固定资产折旧-赠送农村外部亲友支出

总支出 指农村住户用于生产、生活和再分配的全部支出。包括家庭经营费用支出、购置生产性固定资产支出、生产性固定资产折旧、税费支出、生活消费支出、财产性支出和转移性支出。

三、城乡一体化住户（2014 年起）

住户 指居住在一个住宅内，共同分享生活开支或收入的一群人。居住在同一房间内、不共同分享生活开支的人群，每个人都视为一个住户。住家保姆、住家家庭帮工视为单独的住户。根据居住的状态，可将住户分为家庭居住户和集体居住户。家庭居住户指的是以家庭成员关系为主，居住在同一住宅内共同生活的住户。同一住宅内有住家保姆或住家家庭帮工的，仍被视为家庭居住。集体居住户指的是相互没有家庭成员关系，居住在同一房间内，不共同分享生活开支，独立生活的住户。如在工棚、工厂的集体宿舍以及在工作地的集体居住户，每个人都视为一个住户。

住户成员 指居住在一个住宅内，所有与本住户分享生活开支或收入的人员。

常住成员 指住户成员中，经常在家居住、或者调查期内居住时间超过一半的人员，以及本住户供养的学生。季度调查的常住成员包括：①过去三个月已经居住或未来三个月打算居住时间超过 1.5 个月的住户成员。②过去三个月内每月至少在调查住宅居住一天以上，且没有在其他自有或独自租借的普通住宅中住过的人。或者说，在外与人合住或住在工棚、集体宿舍、工作地或其他临时性住所、又定期回家居住的人，也是本住户常住成员。③由本住户供养的在校学生（包括大中专学生和研究生）。常住成员是住户收支的调查对象。

居民可支配收入 指调查户在调查期内获得的、可用于最终消费支出和储蓄的总和，即调查户可以用来自由支配的收入。既包括现金，也包括实物收入。按照收入的来源，可支配收入包含四项，分别为：工资性收入、经营净收入、财产净收入和转移净收入。

其中：经营净收入=经营收入-经营费用-生产性固定资产折旧－生产税

财产净收入=财产性收入-财产性支出

转移净收入=转移性收入-转移性支出

工资性收入 指就业人员通过各种途径得到的全部劳动报酬和各种福利，包括受雇于单位或个人、从事各种自由职业、兼职和零星劳动得到的全部劳动报酬和福利。

经营净收入 指住户或住户成员从事生产经营活动所获得的净收入，是全部经营收入中扣除经营费用、生产性固定资产折旧和生产税之后得到的净收入。

财产净收入 指住户或住户成员将其所拥有的金融资产、住房等非金融资产和自然资源交由其他机构单位、住户或个人支配而获得的回报并扣除相关的费用之后得到的净收入。财产净收入包括利息净收入、红利收入、储蓄性保险净收益、转让承包土地经营权租金净收入、出租房屋净收入、出租其他资产净收入和自有住房折算净租金等。不包括转让资产所有权的溢价所得，这应该计入“非收入所得”。

转移性收入 指国家、单位、社会团体对住户的各种经常性转移支付和住户之间的经常性收入转移。包括政府、非行政事业单位、社会团体对居民转移的养老金或退休金、社会救济和补助、惠农补贴、政策性生活补贴、救灾款、经常性捐赠和赔偿以及报销医疗费等；住户之间的赡养收入、经常性捐赠和赔偿以及农村地区（村委会）在外（含国外）工作的本住户非常住成员寄回带回的收入等。不包括住户之间的实物馈赠。

转移性支出 指调查户对国家、单位、住户或个人的经常性或义务性转移支付。包括缴纳的税款、各项社会保障支出、赡养支出、经常性捐赠和赔偿支出以及其他经常转移支出等。

转移净收入=转移性收入-转移性支出

恩格尔系数 指食品支出金额在生活消费总支出金额中所占比例。计算公式为:

$$\text{恩格尔系数}=\frac{\text{食品支出额}}{\text{消费支出总金额}}\times 100\%$$

居民消费支出 指住户用于满足家庭日常生活消费需要的全部支出，包括用于消费品的支出和用于服务性消费的支出。根据用途不同，可划分为食品烟酒、衣着、居住、生活用品及服务、交通通信、教育文化娱乐、医疗保健、其他用品及服务八大类。根据来源不同，可划分为现金消费支出、实物消费支出（含自产自用、来自单位、来自政府和其他社会组织）。

Explanatory Notes on Main Statistical Indicators

I. Urban Households

Population of Urban Households refer to members of the household living and sharing economically together. All income and expenditure of the population of the household are included in the income and expenditure of the household.

Total Income of Urban Households refer to the sum of wage and salary, net business income, income from properties, and income from transfers members of the households during survey period, excluding income from selling of properties and income from borrowings. It is calculated on real income, no matter the income is supplied again or beforehand.

Disposable Income of Urban Households refers to the actual income at the disposal of members of the households which can be used for final consumption, other non-compulsory expenditure and savings. This equals to total income minus income tax, personal contribution to social security and sample household subsidy for keeping diaries. Following formula is used:

Disposable income = total household income - income tax - personal contribution to social security - sample household subsidy for keeping diaries

Total Expenditure of Urban Households refer to all expenditure of the households except expenditure on leading. It includes expenditure on consumption, on purchasing or building houses, on transfers, on properties and on social security.

Consumption Expenditure of Urban Households refers to total expenditure of the sample households for consumption in daily life, including expenditure on eight categories such as food, clothing, household appliances and services, health care and medical services, transport and communications, recreation, education and cultural services, housing, miscellaneous goods and services.

Expenditure of Urban Households on Consumption of Services refer to expenditure of households on services of various kinds provided by the society, not including services paid for other persons. Services are offered and consumed at the same time and place.

Urban Households by Five Equal Parts of Income All households in the sample are grouped, by per capita disposable income of the household, into groups of lowest income, low income, lower middle income, middle income, upper middle income, high income and highest income, each group consisting of 20% of all households.

II. Rural Household

Rural Households refer to resident households in rural areas. Resident households in rural areas are the households residing for more than one year in the areas under the jurisdiction of administration of township governments (excluding county towns), and in the areas under the jurisdiction of administration of villages in county towns. Migrated households residing in the current addresses for over one year with their household registration in other places are included in the resident households of their current addresses. For households with their household registration in one place but all members of the households moving away for living in another place for over one year, they will not be included in the rural households of the area where they are registered, irrespective of whether they still keep their contracted land.

Resident Population refers to population staying at home permanently or for over 6 months during a year and sharing life economically with the household. Members of the household staying away from the household for over 6 months but keeping a close economic relation with the household by sending the majority of income to the household are regarded as resident population of the household. Government staff and workers or retirees living as close members of the household are also considered as resident population. However, servicemen, students of secondary technical schools or schools of higher education and persons with stable jobs and residence outside the household (excluding those visiting relatives or seeking medical service) are not included as resident population of the household. Resident population is used in calculating income, consumption, accumulation on per capita basis of rural households and in analyzing composition of rural households.

Full/Semi Labour Force Full labour force refers to persons capable of work, aged 18-50 for males and 18-45 for females. Semi labour force refers to persons capable of work, aged 16-17 and 51-60 for males and 16-17 and 46-55 for females. Persons at their working ages but not capable of work are not to be included as labour force. Persons not at working ages but participating regularly in work are included in semi labour force. For staff and workers as resident population of the household, they are included as full or semi labour force of the household if they are in the labour force.

Total Income refers to the sum of income earned from various sources by the rural households and their members during the reference period, and is classified as income from wages and salaries, income from household operations, income from properties and income from transfers.

Income from Wages and Salaries refers to income from labour earned by the members of rural households employed by other units or individuals.

Income from Household Operations refers to income by the rural households as units of production and operations. Operations by rural households are classified by economic activities as agriculture, forestry, animal husbandry, fishery, manufacturing, construction, transportation, post and telecommunicat-ions, wholesale, retail and catering, social service, culture, education, health, and other household operations.

Income from Properties refers to the income received as returns by owners of financial assets or tangible non-productive assets by providing capitals or tangible non-productive assets to other institutional units.

Income from Transfers refers to the receipt by rural households and their members of goods, services, capitals or rights of assets without giving or repaying accordingly, excluding capitals provided to them for the formation of fixed assets. In general, it refers to all income received by rural households through redistribution.

Cash Income refers to income received by rural households and their members in the form of cash during the reference period. It is classified, by source of income, into income from wages and salaries, cash income from household operations, income from properties and income from transfers.

Net Income refers to the total income of rural households from all sources minus all corresponding expenses. Net income is mainly used as input for reproduction and as consumption expenditure of the year, and also used for savings and non-compulsory expenses of various forms. "Per capita net income of farmers" is the level of net income averaged by population which reflects the average income level of rural households in a given area.

The formula for calculation is as follows:

Net income=total income-household operation expenses-taxes and fees depreciation of fixed assets for production-the expenses given to the relatives in rural areas

Total Expenditure refers to total expenses of rural households on production, consumption and redistribution, including expenditure on household operations, on purchase of productive fixed assets, depreciation of productive fixed assets, taxes and fees, expenses on household consumption, expenses on properties and expenses on transfers.

Ⅲ. Urban and Rural Integration (From 2014)

Household means a group of people who live in a dwelling and share living expenses or income. Everyone who live in a same room, but do not share living expenses is considered as a household. Live-in nanny and home domestic workers are considered as separate households. Depending on the state of residence, it can be divided into family households and collective households. family households refer to the family members in the same house. Nanny or home family workers are also regarded as the family residence in the same residential home. Collective households refer to the people who have no family relationships, live in the same room, do not share their living expenses, and live alone. As in the barracks, factory dormitories and work in the collective residential households, everyone as a household.

Household Member refers to the household who are living in a house and share the expenses or income of the household.

Permanent Member refers to a household member, who often lives at home, stay for more than half during the period of survey, and students households support. Permanent members of the quarterly survey are including: ①household members who have lived more than 1.5 months in the past three months, or intend to live for more than 1.5 months in the next three months. ②people who have lived in the investigated house at least one day every month in the past three months, and had not lived in a other owned or rented ordinary residence alone. In other words, people who live outside with others, or live in the shed, dormitories, temporary shelter for work or others, and also regularly return home to live, are also permanent members of the household. ③Students at school (including college students, undergraduates and graduates) who are supported by households. Permanent members are respondent of income and expenditure of households.

Per Capita Disposable Income of the Household refers to the actual income of the households, which obtained by suvery households during the survey period, and can be used for final consumption expenditure and savings according to the survey on household income and expenditure and living conditions, that is the income which can be dominated by suvery household freely, dividing per capita income obtained by the resident households. Disposable income includes both cash and in kind income. Divided by source of income, disposable income contains four items, consisting of wage income, net business income, net property income, net transferred income.

Where:

Net Business Income=Business Income-Business Expenditure - Depreciation of Fixed Assets for Production - Taxes on Production

Net Property Income=Property Income-Property Expenditure

Net Transferred Income=Transferred Income-Transferred Expenditure

Wage Income refers to all the labor remuneration and welfare of the employees through various means. All labor remuneration and benefits, including the employment of units or individuals engaged in various free occupations, part-time and sporadic labor.

Net Business Income refers to the income of the household or household members engaged in the production and operation activities, is the net income of all operating expenses, production of fixed assets depreciation and production tax.

Property Net Income refers to the income received by the household or household members of the financial assets, housing, and other non financial assets and natural resources, which are obtained by other institutional units, households or individuals, and net income after deducting expenses. Property net income includes interest income, dividend income, savings insurance net income, transfer contract land management right to rent, rental housing net income, rental income and other assets of the net rent and other assets. Excluding the premium income from the transfer of property rights, which should be included in the "non income".

Transferred Income refers to the country, the unit, the social group to the tenants of a variety of recurrent transfer payments and the transfer of the regular income between households. Including residents pension or retirement benefits from the government, the non administrative institutions, social groups, social benefits and subsidies, subsidies benefit farmers, policy subsidy, relief funds, regular donation and compensation and reimbursement of medical expenses between tenants alimony income, often donations and compensation and the income of the rural areas households (village) (including foreign) return back to home. Does not include the physical gifts between households.

Transferred Expenditure refers to regular or voluntary transfer payment from the investigation to the country the unit, the household or the individual. Including the payment of the tax, the social security expenses, maintenance expenses, regular donations and compensation expenses, and other frequent transfer expenses, etc..

Net Transferred Income = Transferred Income - Transferred Expenditure

Engel's Coefficient refers to the percentage of expenditure on food in the total consumption expenditure, using the following formula:

$$\text{Engel's Coefficient}=\frac{\text{Expenditure on Food}}{\text{Total Consumption Expenditure}}\times 100\%$$

Per Capita Consumption Expenditure of Household refers to all expenditure which households used to meet needs of all the daily household consumption during the period of survey, including expenditure on consumer goods and services consumption, dividing per capita expenditure obtained by permanent households. Divided by function, consumption expenditure contains eight categories, consisting of food alcohol and tobacco, clothing, housing, supplies and services, transportation and communications, education, culture and entertainment, health care, other supplies and services.

五 价格调查

Chapter 5

Price Survey

资料整理：熊承煦　张文怡　李筱霏

5-1 居民消费、商品零售、农业生产资料价格总指数(1986-2017年)
Consumer Goods Retail, Agricultural Production Materials Price Index(1986-2017)

(上年＝100) (preceding year=100)

年份 Year	居民消费价格指数 Consumer Price Index			商品零售价格指数 Retail Price Index			农业生产资料价格指数 Price Indices of Farming Production Material		
	全省 Province	城市 Urban Areas	农村 Rural Areas	全省 Province	城市 Urban Areas	农村 Rural Areas	全省 Province	城市 Urban Areas	农村 Rural Areas
1986	105.5	106.0	104.8	104.2	105.4	103.1	100.5		100.5
1987	107.5	108.7	106.4	107.6	108.6	107.0	111.1		111.1
1988	119.0	120.5	117.2	119.5	121.5	117.8	118.1		118.1
1989	116.3	114.1	118.2	117.0	113.9	119.0	121.5		121.5
1990	104.2	103.1	105.1	102.9	102.3	103.3	102.9		102.9
1991	104.9	106.2	103.6	104.3	105.6	103.1	102.3		102.3
1992	109.6	110.5	108.1	107.0	108.4	104.7	106.6		106.6
1993	118.4	118.8	117.6	115.0	116.2	113.2	117.4		117.4
1994	125.3	127.0	124.1	124.6	124.0	125.1	122.4		122.4
1995	120.0	120.1	119.1	116.6	115.1	118.3	129.0		129.0
1996	109.4	110.2	107.9	106.5	106.2	106.9	108.6		108.6
1997	103.2	102.6	103.6	101.5	100.8	102.2	96.0		96.0
1998	98.4	97.9	99.0	97.1	96.3	98.0	91.9		91.9
1999	97.8	97.2	98.3	95.9	95.2	96.7	93.9		93.9
2000	99.0	100.0	98.2	97.8	98.1	97.1	97.6		97.6
2001	100.3	100.4	99.8	97.4	97.0	98.0	99.3		99.3
2002	99.6	99.2	100.8	98.8	98.4	99.5	101.0		101.0
2003	102.2	102.6	101.3	101.2	101.4	100.8	100.8		100.8
2004	104.9	104.5	105.8	104.1	103.1	105.4	111.3		111.3
2005	102.9	102.7	103.3	102.1	101.9	102.4	115.1		115.1
2006	101.6	101.4	101.9	101.1	100.8	101.6	101.4		101.4
2007	104.8	104.7	105.1	104.2	103.4	105.4	108.0		108.0
2008	106.3	105.5	107.4	106.3	105.4	107.6	127.2		127.2
2009	99.6	99.3	100.0	98.6	98.4	98.9	95.3		95.3
2010	102.9	102.8	103.1	103.1	103.0	103.4	101.9		101.9
2011	105.8	105.5	106.3	105.6	105.1	106.2	113.5		113.5
2012	102.9	102.8	103.0	102.6	102.4	102.7	103.5		107.2
2013	102.8	102.7	103.0	101.8	101.6	102.1	103.1		103.1
2014	102.0	102.0	101.9	100.9	100.8	101.0	97.9		97.9
2015	101.5	101.4	101.7	100.5	100.4	100.7	100.4		100.4
2016	102.2	102.1	102.2	100.8	100.7	100.9	100.3		100.3
2017	101.5	101.7	101.2	100.3	100.2	100.9	100.9		100.9

注：按照统计制度要求，我国CPI每五年进行一次基期轮换，2016年1月开始使用2015年作为新一轮的对比基期，前三轮基期分别为2000年、2005年和2010年。与上轮基期相比，新基期调查目录和规格品与国际标准更为接近，一些新产品新服务纳入其中，能进一步反映居民消费和经济结构的变化；同时，CPI权数构成也相应地按照居民收支调查最新数据进行了适当调整。新基期CPI调查目录参考联合国制定的《按目的划分的个人消费分类》(COICOP)和国家统计局发布的《居民消费支出分类(2013)》进行了修订，涵盖全国城乡居民生活消费的食品烟酒、衣着、居住、生活用品及服务、交通和通信、教育文化和娱乐、医疗保健、其他用品和服务等8大类、262个基本分类的商品与服务价格。

Note: According to the statistical system, China's CPI every five years on a base rotation, in January 2016 started using 2015 as a new round of comparative base period, the first three rounds of base in 2000, 2005 and 2010 respectively. Compared with the wheel base on the new catalog and specification product base investigation more close with the international standard, new services include some new product, can further reflect the residents' consumption and the change of economic structure; At the same time, the composition of the CPI weighting has been appropriately adjusted according to the latest data of the household income and expenditure survey. New base the CPI investigation directory refer to the United Nations set the purpose according to the division of the personal consumption classification (COICOP) and the national bureau of statistics released by the residents' consumption expenditure classification (2013) revised, covers the national urban and rural residents living consumption of alcohol, tobacco, food, clothing, housing, household items and services, transportation and communication, education, culture and entertainment, health care and other products and services such as 8 categories, 262 basic classification of prices of goods and services.

5-2 居民消费价格分类指数(2017年)
Consumer Price Indices by Category(2017)

(上年=100) (preceding year=100)

指　标	Item	全　省 Province	城　市 Urban Areas	农　村 Rural Areas
居民消费价格总指数	**Consumer Price Index**	**101.5**	**101.7**	**101.2**
非食品烟酒价格指数	**Non-food Tobacco and Alcohol Price Index**	**102.5**	**102.7**	**102.0**
服务价格指数	**Items of Service Price Index**	**103.9**	**104.5**	**102.3**
工业品价格指数	**Industrial Product Price Index**	**101.0**	**100.7**	**101.8**
消费品价格指数	**Consumable Price Index**	**100.3**	**100.1**	**100.6**
扣除食品和能源价格指数	**Deduction Food and Energy Price Index**	**102.3**	**102.5**	**101.9**
扣除鲜菜鲜果总指数	**Deduction Fresh Vegetables Fresh Fruit General Index**	**101.8**	**102.0**	**101.5**
食品烟酒	**Food Tobacco and Alcohol**	**99.4**	**99.5**	**99.3**
食品	Food	98.3	98.3	98.2
粮食	Grain	101.9	101.4	102.8
大米	Rice	101.1	99.9	103.1
面粉	Flour	102.0	100.9	102.9
粮食制品	Grain Products	104.6	105.8	102.2
薯类	Tubers	95.1	93.3	97.0
豆类	Beans	99.1	99.5	98.5
干豆	Dried Beans	100.0	99.9	100.2
豆制品	Bean Products	99.0	99.5	98.4
食用油	Cooking Oil	100.8	100.3	101.5
食用植物油	Oil of Plant	101.2	100.5	102.3
植物油制品	Vegetable Oil Processed Products	92.9	93.9	92.4
菜	Vegetables	92.3	92.5	91.9
鲜菜	Fresh Vegetables	91.5	91.7	90.9
干菜及菜制品	Dried Vegetables and Vegetable Products	102.0	101.8	102.3
畜肉类	Meal, Poultry and Processed Products	93.9	93.8	94.1
猪肉	Pork	90.3	90.0	90.9
牛肉	Beef	101.0	101.1	100.7
羊肉	Mutton	105.0	107.1	100.8
畜肉副产品	Animal By-products	96.4	94.7	99.5
禽肉类	Poultry	99.1	99.1	99.2
鸡	Chicken	98.2	97.8	99.1
鸭	Duck	99.5	100.1	97.7
水产品	Aquatic Products	105.9	105.9	106.0
淡水鱼	Fish in Fresh Water	107.5	107.5	107.6
海水鱼	Fish in Sea Water	104.1	103.5	104.6
虾蟹类	Decapod Crustacean	103.0	102.7	106.1
蛋类	Eggs	97.6	99.4	94.1
鸡蛋	Eggs	97.6	99.5	93.9
其他蛋及制品	Other Eggs and Products	97.5	98.3	95.8

5-2 续表 1 Continued

(上年＝100) (preceding year=100)

指 标	Item	全 省 Province	城 市 Urban Areas	农 村 Rural Areas
奶类	Dairy	100.8	101.3	99.6
鲜奶	Fresh Milk	101.9	102.7	99.7
酸奶	Sour Milk	100.8	101.3	99.3
奶粉	Milk Powder	100.1	100.2	99.9
干鲜瓜果类	Dried and Fresh Melons and Fruits	100.8	100.9	100.4
鲜瓜果	Fresh Fruits	101.4	101.5	101.1
坚果	Nuts	97.9	97.8	98.0
瓜果制品	Melon and Fruit Products	102.3	103.1	99.9
糖果糕点类	Confectionery	103.3	103.8	102.0
食糖	Sugar	109.0	109.3	108.7
糖果	Candy	102.0	103.1	100.3
糕点	Pastry	103.7	104.6	101.4
调味品	Flavoring	103.2	103.6	102.4
食用盐	Salt	99.1	99.2	99.0
酱油	Soy Sauce	105.6	105.8	105.3
食醋	Vinegar	107.2	108.7	102.6
调味酱	Bechamel	101.1	99.7	103.0
味精	Monosodium Glutamate	100.1	99.9	100.5
其他食品类	Other Food Categories	100.1	100.0	100.4
方便食品	Convenience Foods	100.2	100.3	100.2
淀粉及制品	Starch and Products	101.2	101.3	100.8
膨化食品	Puffed Food	99.1	98.6	100.5
茶及饮料	Tea and Beverages	100.4	100.4	100.4
茶叶	Tea	100.4	100.1	101.2
固体咖啡	Solid Coffee	100.8	100.8	100.7
饮用水	Drinking Water	98.5	98.1	99.3
果汁饮料	Fruit Juice Beverages	100.9	100.9	101.0
烟酒	Tobacco, Liquor	100.6	100.7	100.6
烟草	Tobacco	99.9	99.9	99.9
酒类	Liquor	101.9	102.0	101.8
白酒	Liquer	102.2	102.6	101.5
葡萄酒	Wine	100.0	99.7	101.5
啤酒	Beer	101.7	100.8	103.0
在外餐饮	Dining Out	102.4	102.2	103.3
正餐	Dinner	102.2	102.2	102.5
快餐	Fast Food	103.0	102.8	103.7
地方小吃	Local Snacks	103.3	102.6	106.3

5-2 续表 2 Continued

(上年=100) (preceding year=100)

指 标	Item	全 省 Province	城 市 Urban Areas	农 村 Rural Areas
衣着	**Clothing**	**100.8**	**100.7**	**101.2**
服装	Garments	100.6	100.4	101.2
男式服装	Men's Garment	100.7	100.6	100.8
男士西服	Men's Suits	99.8	100.1	98.8
男士冬衣	Men's Clothes	100.4	100.4	100.6
男士夹克衫	Men's Jacket	101.7	101.6	102.0
男士毛线衣	Men's Knitted Woolen Clothes	101.2	101.2	101.3
男士运动装	Men's Sport Clothing	100.5	100.2	101.3
男士衬衫T恤	Men's Shirt T-shirts	100.9	100.6	101.6
男士裤子	Men's Trousers	100.6	100.5	100.7
男士内衣	Men's Underwear	100.3	100.7	99.3
女式服装	Women's Dress	101.0	100.8	101.7
女式外套	Women's Overcoat	101.4	100.9	103.2
女士冬衣	Women's Clothes	101.2	101.4	100.8
女士毛线衣	Women's Knitted Woolen Clothes	101.9	102.2	101.1
女士运动装	Women's Sports Wear	101.7	101.7	101.6
女士衬衫T恤	Women's Shirt T-shirts	101.1	100.3	102.9
女士裤子	Women's Trousers	100.2	99.5	102.3
女士裙子	Skirt	101.2	101.2	100.9
女士内衣	Women's Underwear	99.7	99.4	100.5
儿童服装	Children's Garment	99.2	98.8	100.4
婴幼服装	Infants Clothing	99.4	99.3	99.6
儿童上衣	Children's Suits	99.9	99.5	100.7
儿童裤子	Children's Trousers	98.2	97.4	100.4
儿童裙子	Children's Skirt	99.1	98.9	99.8
服装材料	Clothing Material	101.0	101.4	99.9
其他衣着及配件	Other Clothing and Accessories	99.2	98.9	99.9
袜子	Socks and Stockings	99.1	98.5	100.2
帽子	Hats	97.9	97.6	98.7
衣着加工服务费	Clothing Processing	105.1	104.3	107.2
衣着洗涤保养	Scrubbing Maintenance	103.2	101.6	107.7
衣着加工	Clothing Processing	109.0	109.8	106.2
鞋类	The Footwear	101.2	101.3	100.7
鞋	Shoes	101.1	101.3	100.6
男鞋	Men's Shoes	102.1	102.1	101.9
女鞋	Women's Shoes	100.8	101.0	100.1
童鞋	Children's Shoes	100.1	100.3	99.7
鞋类加工服务	Footwear Processing Service	103.7	103.7	103.9

5-2 续表 3 Continued

(上年＝100) (preceding year=100)

指　标	Item	全　省 Province	城　市 Urban Areas	农　村 Rural Areas
居住	**Residence**	**102.0**	**101.6**	**102.8**
租赁房房租	Tenancy	103.0	102.4	105.7
公房房租	Public Housing Rent	100.0	100.0	100.1
私房房租	Talk Accommodation	103.2	102.6	106.1
住房保养维修及管理	Housing Maintenance and Management	102.6	102.7	102.5
住房装潢材料	Housing Decoration Materials	102.7	101.3	105.0
木地板	Wood Floor	101.5	100.1	104.4
瓷砖	Ceramic Tile	102.1	99.7	105.7
水泥	Cement	113.2	117.3	109.3
涂料	Paint	100.0	98.9	101.8
板材	Board	103.1	102.4	104.6
管材	Pipe	101.6	100.8	103.4
厨卫设备	Kitchen Equipment	102.0	99.9	105.5
门窗	Doors and Windows	102.1	100.1	104.3
物业管理费	Property Management Fees	100.3	100.3	100.2
住房装潢维修	Housing Decoration Maintenance	103.0	106.2	99.6
装潢维修费	Housing Decoration Maintenance	104.0	108.4	99.5
其他住房费用	Other Housing Expenses	100.0	100.0	100.0
水电燃料	Water, Electricity and Fuels	100.5	100.4	100.7
水	Water	101.0	100.3	104.7
电	Electricity	100.0	100.0	100.0
燃气	The Fuel Gas	100.8	100.8	100.9
管道燃气	Piped Gas	100.2	100.2	100.3
液化石油气	Liquefied Petroleum Gas	101.1	101.2	100.9
取暖费	Heating Fee	100.0	100.0	100.0
其他燃料	Other Fuel	101.9	101.8	102.1
自有住房	Self-owned House	102.3	101.8	103.8
生活用品及服务	**Daily Necessities and Services**	**100.6**	**100.4**	**100.8**
家具及室内装饰品	Furniture and Interior Decorations	102.8	103.3	101.9
家具	Furniture	103.1	103.7	101.9
柜	Counters	102.5	102.2	103.0
床	Beds	103.0	103.0	103.1
桌	Desks	103.4	104.5	101.7
椅	Chairs	101.3	101.4	101.2
沙发	Sofas	103.8	105.2	99.9
室内装饰品	Interior Decorations	100.0	99.5	102.5
灯具	Lamp	100.9	101.1	100.2

5-2 续表 4 Continued

(上年=100) (preceding year=100)

指 标	Item	全 省 Province	城 市 Urban Areas	农 村 Rural Areas
家用器具	Household Appliances	99.5	99.0	100.5
大型家用器具	Large Household Appliances	99.6	99.1	100.5
洗衣机	Washing Machine	97.1	95.9	98.9
电冰箱(柜)	Refrigerator	99.5	98.0	101.7
吸排油烟机	Smoke Exhauster	99.4	98.6	101.2
空调器	Air Conditioner	100.5	100.6	100.5
热水器	Shower Heater	100.3	100.3	100.4
灶具炉具	Cooking Stove	97.2	96.5	99.4
微波炉	Microwave Oven	96.3	94.8	99.9
小家电	Small Home Appliance	99.1	98.6	100.3
厨房小家电	Kitchen Appliances	99.7	99.2	100.9
生活小家电	Household Appliance	98.3	97.7	99.6
家用纺织品	Household Textiles	98.9	99.0	98.6
床上用品	Bed Articles	98.6	98.8	98.2
被子	Quilts	98.4	98.7	97.3
床单被套	Bed Sets	98.4	98.6	97.7
窗帘门帘	Curtain	100.4	100.0	100.8
其他家用纺织品	Other Household Textiles	99.5	99.8	98.7
家庭日用杂品	Household Groceries	99.8	99.6	100.4
洗涤卫生用品	Washing Sanitary Articles	99.3	98.7	100.7
清洗用品	Cleaning Supplies	100.3	100.4	99.9
清洁用具	Cleaning Appliance	100.5	99.6	102.5
清洁用纸	Cleaninng Paper	97.7	96.7	100.7
厨具餐具茶具	Kitchenware Cooking-set Tea-set	100.2	100.2	100.1
厨具	Kitchenware	100.6	100.6	100.7
餐具	Cooking-set	100.1	100.1	100.3
茶具	Tea-set	99.4	99.6	99.0
家用手工工具	Hand Tools for Household Use	100.3	100.1	100.7
其他家庭日用杂品	Other Family Daily Sundry Goods	100.5	100.7	100.2
配电附件	The Power Distribution in Attachment	100.9	101.4	100.0
雨具	Rain Gear	100.4	100.2	100.7
个人护理用品	Personal Care Products	101.6	101.6	101.3
化妆品	Cosmetics	101.8	101.8	101.4
清洁化妆品	Cleaning Cosmetics	103.0	103.1	102.1
护肤化妆品	Skin Care Cosmetics	101.3	101.3	101.3
彩妆化妆品	Make-up Cosmetics	102.0	102.1	100.7
化妆器具	Makeup Tools	100.3	100.3	100.8

5-2 续表 5 Continued

(上年=100) (preceding year=100)

指 标	Item	全 省 Province	城 市 Urban Areas	农 村 Rural Areas
其他护理用品类	Other Care Products	101.4	101.4	101.3
清洁类护理用品	Cleaning Products	103.5	104.8	101.2
护发美发用品	Hair Care Products	100.4	99.8	102.0
护理器具	Care Tools	99.8	99.7	100.2
家庭服务	Household Service	102.4	102.0	103.7
家政服务	Housekeeping Service	103.6	102.5	109.6
家庭维修服务	Home Maintenance Service	101.1	101.2	100.7
交通和通信	**Transportation and Communication**	**101.0**	**100.7**	**101.8**
交通	Transportation	101.8	101.3	103.0
交通工具	Transportation Means	96.1	95.3	98.0
小型汽车	Compact Car	94.3	94.3	94.3
电动自行车	Electric Bicycle	101.6	101.6	101.5
自行车	Bicycle	100.2	100.8	98.8
交通工具使用燃料	Fuel	111.8	111.8	111.9
汽油	Petrol	112.0	112.0	112.1
柴油	Diesel Oil	112.4	112.6	112.3
交通工具使用及维修费	Vehicle Using and Maintenance Fee	101.1	101.1	101.3
停车费	Parking Fee	101.0	101.3	100.0
车辆使用费	Vehicle Usage Fee	99.5	100.1	98.0
交通工具零配件	Vehicle Spare Parts	100.1	100.2	99.8
车辆修理与保养	Vehicle Repair and Maintenance	102.9	102.3	105.0
交通费	Transportation Expenses	101.6	101.4	102.0
市内公共交通	City Bus Transport	102.1	101.4	104.7
出租汽车	Taxi	100.3	100.2	100.5
飞机票	Plane Ticket	111.0	111.0	111.0
火车票	Train Ticket	100.0	100.0	100.0
长途汽车	Long-distance Coach	99.7	99.3	100.3
通信	Communication	99.9	99.9	99.8
通信工具	Communication Tools	98.7	99.4	96.8
固定电话机	Stationary Telephone	100.2	100.3	100.0
移动电话机	Mobile Telephone	98.6	99.3	96.8
通信工具零配件	Communication Tools Spare Parts	98.8	100.0	94.8
通信服务	Communication Service	100.3	100.1	100.8
固定电话费	Fixed Telephone Fee	100.0	100.0	100.0
移动通信费	Mobile Communications	100.0	100.0	100.0
上网费	Internet Access Fee	101.3	100.3	105.9

5-2 续表 6 Continued

(上年＝100) (preceding year=100)

指　标	Item	全 省 Province	城 市 Urban Areas	农 村 Rural Areas
邮递服务	Monthly Renting Fee	99.9	99.9	99.7
邮政邮寄	Postal Mail	100.0	100.0	100.0
快递服务	Expressage	99.8	99.9	99.5
教育文化和娱乐	**Education, Culture and Recreation**	**101.7**	**101.4**	**102.3**
教育	Education	102.5	102.3	102.9
教育用品	Education Supplies	100.9	100.1	102.2
工具书	Reference Book	100.0	100.0	100.0
教材	Text-book	101.3	100.0	104.0
参考资料	The Resources	101.5	100.3	104.1
教育服务	Education Services	102.7	102.5	103.0
学前教育	Pre-school Education	104.9	103.3	108.8
小学初中教育	Elementary School and Junior High School Education	108.0	110.2	103.5
高中中职教育	High School and Secondary Vocational Education	102.5	102.5	102.5
高等教育	Higher Education	100.2	100.2	100.0
课外教育	Extracurricular Education	103.5	102.4	106.5
专业技能培训	Technical Training	101.2	100.0	104.5
文化娱乐类	Cultural Entertainment	100.5	100.2	101.3
文娱耐用消费品	Durable Consumer Goods for Recreational	98.5	97.8	99.7
电视机	Television	95.9	94.6	97.7
照相机	Camera	99.8	99.8	99.6
台式计算机	Desktop Computer	99.5	97.2	102.7
笔记本平板	Portable Computer	99.2	98.3	100.8
乐器	Musical Instrument	100.6	100.6	100.5
音响	Audio	98.0	96.7	98.9
其他文娱用品	Other Entertainment Products	100.1	99.6	101.0
书报杂志	Newspapers and Magazines	101.7	101.7	101.8
纸张文具	Paper Stationery	100.3	99.9	100.9
体育户外用品	Sports Outdoor Goods	100.0	100.0	100.2
游戏用品和玩具	Game Supplies and Toys	98.9	98.3	100.0
园艺花卉及用品	Gardening Flowers and Articles	97.4	95.7	100.5
宠物及用品	Pets and Supplies	100.0	96.9	106.1
文化娱乐服务	Cultural and Recreational Services	100.5	100.4	100.8
电影票	Video-movie Ticket	100.2	99.6	103.6
景点门票	Attractions Tickets	100.0	100.0	100.0
有线电视	Cabled TV	100.0	100.0	100.0
健身活动	Healthy Activities	101.2	100.7	104.0

5-2 续表 7 Continued

(上年＝100) (preceding year=100)

指　　标	Item	全　省 Province	城　市 Urban Areas	农　村 Rural Areas
旅游	Tourism	102.1	101.6	106.3
旅行社收费	Travel Agency Charges	102.5	101.9	107.1
医疗保健	**Medicine**	**110.6**	**114.8**	**102.1**
药品及医疗器具	Medicines and Medical Devices	103.5	102.5	105.8
中药	Traditional Chinese Medicine	104.9	104.2	106.8
中药材	Chinese Herbal Material	104.6	104.9	104.0
中成药	Chinese Patent Drugs	105.1	104.0	108.6
西药	Western Medicine	101.8	99.9	105.9
抗微生物药	Antimicrobial Agents	101.2	99.9	104.0
消化系统用药	Digestive System	102.6	101.8	104.5
呼吸系统用药	Respiratory System	106.6	104.8	109.8
解热镇痛药	Antipyretic Analgesics	103.8	103.0	105.7
抗肿瘤药	Antineoplastic Agents	92.6	90.1	99.4
激素及影响内分泌药	Hormones and Endocrine Agents	98.4	95.3	102.1
心血管系统用药	Cardiovascular System	102.9	101.5	106.8
血液系统用药	Blood System Medication	99.7	98.1	103.1
治疗精神障碍药	Drugs for The Treatment of Mental Disorders	94.1	91.3	100.7
神经系统用药	Drugs for Nervous System	99.8	95.3	110.6
消毒防腐及创伤外科用药	Disinfectant and Preservative and Trauma Surgery Medicine	105.2	103.6	108.6
泌尿系统用药	Urinary System Drugs	106.4	101.7	113.7
维生素类	Vitamin	111.1	109.0	114.8
调节水、电解质及酸碱平衡药	Adjust Water, Electrolyte and Acid-base Balance	96.2	93.5	101.3
滋补保健品	Tonic and Healthy Goods	107.2	107.8	104.6
医疗卫生器具	Medical Appliance	100.0	99.9	100.6
保健器具	Healthy Appliance	100.3	100.1	101.0
医疗服务	Medical Servicest	115.3	123.9	100.2
综合医疗类	Integrated Medical Services	134.5	153.4	102.0
一般医疗服务	General Medical Services	125.6	139.7	101.3
一般治疗操作	General Therapeutic Operation	112.2	118.4	101.5
护理	Nursing	174.1	213.7	103.8
诊断类	Diagnosis of Class	100.3	100.5	99.9
病理学诊断	Pathological Diagnosis	99.9	99.8	100.0
实验室诊断	Laboratory Diagnosis	96.5	94.5	100.0
影像学诊断	Imaging Diagnosis	95.2	92.8	99.3
临床诊断	Clinical Diagnosis	113.1	120.8	100.1

5-2 续表 8 Continued

(上年=100) (preceding year=100)

指　标	Item	全省 Province	城市 Urban Areas	农村 Rural Areas
治疗类	Treatment of Class	119.7	131.0	99.6
临床手术治疗	Clinical Surgical Treatment	121.2	133.4	99.4
临床非手术治疗	Clinical Non-surgical Treatment	117.0	126.9	100.0
康复类	Rehabilitation Class	104.6	106.5	100.0
康复医疗	Rehabilitation Medical	104.6	106.5	100.0
中医医疗服务类	TCM Medical Services	119.9	131.3	100.1
中医治疗	TCM Treatment	119.9	131.3	100.1
其他医疗服务	Other Medical Services	111.7	119.3	100.0
其他用品和服务	**Other Supplies and Services**	**101.6**	**101.8**	**101.1**
其他用品类	Other Supplies	100.4	100.3	100.7
首饰手表	Jewelry Watches	100.7	100.5	101.5
金饰品	Gold Ornaments	102.7	102.6	103.0
银饰品	Silver Ornaments	100.2	99.9	101.1
铂金饰品	Platinum Ornaments	99.3	99.4	98.8
手表	Watches	96.0	94.9	100.3
其他杂项用品	Other Miscellaneous Goods	100.0	99.9	100.2
箱包	Luggage and Bags	98.9	99.1	98.5
母婴用品	Maternal and Child Supplies	100.1	100.1	100.1
眼镜	Glasses	102.3	101.9	102.7
其他服务类	Other Service Classes	102.7	103.2	101.4
旅馆住宿	The Hotel Accommodation	101.3	101.9	98.9
宾馆住宿	Hotel Accommodation	101.4	101.9	98.8
其他住宿	Other Accommodations	101.2	101.9	98.9
美容美发洗浴	Making-up Hair Salon Bathing	101.6	101.1	103.1
美容	Making-up	101.1	100.9	101.7
美发	Hair Salon	101.7	101.1	103.5
洗浴	Bathing	102.6	101.6	106.5
养老服务	Pension Service	116.7	121.6	103.5
金融保险	Finance and Insurance	100.0	100.0	100.0
金融服务	Financial Services	100.0	100.0	100.0
车辆保险	Vehicle Insurance	100.0	100.0	100.0
旅行保险	Travel Insurance	100.0	100.0	100.0
其他服务类	Other Service Classes	100.9	100.5	101.8
中介服务	Intermediary Service	101.8	100.9	103.4
其他服务	Other Services	100.0	100.0	100.0

5-3 分月居民消费价格指数(2017年)

(上年同月=100)

指　标	Item	1月 January	2月 February	3月 March
居民消费价格总指数	**Consumer Price Index**	**103.2**	**101.4**	**101.2**
非食品烟酒价格指数	**Non-food Tobacco and Alcohol Price Index**	**103.0**	**102.3**	**102.4**
服务价格指数	**Items of Service Price Index**	**104.7**	**103.4**	**103.6**
工业品价格指数	**Industrial Product Price Index**	**101.1**	**101.1**	**101.2**
消费品价格指数	**Consumable Price Index**	**102.4**	**100.3**	**99.9**
扣除食品和能源价格指数	**Deduction Food and Energy Price Index**	**102.7**	**102.0**	**102.2**
扣除鲜菜鲜果总指数	**Deduction Fresh Vegetables Fresh Fruit General Index**	**102.9**	**101.9**	**102.0**
食品烟酒	**Food Tobacco and Alcohol**	**103.8**	**99.3**	**98.5**
食品	Food	104.8	98.3	96.8
粮食	Grain	101.3	101.3	101.6
大米	Rice	100.7	100.8	100.8
面粉	Flour	102.8	102.8	102.6
粮食制品	Grain Products	103.3	102.9	104.4
薯类	Tubers	113.6	101.0	98.1
豆类	Beans	101.8	98.7	99.1
干豆	Dried Beans	100.9	100.4	100.6
豆制品	Bean Products	101.9	98.5	98.9
食用油	Cooking Oil	101.1	101.3	101.1
食用植物油	Oil of Plant	100.8	101.2	101.2
植物油制品	Vegetable Oil Processed Products	108.2	102.5	98.6
菜	Vegetables	115.2	88.2	79.7
鲜菜	Fresh Vegetables	116.3	87.1	78.1
干菜及菜制品	Dried Vegetables and Vegetable Products	103.5	103.0	102.7
畜肉类	Meal, Poultry and Processed Products	105.6	99.4	98.0
猪肉	Pork	106.6	98.6	96.4
牛肉	Beef	102.9	99.5	100.6
羊肉	Mutton	103.4	102.5	102.7
畜肉副产品	Animal By-products	105.4	101.0	100.2
禽肉类	Poultry	100.4	96.6	97.3
鸡	Chicken	99.0	94.2	94.9
鸭	Duck	101.4	99.0	100.0
水产品	Aquatic Products	109.2	107.8	110.6
淡水鱼	Fish in Fresh Water	112.4	111.0	115.7
海水鱼	Fish in Sea Water	103.6	104.3	105.6
虾蟹类	Decapod Crustacean	107.6	101.9	100.5
蛋类	Eggs	96.9	92.1	90.6
鸡蛋	Eggs	96.6	91.4	89.8
其他蛋及制品	Other Eggs and Products	99.1	98.3	97.1

Consumer Price Indices by Month(2017)

(same month of preceding year=100)

4 月 April	5 月 May	6 月 June	7 月 July	8 月 August	9 月 September	10 月 October	11 月 November	12 月 December
101.2	**101.3**	**101.3**	**101.0**	**101.6**	**101.3**	**101.8**	**101.6**	**101.7**
102.4	**102.2**	**102.4**	**102.3**	**102.8**	**102.4**	**102.5**	**102.6**	**102.5**
103.4	**103.5**	**104.1**	**104.1**	**104.5**	**103.9**	**104.0**	**103.8**	**103.6**
101.2	**100.8**	**100.7**	**100.5**	**100.9**	**100.8**	**100.9**	**101.3**	**101.3**
100.0	**100.1**	**99.8**	**99.3**	**100.0**	**99.9**	**100.5**	**100.3**	**100.6**
102.1	**102.0**	**102.4**	**102.4**	**102.6**	**102.3**	**102.3**	**102.2**	**102.2**
101.9	**101.5**	**101.3**	**101.4**	**101.8**	**101.6**	**101.8**	**101.9**	**102.0**
98.7	**99.3**	**98.8**	**97.9**	**99.1**	**98.8**	**100.1**	**99.3**	**99.8**
97.2	98.0	97.3	96.1	97.7	97.4	99.3	98.2	98.9
101.7	101.9	101.8	101.9	102.3	102.3	102.5	102.2	102.0
100.8	101.1	100.8	101.0	101.6	101.6	101.9	101.4	101.3
102.5	102.4	102.5	102.0	101.7	101.1	101.3	101.1	100.9
104.6	104.9	105.1	104.9	105.3	105.1	105.2	105.2	104.9
88.6	85.1	79.3	85.3	96.3	102.5	105.0	100.7	99.7
99.2	99.1	99.0	98.9	98.7	98.5	98.7	98.9	99.0
100.8	99.4	99.1	99.3	99.5	100.0	100.5	100.0	99.6
99.0	99.1	99.0	98.9	98.6	98.3	98.6	98.8	98.9
100.3	100.5	100.4	100.9	100.8	100.9	100.7	100.6	100.6
100.9	101.2	101.1	101.4	101.3	101.4	101.2	101.1	101.0
89.6	87.4	86.2	90.4	90.9	90.3	91.5	91.0	92.1
81.6	91.8	98.3	89.2	98.2	96.1	100.4	89.5	87.8
80.0	90.8	97.9	88.0	97.9	95.6	100.4	88.5	86.7
102.4	102.3	102.4	102.1	101.9	101.3	100.9	100.7	100.3
95.6	91.9	87.7	89.1	89.9	89.9	92.4	93.5	94.8
92.8	87.8	81.9	83.9	85.1	85.0	88.1	89.2	91.0
100.9	100.9	100.9	100.6	100.4	100.6	101.4	101.6	101.4
102.8	102.9	103.0	103.0	102.8	103.2	106.6	112.1	115.4
98.5	95.2	92.4	92.7	92.9	93.8	95.4	95.4	95.6
97.7	97.9	97.0	97.3	98.9	100.3	101.4	101.9	102.7
95.3	95.7	95.3	96.1	98.5	100.5	101.9	103.0	103.9
101.1	100.6	97.6	96.7	97.9	99.4	100.1	99.3	100.9
112.4	109.7	104.1	102.9	102.7	101.6	103.6	103.5	104.6
117.8	113.3	104.7	103.0	102.8	101.2	103.5	103.3	105.1
106.4	105.5	103.2	103.4	103.1	102.3	103.1	103.8	104.6
102.5	102.9	102.3	101.9	101.3	102.0	105.8	104.6	103.2
92.2	90.4	91.6	95.8	102.2	103.9	104.0	104.0	107.3
91.6	89.6	90.9	95.6	102.8	104.7	104.8	104.8	108.4
96.8	97.2	97.5	97.1	97.1	97.1	97.1	97.3	98.1

5-3 续表 1

(上年同月＝100)

指　　标	Item	1 月 January	2 月 February	3 月 March
奶类	Dairy	99.2	99.8	99.6
鲜奶	Fresh Milk	97.8	98.3	98.0
酸奶	Sour Milk	100.0	100.8	101.0
奶粉	Milk Powder	99.8	100.7	100.1
干鲜瓜果类	Dried and Fresh Melons and Fruits	101.0	97.9	98.7
鲜瓜果	Fresh Fruits	101.8	97.8	98.9
坚果	Nuts	98.2	97.6	97.4
瓜果制品	Melon and Fruit Products	100.3	101.4	100.8
糖果糕点类	Confectionery	102.0	102.4	102.6
食糖	Sugar	105.4	105.5	105.4
糖果	Candy	100.3	101.7	101.6
糕点	Pastry	102.8	103.0	103.5
调味品	Flavoring	103.1	103.0	103.1
食用盐	Salt	101.6	101.5	101.4
酱油	Soy Sauce	103.1	103.0	104.1
食醋	Vinegar	106.7	106.2	105.6
调味酱	Bechamel	101.8	101.4	100.7
味精	Monosodium Glutamate	100.3	100.6	101.0
其他食品类	Other Food Categories	100.8	100.7	100.4
方便食品	Convenience Foods	100.7	100.7	101.1
淀粉及制品	Starch and Products	104.5	103.8	103.2
膨化食品	Puffed Food	98.6	98.7	97.7
茶及饮料	Tea and Beverages	100.0	100.4	100.7
茶叶	Tea	99.9	100.3	100.5
固体咖啡	Solid Coffee	102.1	102.0	100.6
饮用水	Drinking Water	99.0	98.8	98.3
果汁饮料	Fruit Juice Beverages	101.3	101.1	102.2
烟酒	Tobacco, Liquor	99.8	100.0	100.2
烟草	Tobacco	99.8	99.8	99.8
酒类	Liquor	99.9	100.2	100.8
白酒	Liquer	99.5	99.9	100.7
葡萄酒	Wine	100.0	100.4	100.5
啤酒	Beer	101.1	101.2	101.0
在外餐饮	Dining Out	103.2	102.2	103.0
正餐	Dinner	103.5	102.7	103.6
快餐	Fast Food	104.0	103.2	102.5
地方小吃	Local Snacks	103.5	101.2	103.9

Continued

(same month of preceding year=100)

4 月 April	5 月 May	6 月 June	7 月 July	8 月 August	9 月 September	10 月 October	11 月 November	12 月 December
100.3	100.9	101.4	101.3	100.8	101.4	101.5	101.5	101.9
99.4	102.8	103.6	104.3	102.8	104.1	103.8	103.8	104.9
101.3	101.4	101.6	100.8	101.2	100.6	100.4	100.0	100.1
101.1	99.3	100.0	99.6	99.5	99.9	100.3	100.5	100.5
102.2	104.4	104.5	98.9	97.7	96.4	99.0	102.1	106.5
103.3	106.0	106.2	99.0	97.4	95.6	98.9	103.1	109.2
98.2	98.2	98.7	97.7	97.2	97.3	97.8	98.1	98.0
101.3	102.3	102.4	102.5	102.9	103.2	104.6	103.3	102.8
103.1	103.1	103.6	103.2	103.6	103.7	104.3	104.0	103.6
106.5	108.2	110.2	110.8	111.7	112.7	112.3	110.6	109.3
102.4	102.0	102.0	101.8	101.8	102.3	102.5	103.1	102.9
103.6	103.7	103.9	103.6	103.9	104.3	104.5	104.5	103.7
102.4	102.1	103.0	103.3	103.4	103.7	104.1	103.8	103.8
100.5	99.8	99.8	99.8	99.9	97.8	95.7	95.7	96.3
104.0	103.8	105.6	107.6	106.2	106.8	108.0	107.9	107.3
103.3	102.5	104.1	104.6	106.7	109.1	112.1	112.6	112.6
100.3	100.2	100.7	101.1	100.7	101.7	101.9	100.8	101.4
100.7	100.4	100.2	99.8	100.4	100.0	99.7	99.3	99.0
99.8	99.2	99.5	99.9	100.0	100.0	100.3	100.0	100.3
100.1	99.3	98.8	100.2	100.8	100.2	100.7	100.0	100.3
102.4	100.9	101.7	100.6	100.0	99.4	99.4	99.4	99.4
97.8	98.0	99.1	98.9	98.9	100.0	100.3	100.5	101.0
100.6	100.8	101.0	100.5	100.6	100.2	100.1	100.1	100.1
100.1	100.5	100.9	100.4	100.4	100.4	100.5	100.6	100.8
100.8	100.7	101.0	101.3	100.7	100.1	99.7	100.1	99.9
98.2	98.6	97.9	98.8	99.3	99.1	98.6	98.3	97.4
102.8	103.4	103.5	100.3	99.4	99.5	99.6	98.9	99.4
100.5	100.7	100.8	100.7	100.9	101.0	101.0	101.0	101.0
99.8	99.8	99.8	99.8	100.1	100.1	100.1	100.1	100.1
101.7	102.4	102.6	102.4	102.4	102.5	102.7	102.7	102.8
101.9	103.1	103.2	103.1	102.9	103.0	103.1	102.9	103.0
99.8	99.6	99.9	99.7	99.5	99.9	100.1	100.5	100.2
101.4	101.3	101.9	101.0	101.6	102.1	102.2	102.8	102.7
102.8	102.6	102.5	102.4	102.4	102.1	102.0	102.0	101.8
102.9	102.5	102.2	102.2	102.0	101.5	101.3	101.1	101.2
102.7	102.7	102.9	102.9	103.0	103.1	103.2	103.3	102.6
103.7	103.7	103.7	103.6	103.5	103.4	103.3	103.4	103.3

5-3 续表 2

(上年同月＝100)

指　标	Item	1 月 January	2 月 February	3 月 March
衣着	**Clothing**	**101.2**	**101.2**	**100.9**
服装	Garments	100.7	100.7	100.5
男式服装	Men's Garment	100.4	100.5	100.1
男士西服	Men's Suits	99.9	99.6	99.3
男士冬衣	Men's Clothes	99.9	99.7	100.8
男士夹克衫	Men's Jacket	100.8	101.5	100.3
男士毛线衣	Men's Knitted Woolen Clothes	102.5	102.1	100.9
男士运动装	Men's Sport Clothing	100.3	101.2	101.2
男士衬衫T恤	Men's Shirt T-shirts	99.7	99.8	99.0
男士裤子	Men's Trousers	100.5	100.4	100.0
男士内衣	Men's Underwear	100.6	100.5	100.9
女式服装	Women's Dress	101.3	101.3	101.2
女式外套	Women's Overcoat	101.4	101.6	101.1
女士冬衣	Women's Clothes	101.6	101.1	101.7
女士毛线衣	Women's Knitted Woolen Clothes	104.7	104.1	103.3
女士运动装	Women’s Sports Wear	101.0	101.5	101.5
女士衬衫T恤	Women's Shirt T-shirts	101.1	101.3	100.8
女士裤子	Women's Trousers	100.3	100.4	100.1
女士裙子	Skirt	101.1	101.2	101.3
女士内衣	Women's Underwear	99.1	99.0	99.7
儿童服装	Children's Garment	99.2	99.5	99.1
婴幼服装	Infants Clothing	98.0	98.5	98.2
儿童上衣	Children's Suits	99.3	99.7	99.3
儿童裤子	Children's Trousers	98.4	98.7	98.1
儿童裙子	Children's Skirt	101.4	101.7	101.5
服装材料	Clothing Material	101.7	101.5	101.3
其他衣着及配件	Other Clothing and Accessories	99.4	99.3	98.9
袜子	Socks and Stockings	99.3	99.3	98.7
帽子	Hats	97.7	97.5	97.4
衣着加工服务费	Clothing Processing	112.6	110.7	110.6
衣着洗涤保养	Scrubbing Maintenance	104.9	102.8	103.1
衣着加工	Clothing Processing	131.5	130.3	129.3
鞋类	The Footwear	101.8	101.9	101.3
鞋	Shoes	101.7	101.9	101.3
男鞋	Men's Shoes	102.5	103.2	102.8
女鞋	Women's Shoes	101.2	101.2	100.5
童鞋	Children's Shoes	101.3	101.1	100.4
鞋类加工服务	Footwear Processing Service	105.9	103.2	103.8

Continued

(same month of preceding year=100)

4 月 April	5 月 May	6 月 June	7 月 July	8 月 August	9 月 September	10 月 October	11 月 November	12 月 December
100.8	**100.3**	**100.8**	**101.0**	**101.1**	**100.6**	**100.5**	**100.5**	**101.0**
100.7	100.2	100.8	101.0	101.1	100.6	100.2	100.3	100.8
100.5	100.5	100.9	101.0	101.0	100.8	100.4	100.7	101.3
99.5	99.7	99.8	99.8	99.8	99.8	99.8	100.4	100.8
100.9	100.7	100.7	100.7	100.7	100.7	100.7	99.8	99.9
101.0	101.2	101.9	101.9	102.1	102.5	102.1	102.5	103.0
101.3	100.4	100.3	100.3	100.4	100.8	100.1	101.9	103.3
100.7	100.6	100.5	100.4	100.3	100.0	99.5	100.1	100.9
100.4	100.7	102.6	102.9	103.0	101.6	100.7	100.3	100.7
100.2	100.0	100.5	100.7	100.7	100.6	100.4	101.0	102.3
100.9	100.8	100.7	100.6	100.6	100.2	99.1	99.0	99.4
101.3	100.4	101.3	101.7	101.7	100.9	100.3	100.3	100.9
101.7	101.7	102.1	102.0	101.6	100.7	100.8	101.1	101.5
101.9	100.9	101.0	101.4	101.4	101.4	101.2	100.8	100.8
103.6	102.5	102.0	102.0	102.0	101.4	99.5	99.0	99.7
101.2	101.9	102.0	102.9	103.2	101.7	100.6	101.0	101.8
100.8	101.0	102.5	101.8	102.1	100.2	100.0	100.3	101.4
99.4	98.0	100.3	101.6	101.5	100.7	99.9	99.3	100.5
101.3	98.3	101.1	102.4	102.4	100.7	101.0	101.5	101.9
99.9	99.7	99.5	99.9	100.5	100.1	99.1	99.5	100.2
99.1	99.1	98.8	99.0	99.1	99.3	99.5	99.3	99.5
98.1	98.4	99.5	100.2	100.1	100.1	100.1	100.5	101.1
99.5	99.9	99.4	99.2	99.6	100.4	100.7	100.7	100.8
98.4	98.4	97.8	98.4	97.8	98.0	98.7	97.9	97.3
100.3	98.9	98.6	98.8	99.0	97.4	96.6	96.9	98.2
101.0	100.9	100.8	101.1	100.7	101.0	101.2	100.7	100.0
99.1	99.2	99.2	99.0	99.1	99.4	99.5	98.9	99.4
99.1	99.1	99.2	98.9	99.2	99.3	99.5	98.4	99.0
97.0	97.6	97.9	97.8	97.4	98.1	98.4	98.8	99.3
104.9	103.9	103.2	103.1	102.9	102.8	102.6	102.2	103.2
103.1	103.0	103.3	103.2	103.1	102.9	102.7	102.4	104.2
108.7	105.8	103.1	102.9	102.4	102.4	102.4	101.8	101.4
101.1	100.4	100.7	101.0	101.0	100.7	101.1	101.3	101.5
101.1	100.4	100.7	101.0	101.0	100.7	101.1	101.2	101.4
102.2	101.6	102.2	102.3	101.9	101.3	101.7	101.6	101.5
100.7	99.8	100.2	100.5	100.8	100.6	101.0	101.3	101.7
100.2	99.5	99.1	99.7	99.8	99.5	99.9	100.1	100.4
103.2	103.2	103.1	103.4	103.4	103.4	103.2	104.0	105.3

5-3 续表 3

(上年同月=100)

指　　标	Item	1 月 January	2 月 February	3 月 March
居住	**Residence**	**102.5**	**102.5**	**102.2**
租赁房房租	Tenancy	104.1	104.0	103.1
公房房租	Public Housing Rent	100.0	100.0	100.0
私房房租	Talk Accommodation	104.5	104.4	103.4
住房保养维修及管理	Housing Maintenance and Management	103.8	103.5	102.7
住房装潢材料	Housing Decoration Materials	102.7	102.6	102.4
木地板	Wood Floor	103.3	102.4	101.1
瓷砖	Ceramic Tile	101.8	102.1	102.0
水泥	Cement	108.3	109.1	111.3
涂料	Paint	101.0	100.7	99.8
板材	Board	103.9	103.8	101.8
管材	Pipe	102.2	102.2	102.3
厨卫设备	Kitchen Equipment	100.3	100.4	102.0
门窗	Doors and Windows	102.4	102.3	102.4
物业管理费	Property Management Fees	101.6	101.6	100.1
住房装潢维修	Housing Decoration Maintenance	106.2	105.3	103.9
装潢维修费	Housing Decoration Maintenance	108.2	107.0	105.1
其他住房费用	Other Housing Expenses	100.0	100.0	100.0
水电燃料	Water, Electricity and Fuels	98.9	99.0	99.9
水	Water	101.0	101.0	100.7
电	Electricity	100.0	100.0	100.0
燃气	The Fuel Gas	95.1	95.5	98.7
管道燃气	Piped Gas	100.3	100.3	100.3
液化石油气	Liquefied Petroleum Gas	93.1	93.5	98.0
取暖费	Heating Fee	100.0	100.0	100.0
其他燃料	Other Fuel	101.8	102.0	102.4
自有住房	Self-owned House	103.6	103.6	103.0
生活用品及服务	**Daily Necessities and Services**	**100.6**	**100.0**	**100.3**
家具及室内装饰品	Furniture and Interior Decorations	102.0	102.1	101.7
家具	Furniture	102.2	102.4	101.9
柜	Counters	101.3	101.4	100.9
床	Beds	101.6	102.0	101.5
桌	Desks	101.6	101.6	101.7
椅	Chairs	102.5	101.8	101.0
沙发	Sofas	103.5	103.8	103.0
室内装饰品	Interior Decorations	100.0	99.6	99.4
灯具	Lamp	99.7	100.1	100.4

Continued

(same month of preceding year=100)

4 月 April	5 月 May	6 月 June	7 月 July	8 月 August	9 月 September	10 月 October	11 月 November	12 月 December
102.3	**102.2**	**102.1**	**102.1**	**101.9**	**101.4**	**101.4**	**101.6**	**101.6**
103.5	103.2	103.2	103.1	102.8	101.8	102.2	102.4	102.4
100.0	100.0	100.0	100.0	100.0	100.0	100.0	100.0	100.2
103.8	103.5	103.5	103.4	103.1	102.0	102.4	102.6	102.6
102.2	102.3	102.4	102.4	102.4	102.4	102.2	102.4	102.4
102.4	102.7	102.9	103.0	102.9	102.9	102.4	102.6	102.7
101.1	101.2	101.1	101.0	101.1	101.3	100.8	101.6	101.7
101.6	101.9	102.3	102.5	102.5	102.5	101.7	101.8	101.9
112.1	114.6	115.6	116.4	114.9	113.6	113.5	114.3	114.3
100.1	100.0	100.0	99.8	99.6	100.1	99.6	99.7	99.7
101.7	101.7	102.8	103.1	103.4	103.5	103.4	103.9	104.1
101.6	100.9	100.9	100.8	100.8	101.0	101.7	102.4	102.4
102.6	102.8	102.7	102.9	103.0	103.2	101.7	101.0	101.1
102.4	102.4	102.3	102.4	102.6	102.0	101.5	101.0	101.0
100.0	100.0	100.0	100.0	100.0	100.0	100.0	100.0	100.0
102.5	102.2	102.2	102.2	102.2	102.2	102.3	102.7	102.6
103.2	102.8	102.9	102.9	102.8	102.9	103.0	103.6	103.4
100.0	100.0	100.0	100.0	100.0	100.0	100.0	100.0	100.0
100.4	100.4	100.5	100.5	100.7	101.0	101.0	101.9	101.7
100.4	100.4	100.4	101.6	101.6	101.2	101.2	101.2	101.2
100.0	100.0	100.0	100.0	100.0	100.0	100.0	100.0	100.0
100.6	100.9	101.1	100.8	101.4	102.6	102.9	106.0	105.4
100.3	100.3	100.3	100.3	100.3	100.0	100.0	100.0	100.0
100.7	101.1	101.5	101.1	101.9	103.7	104.2	108.7	107.8
100.0	100.0	100.0	100.0	100.0	100.0	100.0	100.0	100.0
102.4	102.2	102.0	101.9	101.6	101.9	102.1	101.7	101.3
103.0	102.8	102.5	102.5	102.3	101.2	101.3	101.2	101.1
100.3	**100.3**	**100.3**	**100.5**	**100.7**	**100.8**	**100.8**	**101.0**	**101.1**
101.8	102.3	102.9	103.2	103.1	102.9	103.7	104.2	104.0
102.1	102.5	103.2	103.5	103.4	103.2	104.0	104.5	104.3
101.4	101.4	102.0	102.4	102.8	102.7	104.0	105.1	104.5
102.0	102.9	103.4	103.8	103.9	103.7	104.0	104.0	103.7
102.4	103.4	103.3	103.6	103.2	103.1	104.8	106.0	105.8
99.8	99.6	99.5	100.6	100.9	101.1	102.4	103.4	103.2
102.9	103.4	104.9	104.8	104.2	103.5	103.7	103.7	103.9
99.4	99.8	100.0	100.1	100.4	100.5	100.3	100.4	100.3
100.4	100.9	101.1	101.2	101.5	101.6	101.4	101.4	101.4

5-3 续表 4

(上年同月＝100)

指　标	Item	1 月 January	2 月 February	3 月 March
家用器具	Household Appliances	98.7	98.8	99.0
大型家用器具	Large Household Appliances	98.6	98.7	99.0
洗衣机	Washing Machine	97.9	98.0	97.5
电冰箱(柜)	Refrigerator	98.5	98.6	99.3
吸排油烟机	Smoke Exhauster	98.2	98.9	100.1
空调器	Air Conditioner	98.0	98.2	98.5
热水器	Shower Heater	99.6	99.9	99.9
灶具炉具	Cooking Stove	96.9	96.9	96.9
微波炉	Microwave Oven	97.8	97.8	97.1
小家电	Small Home Appliance	99.3	99.4	99.0
厨房小家电	Kitchen Appliances	99.3	99.5	99.3
生活小家电	Household Appliance	99.3	99.2	98.6
家用纺织品	Household Textiles	98.4	98.6	99.2
床上用品	Bed Articles	98.2	98.4	99.1
被子	Quilts	97.9	97.9	98.4
床单被套	Bed Sets	97.5	98.2	99.3
窗帘门帘	Curtain	100.1	99.8	100.1
其他家用纺织品	Other Household Textiles	99.5	99.7	99.6
家庭日用杂品	Household Groceries	100.4	99.9	99.7
洗涤卫生用品	Washing Sanitary Articles	100.5	99.4	99.1
清洗用品	Cleaning Supplies	100.8	100.8	101.0
清洁用具	Cleaning Appliance	100.4	100.4	100.7
清洁用纸	Cleaninng Paper	100.3	97.4	96.4
厨具餐具茶具	Kitchenware Cooking-set Tea-set	100.2	100.6	100.2
厨具	Kitchenware	100.2	100.6	100.8
餐具	Cooking-set	101.0	101.4	100.2
茶具	Tea-set	98.9	99.0	99.2
家用手工工具	Hand Tools for Household Use	100.3	100.3	100.1
其他家庭日用杂品	Other Family Daily Sundry Goods	100.3	100.3	100.5
配电附件	The Power Distribution in Attachment	100.6	100.6	100.7
雨具	Rain Gear	100.1	100.1	100.4
个人护理用品	Personal Care Products	102.1	102.0	101.9
化妆品	Cosmetics	102.7	102.8	102.7
清洁化妆品	Cleaning Cosmetics	102.7	102.8	102.9
护肤化妆品	Skin Care Cosmetics	101.4	101.5	101.6
彩妆化妆品	Make-up Cosmetics	106.8	106.7	106.0
化妆器具	Makeup Tools	100.0	99.7	100.1

Continued

(same month of preceding year=100)

4 月 April	5 月 May	6 月 June	7 月 July	8 月 August	9 月 September	10 月 October	11 月 November	12 月 December
99.1	99.2	99.3	99.9	100.1	100.1	99.9	99.9	99.9
99.2	99.3	99.4	100.1	100.3	100.3	100.1	99.9	100.0
97.1	97.0	96.8	96.4	96.4	96.7	97.1	97.3	97.4
99.6	99.4	99.3	100.0	100.0	99.9	99.4	99.3	100.3
99.9	99.9	99.8	99.6	99.7	99.6	99.3	98.9	99.0
99.1	99.6	100.1	102.2	102.8	102.9	102.2	101.7	101.4
100.0	100.2	100.4	100.7	101.1	100.7	100.7	100.9	100.2
97.2	97.1	96.9	97.5	96.8	97.8	97.6	97.3	97.0
96.5	96.2	95.6	95.2	94.8	94.8	95.5	97.1	97.3
98.8	98.6	99.0	99.0	98.9	99.0	99.0	99.4	99.5
99.3	99.2	99.7	99.7	99.7	99.9	99.8	100.4	100.4
98.2	97.9	98.1	98.1	97.9	97.8	98.0	98.1	98.5
98.6	98.6	98.6	98.9	98.9	98.8	98.7	99.6	99.6
98.3	98.4	98.2	98.7	98.7	98.5	98.3	99.4	99.5
98.4	98.5	98.0	98.0	98.2	97.8	98.5	99.1	99.7
97.7	97.7	97.9	98.7	98.3	98.7	97.6	99.5	99.2
100.1	100.2	100.5	100.5	100.5	100.6	100.8	100.7	100.6
99.6	99.3	99.5	99.6	99.4	99.4	99.7	99.7	99.3
99.8	99.8	99.4	99.4	99.7	100.0	99.8	100.1	100.2
99.1	99.2	98.5	98.4	99.1	99.5	99.4	99.6	99.5
100.5	100.3	100.0	99.9	99.6	99.8	100.0	100.3	100.3
100.6	100.0	100.2	100.2	100.2	100.4	100.5	100.8	101.0
97.0	97.6	96.1	96.1	98.0	98.8	98.2	98.3	98.1
100.0	100.1	100.0	99.6	100.1	100.6	100.1	100.1	100.4
100.9	101.0	100.5	100.2	100.5	101.0	100.6	100.4	100.9
99.4	99.5	99.8	99.3	100.0	100.7	99.9	100.1	100.1
99.2	99.7	99.7	99.1	99.3	99.7	99.5	99.5	99.9
100.1	100.0	100.0	99.8	99.9	100.4	100.9	101.1	101.1
100.6	100.5	100.4	100.5	100.4	100.3	100.3	100.6	101.2
100.8	100.6	100.6	101.1	100.6	100.6	100.5	101.2	102.6
100.7	100.5	100.6	100.5	100.6	100.2	100.5	100.5	100.5
101.4	101.1	100.9	101.1	101.3	101.5	101.7	101.9	101.9
102.0	101.5	101.1	101.3	101.5	101.5	101.5	101.6	101.3
102.5	102.5	101.9	102.0	102.4	102.9	103.8	104.8	104.4
101.5	101.7	101.1	101.5	101.7	101.3	101.0	100.8	100.4
103.1	100.4	100.4	100.3	100.2	100.3	100.3	100.4	100.2
100.1	100.5	100.5	100.4	100.9	100.9	100.3	100.2	100.2

5-3 续表 5

(上年同月＝100)

指　标	Item	1 月 January	2 月 February	3 月 March
其他护理用品类	Other Care Products	101.5	101.4	101.2
清洁类护理用品	Cleaning Products	104.2	104.3	104.7
护发美发用品	Hair Care Products	99.9	99.3	98.9
护理器具	Care Tools	99.4	99.5	99.3
家庭服务	Household Service	105.8	98.4	102.9
家政服务	Housekeeping Service	109.4	95.8	104.4
家庭维修服务	Home Maintenance Service	102.0	101.4	101.4
交通和通信	**Transportation and Communication**	**102.3**	**100.9**	**101.7**
交通	Transportation	103.7	101.4	102.8
交通工具	Transportation Means	93.4	93.7	95.0
小型汽车	Compact Car	90.9	91.2	93.0
电动自行车	Electric Bicycle	100.1	100.3	100.7
自行车	Bicycle	99.9	99.9	100.0
交通工具使用燃料	Fuel	119.0	120.0	119.3
汽油	Petrol	119.3	120.3	119.6
柴油	Diesel Oil	122.3	122.7	121.9
交通工具使用及维修费	Vehicle Using and Maintenance Fee	104.9	98.7	101.1
停车费	Parking Fee	101.6	99.6	101.1
车辆使用费	Vehicle Usage Fee	99.0	98.8	99.3
交通工具零配件	Vehicle Spare Parts	100.1	100.1	100.1
车辆修理与保养	Vehicle Repair and Maintenance	113.4	97.4	103.0
交通费	Transportation Expenses	106.1	98.9	101.1
市内公共交通	City Bus Transport	105.3	100.6	101.4
出租汽车	Taxi	103.3	96.3	100.2
飞机票	Plane Ticket	141.1	104.1	113.4
火车票	Train Ticket	100.0	100.0	100.0
长途汽车	Long-distance Coach	101.0	95.3	99.4
通信	Communication	100.1	100.0	100.0
通信工具	Communication Tools	100.2	100.3	100.2
固定电话机	Stationary Telephone	100.7	100.0	100.0
移动电话机	Mobile Telephone	100.3	100.4	100.2
通信工具零配件	Communication Tools Spare Parts	98.6	98.6	98.6
通信服务	Communication Service	100.1	100.0	100.0
固定电话费	Fixed Telephone Fee	100.0	100.0	100.0
移动通信费	Mobile Communications	100.0	100.0	100.0
上网费	Internet Access Fee	100.4	99.9	100.1

Continued

(same month of preceding year=100)

4 月 April	5 月 May	6 月 June	7 月 July	8 月 August	9 月 September	10 月 October	11 月 November	12 月 December
100.9	100.7	100.8	101.0	101.1	101.5	101.9	102.1	102.4
103.8	102.5	102.6	103.0	102.8	103.0	103.8	103.9	103.6
99.0	99.8	99.9	100.1	100.2	101.1	101.7	101.9	102.9
99.5	99.4	99.9	100.0	99.8	100.2	100.2	100.6	100.5
103.0	102.6	102.3	102.3	102.4	102.5	102.1	102.1	102.2
104.4	104.0	103.7	103.8	103.9	104.2	103.4	103.4	103.5
101.5	101.2	100.7	100.7	100.7	100.7	100.7	100.7	100.7
101.3	**101.0**	**100.3**	**100.1**	**100.8**	**100.5**	**101.0**	**101.5**	**101.2**
102.3	101.6	100.5	100.2	101.4	101.0	101.9	102.7	102.1
95.5	95.6	96.2	96.5	96.9	97.3	97.5	97.9	98.0
93.6	93.7	94.4	94.8	95.3	95.8	96.3	96.7	96.9
101.1	101.0	101.9	102.5	102.4	102.4	102.1	102.7	101.7
100.0	100.0	100.0	100.6	100.7	100.7	100.7	100.2	100.4
117.1	111.9	105.3	102.6	108.8	106.8	109.4	112.3	111.1
117.4	112.2	105.5	102.7	109.0	107.0	109.6	112.5	111.3
119.3	112.4	104.9	101.7	108.4	106.3	109.3	112.5	110.9
101.1	101.1	101.1	101.0	100.9	100.9	100.9	101.0	100.8
101.1	101.1	101.1	101.1	101.1	101.1	101.1	101.1	101.1
99.3	99.3	99.6	99.6	99.6	99.6	99.6	100.2	100.2
100.1	100.1	100.1	100.1	100.1	100.2	100.2	100.2	99.9
102.9	102.9	102.9	102.6	102.3	102.3	102.3	102.3	102.0
100.1	101.8	102.2	103.1	101.5	101.0	101.8	101.6	100.1
100.4	101.5	102.6	102.6	102.6	103.6	102.5	101.4	100.3
100.2	101.0	101.0	100.6	99.9	100.2	100.2	100.2	100.2
98.9	119.0	115.0	129.2	108.3	96.0	106.0	108.7	93.6
100.0	100.0	100.0	100.0	100.0	100.0	100.0	100.0	100.0
100.2	100.3	100.2	100.2	100.2	100.2	100.0	100.1	100.1
99.9	99.9	99.9	100.0	99.8	99.8	99.8	99.7	99.6
99.1	98.7	98.7	98.7	98.2	97.8	97.6	97.2	97.1
100.1	100.2	100.1	100.1	100.1	100.1	100.2	100.2	100.1
99.1	98.7	98.6	98.7	98.1	97.8	97.5	97.0	96.9
98.7	98.8	98.9	98.9	98.8	98.2	98.9	99.6	99.4
100.1	100.3	100.3	100.4	100.4	100.4	100.5	100.5	100.5
100.0	100.0	100.0	100.0	100.0	100.0	100.0	100.0	100.0
100.0	100.0	100.0	100.0	100.0	100.0	100.0	100.0	100.0
100.5	101.6	101.6	101.9	101.9	101.9	102.1	102.1	102.1

5-3 续表 6

(上年同月=100)

指　标	Item	1 月 January	2 月 February	3 月 March
邮递服务	Monthly Renting Fee	100.0	99.9	99.9
邮政邮寄	Postal Mail	100.0	100.0	100.0
快递服务	Expressage	100.0	99.8	99.8
教育文化和娱乐	**Education, Culture and Recreation**	**103.1**	**101.5**	**102.0**
教育	Education	105.1	102.9	102.9
教育用品	Education Supplies	100.9	100.9	100.8
工具书	Reference Book	100.0	100.0	100.0
教材	Text-book	102.0	102.0	102.2
参考资料	The Resources	101.6	101.8	100.9
教育服务	Education Services	105.6	103.1	103.1
学前教育	Pre-school Education	106.3	105.9	105.3
小学初中教育	Elementary School and Junior High School Education	112.8	111.9	111.9
高中中职教育	High School and Secondary Vocational Education	113.0	102.3	102.1
高等教育	Higher Education	100.2	100.2	100.2
课外教育	Extracurricular Education	104.0	103.5	103.2
专业技能培训	Technical Training	100.0	100.1	101.2
文化娱乐类	Cultural Entertainment	100.3	99.5	100.7
文娱耐用消费品	Durable Consumer Goods for Recreational	98.3	98.2	98.3
电视机	Television	94.8	94.9	94.8
照相机	Camera	99.6	99.7	100.4
台式计算机	Desktop Computer	98.9	99.1	99.3
笔记本平板	Portable Computer	99.6	98.2	98.5
乐器	Musical Instrument	100.3	100.3	100.3
音响	Audio	98.1	98.2	97.9
其他文娱用品	Other Entertainment Products	100.8	100.4	100.3
书报杂志	Newspapers and Magazines	101.7	101.7	101.7
纸张文具	Paper Stationery	99.6	99.5	99.7
体育户外用品	Sports Outdoor Goods	100.4	100.3	100.3
游戏用品和玩具	Game Supplies and Toys	99.3	99.3	98.7
园艺花卉及用品	Gardening Flowers and Articles	100.5	97.7	96.0
宠物及用品	Pets and Supplies	101.8	99.9	99.4
文化娱乐服务	Cultural and Recreational Services	100.5	100.2	100.3
电影票	Video-movie Ticket	100.6	98.1	99.0
景点门票	Attractions Tickets	100.0	100.0	100.0
有线电视	Cabled TV	100.0	100.0	100.0
健身活动	Healthy Activities	101.4	101.4	101.1

Continued

(same month of preceding year=100)

4 月 April	5 月 May	6 月 June	7 月 July	8 月 August	9 月 September	10 月 October	11 月 November	12 月 December
99.9	99.9	100.0	99.9	99.8	99.8	99.8	99.8	99.8
100.0	100.0	100.0	100.0	100.0	100.0	100.0	100.0	100.0
99.8	99.8	100.0	99.9	99.7	99.7	99.7	99.7	99.7
101.8	**102.0**	**101.9**	**101.8**	**101.9**	**101.3**	**101.1**	**101.2**	**101.1**
102.8	102.9	102.9	102.8	102.8	101.3	101.3	101.3	101.3
100.8	100.9	101.1	101.2	101.1	100.6	100.6	100.6	100.6
100.0	100.0	100.0	100.0	100.0	100.0	100.0	100.0	100.0
102.2	102.2	102.2	102.2	102.2	99.8	99.8	99.8	99.8
100.7	100.7	101.1	101.2	101.2	102.1	102.1	102.1	102.1
103.1	103.1	103.1	103.0	102.9	101.4	101.4	101.4	101.3
105.3	105.3	105.3	105.3	105.0	104.0	104.0	104.0	104.0
111.9	111.9	111.9	111.9	111.9	100.7	100.7	100.7	100.7
102.1	102.1	102.1	102.1	102.1	100.9	100.9	100.9	100.9
100.2	100.2	100.2	100.2	100.2	100.0	100.0	100.0	100.0
103.2	103.2	103.4	102.5	102.5	104.2	104.2	104.2	103.8
101.2	101.7	101.6	100.9	100.9	101.7	102.0	102.0	101.3
100.1	100.5	100.3	100.3	100.6	101.2	100.8	101.0	100.8
98.2	98.3	98.6	98.7	98.8	98.9	98.8	98.7	98.7
94.8	94.9	95.9	96.6	96.3	96.8	96.8	96.9	97.4
100.1	99.7	99.4	99.6	99.9	100.1	99.7	99.8	99.2
99.7	100.2	100.5	99.9	99.9	99.4	99.3	99.1	99.3
97.9	98.5	98.9	99.4	100.0	100.0	99.8	99.7	99.5
100.3	100.3	101.0	100.8	100.8	100.7	100.7	100.9	100.9
97.8	97.9	97.9	97.6	97.8	98.5	98.5	97.7	97.9
99.6	99.6	99.3	99.8	100.0	100.3	100.1	100.8	100.8
101.7	101.7	101.7	101.7	101.7	101.7	101.7	101.7	101.7
99.4	99.7	99.2	99.5	100.4	101.6	101.6	101.4	101.4
100.3	99.5	99.1	100.1	100.2	100.5	100.2	99.8	99.7
98.4	98.8	98.1	98.8	98.9	99.0	99.0	99.4	99.4
95.2	97.9	100.7	100.0	98.6	98.3	94.5	94.4	94.7
99.5	99.5	99.5	99.5	99.6	99.6	99.9	100.6	100.6
100.4	100.4	100.5	100.5	100.7	100.4	100.5	100.9	101.0
99.2	99.3	99.9	100.1	101.2	100.8	101.3	101.7	101.7
100.0	100.0	100.0	100.0	100.0	100.0	100.0	100.0	100.0
100.0	100.0	100.0	100.0	100.0	100.0	100.0	100.0	100.0
100.6	100.6	101.1	100.9	100.9	101.7	101.7	101.7	101.5

5-3 续表 7

(上年同月=100)

指 标	Item	1 月 January	2 月 February	3 月 March
旅游	Tourism	101.4	99.6	102.8
旅行社收费	Travel Agency Charges	101.7	99.6	103.7
医疗保健	**Medicine**	**108.1**	**108.1**	**108.2**
药品及医疗器具	Medicines and Medical Devices	104.0	104.0	104.4
中药	Traditional Chinese Medicine	105.1	104.9	105.3
中药材	Chinese Herbal Material	104.7	103.1	103.3
中成药	Chinese Patent Drugs	105.3	105.7	106.3
西药	Western Medicine	102.0	102.3	102.6
抗微生物药	Antimicrobial Agents	100.9	100.9	101.8
消化系统用药	Digestive System	102.7	102.8	103.0
呼吸系统用药	Respiratory System	108.1	108.3	109.1
解热镇痛药	Antipyretic Analgesics	104.3	105.1	105.5
抗肿瘤药	Antineoplastic Agents	94.0	94.1	93.8
激素及影响内分泌药	Hormones and Endocrine Agents	100.6	101.0	100.4
心血管系统用药	Cardiovascular System	102.7	103.5	103.8
血液系统用药	Blood System Medication	101.3	101.3	101.5
治疗精神障碍药	Drugs for The Treatment of Mental Disorders	95.0	94.8	94.8
神经系统用药	Drugs for Nervous System	98.8	100.0	101.3
消毒防腐及创伤外科用药	Disinfectant and Preservative and Trauma Surgery Medicine	103.8	103.3	103.8
泌尿系统用药	Urinary System Drugs	104.1	104.0	105.2
维生素类	Vitamin	112.5	112.1	108.6
调节水、电解质及酸碱平衡药	Adjust Water, Electrolyte and Acid-base Balance	96.4	97.1	97.1
滋补保健品	Tonic and Healthy Goods	109.7	109.0	109.7
医疗卫生器具	Medical Appliance	99.9	99.9	99.9
保健器具	Healthy Appliance	100.4	100.2	100.2
医疗服务	Medical Servicest	110.7	110.7	110.6
综合医疗类	Integrated Medical Services	125.1	124.9	124.3
一般医疗服务	General Medical Services	119.0	118.7	117.6
一般治疗操作	General Therapeutic Operation	109.1	109.1	109.1
护理	Nursing	152.8	152.8	152.8
诊断类	Diagnosis of Class	99.9	100.0	100.0
病理学诊断	Pathological Diagnosis	100.0	100.0	100.0
实验室诊断	Laboratory Diagnosis	97.0	97.1	97.1
影像学诊断	Imaging Diagnosis	96.4	96.5	96.3
临床诊断	Clinical Diagnosis	109.4	109.4	109.7

Continued

(same month of preceding year=100)

4 月 April	5 月 May	6 月 June	7 月 July	8 月 August	9 月 September	10 月 October	11 月 November	12 月 December
101.6	102.8	101.8	101.6	102.2	104.0	102.9	102.8	102.2
102.1	103.3	102.2	101.8	102.5	104.7	103.2	103.2	102.4
108.2	**107.9**	**110.9**	**110.8**	**113.5**	**113.4**	**113.4**	**112.4**	**112.2**
104.5	103.9	103.6	103.4	103.3	102.9	103.0	102.5	102.0
105.2	105.4	105.2	105.2	105.0	104.9	104.6	104.4	103.9
104.1	104.8	105.6	105.9	105.9	105.6	104.9	104.3	103.0
105.7	105.6	105.0	104.9	104.5	104.5	104.4	104.4	104.4
102.5	102.4	101.7	101.4	101.4	101.3	101.7	101.4	100.9
101.5	101.7	101.7	101.6	101.3	100.7	100.7	100.6	100.4
103.0	103.2	103.4	102.1	102.0	102.5	102.7	102.4	102.0
109.3	107.9	105.8	106.5	105.2	105.5	105.7	105.4	103.3
104.6	102.8	104.1	103.5	104.0	103.0	103.1	103.1	103.1
94.1	94.7	92.0	91.7	89.3	88.9	92.4	92.7	93.4
99.1	99.2	97.2	97.9	97.5	97.0	97.1	97.5	96.6
104.4	104.2	103.5	103.8	102.3	102.0	101.7	101.6	101.7
100.1	100.0	95.3	94.9	100.4	100.6	100.6	100.6	99.6
95.3	95.3	93.5	92.0	91.5	92.0	95.0	95.0	95.0
100.9	101.5	99.9	99.8	99.5	99.5	99.3	99.1	98.1
104.8	106.4	106.5	106.7	106.1	106.5	106.5	103.9	104.0
105.6	105.9	106.5	106.7	107.9	108.1	109.0	108.2	105.4
107.6	108.9	111.9	112.3	112.6	111.9	112.6	112.0	109.7
97.4	97.3	95.7	94.2	96.1	95.8	95.6	95.6	96.1
110.6	107.5	108.0	107.3	107.4	105.3	105.3	103.8	103.3
99.9	99.9	99.8	100.1	100.2	100.1	100.1	100.4	100.3
100.2	100.3	100.4	100.3	100.3	100.3	100.3	100.1	100.1
110.6	110.6	115.7	115.7	120.3	120.4	120.4	118.9	118.9
124.0	124.0	133.5	133.5	146.5	146.5	146.5	142.4	142.3
117.2	117.2	125.4	125.4	133.9	133.8	133.8	132.4	132.3
109.1	109.1	111.4	111.4	115.5	115.5	115.5	115.5	115.5
152.8	152.8	171.8	171.8	202.5	202.5	202.5	185.6	185.2
100.0	100.0	100.8	100.8	100.2	100.3	100.3	100.4	100.4
100.0	100.0	100.0	100.0	99.8	99.8	99.8	99.8	99.8
97.2	97.2	96.7	96.7	95.5	95.7	95.7	96.0	95.9
96.1	96.1	95.3	95.3	94.1	94.1	94.1	94.1	94.1
109.7	109.7	114.6	114.6	116.1	116.1	116.1	116.1	116.1

5-3 续表 8

(上年同月=100)

指　　标	Item	1 月 January	2 月 February	3 月 March
治疗类	Treatment of Class	113.6	113.6	113.6
临床手术治疗	Clinical Surgical Treatment	114.4	114.4	114.4
临床非手术治疗	Clinical Non-surgical Treatment	112.2	112.2	112.2
康复类	Rehabilitation Class	103.2	103.2	103.2
康复医疗	Rehabilitation Medical	103.2	103.2	103.2
中医医疗服务类	TCM Medical Services	114.4	114.4	114.4
中医治疗	TCM Treatment	114.4	114.4	114.4
其他医疗服务	Other Medical Services	108.7	108.7	108.7
其他用品和服务	**Other Supplies and Services**	**104.4**	**102.2**	**101.9**
其他用品类	Other Supplies	105.6	103.6	100.9
首饰手表	Jewelry Watches	110.1	106.6	102.1
金饰品	Gold Ornaments	114.4	109.0	103.9
银饰品	Silver Ornaments	101.3	100.9	100.6
铂金饰品	Platinum Ornaments	114.3	110.8	102.6
手表	Watches	95.7	95.7	95.7
其他杂项用品	Other Miscellaneous Goods	100.4	100.1	99.4
箱包	Luggage and Bags	99.3	98.8	96.7
母婴用品	Maternal and Child Supplies	100.0	99.7	99.9
眼镜	Glasses	104.7	104.8	104.4
其他服务类	Other Service Classes	103.4	100.9	102.7
旅馆住宿	The Hotel Accommodation	102.4	99.8	100.9
宾馆住宿	Hotel Accommodation	101.9	99.4	100.8
其他住宿	Other Accommodations	103.4	100.6	101.0
美容美发洗浴	Making-up Hair Salon Bathing	105.6	96.1	101.5
美容	Making-up	104.0	98.6	101.1
美发	Hair Salon	106.8	95.0	101.5
洗浴	Bathing	105.9	93.1	102.8
养老服务	Pension Service	111.8	117.8	118.1
金融保险	Finance and Insurance	100.0	100.0	100.0
金融服务	Financial Services	100.0	100.0	100.0
车辆保险	Vehicle Insurance	100.0	100.0	100.0
旅行保险	Travel Insurance	100.0	100.0	100.0
其他服务类	Other Service Classes	101.0	100.7	100.8
中介服务	Intermediary Service	101.9	101.3	101.6
其他服务	Other Services	100.0	100.0	100.0

Continued

(same month of preceding year=100)

4月 April	5月 May	6月 June	7月 July	8月 August	9月 September	10月 October	11月 November	12月 December
113.6	113.6	120.7	120.7	126.0	126.1	126.1	124.1	124.1
114.4	114.4	122.1	122.1	128.9	128.9	128.9	125.6	125.7
112.2	112.2	118.3	118.3	121.2	121.4	121.4	121.4	121.4
103.2	103.2	105.3	105.3	105.6	105.8	105.8	105.8	105.8
103.2	103.2	105.3	105.3	105.6	105.8	105.8	105.8	105.8
114.4	114.4	121.5	121.5	124.8	124.8	124.8	124.8	124.8
114.4	114.4	121.5	121.5	124.8	124.8	124.8	124.8	124.8
108.7	108.7	111.7	111.7	115.9	115.9	115.9	113.2	113.2
102.4	**102.0**	**102.0**	**100.2**	**100.5**	**100.7**	**101.0**	**101.2**	**100.8**
102.0	100.9	101.0	97.4	97.7	98.4	99.1	99.1	99.7
104.3	101.2	101.6	95.2	95.8	97.0	98.4	98.3	99.6
107.5	104.1	103.8	95.6	97.0	98.1	99.8	99.8	102.4
99.9	100.6	100.2	99.9	99.7	99.8	99.9	100.2	100.0
104.1	98.3	100.7	92.0	91.5	94.0	96.0	95.4	95.2
95.8	95.9	96.0	96.1	96.2	96.2	96.2	96.2	96.3
99.2	100.4	100.3	100.2	100.1	100.1	100.0	100.0	99.8
96.4	99.6	99.6	99.5	99.6	99.6	99.5	99.5	99.3
99.8	100.2	100.2	100.2	100.2	100.5	100.2	100.3	100.0
104.2	103.3	102.4	101.6	101.1	100.4	100.3	100.5	100.2
102.9	103.0	102.9	102.9	103.1	103.0	102.8	103.1	101.8
101.1	101.9	101.6	101.5	101.9	101.4	101.1	101.2	101.3
101.1	102.0	101.7	101.6	102.0	101.9	101.6	101.5	101.5
101.1	101.5	101.5	101.4	101.5	100.5	100.0	100.7	101.1
101.5	101.6	101.4	101.5	101.7	101.6	101.5	102.7	102.6
101.1	101.1	100.7	100.7	100.7	100.7	100.8	102.0	101.9
101.4	101.5	101.5	101.8	102.3	101.8	101.7	102.7	102.8
103.3	103.3	103.2	103.2	103.2	103.2	103.2	104.4	104.1
118.6	118.6	118.6	118.6	118.6	118.5	118.5	118.0	106.5
100.0	100.0	100.0	100.0	100.0	100.0	100.0	100.0	100.0
100.0	100.0	100.0	100.0	100.0	100.0	100.0	100.0	100.0
100.0	100.0	100.0	100.0	100.0	100.0	100.0	100.0	100.0
100.0	100.0	100.0	100.0	100.0	100.0	100.0	100.0	100.0
101.0	101.0	101.0	101.1	101.3	101.4	100.6	100.6	100.6
101.9	101.9	101.9	102.2	102.5	102.7	101.1	101.1	101.1
100.0	100.0	100.0	100.0	100.0	100.0	100.0	100.0	100.0

5-4 居民消费价格分类指数
Consumer Price Indices by Category

(上年＝100) (preceding year=100)

指　标	Item	2017
居民消费价格总指数	**Consumer Price Index**	**101.5**
非食品烟酒价格指数	**Non-food Tobacco and Alcohol Price Index**	**102.5**
服务价格指数	**Items of Service Price Index**	**103.9**
工业品价格指数	**Industrial Product Price Index**	**101.0**
消费品价格指数	**Consumable Price Index**	**100.3**
扣除食品和能源价格指数	**Deduction Food and Energy Price Index**	**102.3**
扣除鲜菜鲜果总指数	**Deduction Fresh Vegetables Fresh Fruit General Index**	**101.8**
食品烟酒	**Food Tobacco and Alcohol**	**99.4**
食品	Food	**98.3**
粮食	Grain	101.9
薯类	Tubers	95.1
豆类	Beans	99.1
食用油	Cooking Oil	100.8
菜	Vegetables	92.3
畜肉类	Meal, Poultry and Processed Products	93.9
猪肉	Pork	90.3
牛肉	Beef	101.0
羊肉	Mutton	105.0
畜肉副产品	Animal By-products	96.4
禽肉类	Poultry	99.1
水产品	Aquatic Products	105.9
淡水鱼	Fish in Fresh Water	107.5
海水鱼	Fish in Sea Water	104.1
虾蟹类	Decapod Crustacean	103.0
蛋类	Eggs	97.6
奶类	Dairy	100.8
干鲜瓜果类	Dried and Fresh Melons and Fruits	100.8
糖果糕点类	Confectionery	103.3
调味品	Flavoring	103.2
其他食品类	Other Food Categories	100.1
茶及饮料	Tea and Beverages	100.4
烟酒	Tobacco, Liquor	**100.6**
烟草	Tobacco	99.9
酒类	Liquor	101.9
在外餐饮	Dining Out	102.4
衣着	**Clothing**	**100.8**
服装	Garments	100.6
男式服装	Men's Garment	100.7
女式服装	Women's Dress	101.0
儿童服装	Children's Garment	99.2
服装材料	Clothing Material	101.0
其他衣着及配件	Other Clothing and Accessories	99.2
衣着加工服务费	Clothing Processing	105.1
鞋类	The Footwear	101.2
鞋	Shoes	101.1
鞋类加工服务	Footwear Processing Service	103.7

5-4 续表 Continued

(上年=100) (preceding year=100)

指 标	Item	2017
居住	**Residence**	**102.0**
租赁房房租	Tenancy	103.0
住房保养维修及管理	Housing Maintenance and Management	102.6
水电燃料	Water, Electricity and Fuels	100.5
自有住房	Self-owned House	102.3
生活用品及服务	**Daily Necessities and Services**	**100.6**
家具及室内装饰品	Furniture and Interior Decorations	102.8
家具	Furniture	103.1
室内装饰品	Interior Decorations	100.0
家用器具	Household Appliances	99.5
家用纺织品	Household Textiles	98.9
家庭日用杂品	Household Groceries	99.8
个人护理用品	Personal Care Products	101.6
家庭服务	Household Service	102.4
交通和通信	**Transportation and Communication**	**101.0**
交通	Transportation	101.8
交通工具	Transportation Means	96.1
交通工具使用燃料	Fuel	111.8
交通工具使用及维修费	Vehicle Using and Maintenance Fee	101.1
交通费	Transportation Expenses	101.6
通信	Communication	99.9
通信工具	Communication Tools	98.7
通信服务	Communication Service	100.3
邮递服务	Monthly Renting Fee	99.9
教育文化和娱乐	**Education, Culture and Recreation**	**101.7**
教育	Education	102.5
教育用品	Education Supplies	100.9
教育服务	Education Services	102.7
文化娱乐类	Cultural Entertainment	100.5
医疗保健	**Medicine**	**110.6**
药品及医疗器具	Medicines and Medical Devices	103.5
中药	Traditional Chinese Medicine	104.9
西药	Western Medicine	101.8
滋补保健品	Tonic and Healthy Goods	107.2
医疗卫生器具	Medical Appliance	100.0
保健器具	Healthy Appliance	100.3
医疗服务	Medical Servicest	115.3
综合医疗类	Integrated Medical Services	134.5
诊断类	Diagnosis of Class	100.3
治疗类	Treatment of Class	119.7
康复类	Rehabilitation Class	104.6
中医医疗服务类	TCM Medical Services	119.9
其他医疗服务	Other Medical Services	111.7
其他用品和服务	**Other Supplies and Services**	**101.6**
其他用品类	Other Supplies	100.4
其他服务类	Other Service Classes	102.7

5-5 主要城市居民消费价格总指数(1986-2017年)
Major Urban Consumer Price Index(1986-2017)

(上年=100) (preceding year=100)

年份 Year	武汉市 Wuhan	黄石市 Huangshi	十堰市 Shiyan	宜昌市 Yichang	襄阳市 Xiangyang	孝感市 Xiaogan	荆州市 Jingzhou	咸宁市 Xianning
1986	106.2	106.1	103.4	109.1	106.8	107.9	104.7	
1987	108.2	108.2	106.4	107.5	107.7	111.3	109.9	
1988	120.5	122.2	120.0	126.8	119.7	116.9	120.7	
1989	113.4	117.4	112.3	116.1	113.3	114.9	113.9	113.9
1990	103.0	102.6	107.1	104.1	103.9	102.5	104.4	103.4
1991	107.3	107.8	109.5	107.0	107.4	105.0	105.0	107.4
1992	111.4	111.8	108.2	110.8	111.8	110.5	107.4	110.3
1993	119.8	120.5	119.9	121.8	117.3	111.3	119.8	120.0
1994	126.3	125.9	128.1	136.6	124.8	122.0	127.2	125.6
1995	118.4	120.0	119.8	124.1	118.6	115.5	117.4	122.1
1996	112.2	108.0	110.0	109.6	110.4	108.3	107.3	108.8
1997	103.1	101.0	102.9	101.5	104.4	102.3	99.2	101.5
1998	97.4	97.1	98.4	100.8	97.8	99.2	99.2	98.0
1999	96.1	94.7	97.7	101.5	97.8	97.5	98.0	99.8
2000	100.6	96.9	98.8	101.3	99.8	99.0	100.6	98.6
2001	99.5	98.3	98.8	99.5	99.1	99.1	99.8	99.5
2002	98.6	100.8	98.3	101.2	100.0	99.2	99.8	100.0
2003	102.3	101.4	101.6	104.5	102.5	101.9	102.1	101.3
2004	103.3	104.1	103.6	104.0	104.4	105.0	104.2	106.0
2005	102.7	101.9	102.1	102.4	101.9	101.9	101.5	102.0
2006	101.4	101.3	101.4	101.2	101.3	102.8	102.0	103.2
2007	104.1	104.8	105.8	106.4	105.1	104.7	105.3	106.4
2008	105.7	106.8	106.3	105.1	105.2	106.9	106.4	108.4
2009	99.4	99.5	100.8	100.1	98.7	99.2	98.8	99.3
2010	103.0	102.2	102.7	103.1	102.1	103.2	102.4	103.1
2011	105.2	105.3	106.0	106.8	105.8	105.6	105.3	105.7
2012	102.8	103.1	102.4	103.4	102.8	103.1	102.7	102.8
2013	102.4	102.5	103.4	103.3	102.9	103.1	103.1	102.8
2014	101.9	102.2	101.5	102.2	101.5	102.0	102.1	101.8
2015	101.4	101.6	101.4	101.5	102.0	101.3	101.5	101.4
2016	102.4	102.1	101.9	102.3	102.2	102.2	101.8	101.7
2017	101.9	101.5	101.8	101.1	101.4	101.4	101.9	101.5

5-6 主要城市居民消费价格分类指数(2017年)
Major Urban Consumer Price Indices by Category(2017)

(上年=100) (preceding year=100)

指 标	Item	武汉市 Wuhan	黄石市 Huangshi	十堰市 Shiyan	宜昌市 Yichang
居民消费价格总指数	**Consumer Price Index**	**101.9**	**101.5**	**101.8**	**101.1**
非食品烟酒价格指数	**Non-food Tobacco and Alcohol Price Index**	**102.9**	**102.1**	**102.7**	**101.1**
服务价格指数	**Items of Service Price Index**	**104.9**	**102.6**	**103.1**	**102.3**
工业品价格指数	**Industrial Product Price Index**	**100.7**	**101.5**	**102.3**	**99.7**
消费品价格指数	**Consumable Price Index**	**100.1**	**100.8**	**101.2**	**100.3**
扣除食品和能源价格指数	**Deduction Food and Energy Price Index**	**102.8**	**101.7**	**102.4**	**100.9**
扣除鲜菜鲜果总指数	**Deduction Fresh Vegetables Fresh Fruit General Index**	**102.2**	**101.6**	**102.1**	**101.0**
食品烟酒	**Food Tobacco and Alcohol**	**99.5**	**100.0**	**99.9**	**101.0**
食品	Food	98.1	98.9	98.8	101.3
粮食	Grain	101.1	102.2	100.2	100.7
薯类	Tubers	94.5	96.6	96.8	93.3
豆类	Beans	99.6	99.4	100.0	99.5
食用油	Cooking Oil	99.0	100.8	101.0	102.2
菜	Vegetables	91.7	93.2	96.5	98.5
畜肉类	Meal, Poultry and Processed Products	94.0	91.1	94.8	95.3
禽肉类	Poultry	97.6	101.7	97.4	103.6
水产品	Aquatic Products	103.6	111.1	109.3	116.2
蛋类	Eggs	100.6	96.7	96.8	97.4
奶类	Dairy	102.8	100.6	98.1	100.4
干鲜瓜果类	Dried and Fresh Melons and Fruits	100.4	107.5	98.6	106.8
糖果糕点类	Confectionery	107.1	100.5	101.9	98.2
调味品	Flavoring	104.9	106.1	102.5	99.2
其他食品类	Other Food Categories	98.9	98.5	101.3	102.8
茶及饮料	Tea and Beverages	99.6	98.1	99.6	100.2
烟酒	Tobacco, Liquor	100.9	100.6	99.8	100.1
烟草	Tobacco	100.0	100.0	100.0	99.2
酒类	Liquor	102.5	102.0	99.4	101.7
在外餐饮	Dining Out	102.8	103.1	102.9	100.9
衣着	**Clothing**	**100.9**	**101.0**	**104.2**	**98.6**
服装	Garments	100.7	100.2	102.4	98.5
男式服装	Men's Garment	101.1	100.7	101.4	98.2
女式服装	Women's Dress	101.0	98.1	104.6	99.6
儿童服装	Children's Garment	98.4	106.9	96.1	95.5
服装材料	Clothing Material	102.0	104.9	100.1	100.0
其他衣着及配件	Other Clothing and Accessories	99.0	100.0	98.8	98.4
衣着加工服务费	Clothing Processing	104.4	118.8	100.0	100.0
鞋类	The Footwear	101.4	101.3	111.3	98.7
居住	**Residence**	**101.4**	**102.4**	**102.0**	**99.9**
租赁房房租	Tenancy	101.0	101.9	102.5	100.0
住房保养维修及管理	Housing Maintenance and Management	104.5	100.0	101.2	99.7
水电燃料	Water, Electricity and Fuels	100.1	105.2	101.2	99.8
自有住房	Self-owned House	101.1	102.0	102.5	100.0
生活用品及服务	**Daily Necessities and Services**	**100.4**	**99.6**	**102.5**	**99.6**
家具及室内装饰品	Furniture and Interior Decorations	105.5	97.9	100.5	97.0
家具	Furniture	106.4	97.7	100.6	96.3
室内装饰品	Interior Decorations	98.7	99.7	100.0	101.9

5-6 续表 1 Continued

(上年＝100) (preceding year=100)

指 标	Item	武汉市 Wuhan	黄石市 Huangshi	十堰市 Shiyan	宜昌市 Yichang
家用器具	Household Appliances	97.8	96.5	104.7	98.2
家用纺织品	Household Textiles	99.9	100.1	99.1	99.6
家庭日用杂品	Household Groceries	99.0	100.7	99.8	100.6
个人护理用品	Personal Care Products	102.2	99.8	105.1	99.9
家庭服务	Household Service	100.4	110.1	106.9	104.5
交通和通信	**Transportation and Communication**	**101.3**	**101.6**	**101.6**	**101.3**
交通	Transportation	102.3	102.9	102.0	102.2
交通工具	Transportation Means	98.3	98.1	97.2	96.1
交通工具使用燃料	Fuel	111.4	111.7	111.6	111.8
交通工具使用及维修费	Vehicle Using and Maintenance Fee	100.1	99.9	99.6	106.3
交通费	Bicycle	101.4	103.5	101.3	101.1
通信	Communication	99.7	99.8	100.9	100.1
通信工具	Communication Tools	98.6	99.0	103.3	98.3
通信服务	Communication Service	100.0	100.0	100.0	100.7
教育文化和娱乐	**Education, Culture and Recreation**	**99.9**	**100.6**	**102.0**	**101.5**
教育	Education	100.7	100.7	101.4	102.5
教育用品	Education Supplies	100.0	100.1	99.4	102.5
教育服务	Education Services	100.8	100.7	101.6	102.5
文化娱乐类	Cultural Entertainment	98.8	100.4	102.7	100.0
文娱耐用消费品	Durable Consumer Goods for Recreational	95.4	98.9	104.4	98.5
其他文娱用品	Other Entertainment Products	98.4	100.6	103.0	100.8
文化娱乐服务	Cultural and Recreational Services	99.8	102.6	100.0	101.4
旅游	Tourism	100.0	100.0	103.2	99.4
医疗保健	**Medicine**	**119.3**	**107.4**	**106.5**	**107.8**
药品及医疗器具	Medicines and Medical Devices	101.9	103.9	99.0	101.5
中药	Traditional Chinese Medicine	104.0	105.7	99.9	104.0
西药	Western Medicine	98.7	103.2	97.9	98.9
滋补保健品	Tonic and Healthy Goods	108.8	105.4	100.0	107.0
医疗卫生器具	Medical Appliance	100.0	101.7	102.1	101.5
保健器具	Healthy Appliance	100.0	99.9	100.6	100.0
医疗服务	Medical Servicest	132.6	109.8	112.0	112.6
综合医疗类	Integrated Medical Services	170.6	117.3	135.6	125.4
诊断类	Diagnosis of Class	101.6	99.5	100.9	100.3
治疗类	Treatment of Class	142.9	113.8	110.2	117.7
康复类	Rehabilitation Class	110.2	96.0	100.0	100.0
中医医疗服务类	TCM Medical Services	150.1	100.0	100.0	119.3
其他医疗服务	Other Medical Services	121.5	125.5	115.0	113.9
其他用品和服务	**Other Supplies and Services**	**102.0**	**102.9**	**100.8**	**101.0**
其他用品类	Other Supplies	99.4	103.1	101.3	98.9
首饰手表	Jewelry Watches	99.2	105.4	101.6	99.0
其他杂项用品	Other Miscellaneous Goods	99.8	99.6	100.9	98.7
其他服务类	Other Service Classes	104.3	102.8	100.4	102.9
旅馆住宿	The Hotel Accommodation	102.0	99.9	99.9	102.4
美容美发洗浴	Making-up Hair Salon Bathing	99.2	106.1	101.2	107.7
养老服务	Pension Service	132.5	100.0	100.0	100.0
金融保险	Finance and Insurance	100.0	100.0	100.0	100.0
其他服务类	Other Service Classes	100.0	107.6	100.0	100.0

5-6 续表 2 Continued

(上年=100) (preceding year=100)

指 标	Item	襄阳市 Xiangyang	孝感市 Xiaogan	荆州市 Jingzhou	咸宁市 Xianning
居民消费价格总指数	**Consumer Price Index**	**101.4**	**101.4**	**101.9**	**101.5**
非食品烟酒价格指数	**Non-food Tobacco and Alcohol Price Index**	**102.8**	**102.2**	**103.1**	**102.5**
服务价格指数	**Items of Service Price Index**	**105.1**	**103.7**	**104.9**	**102.0**
工业品价格指数	**Industrial Product Price Index**	**100.3**	**100.7**	**101.3**	**103.1**
消费品价格指数	**Consumable Price Index**	**99.4**	**100.2**	**100.3**	**101.3**
扣除食品和能源价格指数	**Deduction Food and Energy Price Index**	**102.5**	**102.1**	**102.6**	**102.0**
扣除鲜菜鲜果总指数	**Deduction Fresh Vegetables Fresh Fruit General Index**	**101.9**	**101.7**	**102.3**	**101.9**
食品烟酒	**Food Tobacco and Alcohol**	**98.4**	**99.7**	**99.1**	**99.4**
食品	Food	**97.4**	**98.6**	**98.4**	**98.5**
粮食	Grain	104.5	101.5	100.9	101.6
薯类	Tubers	88.2	91.3	84.8	94.9
豆类	Beans	99.7	97.3	98.5	100.8
食用油	Cooking Oil	99.6	100.0	102.2	98.9
菜	Vegetables	91.0	92.1	90.3	91.5
畜肉类	Meal, Poultry and Processed Products	91.9	94.0	95.6	92.8
禽肉类	Poultry	98.4	94.9	103.3	101.4
水产品	Aquatic Products	107.3	110.6	107.3	110.9
蛋类	Eggs	98.8	96.5	100.6	88.3
奶类	Dairy	99.2	100.3	99.4	105.0
干鲜瓜果类	Dried and Fresh Melons and Fruits	95.9	104.2	98.4	101.0
糖果糕点类	Confectionery	103.9	99.9	98.4	102.9
调味品	Flavoring	101.9	100.7	102.5	105.6
其他食品类	Other Food Categories	102.7	99.9	102.4	98.6
茶及饮料	Tea and Beverages	100.7	100.2	105.5	105.5
烟酒	Tobacco, Liquor	**100.5**	**100.1**	**100.0**	**101.9**
烟草	Tobacco	99.7	100.1	100.6	100.0
酒类	Liquor	101.6	100.0	98.9	105.3
在外餐饮	Dining Out	100.2	102.5	100.4	100.3
衣着	**Clothing**	**100.4**	**100.5**	**99.8**	**101.1**
服装	Garments	100.5	100.8	99.7	100.7
男式服装	Men's Garment	99.8	101.6	100.1	100.4
女式服装	Women's Dress	101.8	100.2	99.2	100.7
儿童服装	Children's Garment	97.1	100.6	100.8	101.9
服装材料	Clothing Material	100.0	100.0	100.0	103.1
其他衣着及配件	Other Clothing and Accessories	97.7	100.2	98.4	100.9
衣着加工服务费	Clothing Processing	100.1	100.5	102.5	114.9
鞋类	The Footwear	100.6	99.6	99.9	100.4
居住	**Residence**	**102.4**	**102.9**	**103.8**	**103.6**
租赁房房租	Tenancy	104.4	103.0	115.0	102.8
住房保养维修及管理	Housing Maintenance and Management	100.2	100.7	102.5	104.2
水电燃料	Water, Electricity and Fuels	97.7	100.0	102.4	104.5
自有住房	Self-owned House	104.8	105.0	102.9	102.9
生活用品及服务	**Daily Necessities and Services**	**99.4**	**100.1**	**101.7**	**101.6**
家具及室内装饰品	Furniture and Interior Decorations	100.4	99.8	100.3	103.8
家具	Furniture	100.4	100.0	100.0	104.6
室内装饰品	Interior Decorations	100.2	97.9	102.3	97.6

5-6 续表 3 Continued

(上年＝100) (preceding year=100)

指　　标	Item	襄阳市 Xiangyang	孝感市 Xiaogan	荆州市 Jingzhou	咸宁市 Xianning
家用器具	Household Appliances	100.0	100.8	101.5	101.9
家用纺织品	Household Textiles	91.8	99.6	100.4	97.7
家庭日用杂品	Household Groceries	100.2	99.4	100.5	101.9
个人护理用品	Personal Care Products	100.8	100.5	101.3	100.2
家庭服务	Household Service	99.2	101.3	111.6	102.0
交通和通信	**Transportation and Communication**	**101.3**	**101.3**	**102.0**	**102.2**
交通	Transportation	101.9	102.2	103.3	102.2
交通工具	Transportation Means	96.5	96.3	97.0	98.5
交通工具使用燃料	Fuel	111.5	111.8	111.7	111.7
交通工具使用及维修费	Vehicle Using and Maintenance Fee	101.9	102.6	100.0	101.0
交通费	Bicycle	100.0	102.4	108.2	101.6
通信	Communication	100.4	100.0	100.0	102.2
通信工具	Communication Tools	100.9	100.0	100.7	107.8
通信服务	Communication Service	100.2	100.0	99.8	100.3
教育文化和娱乐	**Education, Culture and Recreation**	**104.1**	**102.8**	**103.0**	**102.1**
教育	Education	104.5	103.3	104.0	103.8
教育用品	Education Supplies	98.8	100.0	99.9	103.0
教育服务	Education Services	105.0	103.7	104.5	103.8
文化娱乐类	Cultural Entertainment	103.4	102.0	101.4	100.0
文娱耐用消费品	Durable Consumer Goods for Recreational	99.2	99.9	98.9	101.0
其他文娱用品	Other Entertainment Products	100.5	100.2	101.1	101.1
文化娱乐服务	Cultural and Recreational Services	101.1	100.0	101.7	98.7
旅游	Tourism	107.7	104.9	102.7	100.0
医疗保健	**Medicine**	**110.1**	**105.2**	**109.7**	**103.9**
药品及医疗器具	Medicines and Medical Devices	103.0	102.3	106.0	106.1
中药	Traditional Chinese Medicine	107.2	103.8	104.5	104.5
西药	Western Medicine	99.9	98.5	109.6	104.0
滋补保健品	Tonic and Healthy Goods	107.5	113.7	100.0	118.7
医疗卫生器具	Medical Appliance	98.4	100.0	100.0	90.9
保健器具	Healthy Appliance	100.1	100.0	100.4	100.0
医疗服务	Medical Servicest	115.8	107.4	112.5	102.3
综合医疗类	Integrated Medical Services	131.7	135.2	139.4	118.3
诊断类	Diagnosis of Class	98.1	94.1	102.0	87.8
治疗类	Treatment of Class	121.9	105.9	110.8	106.2
康复类	Rehabilitation Class	100.0	102.5	105.1	100.0
中医医疗服务类	TCM Medical Services	100.0	104.0	102.0	116.6
其他医疗服务	Other Medical Services	134.9	100.0	100.0	100.0
其他用品和服务	**Other Supplies and Services**	**102.1**	**100.8**	**99.8**	**100.3**
其他用品类	Other Supplies	101.1	100.2	100.3	101.2
首饰手表	Jewelry Watches	101.7	100.6	100.5	100.8
其他杂项用品	Other Miscellaneous Goods	100.1	99.5	100.1	101.8
其他服务类	Other Service Classes	103.1	101.4	99.3	99.6
旅馆住宿	The Hotel Accommodation	108.6	107.8	90.4	98.2
美容美发洗浴	Making-up Hair Salon Bathing	104.8	100.1	103.5	98.8
养老服务	Pension Service	100.0	100.0	100.0	103.9
金融保险	Finance and Insurance	100.0	100.0	100.0	100.0
其他服务类	Other Service Classes	100.0	100.0	100.0	100.0

5-7 商品零售价格分类指数(2017年)
Retail Price Indices by Category(2017)

(上年＝100) (preceding year=100)

指　　标	Item	全　省 Provice	城　市 Urban Areas	农　村 Rural Areas
商品零售价格总指数	**Retail General Price Index**	**100.3**	**100.2**	**100.9**
食品	**Food**	**98.9**	**98.9**	**99.0**
粮食	Grain	101.6	101.4	102.5
大米	Rice	100.8	100.3	102.7
面粉	Flour	101.9	101.5	102.8
粮食制品	Grain Products	104.3	104.8	101.8
薯类	Tubers	94.1	92.9	96.7
豆类	Beans	99.3	99.4	98.9
干豆	Dried Beans	100.1	100.0	100.5
豆制品	Bean Products	99.2	99.3	98.7
食用油	Cooking Oil	100.5	100.5	100.5
食用植物油	Oil of Plant	100.8	100.7	101.2
植物油制品	Vegetable Oil Processed Products	93.7	94.5	92.7
菜	Vegetables	92.7	92.8	92.2
鲜菜	Fresh Vegetables	91.9	92.0	91.3
干菜及菜制品	Dried Vegetables and Vegetable Products	101.9	101.9	102.0
畜肉类	Meal, Poultry and Processed Products	93.9	93.8	94.3
猪肉	Pork	90.3	90.1	91.2
牛肉	Beef	100.8	100.9	100.8
羊肉	Mutton	104.4	105.3	100.0
畜肉副产品	Animal By-products	95.6	94.5	100.3
禽肉类	Poultry	99.6	99.6	99.0
鸡	Chicken	99.0	99.1	98.7
鸭	Duck	98.8	99.0	97.8
水产品	Aquatic Products	105.9	105.8	106.3
淡水鱼	Fish in Fresh Water	108.6	108.7	108.3
海水鱼	Fish in Sea Water	104.0	103.9	104.2
虾蟹类	Decapod Crustacean	103.1	102.9	106.5
蛋类	Eggs	98.5	99.1	95.8
鸡蛋	Eggs	98.6	99.2	95.8
其他蛋及制品	Other Eggs and Products	97.8	98.1	96.6
奶类	Dairy	100.9	101.2	99.4
鲜奶	Fresh Milk	102.0	102.3	99.6
酸奶	Sour Milk	100.8	100.9	99.7
奶粉	Milk Powder	100.3	100.4	100.2
干鲜瓜果类	Dried and Fresh Melons and Fruits	101.3	101.4	100.9
鲜瓜果	Fresh Fruits	102.1	102.2	101.9
坚果	Nuts	97.9	98.0	97.1
瓜果制品	Melon and Fruit Products	102.5	102.9	99.9
糖果糕点类	Confectionery	102.3	102.4	101.6
食糖	Sugar	107.5	107.5	107.6
糖果	Candy	101.9	102.4	99.7
糕点	Pastry	102.5	102.7	101.3
调味品	Flavoring	103.0	103.1	102.5
食用盐	Salt	99.1	99.2	98.9
酱油	Soy Sauce	105.4	105.4	105.4

5-7 续表 1 Continued

(上年＝100) (preceding year=100)

指 标	Item	全 省 Provice	城 市 Urban Areas	农 村 Rural Areas
食醋	Vinegar	106.5	107.2	101.5
调味酱	Bechamel	100.5	99.7	103.1
味精	Monosodium Glutamate	99.7	99.6	100.7
其他食品类	Other Food Categories	100.1	100.0	100.6
方便食品	Convenience Foods	100.3	100.2	100.3
淀粉及制品	Starch and Products	101.3	101.4	100.5
膨化食品	Puffed Food	99.1	98.8	101.1
在外餐饮	Dining Out	102.3	102.1	103.9
正餐	Dinner	102.2	102.1	102.6
快餐	Fast Food	103.1	102.7	105.6
地方小吃	Local Snacks	102.9	102.4	105.9
饮料、烟酒	**Beverages, Tobacco and Liquor**	**100.8**	**100.9**	**100.7**
茶及饮料	Tea and Beverages	100.8	100.8	100.5
茶叶	Tea	100.3	100.2	101.1
固体咖啡	Solid Coffee	101.2	101.3	101.1
饮用水	Drinking Water	98.6	98.5	99.5
果汁饮料	Fruit Juice Beverages	101.5	101.5	101.4
烟草	Tobacco	99.9	100.0	99.9
酒类	Liquor	101.8	101.9	101.6
白酒	Liquor	102.3	102.6	101.1
葡萄酒	Wine	99.7	99.6	101.3
啤酒	Beer	100.8	100.2	102.9
服装、鞋帽	**Garments, Shoes and Hats**	**100.6**	**100.6**	**100.7**
服装	Garments	100.6	100.5	101.0
男式服装	Men's Garment	100.5	100.6	100.0
男士西服	Men's Suits	99.5	99.7	98.0
男士冬衣	Men's Clothes	99.7	99.7	99.7
男士夹克衫	Men's Jacket	101.2	101.1	101.3
男士毛线衣	Men's Knitted Woolen Clothes	100.9	101.5	98.6
男士运动装	Men's Sport Clothing	100.2	100.1	101.1
男士衬衫T恤	Men's Shirt T-shirts	101.3	101.3	101.3
男士裤子	Men's Trousers	100.7	100.8	99.8
男士内衣	Men's Underwear	100.7	101.0	99.6
女式服装	Women's Dress	101.0	100.9	101.8
女式外套	Women's Overcoat	101.3	100.9	103.3
女士冬衣	Women's Clothes	101.0	100.9	101.4
女士毛线衣	Women's Knitted Woolen Clothes	102.1	102.3	100.9
女士运动装	Women's Sports Wear	101.5	101.1	103.5
女士衬衫T恤	Women's Shirt T-shirts	101.4	100.7	103.9
女士裤子	Women's Trousers	99.7	99.4	101.3
女士裙子	Skirt	101.3	101.5	100.3
女士内衣	Women's Underwear	100.0	100.0	100.0
儿童服装	Children's Garment	99.3	99.0	100.8
婴幼服装	Infants Clothing	99.2	99.2	99.5
儿童上衣	Children's Suits	100.0	99.8	101.2
儿童裤子	Children's Trousers	98.9	98.4	101.1
儿童裙子	Children's Skirt	98.1	97.8	100.2

5-7 续表 2 Continued

(上年=100) (preceding year=100)

指　　标	Item	全　省 Provice	城　市 Urban Areas	农　村 Rural Areas
鞋袜帽	Footwear, Socks and Hats	100.7	100.8	100.0
鞋	Shoes	101.0	101.1	100.3
男鞋	Men's Shoes	101.9	102.0	101.3
女鞋	Women's Shoes	100.6	100.8	99.7
童鞋	Children's Shoes	100.3	100.4	99.8
袜子	Socks and Stockings	99.0	98.9	99.4
帽子	Hats	98.0	98.1	97.6
其他衣着配件	Other Clothing and Accessories	100.4	100.5	99.7
纺织品	**Textiles**	**99.7**	**99.7**	**99.5**
服装材料	Clothing Material	101.1	101.4	100.0
床上用品	Bed Articles	98.9	98.8	99.3
被子	Quilts	99.2	98.9	100.2
床单被套	Bed Sets	98.5	98.5	98.4
家用电器及音像器材	**Household Appliances, Music and Video Equipment**	**98.8**	**98.6**	**99.7**
家庭设备	Household Facilities	99.4	99.2	100.2
洗衣机	Washing Machine	97.8	97.4	98.9
电冰箱(柜)	Refrigerator	98.8	98.3	101.1
吸排油烟机	Smoke Exhauster	99.5	98.9	101.3
空调器	Air Conditioner	100.4	100.5	100.2
热水器	Shower Heater	100.3	100.3	100.5
炉具灶具	Cooking Stove	97.6	97.4	99.2
微波炉	Microwave Oven	96.0	95.5	99.9
厨房小家电	Kitchen Appliances	99.7	99.5	101.0
生活小家电	Household Appliance	98.4	98.3	99.7
文娱用耐用消费品	Durable Consumer Goods for Recreational	97.6	97.4	98.6
电视机	Television	96.4	95.9	98.4
照相机	Camera	99.8	99.8	99.4
音响	Audio	97.9	97.7	98.8
专业音像器材	Audiovisual Equipment	100.6	100.7	100.0
专业音响器材	Professional Audio Equipment	100.0	100.1	100.0
专业声像器材	Professional Audio-visual Equipment	101.4	101.6	100.0
文化办公用品	**Cultural and Office Goods**	**98.9**	**98.6**	**101.0**
纸张文具	Paper Stationery	100.2	100.0	101.2
台式计算机	Desktop Computer	98.7	98.2	101.3
笔记本平板	Portable Computer	98.8	98.6	100.1
电脑附件	Computer Accessories	99.3	99.0	101.8
打印复印机	Printer Copier	97.1	96.6	101.0
教学设备	Teaching Equipment	99.2	98.9	100.8
日用品	**Articles for Daily Use**	**100.4**	**100.4**	**100.4**
日用百货	General Merchandise for Daily Use	100.4	100.4	100.7
电动自行车	Electric Bicycle	101.5	101.6	101.4
自行车	Bicycle	100.6	100.9	99.3
雨具	Rain Gear	100.4	100.3	101.1
护理器具	Care Tools	100.2	100.1	100.3
清洁用纸	Cleaninng Paper	98.3	97.7	100.3
化妆器具	Makeup Tools	100.4	100.4	100.7

5-7 续表 3 Continued

(上年＝100) (preceding year=100)

指　标	Item	全　省 Provice	城　市 Urban Areas	农　村 Rural Areas
厨具餐具茶具	Kitchenware Cooking-set Tea-set	100.2	100.2	100.3
厨具	Kitchenware	100.5	100.4	100.7
餐具	Cooking-set	100.3	100.3	100.3
茶具	Tea-set	99.6	99.6	99.6
清洗用品	Wash Articles	100.5	100.5	100.3
其他日用品	Other Daily Necessities	100.4	100.4	100.4
灯具	Lamp	101.2	101.2	100.9
箱包	Luggage and Bags	99.1	99.2	98.8
母婴用品	Maternal and Child Supplies	100.2	100.2	100.3
眼镜	Glasses	101.8	101.7	102.0
其他护理用品	Other Nursing Supplies	99.8	99.5	101.2
其他日用杂品	Other Daily Groceries	101.1	101.4	100.0
体育娱乐用品	**Sports and Recreation Articles**	**99.7**	**99.5**	**100.4**
体育户外用品	Sports Outdoor Goods	100.0	100.0	100.1
娱乐用品	Amusement Articles	99.4	99.2	100.7
乐器	Musical Instrument	100.6	100.6	100.8
游戏用品和玩具	Game Supplies and Toys	99.0	98.7	100.1
园艺花卉及用品	Gardening Flowers and Articles	97.9	97.2	99.8
宠物及用品	Pets and Supplies	99.8	99.1	102.9
交通、通信用品	**Transportation and Communication Appliances**	**97.9**	**98.0**	**97.3**
交通运输机械	Machinery of Communications and Transportation	96.8	96.8	96.6
小型汽车	Compact Car	94.3	94.3	94.3
大中型客车	Large and Medium Passenger Vehicle	99.3	99.3	99.3
交通工具零配件	Vehicle Spare Parts	100.1	100.2	99.9
通信器材	Apparatus of Communication	99.5	99.7	98.4
固定电话机	Stationary Telephone	100.2	100.2	100.0
移动电话机	Mobile Telephone	99.4	99.6	98.1
家具	**Furniture**	**102.9**	**103.1**	**101.4**
柜	Cupboard	101.8	101.8	101.9
床	Beds	102.6	102.6	102.6
桌	Desks	103.4	103.8	101.1
椅	Chairs	101.2	101.2	101.2
沙发	Sofas	103.9	104.3	100.0
化妆品	**Cosmetic Products**	**102.1**	**102.2**	**101.9**
清洁化妆品	Cleaning Cosmetics	102.5	102.6	101.8
护肤化妆品	Skin Care Cosmetics	101.7	101.5	102.5
彩妆化妆品	Make-up Cosmetics	101.7	101.8	100.6
清洁类护理用品	Cleaning Supplies	104.1	104.6	101.2
护发美发用品	Hair Care Products	100.7	100.6	102.1
金银饰品	**Jewel of Gold and Silver**	**101.5**	**101.5**	**101.7**
金饰品	Gold Ornaments	102.7	102.7	103.2
银饰品	Silver Ornaments	99.9	99.7	101.1
铂金饰品	Platinum Ornaments	99.8	100.0	98.9
中西药品及医疗保健用品	**Traditional Chinese and Western Medicines and Health**	**102.9**	**102.1**	**106.5**
医疗卫生器具	Medical Appliance	100.5	100.2	101.5
中药	Traditional Chinese Medicine	104.6	104.2	106.7
中药材	Chinese Herbal Material	104.4	104.4	104.4
中成药	Chinese Patent Drugs	104.8	104.1	108.1

5-7 续表 4 Continued

(上年＝100) (preceding year=100)

指 标	Item	全 省 Provice	城 市 Urban Areas	农 村 Rural Areas
西药	Western Medicine	101.5	100.3	107.1
抗微生物药	Antimicrobial Agents	99.7	99.1	102.8
消化系统用药	Digestive System	102.4	101.6	106.1
呼吸系统用药	Respiratory System	107.5	106.4	112.1
解热镇痛药	Antipyretic Analgesics	104.2	103.7	107.4
抗肿瘤药	Antineoplastic Agents	93.5	92.5	99.7
激素及影响内分泌药	Hormones and Endocrine Agents	98.3	96.6	102.9
心血管系统用药	Cardiovascular System	102.7	101.6	109.7
血液系统用药	Blood System Medication	99.5	98.3	105.2
治疗精神障碍药	Drugs for The Treatment of Mental Disorders	94.1	92.9	101.0
神经系统用药	Drugs for Nervous System	99.7	97.0	114.6
消毒防腐及创伤外科用药	Disinfectant and Preservative and Trauma Surgery Medicine	104.3	103.3	109.0
泌尿系统用药	Urinary System Drugs	104.6	101.3	116.4
维生素、矿物质类药	Vitamin	110.9	109.3	117.3
调节水、电解质及酸碱平衡药	Adjust Water, Electrolyte and Acid-base Balance	95.6	94.9	98.9
保健器具及用品	Healthy Appliances and Articles	105.4	105.5	104.6
保健器具	Healthy Appliance	100.3	100.1	100.9
滋补保健用品	Tonic and Healthy Goods	107.4	107.6	106.3
书报杂志及电子出版物	**Books, Newspapers, Magazines and Electronic Publications**	**100.7**	**100.5**	**101.7**
教材及参考书	Texts and Reference Books	100.6	100.4	102.0
工具书	Reference Book	100.0	100.0	100.0
教材	Text-book	100.4	100.0	103.0
参考资料	The Resources	101.2	100.9	103.1
书报杂志	Newspapers and Magazines	101.7	101.8	101.7
计算机办公软件	Computer Office Software	98.6	98.2	101.2
燃料	**Fuels**	**106.2**	**106.1**	**106.4**
煤炭及制品	Coal and Its Products	105.8	106.1	104.8
原煤	Coal	118.8	118.9	118.3
煤制品	Coal Products	101.7	101.7	101.9
石油及制品	Oil and Its Products	106.2	106.1	106.9
管道燃气	Pipeline Gas	100.2	100.2	100.2
液化石油气	Liquified Petroleum Gas	101.3	101.3	100.6
汽油	Gasoline	112.0	112.0	112.1
柴油	Kerosene	112.5	112.6	112.2
建筑材料及五金电料	**Building Materials and Hardware**	**101.4**	**101.0**	**102.9**
建筑装璜材料	Building Decoration Materials	101.6	101.1	103.6
木地板	Wood Floor	100.5	100.1	102.8
瓷砖	Ceramic Tile	100.4	99.8	103.1
水泥	Cement	113.1	114.7	109.0
涂料	Paint	99.4	99.0	101.2
板材	Board	102.2	102.0	102.7
管材	Pipe	100.9	100.7	102.2
厨卫设备	Kitchen Equipment	100.5	99.8	103.5
门窗	Doors and Windows	100.9	100.2	103.1
五金水暖	Hardware Plumbing	100.8	100.8	100.4
家用手工工具	Hand Tools for Household Use	99.9	99.9	100.0
配电附件	The Power Distribution in Attachment	101.1	101.3	100.0
水暖器材	Plumbing Equipment	100.9	100.9	101.1

5-8 商品零售价格分类指数
Retail Price Indices by Category

(上年＝100) (preceding year=100)

指　标	Item	2017
商品零售价格总指数	**Retail General Price Index**	**100.3**
食品	**Food**	**98.9**
粮食	Grain	101.6
薯类	Tubers	94.1
豆类	Beans	99.3
食用油	Cooking Oil	100.5
菜	Vegetables	92.7
畜肉类	Meal, Poultry and Processed Products	93.9
猪肉	Pork	90.3
牛肉	Beef	100.8
羊肉	Mutton	104.4
畜肉副产品	Animal By-products	95.6
禽肉类	Poultry	99.6
水产品	Aquatic Products	105.9
淡水鱼	Fish in Fresh Water	108.6
海水鱼	Fish in Sea Water	104.0
虾蟹类	Decapod Crustacean	103.1
蛋类	Eggs	98.5
奶类	Dairy	100.9
干鲜瓜果类	Dried and Fresh Melons and Fruits	101.3
糖果糕点类	Confectionery	102.3
调味品	Flavoring	103.0
其他食品类	Other Food Categories	100.1
在外餐饮	Dining Out	102.3
饮料、烟酒	**Beverages, Tobacco and Liquor**	**100.8**
茶及饮料	Tea and Beverages	100.8
茶叶	Tea	100.3
固体咖啡	Solid Coffee	101.2
饮用水	Drinking Water	98.6
果汁饮料	Fruit Juice Beverages	101.5
烟草	Tobacco	99.9
酒类	Liquor	101.8
服装、鞋帽	**Garments, Shoes and Hats**	**100.6**
服装	Garments	100.6
男式服装	Men's Garment	100.5
女式服装	Women's Dress	101.0
儿童服装	Children's Garment	99.3
鞋袜帽	Footwear, Socks and Hats	100.7
鞋	Shoes	101.0
袜子	Socks and Stockings	99.0
帽子	Hats	98.0
其他衣着配件	Other Clothing and Accessories	100.4

5-8 续表 Continued

(上年＝100) (preceding year=100)

指　　标	Item	2017
纺织品	**Textiles**	**99.7**
服装材料	Clothing Material	101.1
床上用品	Bed Articles	98.9
家用电器及音像器材	**Household Appliances, Music and Video Equipment**	**98.8**
家庭设备	Household Facilities	99.4
文娱用耐用消费品	Durable Consumer Goods for Recreational	97.6
专业音像器材	Audiovisual Equipment	100.6
文化办公用品	**Cultural and Office Goods**	**98.9**
日用品	**Articles for Daily Use**	**100.4**
日用百货	General Merchandise for Daily Use	100.4
厨具餐具茶具	Kitchenware Cooking-set Tea-set	100.2
清洗用品	Wash Articles	100.5
其他日用品	Other Daily Necessities	100.4
体育娱乐用品	**Sports and Recreation Articles**	**99.7**
体育户外用品	Sports Outdoor Goods	100.0
娱乐用品	Amusement Articles	99.4
交通、通信用品	**Transportation and Communication Appliances**	**97.9**
交通运输机械	Machinery of Communications and Transportation	96.8
通信器材	Apparatus of Communication	99.5
家具	**Furniture**	**102.9**
化妆品	**Cosmetic Products**	**102.1**
金银饰品	**Jewel of Gold and Silver**	**101.5**
中西药品及医疗保健用品	**Traditional Chinese and Western Medicines and Health**	**102.9**
医疗卫生器具	Medical Appliance	100.5
中药	Traditional Chinese Medicine	104.6
西药	Western Medicine	101.5
保健器具及用品	Healthy Appliances and Articles	105.4
书报杂志及电子出版物	**Books, Newspapers, Magazines and Electronic Publications**	**100.7**
教材及参考书	Texts and Reference Books	100.6
书报杂志	Newspapers and Magazines	101.7
计算机办公软件	Computer Office Software	98.6
燃料	**Fuels**	**106.2**
煤炭及制品	Coal and Its Products	105.8
石油及制品	Oil and Its Products	106.2
建筑材料及五金电料	**Building Materials and Hardware**	**101.4**
建筑装璜材料	Building Decoration Materials	101.6
五金水暖	Hardware Plumbing	100.8

5-9 分月商品零售价格分类指数(2017年)

(上年同月=100)

指 标	Item	1 月 January	2 月 February	3 月 March
商品零售价格总指数	**Retail General Price Index**	**101.7**	**100.4**	**100.1**
食品	**Food**	**104.7**	**98.8**	**97.6**
粮食	Grain	101.1	101.2	101.3
薯类	Tubers	112.8	101.4	99.1
豆类	Beans	101.2	99.5	99.5
食用油	Cooking Oil	101.2	101.3	101.2
菜	Vegetables	115.4	87.9	79.8
畜肉类	Meal, Poultry and Processed Products	106.1	99.4	98.1
猪肉	Pork	107.6	98.7	96.4
牛肉	Beef	102.4	99.4	100.3
羊肉	Mutton	102.5	101.7	102.1
畜肉副产品	Animal By-products	105.6	101.0	100.1
禽肉类	Poultry	102.2	98.4	98.7
水产品	Aquatic Products	108.6	107.3	110.0
淡水鱼	Fish in Fresh Water	113.8	112.5	118.3
海水鱼	Fish in Sea Water	104.0	104.6	105.9
虾蟹类	Decapod Crustacean	107.4	100.9	100.2
蛋类	Eggs	97.2	93.5	90.9
奶类	Dairy	99.2	99.9	99.5
干鲜瓜果类	Dried and Fresh Melons and Fruits	100.4	98.4	99.5
糖果糕点类	Confectionery	101.0	101.3	101.7
调味品	Flavoring	102.6	102.7	102.5
其他食品类	Other Food Categories	101.1	100.8	100.7
在外餐饮	Dining Out	103.0	102.2	102.9
饮料、烟酒	**Beverages, Tobacco and Liquor**	**100.1**	**100.3**	**100.5**
茶及饮料	Tea and Beverages	100.3	100.9	101.3
茶叶	Tea	99.6	100.3	100.6
固体咖啡	Solid Coffee	102.3	102.3	100.8
饮用水	Drinking Water	99.4	98.9	98.7
果汁饮料	Fruit Juice Beverages	101.6	101.4	102.4
烟草	Tobacco	99.8	99.8	99.8
酒类	Liquor	100.2	100.4	100.8
服装、鞋帽	**Garments, Shoes and Hats**	**100.3**	**100.6**	**100.4**
服装	Garments	100.2	100.4	100.3
男式服装	Men's Garment	99.7	100.0	99.6
女式服装	Women's Dress	101.0	101.1	101.1
儿童服装	Children's Garment	98.5	99.3	98.9
鞋袜帽	Footwear, Socks and Hats	100.7	101.4	101.0
鞋	Shoes	101.0	101.8	101.4
袜子	Socks and Stockings	99.2	99.4	98.9

Retail Price Indices by Category and Month(2017)

(same month of preceding year=100)

4 月 April	5 月 May	6 月 June	7 月 July	8 月 August	9 月 September	10 月 October	11 月 November	12 月 December
100.3	**100.3**	**100.0**	**99.6**	**100.1**	**100.0**	**100.5**	**100.5**	**100.7**
98.2	**98.9**	**98.2**	**96.9**	**98.4**	**98.1**	**99.6**	**98.7**	**99.3**
101.4	101.8	101.5	101.5	101.8	101.9	102.1	102.0	101.7
88.2	82.9	76.5	83.1	95.0	101.6	103.3	100.6	100.5
99.5	99.1	99.0	98.9	98.8	98.6	98.9	99.2	99.3
100.5	100.7	100.4	100.5	100.2	100.4	100.1	100.0	100.1
82.9	93.1	99.4	89.7	98.5	96.1	100.4	89.6	88.2
95.8	92.0	87.4	88.8	89.8	89.9	92.4	93.4	94.6
93.1	87.7	81.4	83.4	85.0	85.0	88.0	89.0	90.5
100.5	100.7	100.7	100.5	100.3	100.5	101.4	101.8	101.6
102.2	102.3	102.3	102.3	101.9	102.5	106.3	111.4	115.0
98.6	94.8	90.6	90.8	91.3	92.3	94.2	94.8	94.8
98.6	98.7	98.0	98.3	99.3	100.4	100.2	100.6	101.2
111.8	109.5	104.5	103.0	102.6	101.8	103.7	103.9	104.9
120.6	115.4	106.0	103.4	102.9	101.8	104.0	103.6	105.4
106.8	105.8	103.4	102.9	102.5	101.1	102.4	103.8	104.9
102.2	102.7	101.9	101.7	101.3	102.8	106.7	105.3	104.1
92.6	91.0	91.4	96.6	103.3	106.4	105.3	105.2	108.2
100.4	101.0	101.6	101.5	101.0	101.7	101.7	101.7	102.0
102.9	104.7	105.2	99.7	98.3	97.0	99.6	102.8	107.6
102.3	102.1	102.5	102.0	102.6	102.7	103.2	103.1	102.8
102.5	102.2	103.2	103.2	103.0	103.2	104.0	103.5	103.5
100.0	99.2	99.2	99.7	99.9	100.0	100.3	100.1	100.3
102.6	102.5	102.4	102.4	102.3	102.1	102.0	102.0	101.7
100.9	**101.1**	**101.2**	**101.0**	**101.0**	**101.1**	**101.0**	**101.0**	**101.0**
101.4	101.3	101.5	100.8	100.6	100.3	100.3	100.4	100.4
100.6	100.2	100.4	99.9	100.1	100.1	100.4	100.6	100.9
101.3	101.5	101.9	101.8	101.1	101.0	100.3	100.7	99.9
98.7	99.6	98.8	98.9	99.1	99.0	98.2	97.7	96.6
102.9	103.9	104.3	101.2	100.1	100.2	100.3	99.5	100.0
99.8	99.8	99.8	99.8	100.0	100.1	100.1	100.1	100.1
101.6	102.1	102.4	102.4	102.3	102.6	102.4	102.2	102.3
100.7	**100.1**	**100.7**	**101.1**	**101.0**	**100.4**	**100.2**	**100.5**	**101.1**
100.6	100.1	100.8	101.2	101.1	100.5	100.1	100.5	101.2
100.3	100.3	100.9	100.9	101.0	100.7	100.3	100.9	101.5
101.3	100.3	101.3	101.9	101.7	100.7	100.1	100.4	101.2
98.9	99.0	98.9	99.3	99.3	99.3	99.6	99.9	100.6
101.0	100.2	100.6	100.9	100.6	100.1	100.4	100.6	100.7
101.4	100.4	100.9	101.3	101.0	100.3	100.6	101.0	101.1
99.5	99.1	99.1	98.9	99.0	99.1	99.3	98.0	98.6

5-9 续表

(上年同月＝100)

指 标	Item	1 月 January	2 月 February	3 月 March
帽子	Hats	97.9	97.5	97.3
其他衣着配件	Other Clothing and Accessories	100.8	100.6	100.3
纺织品	**Textiles**	**99.7**	**99.7**	**100.1**
服装材料	Clothing Material	101.8	101.6	101.3
床上用品	Bed Articles	98.8	98.8	99.5
家用电器及音像器材	**Household Appliances, Music and Video Equipment**	**98.1**	**98.1**	**98.1**
家庭设备	Household Facilities	98.4	98.5	98.5
文娱用耐用消费品	Durable Consumer Goods for Recreational	97.1	97.0	97.0
专业音像器材	Audiovisual Equipment	101.0	101.0	101.1
文化办公用品	**Cultural and Office Goods**	**98.9**	**98.5**	**98.5**
日用品	**Articles for Daily Use**	**100.5**	**100.5**	**100.4**
日用百货	General Merchandise for Daily Use	100.5	100.1	99.9
厨具餐具茶具	Kitchenware Cooking-set Tea-set	100.3	100.6	100.3
清洗用品	Wash Articles	100.8	100.8	101.3
其他日用品	Other Daily Necessities	100.5	100.6	100.1
体育娱乐用品	**Sports and Recreation Articles**	**100.0**	**99.7**	**99.6**
体育户外用品	Sports Outdoor Goods	100.2	100.2	100.1
娱乐用品	Amusement Articles	99.8	99.4	99.2
交通、通信用品	**Transportation and Communication Appliances**	**97.3**	**97.3**	**97.7**
交通运输机械	Machinery of Communications and Transportation	94.8	95.0	96.0
通信器材	Apparatus of Communication	101.1	100.7	100.2
家具	**Furniture**	**101.9**	**102.0**	**101.6**
化妆品	**Cosmetic Products**	**102.7**	**102.6**	**102.7**
金银饰品	**Jewel of Gold and Silver**	**112.8**	**108.7**	**103.5**
中西药品及医疗保健用品	**Traditional Chinese and Western Medicines and Health**	**103.2**	**103.2**	**103.6**
医疗卫生器具	Medical Appliance	100.6	100.6	100.5
中药	Traditional Chinese Medicine	104.8	104.6	104.9
西药	Western Medicine	101.9	102.2	102.4
保健器具及用品	Healthy Appliances and Articles	105.4	105.1	106.8
书报杂志及电子出版物	**Books, Newspapers, Magazines and Electronic Publications**	**99.3**	**99.3**	**100.9**
教材及参考书	Texts and Reference Books	100.4	100.4	100.4
书报杂志	Newspapers and Magazines	101.8	101.7	101.7
计算机办公软件	Computer Office Software	91.5	91.5	100.2
燃料	**Fuels**	**107.4**	**107.8**	**108.7**
煤炭及制品	Coal and Its Products	103.6	104.0	104.5
石油及制品	Oil and Its Products	108.0	108.4	109.3
建筑材料及五金电料	**Building Materials and Hardware**	**101.3**	**101.3**	**100.9**
建筑装璜材料	Building Decoration Materials	101.5	101.4	101.1
五金水暖	Hardware Plumbing	100.9	100.8	100.6

Continued

(same month of preceding year=100)

4 月 April	5 月 May	6 月 June	7 月 July	8 月 August	9 月 September	10 月 October	11 月 November	12 月 December
97.2	98.0	98.1	98.1	97.8	98.2	98.5	98.6	98.9
100.5	100.5	100.3	100.3	100.3	100.4	100.4	100.2	100.4
99.6	**99.6**	**99.5**	**100.0**	**99.7**	**99.5**	**99.3**	**99.8**	**99.6**
101.1	101.0	100.9	101.2	100.8	101.2	101.3	100.9	100.3
98.9	98.9	98.8	99.4	99.1	98.6	98.3	99.2	99.2
98.2	**98.4**	**98.7**	**99.2**	**99.4**	**99.5**	**99.4**	**99.3**	**99.3**
98.7	98.9	99.1	99.9	100.2	100.2	100.1	100.0	100.0
97.0	97.1	97.6	97.8	98.1	98.2	98.2	98.2	98.3
100.7	100.7	100.7	100.6	100.6	100.6	100.6	100.1	99.5
98.4	**98.5**	**98.7**	**99.0**	**99.2**	**99.4**	**99.4**	**99.3**	**99.3**
100.3	**100.5**	**100.3**	**100.2**	**100.3**	**100.5**	**100.3**	**100.5**	**100.4**
100.2	100.4	100.2	100.3	100.8	100.8	100.6	100.8	100.4
100.1	100.2	100.2	99.6	100.1	100.8	100.2	100.1	100.3
100.9	100.7	100.3	100.1	99.6	99.9	100.1	100.6	100.6
100.0	100.7	100.4	100.4	100.5	100.6	100.2	100.3	100.2
99.5	**99.4**	**99.0**	**99.6**	**99.8**	**100.0**	**99.7**	**99.9**	**99.9**
100.1	99.6	99.0	100.0	100.2	100.5	100.2	100.0	99.9
99.0	99.2	99.1	99.4	99.5	99.6	99.3	99.8	99.8
97.7	**97.8**	**98.1**	**98.2**	**98.0**	**98.1**	**98.2**	**98.0**	**98.2**
96.3	96.4	96.7	96.9	97.2	97.6	97.9	98.1	98.2
99.7	99.7	100.0	99.9	99.1	98.8	98.6	98.0	98.3
101.8	**102.3**	**103.0**	**103.3**	**103.2**	**102.9**	**103.8**	**104.4**	**104.1**
102.0	**101.5**	**101.3**	**101.5**	**101.8**	**102.1**	**102.5**	**102.5**	**102.2**
106.0	**102.1**	**102.4**	**95.1**	**95.8**	**97.2**	**98.7**	**98.7**	**100.3**
103.6	**103.6**	**103.1**	**102.9**	**102.7**	**102.5**	**102.5**	**102.2**	**101.8**
100.6	100.5	100.3	100.5	100.6	100.4	100.4	100.7	100.3
104.7	105.1	104.9	104.9	104.8	104.7	104.4	104.2	103.7
102.4	102.3	101.5	101.2	100.9	100.8	101.1	100.7	100.3
107.5	106.0	106.2	105.8	105.6	104.6	104.6	103.8	103.1
100.8	**100.8**	**100.9**	**101.0**	**101.0**	**101.2**	**101.1**	**101.1**	**101.1**
100.3	100.3	100.5	100.6	100.6	101.0	101.0	101.0	101.0
101.7	101.7	101.7	101.7	101.7	101.7	101.7	101.7	101.7
100.2	100.2	100.2	100.2	100.2	100.2	100.2	100.2	100.2
108.3	**106.1**	**103.2**	**102.0**	**105.0**	**104.5**	**105.8**	**108.1**	**107.4**
105.7	105.6	105.5	106.4	106.9	107.0	107.0	107.2	106.1
108.7	106.2	102.8	101.3	104.7	104.1	105.6	108.3	107.6
101.0	**101.2**	**101.3**	**101.4**	**101.3**	**101.4**	**101.3**	**101.7**	**102.1**
101.1	101.5	101.6	101.7	101.7	101.8	101.7	101.8	102.1
100.6	100.5	100.5	100.6	100.4	100.5	100.3	101.2	102.1

5-10 主要城市商品零售价格总指数(1986-2017年)
Major Cities in Overall Retail Price Index(1986-2017)

(上年＝100) (preceding year=100)

年 份 Year	武汉市 Wuhan	黄石市 Huangshi	十堰市 Shiyan	宜昌市 Yichang	襄阳市 Xiangyang	孝感市 Xiaogan	荆州市 Jingzhou	咸宁市 Xianning
1986	105.8	106.0	102.4	107.8	106.2	105.3	104.5	
1987	108.2	108.6	105.6	107.2	107.0	109.9	110.4	
1988	121.8	122.7	121.4	127.6	120.4	121.0	122.0	
1989	113.9	117.4	111.6	116.7	112.8	116.8	113.9	116.8
1990	102.5	101.2	105.1	103.2	102.3	104.5	103.7	101.8
1991	106.7	107.2	106.6	105.6	105.6	105.6	104.8	104.4
1992	110.0	109.2	108.8	109.9	107.5	102.8	106.6	107.9
1993	118.8	116.7	116.4	119.5	113.1	102.5	114.8	115.6
1994	124.1	122.3	120.4	127.5	123.2	120.4	122.5	127.7
1995	114.0	115.6	117.0	119.1	113.9	119.5	124.6	117.7
1996	106.0	106.6	108.4	106.3	106.6	107.7	106.3	105.9
1997	100.7	100.1	101.2	99.9	101.4	101.4	100.9	101.4
1998	96.2	96.3	96.6	96.3	97.6	97.9	96.9	97.2
1999	93.7	94.7	95.6	99.8	95.3	97.1	96.9	96.4
2000	97.4	96.9	98.0	101.7	97.5	98.7	99.9	97.9
2001	96.0	97.2	97.7	99.9	97.6	99.3	97.9	97.9
2002	97.7	99.0	99.5	102.5	98.8	99.6	98.4	98.4
2003	100.4	100.4	100.6	102.4	99.1	100.0	100.5	101.4
2004	101.0	102.2	102.9	103.6	103.5	103.3	104.1	104.9
2005	100.9	100.6	100.9	102.1	100.3	101.3	101.8	101.8
2006	100.7	100.5	101.3	101.2	100.0	102.3	101.1	101.2
2007	103.0	103.4	104.5	104.8	103.6	102.9	106.3	105.9
2008	105.1	107.0	106.3	105.1	104.7	105.9	106.7	108.0
2009	98.4	98.8	99.9	99.8	98.1	99.5	97.0	98.8
2010	103.1	102.5	103.3	102.1	102.8	103.5	102.0	103.5
2011	105.6	105.5	105.0	105.4	105.7	105.6	105.2	105.9
2012	102.3	102.3	101.7	102.4	103.2	103.2	102.4	102.4
2013	100.9	101.1	102.8	101.7	102.2	102.7	102.0	102.2
2014	100.5	101.3	100.5	101.0	101.2	101.2	100.7	100.9
2015	100.0	100.4	100.3	100.6	101.5	100.3	100.7	100.4
2016	101.3	99.5	100.7	100.2	100.6	101.5	100.5	100.0
2017	100.1	100.7	101.2	100.1	99.6	100.4	101.1	102.2

5-11 主要城市商品零售价格分类指数(2017年)
Major Cities in the Retail Price Indices by Category(2017)

(上年=100) (preceding year=100)

指 标	Item	武汉市 Wuhan	黄石市 Huangshi	十堰市 Shiyan	宜昌市 Yichang
商品零售价格总指数	**Retail General Price Index**	**100.1**	**100.7**	**101.2**	**100.1**
食品	**Food**	**98.7**	**99.2**	**99.4**	**101.0**
粮食	Grain	101.1	102.2	100.2	100.7
薯类	Tubers	94.5	96.6	96.8	93.3
豆类	Beans	99.6	99.4	100.0	99.5
食用油	Cooking Oil	99.0	100.8	101.0	102.2
菜	Vegetables	91.5	93.2	96.5	98.5
畜肉类	Meal, Poultry and Processed Products	93.7	91.1	94.8	95.3
猪肉	Pork	89.7	87.8	92.1	91.4
牛肉	Beef	101.4	104.4	100.5	98.8
羊肉	Mutton	111.2	99.5	103.2	101.6
畜肉副产品	Animal By-products	97.0	89.5	102.2	102.2
禽肉类	Poultry	97.3	101.7	97.4	103.6
水产品	Aquatic Products	103.6	111.1	109.3	116.2
淡水鱼	Fish in Fresh Water	104.1	112.9	113.1	120.4
海水鱼	Fish in Sea Water	102.8	108.7	104.7	102.4
虾蟹类	Decapod Crustacean	102.4	105.8	96.2	114.7
蛋类	Eggs	100.6	96.7	96.8	97.4
奶类	Dairy	102.8	100.6	98.1	100.4
干鲜瓜果类	Dried and Fresh Melons and Fruits	100.3	107.5	98.6	106.8
糖果糕点类	Confectionery	107.1	100.5	101.9	98.2
调味品	Flavoring	104.2	106.1	102.5	99.2
其他食品类	Other Food Categories	98.9	98.5	101.3	102.8
在外餐饮	Dining Out	102.8	103.1	102.9	100.9
饮料、烟酒	**Beverages, Tobacco and Liquor**	**101.1**	**100.6**	**99.7**	**100.5**
茶及饮料	Tea and Beverages	99.6	98.1	99.6	100.2
茶叶	Tea	100.0	97.1	100.0	100.0
固体咖啡	Solid Coffee	100.5	101.3	98.3	100.1
饮用水	Drinking Water	**97.7**	**95.2**	**100.2**	**98.7**
果汁饮料	Fruit Juice Beverages	100.2	99.2	98.4	108.7
烟草	Tobacco	100.0	100.0	100.0	99.2
酒类	Liquor	102.5	102.0	99.4	101.7
服装、鞋帽	**Garments, Shoes and Hats**	**100.9**	**100.4**	**104.2**	**98.5**
服装	Garments	100.9	100.2	102.4	98.5
男式服装	Men's Garment	101.1	100.7	101.4	98.2
女式服装	Women's Dress	101.0	98.1	104.6	99.6
儿童服装	Children's Garment	98.4	106.9	96.1	95.5
鞋袜帽	Footwear, Socks and Hats	100.7	101.2	109.7	98.7
鞋	Shoes	101.4	101.4	111.6	98.7
袜子	Socks and Stockings	99.4	100.1	95.7	97.6

5-11 续表 1 Continued

(上年＝100) (preceding year=100)

指　标	Item	武汉市 Wuhan	黄石市 Huangshi	十堰市 Shiyan	宜昌市 Yichang
帽子	Hats	96.3	100.0	101.5	100.1
其他衣着配件	Other Clothing and Accessories	100.7	99.8	103.5	96.9
纺织品	**Textiles**	**100.6**	**101.8**	**99.5**	**100.0**
服装材料	Clothing Material	102.0	104.9	100.1	100.0
床上用品	Bed Articles	99.9	100.2	99.1	100.0
家用电器及音像器材	**Household Appliances, Music and Video Equipment**	**96.7**	**96.9**	**104.5**	**98.2**
家庭设备	Household Facilities	97.9	96.1	104.6	97.9
文娱用耐用消费品	Durable Consumer Goods for Recreational	94.1	97.2	105.2	98.1
专业音像器材	Audiovisual Equipment	101.3	100.1	100.7	100.0
文化办公用品	**Cultural and Office Goods**	**96.9**	**101.9**	**103.1**	**99.9**
日用品	**Articles for Daily Use**	**100.0**	**101.0**	**100.1**	**101.1**
日用百货	General Merchandise for Daily Use	99.7	103.4	101.1	100.3
厨具餐具茶具	Kitchenware Cooking-set Tea-set	100.0	99.8	101.1	101.4
清洗用品	Wash Articles	100.0	100.7	99.1	103.0
其他日用品	Other Daily Necessities	100.3	99.7	99.5	100.0
体育娱乐用品	**Sports and Recreation Articles**	**99.3**	**100.5**	**101.6**	**99.0**
体育户外用品	Sports Outdoor Goods	99.8	101.1	102.1	99.9
娱乐用品	Amusement Articles	98.8	100.0	101.3	98.3
交通、通信用品	**Transportation and Communication Appliances**	**97.9**	**97.7**	**99.8**	**97.5**
交通运输机械	Machinery of Communications and Transportation	97.3	96.9	97.2	96.9
通信器材	Apparatus of Communication	98.7	98.6	103.3	98.3
家具	**Furniture**	**106.4**	**97.7**	**100.6**	**96.3**
化妆品	**Cosmetic Products**	**102.7**	**100.6**	**106.6**	**100.1**
金银饰品	**Jewel of Gold and Silver**	**100.6**	**107.1**	**101.5**	**99.2**
中西药品及医疗保健用品	**Traditional Chinese and Western Medicines and Health**	**101.4**	**103.6**	**99.1**	**101.5**
医疗卫生器具	Medical Appliance	100.0	101.7	102.1	101.5
中药	Traditional Chinese Medicine	104.0	105.7	99.9	104.0
西药	Western Medicine	98.7	103.2	97.9	98.9
保健器具及用品	Healthy Appliances and Articles	106.2	104.0	100.2	106.0
书报杂志及电子出版物	**Books, Newspapers, Magazines and Electronic Publications**	**99.9**	**101.0**	**100.6**	**102.2**
教材及参考书	Texts and Reference Books	100.0	100.1	99.4	102.5
书报杂志	Newspapers and Magazines	101.5	102.2	102.2	102.9
计算机办公软件	Computer Office Software	95.7	100.5	100.0	100.0
燃料	**Fuels**	**106.0**	**111.6**	**106.1**	**106.3**
煤炭及制品	Coal and Its Products	106.7	105.5	105.5	101.7
石油及制品	Oil and Its Products	105.9	112.4	106.2	106.9
建筑材料及五金电料	**Building Materials and Hardware**	**101.6**	**100.1**	**100.0**	**98.6**
建筑装璜材料	Building Decoration Materials	101.8	100.1	99.2	98.3
五金水暖	Hardware Plumbing	100.9	100.2	102.1	99.3

5-11 续表 2 Continued

(上年＝100) (preceding year=100)

指 标	Item	襄阳市 Xiangyang	孝感市 Xiaogan	荆州市 Jingzhou	咸宁市 Xianning
商品零售价格总指数	**Retail General Price Index**	**99.6**	**100.4**	**101.1**	**102.2**
食品	**Food**	**97.3**	**99.5**	**99.9**	**98.9**
粮食	Grain	104.5	101.5	100.9	101.6
薯类	Tubers	88.2	91.3	84.8	94.9
豆类	Beans	99.7	97.3	98.5	100.8
食用油	Cooking Oil	99.6	100.0	102.2	98.9
菜	Vegetables	91.0	92.1	90.3	91.5
畜肉类	Meal, Poultry and Processed Products	91.9	94.0	95.6	92.8
猪肉	Pork	89.5	90.9	93.5	87.7
牛肉	Beef	99.3	99.0	103.5	100.9
羊肉	Mutton	101.8	100.6	98.2	102.5
畜肉副产品	Animal By-products	83.4	93.4	93.6	98.5
禽肉类	Poultry	98.4	94.9	103.2	101.4
水产品	Aquatic Products	107.3	110.6	107.3	110.9
淡水鱼	Fish in Fresh Water	109.8	111.8	109.4	111.9
海水鱼	Fish in Sea Water	109.6	110.4	99.1	106.0
虾蟹类	Decapod Crustacean	88.0	102.8	104.6	113.3
蛋类	Eggs	98.8	96.5	100.6	88.3
奶类	Dairy	99.2	100.3	99.4	105.0
干鲜瓜果类	Dried and Fresh Melons and Fruits	95.9	104.2	98.5	101.0
糖果糕点类	Confectionery	103.9	99.9	98.4	102.9
调味品	Flavoring	101.9	100.7	102.5	105.6
其他食品类	Other Food Categories	102.7	99.9	102.4	98.6
在外餐饮	Dining Out	100.2	102.5	100.1	100.3
饮料、烟酒	**Beverages, Tobacco and Liquor**	**100.7**	**100.1**	**100.9**	**103.2**
茶及饮料	Tea and Beverages	100.7	100.2	105.7	105.5
茶叶	Tea	100.3	100.0	102.9	103.3
固体咖啡	Solid Coffee	96.9	102.7	104.5	106.2
饮用水	Drinking Water	99.6	99.3	100.2	103.4
果汁饮料	Fruit Juice Beverages	100.5	101.7	106.9	106.7
烟草	Tobacco	99.7	100.1	100.6	100.0
酒类	Liquor	101.6	100.0	98.4	105.3
服装、鞋帽	**Garments, Shoes and Hats**	**100.4**	**100.5**	**99.8**	**100.6**
服装	Garments	100.4	100.8	99.7	100.7
男式服装	Men's Garment	99.8	101.6	100.1	100.4
女式服装	Women's Dress	101.8	100.2	99.2	100.7
儿童服装	Children's Garment	97.1	100.6	100.8	101.9
鞋袜帽	Footwear, Socks and Hats	99.6	99.7	99.7	100.4
鞋	Shoes	100.0	99.6	99.9	100.2
袜子	Socks and Stockings	95.9	100.4	96.1	101.6

5-11 续表 3 Continued

(上年＝100) (preceding year=100)

指　标	Item	襄阳市 Xiangyang	孝感市 Xiaogan	荆州市 Jingzhou	咸宁市 Xianning
帽子	Hats	97.9	100.0	100.0	100.0
其他衣着配件	Other Clothing and Accessories	103.2	100.0	100.0	100.1
纺织品	**Textiles**	**93.3**	**99.7**	**100.0**	**99.0**
服装材料	Clothing Material	100.0	100.0	100.0	103.1
床上用品	Bed Articles	90.2	99.5	100.0	96.7
家用电器及音像器材	**Household Appliances, Music and Video Equipment**	**99.8**	**100.4**	**100.9**	**102.0**
家庭设备	Household Facilities	100.1	100.8	101.5	102.2
文娱用耐用消费品	Durable Consumer Goods for Recreational	99.4	100.0	100.5	101.7
专业音像器材	Audiovisual Equipment	100.0	100.0	99.9	101.3
文化办公用品	**Cultural and Office Goods**	**99.4**	**100.1**	**98.2**	**100.5**
日用品	**Articles for Daily Use**	**100.0**	**100.8**	**100.9**	**101.7**
日用百货	General Merchandise for Daily Use	100.5	99.9	99.6	104.2
厨具餐具茶具	Kitchenware Cooking-set Tea-set	99.9	99.3	100.2	100.0
清洗用品	Wash Articles	99.9	100.4	101.9	101.5
其他日用品	Other Daily Necessities	99.6	103.1	102.0	99.7
体育娱乐用品	**Sports and Recreation Articles**	**99.8**	**99.7**	**100.4**	**100.2**
体育户外用品	Sports Outdoor Goods	100.0	99.9	98.7	100.9
娱乐用品	Amusement Articles	99.6	99.6	101.7	99.6
交通、通信用品	**Transportation and Communication Appliances**	**98.5**	**98.3**	**98.7**	**102.6**
交通运输机械	Machinery of Communications and Transportation	96.4	97.1	97.4	98.3
通信器材	Apparatus of Communication	101.1	100.0	100.4	108.7
家具	**Furniture**	**100.4**	**100.0**	**100.0**	**104.6**
化妆品	**Cosmetic Products**	**100.8**	**100.1**	**102.5**	**102.0**
金银饰品	**Jewel of Gold and Silver**	**103.2**	**100.3**	**100.2**	**101.1**
中西药品及医疗保健用品	**Traditional Chinese and Western Medicines and Health**	**102.9**	**102.4**	**105.9**	**103.9**
医疗卫生器具	Medical Appliance	98.4	100.0	100.0	90.9
中药	Traditional Chinese Medicine	107.2	103.8	104.2	104.5
西药	Western Medicine	99.9	98.5	109.6	104.0
保健器具及用品	Healthy Appliances and Articles	106.3	110.8	100.1	112.4
书报杂志及电子出版物	**Books, Newspapers, Magazines and Electronic Publications**	**100.2**	**100.8**	**100.0**	**102.5**
教材及参考书	Texts and Reference Books	98.8	100.0	99.9	103.0
书报杂志	Newspapers and Magazines	102.2	102.2	100.0	102.2
计算机办公软件	Computer Office Software	100.0	100.0	100.0	100.0
燃料	**Fuels**	**102.5**	**106.2**	**109.2**	**111.7**
煤炭及制品	Coal and Its Products	104.4	105.4	112.8	120.3
石油及制品	Oil and Its Products	102.2	106.3	108.7	110.3
建筑材料及五金电料	**Building Materials and Hardware**	**100.4**	**101.0**	**100.4**	**105.5**
建筑装璜材料	Building Decoration Materials	100.5	101.2	99.9	106.2
五金水暖	Hardware Plumbing	100.2	100.3	101.5	103.6

5-12 农业生产资料价格分类指数(2017年)
Price Indices for Means of Agricultural Production by Category(2017)

(上年＝100) (preceding year=100)

指标	Item	全省 Province	城市 Urban Areas	农村 Rural Areas
农业生产资料价格指数	**Price Index for Means of Agricultural Production**	**100.9**		**100.9**
农用手工工具	Agricultural Craft Tool	99.7		99.7
饲料	Forage	100.6		100.6
混合饲料	Mixed Forage	100.7		100.7
其他饲料	Others Forage	100.4		100.4
仔畜幼禽及产品畜	Newborn Animal	93.5		93.5
仔畜	Newborn Animal, Poult, Animals for Products	95.4		95.4
幼禽	Poult	84.3		84.3
产品畜	Animals for Products	94.8		94.8
半机械化农具	Semi-mechanized Farm Tools	99.6		99.6
机械化农具	Mechanized Farm Machinery	100.8		100.8
化学肥料	Chemical Fertilizer	102.5		102.5
氮肥	Nitrogen Fertilizer	105.3		105.3
磷肥	Phosphate Fertilizer	103.8		103.8
钾肥	Calcium Fertilizer	100.3		100.3
复合肥料	Compounded Fertilizer	99.3		99.3
农药及农药器械	Pesticide & Its Appliances	100.4		100.4
化学农药	Chemical Pesticide	100.5		100.5
杀虫剂	Insecticide	100.8		100.8
杀菌剂	Disinfectant	102.2		102.2
除草剂	Herbicide	99.3		99.3
生长调节剂	Growth Regulator	99.8		99.8
农药器械	Pesticide Apparatus	99.6		99.6
农用机油	Oil for Farm Machinery	110.4		110.4
农用柴油	Agricultural Diesel	112.0		112.0
润滑油	Lubricating Oil	101.2		101.2
其他农用生产资料	Other Agricultural Productions	100.9		100.9
农用种子	Seeds for Farm	100.7		100.7
农用薄膜	Agricultural Membrane	101.3		101.3
未列名的其他农用生产资料	Other Agricultural Means of Production Not Listed	101.1		101.1
农业生产服务	Agricultural Production Service	100.7		100.7
排灌费	Irrigation Costs	100.0		100.0
机械作业费	Machinery Operating Costs	97.7		97.7
农业用电	Electricity Consumed	100.0		100.0
农业用工	Agricultural Labor	104.2		104.2

5-13 分月农业生产资料价格指数(2017年)

(上年同月=100)

指 标	Item	1 月 January	2 月 February	3 月 March
农业生产资料价格指数	**Price Index for Means of Agricultural Production**	**102.1**	**102.4**	**102.7**
农用手工工具	Agricultural Craft Tool	101.5	99.9	99.5
饲料	Forage	103.5	103.6	103.9
混合饲料	Mixed Forage	104.9	105.0	104.1
其他饲料	Others Forage	101.2	101.4	103.6
仔畜幼禽及产品畜	Newborn Animal	109.3	104.7	101.2
仔畜	Newborn Animal, Poult, Animals for Products	119.8	112.9	107.0
幼禽	Poult	93.7	85.5	80.8
产品畜	Animals for Products	99.1	99.8	101.1
半机械化农具	Semi-mechanized Farm Tools	99.8	100.1	100.1
机械化农具	Mechanized Farm Machinery	100.1	101.0	100.9
化学肥料	Chemical Fertilizer	98.1	99.9	102.1
氮肥	Nitrogen Fertilizer	98.6	101.4	104.5
磷肥	Phosphate Fertilizer	98.6	99.1	102.1
钾肥	Calcium Fertilizer	99.8	99.7	101.2
复合肥料	Compounded Fertilizer	96.8	98.4	99.6
农药及农药器械	Pesticide & Its Appliances	99.9	99.8	99.8
化学农药	Chemical Pesticide	100.1	100.0	100.0
杀虫剂	Insecticide	100.2	100.2	100.2
杀菌剂	Disinfectant	100.2	99.8	100.1
除草剂	Herbicide	100.0	100.0	100.0
生长调节剂	Growth Regulator	99.0	99.0	99.0
农药器械	Pesticide Apparatus	97.8	97.8	97.8
农用机油	Oil for Farm Machinery	117.0	117.7	117.0
农用柴油	Agricultural Diesel	120.0	120.8	120.0
润滑油	Lubricating Oil	100.3	100.9	100.9
其他农用生产资料	Other Agricultural Productions	101.1	101.2	101.1
农用种子	Seeds for Farm	100.1	100.4	100.3
农用薄膜	Agricultural Membrane	103.5	103.1	103.5
未列名的其他农用生产资料	Other Agricultural Means of Production Not Listed	105.2	104.1	103.6
农业生产服务	Agricultural Production Service	103.4	103.3	102.7
排灌费	Irrigation Costs	100.0	100.0	100.0
机械作业费	Machinery Operating Costs	100.6	100.6	100.6
农业用电	Electricity Consumed	100.0	100.0	100.0
农业用工	Agricultural Labor	109.9	109.7	107.5

Price Indices for Means of Agricultural Production by Month(2017)

(same month of preceding year=100)

4 月 April	5 月 May	6 月 June	7 月 July	8 月 August	9 月 September	10 月 October	11 月 November	12 月 December
102.8	**100.8**	**100.3**	**99.9**	**100.0**	**100.0**	**100.1**	**99.9**	**99.5**
99.7	99.6	99.4	99.5	99.5	99.5	99.4	99.5	99.3
104.4	101.8	100.1	99.1	99.0	99.3	98.5	97.6	97.1
105.3	102.0	99.8	98.3	98.5	99.5	98.4	97.2	96.6
103.0	101.3	100.6	100.5	99.8	99.0	98.5	98.3	97.8
97.6	89.1	85.9	86.6	86.6	88.9	92.2	92.4	92.1
100.1	88.0	85.7	86.7	87.2	88.8	93.0	92.6	93.0
80.7	79.0	79.0	79.0	80.3	85.0	89.5	92.4	88.8
101.9	97.7	90.2	90.9	89.0	91.3	92.0	92.0	92.1
100.0	100.0	100.0	100.0	100.0	98.8	98.9	98.8	98.8
101.0	101.0	100.9	100.9	100.9	100.9	100.9	100.9	100.8
102.5	102.7	103.7	103.9	103.9	103.3	103.7	103.7	103.0
104.5	105.9	107.3	107.2	107.8	106.9	107.4	107.4	105.6
103.5	103.9	105.1	105.8	105.6	105.6	105.9	105.4	105.4
100.1	99.9	101.2	101.5	99.9	99.9	100.1	100.1	100.3
100.3	99.2	99.8	99.9	99.8	99.2	99.6	99.8	99.8
100.1	100.3	100.5	100.7	100.5	100.8	100.8	100.8	100.8
100.2	100.3	100.5	100.8	100.5	100.9	100.9	100.9	100.8
100.2	100.9	100.4	100.9	100.7	101.5	101.5	101.5	101.5
100.1	99.2	102.7	104.2	104.2	104.2	104.1	104.1	104.0
100.2	100.2	99.7	98.9	98.5	98.5	98.5	98.5	98.4
100.0	100.0	100.0	100.0	100.0	100.0	100.0	100.0	100.0
100.0	100.0	100.0	100.2	100.4	100.2	100.2	100.2	100.2
115.2	110.4	105.1	102.0	106.5	106.0	108.6	111.3	109.8
117.8	112.1	105.8	102.1	107.4	106.7	109.7	112.9	111.2
100.9	101.1	101.1	101.4	101.5	101.7	101.7	101.7	101.1
102.9	101.9	102.0	100.9	100.8	100.5	99.8	99.3	98.9
102.8	102.2	102.3	100.8	100.8	100.5	99.5	99.5	99.5
103.3	101.2	101.2	101.4	101.4	101.1	101.1	97.9	97.7
103.4	100.7	100.8	100.8	99.8	99.8	99.8	99.8	96.2
102.6	99.4	99.7	99.6	99.8	99.5	99.5	99.5	99.5
100.0	100.0	100.0	100.0	100.1	100.0	100.0	100.0	100.0
100.8	96.7	96.7	96.5	96.5	95.8	95.8	95.8	95.8
100.0	100.0	100.0	100.0	100.0	100.0	100.0	100.0	100.0
106.9	101.1	102.1	102.1	102.5	102.5	102.5	102.5	102.5

5-14 农业生产资料价格分类指数
Price Indices for Means of Agricultural Production by Category

(上年＝100) (preceding year=100)

指 标	Item	2012	2013	2014	2015	2016	2017
农业生产资料价格指数	**Price Indices for Means of Agricultural Production**	**107.2**	**103.1**	**97.9**	**100.4**	**100.3**	**100.9**
农用手工工具	Agricultural Craft Tool	105.2	103.0	104.0	102.0	101.2	99.7
饲料	Forage	105.1	107.3	102.1	97.3	98.6	100.6
混合饲料	Mixed Forage	104.9	106.4	102.1	97.6	99.7	100.7
其他	Others	105.4	108.8	102.0	96.7	96.9	100.4
仔畜幼禽及产品畜	Animals for Products	112.8	101.6	94.6	110.1	119.7	93.5
半机械化农具	Semi-mechanized Farm Tools	103.5	102.0	101.3	100.3	100.0	99.6
机械化农具	Mechanized Farm Machinery	101.9	100.5	99.8	99.6	99.7	100.8
化学肥料	Chemical Fertilizer	109.6	102.2	94.0	99.0	96.6	102.5
氮肥	Nitrogen Fertilizer	113.0	104.2	92.6	99.0	95.9	105.3
磷肥	Phosphate Fertilizer	104.6	100.0	99.4	100.2	96.6	103.8
钾肥	Calcium Fertilizer	104.3	100.2	93.4	98.0	100.3	100.3
复合肥料	Compounded Fertilizer	107.7	99.4	93.6	97.9	96.6	99.3
农药及农药械	Pesticide & Its Appliances	101.6	100.2	100.2	100.7	100.3	100.4
化学农药	Chemical Pesticide	101.3	100.1	100.3	100.8	100.5	100.5
杀虫剂	Insecticide	101.7	99.2	99.6	101.4	101.2	100.8
杀菌剂	Disinfectant	103.0	102.0	100.0	100.4	101.0	102.2
除草剂	Herbicide	98.4	100.4	102.8	99.9	99.4	99.3
农药器械	Pesticide Apparatus	104.1	100.8	99.2	99.6	98.1	99.6
农用机油	Oil for Farm Machinery	106.1	105.3	99.7	89.5	95.4	110.4
其他农业生产资料	Other Agricultural Productions	105.9	104.4	99.7	100.5	100.0	100.9
农用种子	Seeds for Farm	107.6	105.4	99.3	101.0	100.0	100.7
农用薄膜	Agricultural Membrane	101.5	101.6	101.3	98.0	99.8	101.3
农业生产服务	Agricultural Production Service	107.0	107.3	103.6	101.8	103.7	100.7
排灌费	Irrigation Costs	103.4	100.5	100.8	100.2	100.0	100.0
机械作业费	Machinery Operating Costs	106.7	110.2	103.0	104.9	103.3	97.7
农业用电	Electricity Consumed	101.2	102.4	100.3	99.9	100.0	100.0
农业用工	Agricultural Labor	123.8	118.5	111.1	103.0	108.2	104.2

5-15 工业生产者出厂价格分类指数(1992-2017年)

Producer Price Indices for Industrial Producers by Category(1992-2017)

(上年=100) (preceding year=100)

年 份 Year	工业生产者出厂价格指数 Producer Price Indices for Industrial Products	轻工业 Light Industry	以农产品为原料 Agricultural products as raw materials	以非农产品为原料 Non-agricultural Products as Raw Materials	重工业 Heavy Industry	采 掘 Mining & Quarrying Industry	原 料 Raw Materials Industry	加 工 Processing Industry	生产资料 Means of Production	生活资料 Consumer Goods
1992	111.0	107.7			113.5				112.6	108.5
1993	125.2	110.5	110.9	108.3	137.0	123.1	148.8	123.5	134.5	111.0
1994	126.2	127.9	131.4	111.1	125.1	113.0	138.5	111.4	124.3	129.3
1995	113.1	121.8	123.2	115.6	106.4	114.9	100.1	113.9	108.4	120.3
1996	102.7	101.1	101.1	101.3	103.8	105.6	103.7	103.7	103.4	101.4
1997	98.7	98.0	98.2	97.0	99.2	97.7	100.4	98.8	98.8	98.5
1998	96.2	95.3	95.5	94.5	97.1	97.4	95.0	99.2	97.0	95.3
1999	97.8	97.3	97.1	96.9	98.3	100.4	97.7	98.6	98.0	97.5
2000	101.6	98.6	97.9	101.3	103.5	114.8	107.8	98.6	103.3	97.6
2001	98.9	97.7	98.2	94.3	99.6	104.0	100.0	98.7	99.4	97.7
2002	98.2	97.7	97.9	95.8	98.4	101.9	99.2	97.5	98.0	98.5
2003	103.5	101.9	103.7	99.6	104.5	118.6	108.9	99.5	104.3	100.8
2004	105.7	105.3	107.4	102.3	106.0	118.1	109.5	102.3	106.4	103.1
2005	104.5	100.9	100.5	101.4	106.5	120.6	109.8	102.9	105.9	99.4
2006	102.9	101.3	100.8	102.3	103.8	115.8	106.0	101.3	103.7	99.9
2007	103.9	104.5	104.8	103.9	103.5	105.9	105.7	102.0	104.0	103.3
2008	106.1	106.0	106.0	105.9	106.2	111.4	108.3	104.4	106.3	105.2
2009	95.6	97.2	97.4	96.8	94.7	81.3	94.1	96.4	94.7	98.9
2010	104.9	103.5	105.3	101.4	105.6	119.2	109.1	101.8	105.8	101.9
2011	106.6	109.6	111.1	104.0	105.5	120.2	106.8	103.7	107.3	104.5
2012	100.3	101.9	101.9	102.0	99.8	101.8	98.7	100.1	99.5	102.6
2013	99.2	101.6	101.8	101.0	98.3	96.5	97.6	98.8	98.1	101.7
2014	98.4	99.9	100.0	99.5	97.9	96.0	96.6	98.7	97.8	100.1
2015	96.7	99.3	99.3	99.3	95.7	84.5	93.0	97.9	95.2	100.5
2016	99.0	99.9	99.6	101.0	98.5	97.7	99.0	98.4	98.4	100.2
2017	105.6	102.9	102.5	104.9	107.0	115.3	111.0	105.4	107.6	101.3

5-16 按工业部门分工业生产者出厂价格指数(1992-2017年)
Producer Price Indices for Industrial Producers by Sector(1992-2017)

(上年=100) (preceding year=100)

年 份 Year	冶金工业 Metallurgical Industry	电力工业 Power Industry	煤炭及炼焦工业 Coal Industry	化学工业 Chemical Industry	机械工业 Machine Manufacturing Idustry
1992	119.2	99.8	111.8	103.9	107.7
1993	166.3	119.1	114.5	105.5	123.0
1994	113.0	176.4	118.6	115.6	109.3
1995	92.7	110.6	119.9	127.4	107.9
1996	102.2	110.3	118.9	105.5	101.6
1997	95.8	112.3	98.4	93.7	100.3
1998	92.4	101.9	95.2	92.7	100.4
1999	96.2	101.3	97.7	95.4	99.0
2000	103.1	103.2	97.8	96.9	98.9
2001	99.0	100.9	113.2	98.1	98.3
2002	97.9	102.3	119.3	99.0	97.0
2003	110.5	104.4	122.3	101.7	98.0
2004	115.8	100.7	118.2	106.3	99.8
2005	108.6	103.6	116.9	107.3	100.7
2006	102.5	102.1	98.2	100.3	102.2
2007	109.7	102.6	104.1	107.1	101.5
2008	112.3	102.4	126.6	110.3	102.7
2009	86.8	103.8	100.6	92.8	97.8
2010	112.3	102.6	108.4	105.0	99.7
2011	107.8	103.1	118.3	108.6	100.0
2012	94.0	103.3	103.3	100.6	100.9
2013	95.5	100.8	93.5	98.4	99.4
2014	93.1	100.1	94.2	98.7	99.4
2015	89.7	98.9	91.8	98.5	99.5
2016	99.7	97.3	94.8	97.6	99.0
2017	122.1	100.8	133.3	107.1	101.4

5-16 续表 Continued

(上年＝100) (preceding year=100)

年 份 Year	建筑材料工业 Building Materials Industry	森林工业 Timber Industry	食品工业 Food Industry	纺织工业 Textile Industry	造纸工业 Paper Industry
1992	115.1	106.1	110.9	108.9	100.0
1993	139.6	134.0	117.1	106.1	105.6
1994	107.7	111.7	121.8	142.7	99.9
1995	105.4	91.5	123.6	120.4	150.7
1996	104.3	104.3	105.2	96.5	97.5
1997	98.4	96.6	94.8	104.2	92.6
1998	99.3	96.7	96.9	93.4	93.1
1999	98.8	97.4	98.3	96.3	96.4
2000	98.4	95.6	94.2	104.0	100.1
2001	98.5	94.8	98.4	96.3	100.2
2002	99.0	95.8	100.0	93.2	98.1
2003	100.0	98.4	102.5	106.8	99.3
2004	103.9	100.0	107.8	108.7	99.4
2005	101.7	100.3	101.2	99.6	102.5
2006	105.0	100.3	100.0	102.4	100.2
2007	106.2	104.8	106.4	99.0	99.5
2008	107.9	106.0	108.5	101.6	106.2
2009	99.3	100.1	99.3	96.3	94.5
2010	101.0	101.3	103.2	113.4	101.9
2011	113.5	104.5	109.2	119.0	107.3
2012	98.9	102.7	103.5	96.7	100.1
2013	98.4	102.7	102.0	99.4	100.6
2014	100.5	101.4	100.4	98.6	98.9
2015	96.0	99.7	100.0	97.0	98.4
2016	100.1	100.9	99.7	98.7	99.3
2017	107.9	100.8	100.8	107.9	106.3

5-17 分月工业生产者出厂价格指数(2017年)

(上年同月=100)

类 别	Item	全 年 Annual Year	1 月 January	2 月 February	3 月 March
工业生产者出厂价格指数	**Producer Price Indices for Industrial Products**	**105.6**	**105.2**	**106.1**	**106.5**
#轻工业	#Light Industry	102.9	102.7	103.0	103.0
以农产品为原料	Using Farm Produces as Raw Materials	102.5	102.1	102.4	102.5
以非农产品为原料	Using Non-farm Produces as Raw Materials	104.9	105.7	106.3	105.9
重工业	Heavy Industry	107.0	106.4	107.7	108.3
采掘	Mining and Quarrying	115.3	118.3	121.4	120.8
原料	Raw Material	111.0	111.1	113.6	113.9
加工	Processing	105.4	104.4	105.2	106.0
#生产资料	# Means of Production	107.6	107.0	108.4	109.0
采掘	Mining and Quarrying	115.3	118.3	121.4	120.8
原料	Raw Material	111.2	111.6	114.3	114.6
加工	Processing	106.3	105.3	106.3	107.0
生活资料	Life Material	101.3	101.1	101.1	101.2
食品	Food	101.0	100.8	100.6	100.7
衣着	Clothing	101.6	100.9	101.4	101.4
一般日用品	Articles for Daily Use	103.5	103.5	103.0	103.3
耐用消费品	Durable Consumers' Goods	100.3	99.8	101.0	100.8
按工业部门分	**Grouped by Department of Industry**				
冶金工业	Metallurgical Industry	122.1	125.0	128.2	129.5
电力工业	Power Industry	100.8	98.2	99.2	100.3
煤炭及炼焦工业	Coal and Coking Industry	133.3	130.1	132.1	131.9
石油工业	Petroleum Industry	114.5	118.4	125.3	125.8
化学工业	Chemical Industry	107.1	105.2	106.9	107.4
机械工业	Machine Buiding Industry	101.4	100.7	101.1	101.1
建筑材料工业	Building Material Industry	107.9	106.9	107.5	108.8
森林工业	Timber Industry	100.8	101.2	101.2	101.2
食品工业	Food Industry	100.8	100.6	100.4	100.6
纺织工业	Textile Industry	107.9	108.1	109.6	109.4
缝纫工业	Tailoring Industry	101.2	100.8	101.2	101.1
皮革工业	Leather Industry	104.3	102.0	102.7	103.8
造纸工业	Paper Industry	106.3	101.4	101.9	102.6
文教艺术用品工业	Cultural, Educational and Handicraft Articles	103.8	101.8	101.7	101.8
其他工业	Other Industry	102.6	106.1	104.3	103.6

Producer Price Indices for Industrial Producers by Month(2017)

(same month of preceding year=100)

4 月 April	5 月 May	6 月 June	7 月 July	8 月 August	9 月 September	10 月 October	11 月 November	12 月 December
105.8	**105.1**	**104.9**	**104.8**	**105.3**	**106.1**	**106.2**	**106.0**	**105.8**
103.1	102.8	102.6	102.5	102.9	103.4	103.2	103.0	102.5
102.7	102.5	102.2	102.2	102.5	103.0	103.0	102.7	102.2
105.0	104.3	104.4	104.0	104.5	105.3	104.5	104.7	104.3
107.2	106.2	106.0	105.9	106.6	107.4	107.8	107.5	107.4
118.4	116.4	112.4	111.9	113.0	114.6	115.0	114.2	109.0
111.4	109.6	108.9	107.9	110.0	110.9	112.3	112.0	110.5
105.3	104.6	104.8	104.9	105.2	105.9	106.0	105.8	106.3
107.9	107.0	106.7	106.4	107.1	108.0	108.3	107.9	107.7
118.4	116.4	112.4	111.9	113.0	114.6	115.0	114.2	109.0
111.9	110.1	109.3	108.0	110.2	111.2	112.3	111.8	110.1
106.3	105.7	105.7	105.7	105.9	106.8	106.9	106.5	107.0
101.3	100.9	100.9	101.1	101.6	101.8	101.7	101.7	101.4
101.0	100.8	100.4	100.8	101.4	101.7	101.6	101.3	100.9
101.8	101.7	101.8	101.8	101.7	101.6	101.7	101.6	101.6
103.3	102.8	103.2	102.8	103.3	103.7	104.1	104.6	104.0
100.1	99.3	99.7	100.4	100.6	100.6	100.2	100.4	100.8
123.8	118.9	117.8	117.2	119.9	123.8	124.0	121.5	117.3
100.6	100.9	101.0	101.2	101.8	101.6	101.9	101.6	101.7
133.3	135.8	136.9	138.4	140.7	142.4	137.1	134.4	112.2
121.6	115.9	108.9	105.7	110.5	109.9	111.0	113.0	110.9
106.3	106.0	105.7	106.2	107.2	108.3	108.7	109.0	108.1
101.0	100.7	101.3	101.5	101.8	101.9	102.0	101.9	101.7
108.9	109.3	109.4	108.5	105.9	104.5	105.1	105.4	114.1
100.7	100.3	100.2	100.1	100.3	100.9	100.9	100.8	101.8
100.9	100.7	100.3	100.5	101.0	101.3	101.3	101.1	100.7
109.5	109.2	108.6	107.8	106.8	107.6	106.8	106.2	105.2
101.4	101.3	101.7	101.6	101.3	101.1	101.2	101.1	101.1
105.2	105.0	102.5	103.9	104.8	105.6	105.1	105.6	105.8
101.9	102.9	103.4	104.9	108.1	111.6	112.8	112.3	111.6
101.8	101.8	104.1	104.5	104.9	106.3	106.2	106.8	104.3
103.8	103.0	103.4	100.6	101.2	101.5	101.6	101.2	100.7

5-18 分行业工业生产者出厂价格指数(2017年)

(上年同月=100)

类别	Item	全年 Annual Year	1月 January	2月 February
煤炭开采和洗选业	Coal Mining and Selecting Industry	133.3	130.1	132.1
烟煤和无烟煤的开采洗选	The Bituminous Coal and Anthracite Coals Mining and Dressing	133.3	130.1	132.1
石油和天然气开采业	Oil and Gas industry	127.6	186.6	181.9
石油开采	Oil Drilling	127.6	186.6	181.9
黑色金属矿采选业	Black Metal Mineral Mining and Selecting Industry	131.0	138.1	148.4
铁矿采选	The Iron Mineral Mining and Selecting	131.0	138.1	148.4
有色金属矿采选业	Colored Metal Mineral Mining and Selecting	117.0	119.1	120.6
常用有色金属矿采选	The Regular Colored Metal Mineral Mining and Selecting	122.5	123.9	127.1
贵金属矿采选	The Precious Metal Mineral Mining and Selecting	100.7	105.0	102.4
非金属矿采选业	Non-Metal Mineral Mining and Selecting	100.4	100.0	100.2
土砂石开采	Soil Sand Mining	102.0	101.1	101.3
化学矿采选	Chemical Mineral Mining and Selecting	95.9	95.5	96.1
采盐	Salt Mining	111.4	110.3	110.3
石棉及其他非金属矿采选	Asbestos and Other Non-Metal Mineral Mining and Selecting	98.6	101.1	100.9
农副食品加工业	Farm and Side-Line Food Processed Industry	100.9	101.0	100.6
谷物磨制	Corn Whetted	102.5	101.4	101.6
饲料加工	Forage Processed	99.8	100.5	100.6
植物油加工	Planting-Oil Processed	98.6	100.7	99.5
屠宰及肉类加工	Slaughtered Meta and Meat Processes	96.5	98.1	95.6
水产品加工	Fishery Product Processed	107.4	107.4	108.2
蔬菜、水果和坚果加工	Vegetable, Fruit and Nut Processing	102.5	100.6	100.7
其他农副食品加工	Other Farm and Side-line Food Processed	100.7	99.8	99.6
食品制造业	Food Manufacture Industry	100.7	100.4	100.3
焙烤食品制造	Baked Food Manufacturing	100.9	101.2	101.2
糖果、巧克力及蜜饯制造	Made of Candy, Chocolate and Preserves	97.7	98.4	98.4
方便食品制造	Convenient Food Manufacturing	100.8	101.4	101.6
乳制品制造	Dairy Products Manufacturing	103.3	97.7	98.4
罐头食品制造	Dairy Products Manufacturing	99.0	101.9	101.9
调味品、发酵制品制造	Condiment, Ferment Product Manufacturing	99.8	99.7	99.5
其他食品制造	Other Food Manufacturing	102.9	100.6	99.6
酒、饮料和精制茶制造业	Wine, Beverages and Refined Tea Manufacturing	101.2	100.2	100.6
酒的制造	Wine Manufacturing	100.5	100.0	100.1
饮料制造	Beverage Manufacturing	100.0	97.9	98.9
精制茶加工	Refined-tea Process	104.6	103.7	104.2
烟草制品业	Tobacco Product Industry	99.9	99.8	99.8
卷烟制造	Cigarette Manufacturing	100.0	100.0	100.0
其他烟草制品制造	Other Tobacco Products Manufacturing	98.6	97.2	97.2

Producer Price Indices for Industrial Producers by Industry(2017)

(same month of preceding year=100)

3 月 March	4 月 April	5 月 May	6 月 June	7 月 July	8 月 August	9 月 September	10 月 October	11 月 November	12 月 December
131.9	133.3	135.8	136.9	138.4	140.7	142.4	137.1	134.4	112.2
131.9	133.3	135.8	136.9	138.4	140.7	142.4	137.1	134.4	112.2
150.7	140.7	119.7	105.2	108.2	116.4	116.1	112.0	127.9	113.9
150.7	140.7	119.7	105.2	108.2	116.4	116.1	112.0	127.9	113.9
150.0	142.2	136.3	125.6	123.0	123.2	125.9	127.6	124.3	117.6
150.0	142.2	136.3	125.6	123.0	123.2	125.9	127.6	124.3	117.6
115.5	115.4	115.2	115.8	115.2	118.1	118.6	122.8	116.0	112.3
120.5	119.4	119.8	121.7	120.3	124.8	125.0	130.8	122.5	115.6
100.5	103.4	101.9	98.8	100.2	98.9	100.0	99.8	96.5	101.2
100.3	99.7	99.9	100.0	100.1	100.4	101.0	101.2	101.1	100.6
101.2	100.6	101.8	102.2	102.0	102.4	102.8	102.6	102.7	103.4
96.3	95.4	94.3	93.5	94.2	94.6	96.6	97.7	98.8	98.1
110.3	111.5	110.3	115.4	115.4	116.8	114.6	113.3	107.7	102.1
101.2	100.4	100.2	98.9	98.8	97.3	97.1	97.2	96.4	94.2
100.6	101.0	100.6	100.1	100.2	101.0	101.5	101.5	101.4	100.8
101.4	102.8	103.1	103.0	102.8	102.9	103.1	102.8	102.7	102.0
101.2	102.1	102.1	100.9	98.6	97.5	98.1	98.5	98.8	98.9
100.0	99.1	97.5	96.6	97.0	99.0	99.6	99.2	98.1	96.5
94.9	93.8	92.2	90.4	92.7	97.2	99.3	100.7	102.2	101.6
107.7	108.1	107.7	107.8	107.4	107.4	107.1	106.3	106.3	107.1
100.8	101.4	101.5	101.0	103.9	104.5	104.4	104.3	103.8	103.7
99.6	99.9	100.4	100.9	101.0	101.2	101.4	101.7	101.5	101.2
101.1	101.3	101.3	100.7	101.4	100.7	100.4	100.6	100.2	100.2
101.3	101.4	101.4	101.4	100.6	100.5	100.4	100.3	100.5	100.5
98.4	99.0	99.0	99.0	99.0	96.3	96.3	96.3	96.3	96.3
101.4	101.1	100.4	101.4	101.2	100.4	100.1	100.6	99.9	99.6
102.5	106.5	106.4	104.8	104.8	104.7	104.2	104.2	102.5	103.1
99.9	96.4	96.2	95.9	101.4	99.7	98.9	98.5	99.0	98.4
99.5	99.8	100.3	99.0	99.8	99.9	99.8	100.5	99.9	100.2
103.8	104.6	105.1	103.2	103.1	103.5	102.9	103.2	102.5	102.5
100.8	101.0	101.2	101.4	101.4	101.6	101.9	102.0	101.2	100.9
100.6	100.6	100.5	100.6	100.5	100.8	100.7	100.7	100.7	100.7
98.8	99.1	100.2	100.4	100.5	101.0	102.2	102.0	100.4	99.0
103.9	104.5	104.7	104.7	105.2	105.1	105.6	105.7	103.7	103.7
99.8	99.8	99.8	100.0	99.9	100.0	100.0	100.0	100.0	100.0
100.0	100.0	100.0	100.0	100.0	100.0	100.0	100.0	100.0	100.0
97.2	97.2	97.2	99.3	98.5	99.4	99.7	100.0	100.0	100.0

5-18 续表 1

(上年同月=100)

类　别	Item	全　年 Annual Year	1 月 January	2 月 February
纺织业	Textile Industry	107.9	108.1	109.6
棉纺织及印染精加工	Cotton Textiles and Dyeing and Finishing Processing	107.7	107.1	109.0
麻纺织及染整精加工	Hemp and Dyeing and Finishing	107.2	112.7	111.2
家用纺织制成品制造	Domestic Textile Manufactured Goods	103.3	103.5	102.9
非家用纺织制成品制造	Non-domestic Textile Manufactured Goods	110.3	113.2	113.8
纺织服装、服饰业	Textile Clothing, Clothing Industry	101.2	100.9	101.3
机织服装制造	Woven Clothing Manufacturing	101.0	100.5	101.0
针织或钩针编织服装制造	Knitting or Crochet Clothing Manufacturing	104.0	105.0	105.4
皮革、毛皮、羽毛及其制品和制鞋业	Leather, Fur, Feathers and Their Products and Shoes	103.3	101.1	101.5
毛皮鞣制及制品加工	Fur Tanning and Processing of Products	107.0	103.5	104.2
制鞋业	Shoemaking	100.7	99.4	99.7
木材加工及木、竹、藤、棕、草制品业	Bamboo, Ratten, Palm and Grass Product Manufacture Industry	100.7	100.9	100.8
木材加工	Wood Processing	98.4	100.1	101.3
人造板制造	Artificial Plank Manufacturing	101.0	101.5	100.8
木制品制造	Timber Product Manufacturing	101.3	100.2	100.4
家具制造业	Furniture Manufacture Industry	101.7	102.9	102.9
木质家具制造	Timber Furniture Manufacture	101.4	103.0	102.9
其他家具制造	Other Furniture Manufacturing	102.2	102.8	102.7
造纸和纸制品业	Paper Making and Paper Products Industry	106.3	101.4	101.9
造纸	Paper Making	109.6	100.6	100.8
纸制品制造	Paper Products Manufacturing	103.1	102.3	103.0
印刷和记录媒介复制业	Printing and Recording Media Replication	104.0	101.4	101.2
印刷	Painting	104.0	101.4	101.2
文教、工美、体育和娱乐用品制造业	Culture, Education and Athletics Manufacture Industry	104.1	116.6	110.8
工艺美术品制造	Culture Articles Manufacturing	104.6	120.6	112.7
玩具制造	Toy manufacturing	102.6	105.2	105.2
石油加工、炼焦及核燃料加工业	Petroleum Process, Coking and Nuclear Fuel Processing Industry	115.9	118.2	126.7
精炼石油产品的制造	Refineed Coking Petroleum Manufacturing	115.9	118.2	126.7
化学原料及化学制品制造业	Chemical Material and Chemical Product Manufacturing	109.7	107.4	109.6
基础化学原料制造	Basic Chemical Material Manufacturing	116.4	115.7	119.7

Continued

(same month of preceding year=100)

3 月 March	4 月 April	5 月 May	6 月 June	7 月 July	8 月 August	9 月 September	10 月 October	11 月 November	12 月 December
109.4	109.5	109.2	108.6	107.8	106.8	107.6	106.8	106.2	105.2
109.2	109.8	109.6	109.2	108.4	106.7	106.7	106.0	105.6	105.1
108.9	108.9	109.6	110.7	106.6	105.1	105.9	104.9	105.6	97.9
104.2	103.5	103.0	102.4	101.2	101.4	103.7	104.0	104.7	104.7
111.9	110.0	109.7	107.8	107.6	109.4	113.1	111.2	109.2	107.7
101.2	101.3	101.4	101.6	101.5	101.2	101.0	101.2	101.1	101.0
100.8	100.9	101.0	101.2	101.1	101.0	101.0	101.1	101.1	101.1
105.7	105.4	106.1	106.7	105.7	104.1	101.2	101.9	101.0	100.2
102.4	104.1	103.4	102.5	103.3	104.0	104.6	104.2	104.2	104.3
106.1	108.3	108.0	104.3	106.5	107.9	109.1	108.1	109.0	109.3
99.8	101.1	100.3	101.3	101.1	101.2	101.4	101.3	100.8	100.7
101.1	100.6	100.1	100.0	100.0	100.3	100.9	100.7	100.6	101.9
102.1	98.6	98.5	98.6	98.6	98.6	98.7	91.8	93.6	101.6
101.1	101.1	100.5	100.1	100.0	100.1	100.8	101.9	101.6	101.9
100.6	100.7	100.4	100.6	100.7	101.5	102.3	103.6	102.8	102.2
102.0	101.7	101.3	101.3	101.0	100.9	101.0	102.2	101.6	101.5
101.7	101.3	100.9	100.8	100.4	100.3	100.5	102.0	101.5	101.4
102.5	102.4	101.9	102.1	101.9	102.0	101.9	102.7	101.8	101.5
102.6	101.9	102.9	103.4	104.9	108.1	111.6	112.8	112.3	111.6
102.1	102.2	103.9	106.1	107.8	112.3	119.8	122.4	119.5	118.0
103.1	101.7	101.9	100.9	102.1	104.1	103.6	103.6	105.3	105.5
101.3	101.3	101.4	104.3	104.8	105.5	107.1	107.0	107.8	105.0
101.3	101.3	101.4	104.3	104.8	105.5	107.1	107.0	107.8	105.0
106.6	110.1	106.4	106.6	97.1	98.4	100.2	100.2	98.9	100.9
106.9	111.7	106.8	107.8	95.8	97.9	100.2	100.2	98.8	101.6
105.7	105.4	105.3	103.1	102.0	100.6	100.6	100.5	99.5	98.6
128.8	124.2	118.6	111.0	106.7	112.0	110.8	112.6	113.6	111.9
128.8	124.2	118.6	111.0	106.7	112.0	110.8	112.6	113.6	111.9
110.4	108.6	108.3	107.7	108.3	110.0	111.4	111.9	112.0	110.7
119.8	116.1	114.2	113.1	112.7	113.8	117.0	118.5	120.0	115.9

5-18 续表 2

(上年同月=100)

类　别	Item	全　年 Annual Year	1 月 January	2 月 February
肥料制造	Fertilizer Manufacture	103.6	97.9	99.6
农药制造	Insectcide Manufacture	119.2	117.9	120.3
涂料、油墨、颜料及类似产品制造	Coating, Printing Ink, Pigment and The Similar Products Manufacture	120.9	121.3	127.0
合成材料制造	Compounded Material Manufacture	119.6	123.6	126.6
专用化学产品制造	Specialized Chemical Product Manufacture	103.5	103.6	103.1
炸药、火工及焰火产品制造	The Manufacture of Explosives, Firework and Fireworks	100.7	99.6	99.8
日用化学产品制造	Daily Chemical Product Manufacture	105.3	105.4	106.1
医药制造业	Medical Manufacture Industry	104.0	102.8	102.8
化学药品原药制造	Original Medicine of Chemical Medicine Manufacture	104.5	102.9	100.9
化学药品制剂制造	Chemical Medicine Agent Manufacture	106.7	102.6	103.6
中成药生产	Medium Patent Manufacture	105.1	103.7	104.6
兽用药品制造	Medicine in Herbs Manufacture	99.6	101.0	101.4
生物药品制造	Biology, Bio-chemical Product Manufacture	100.5	102.6	101.8
卫生材料及医药用品制造	Sanitary Materials and Medical Supplies Manufacturing	102.1	102.2	102.1
化学纤维制造业	Chemical Fiber Manufacturing	108.2	112.3	114.3
纤维素纤维原料及纤维制造	Cellulose Fiber Raw Materials and Fiber Manufacturing	106.1	118.4	120.8
合成纤维制造	Synthetic Fibre Manufacturing	110.3	106.7	108.4
橡胶和塑料制品业	Rubber and Plastic Products	102.5	100.3	102.2
橡胶制品业	Rubber Products	103.7	100.1	104.8
塑料制品业	Plastic Products	102.2	100.3	101.5
非金属矿物制品业	Non-metal Mineral Product Industry	108.0	107.0	107.6
水泥、石灰和石膏的制造	Cement, Lime and Gypsum Manufacture	123.2	123.7	127.6
石膏、水泥制品及类似制品制造	Cement and Gypsum Product Manufacture	106.1	101.7	102.0
砖瓦、石材及其他建筑材料制造	Brick, Stone Material and Other Buildings Material Manufacture	100.9	100.7	100.6
玻璃制造	Glass Manufacturing	121.9	123.0	122.0
玻璃制品制造	Glass Goods Manufacturing	100.6	101.7	100.5
耐火材料制品制造	Refractory Products Manufacturing	97.6	98.8	97.7
石墨及其他非金属矿物制品制造	Graphite and Other Non-metal Mineralses Product Manufacture	102.6	100.4	100.9
黑色金属冶炼及压延加工业	Black Metal Coking and Pressint Process Industry	130.9	135.7	139.4
炼铁	Ironmaking	128.9	123.9	121.6
炼钢	Steel Making	131.6	130.1	134.8
黑色金属铸造	Black Metal Casting	103.7	103.5	103.9
钢压延加工	Pressed Steel Processing	139.5	149.6	154.7
铁合金冶炼	Iron-alloy Smeltering	111.1	111.7	111.5

Continued

(same month of preceding year=100)

3 月 March	4 月 April	5 月 May	6 月 June	7 月 July	8 月 August	9 月 September	10 月 October	11 月 November	12 月 December
102.4	101.6	101.8	102.6	103.9	105.9	106.3	106.6	107.4	107.7
119.4	117.1	117.4	110.2	116.0	116.1	115.7	124.9	123.6	129.4
128.3	126.9	124.7	123.1	117.8	120.3	121.7	115.1	115.5	112.4
120.3	115.1	113.2	112.6	116.2	120.8	124.2	125.7	121.2	116.3
103.3	102.6	104.6	103.2	103.3	104.3	104.9	104.0	103.4	101.9
102.0	101.5	101.4	101.3	101.6	101.0	100.9	100.6	99.9	98.4
105.4	105.3	105.4	105.3	105.2	105.1	105.1	105.0	105.0	105.0
103.8	104.7	104.1	103.9	104.3	104.2	104.0	104.2	104.6	104.2
99.7	100.7	100.7	104.5	106.1	106.2	106.1	107.8	108.9	109.4
108.5	109.6	107.7	107.1	107.0	106.8	106.3	106.3	107.5	106.8
105.2	107.4	106.9	104.5	104.7	104.8	104.8	104.9	104.7	105.3
101.7	101.9	100.6	100.1	99.4	99.3	98.1	97.3	97.1	97.2
100.2	99.7	100.3	100.0	101.8	100.9	101.3	100.5	100.3	96.8
102.5	102.7	102.1	102.1	102.1	102.2	101.9	101.9	102.3	101.8
112.3	106.5	105.5	104.6	106.0	107.5	107.2	109.0	107.3	107.0
116.4	109.0	106.8	103.4	105.4	103.7	99.6	98.1	99.0	97.4
108.3	104.0	104.1	105.8	106.7	111.4	115.3	121.0	115.6	116.4
101.8	101.4	101.8	101.9	102.1	101.9	103.3	103.9	104.5	104.4
104.6	104.2	104.0	103.3	103.7	104.2	103.5	103.1	104.0	104.6
101.1	100.7	101.2	101.5	101.7	101.4	103.3	104.1	104.6	104.4
109.1	109.2	109.5	109.7	108.9	106.1	104.6	105.2	105.6	114.1
132.1	131.2	130.7	131.9	128.0	114.5	109.5	111.2	109.2	135.1
104.3	104.9	106.1	105.2	105.6	105.5	105.6	106.3	108.6	116.6
100.3	100.3	100.3	100.8	100.9	101.3	101.1	101.1	101.1	102.1
122.8	125.9	127.4	127.1	126.2	123.3	114.3	113.8	120.5	120.2
100.8	99.8	100.6	100.8	101.2	100.9	100.1	100.8	100.6	99.3
97.5	97.3	98.0	97.8	97.9	97.1	97.0	97.1	97.4	97.5
102.4	103.1	103.3	103.5	103.4	103.7	103.6	103.0	103.1	100.9
142.2	131.5	123.7	123.5	125.8	129.5	134.2	133.0	130.6	124.6
130.5	132.9	125.7	129.5	124.7	121.8	138.3	141.7	134.3	122.7
136.2	121.2	117.2	126.1	132.1	140.7	138.6	137.3	135.2	131.1
104.5	103.8	102.2	103.3	103.9	103.9	104.0	103.7	104.1	104.0
158.0	144.0	132.6	128.9	131.1	134.8	141.8	140.1	137.2	128.8
113.5	112.2	109.3	108.9	109.0	110.7	116.8	114.6	109.4	106.4

5-18 续表 3

(上年同月＝100)

类　　别	Item	全　年 Annual Year	1 月 January	2 月 February
有色金属冶炼及压延加工业	Coloured Metal Coking and Pressint Process Industry	116.5	117.7	119.8
常用有色金属冶炼	General Non-ferrous Metal Coking	123.0	122.5	126.7
贵金属冶炼	Precious Metal Smeltering	107.1	127.5	122.7
有色金属合金制造	Non-ferrous Metal Alloy Manufacture	114.4	107.9	109.3
有色金属压延加工	Non-ferrous Metal Pressing Processing	113.0	111.1	113.3
金属制品业	Metal Product Industry	104.9	103.3	104.4
结构性金属制品制造	Structural Metal Product	106.0	105.3	106.3
金属工具制造	Metal Tools Manufacture	100.3	98.6	98.8
集装箱及金属包装容器制造	Container and Metal Packing Container Manufacture	102.5	102.0	102.3
金属丝绳及其制品的制造	Metal Silk Rope and Its Product Manufacture	109.5	102.2	106.7
金属表面处理及热处理加工	Metal Surface Treatment and Heat Treatment Processing	101.4	99.1	99.6
金属制日用品制造	Metal Producing Manufacture	103.8	105.3	105.4
其他金属制品制造	Other Metal Product Manufacture	104.6	102.0	103.2
通用设备制造业	General Equipment Manufacture	100.3	100.8	101.0
锅炉及原动机制造	Boiler and Original Motor	99.9	99.6	99.8
金属加工机械制造	Metal Process and Machinery Manufacture	100.9	102.2	102.1
物料搬运设备制造	Material Handling Equipment Manufacturing	101.6	103.7	103.2
泵、阀门、压缩机及类似机械的制造	Pump, Valve, Compressor and Its Similar Mechanical Manufacture	99.0	99.6	99.5
轴承、齿轮和传动部件制造	Manufacturing of Bearings, Gears and Transmission Parts	100.9	98.9	100.4
烘炉、风机、衡器、包装等设备制造	Ovens, Fans, Scales, Packaging and Other Equipment Manufacturing	99.9	101.0	101.7
通用零部件制造	General Parts Manufacturing	100.5	100.0	99.9
其他通用设备制造业	Other General Equipment Manufacturing	100.8	102.1	102.1
专用设备制造业	General Equipment Manufacture	105.2	104.2	104.0
矿山、冶金、建筑专用设备制造	Ore Mountain, Metallurgy, Building Special Equipment Manufacture	109.3	106.1	105.5
化工、木材、非金属加工专用设备制造	Chemical Engineering, Timber, Non-Metal Processed Special Equipments Manufacture	102.7	106.5	105.4
食品、饮料、烟草及饲料生产专用设备制造	The Food, Beverage, Tobacco and Foddar Production Special Equipments Manufacture	99.1	100.0	100.0
农、林、牧、渔专用机械制造	Agriculture, Forestry Animal Husbandry and Fishery Specific Machinery Manufacture	104.6	99.4	103.9
环保、社会公共安全及其他专用设备制造	Environment Protection, Public Social Secure and Other Specific Equipment Manufacture	101.5	100.2	100.5
汽车制造业	Car Manufacturing	100.8	99.9	100.8
汽车整车制造	The Car is Made by Car	100.6	100.4	101.8
改装汽车制造	Refitted Automobiles	104.2	102.8	103.0
汽车车身、挂车制造	Car Body, Trailer Manufacturing	103.0	98.0	98.0
汽车零部件及配件制造	Auto Parts and Accessories Manufacturing	100.6	99.2	99.6
铁路、船舶、航空航天和其他运输设备制造业	Manufacturing of Railways, Ships, Aerospace and Other Transport Equipment	99.7	99.1	99.4
铁路运输设备制造	Railway Transport Equipment Manufacturing	99.5	99.0	98.9
船舶及相关装置制造	Ship and Related Equipment Manufacturing	99.8	99.2	99.8

Continued

(same month of preceding year=100)

3 月 March	4 月 April	5 月 May	6 月 June	7 月 July	8 月 August	9 月 September	10 月 October	11 月 November	12 月 December
119.2	119.0	116.3	116.4	110.4	113.4	118.8	120.4	116.4	110.7
125.3	124.7	124.1	124.0	118.3	121.4	122.7	129.2	124.2	114.5
119.4	122.6	111.8	112.2	93.1	94.1	97.4	100.8	100.0	98.1
109.8	111.4	103.7	106.7	107.2	110.2	139.1	126.9	119.5	120.1
114.6	113.0	112.6	111.9	110.3	114.2	118.0	116.4	112.8	108.0
104.6	103.9	103.7	103.9	104.2	105.3	106.2	106.9	106.5	105.7
106.0	105.5	105.3	105.5	105.8	106.5	107.0	107.2	106.2	105.6
99.4	100.0	99.3	99.5	100.0	100.4	100.8	101.4	102.7	102.2
102.3	101.6	101.7	101.2	101.0	102.5	103.0	103.9	104.3	103.9
107.9	105.6	106.0	104.8	106.7	110.7	114.9	115.9	116.2	116.8
99.8	100.0	100.8	100.6	101.3	103.0	102.6	103.4	103.9	102.4
105.6	104.9	103.5	104.1	103.5	104.2	104.3	102.8	101.8	100.8
104.0	103.2	102.7	104.5	104.3	104.6	106.0	108.1	107.6	105.4
101.1	100.9	100.0	99.8	99.5	99.8	99.8	100.1	100.4	100.4
100.0	99.8	100.0	99.7	100.6	99.8	99.9	100.0	99.7	100.0
102.1	101.9	100.2	100.2	99.9	100.2	100.5	100.4	100.4	100.5
103.7	103.8	100.7	100.8	100.6	100.9	100.4	100.7	100.6	100.5
99.0	99.3	99.6	99.4	98.9	98.9	98.6	98.6	98.6	98.5
101.0	100.9	100.2	100.6	101.3	101.4	100.2	100.9	102.5	103.1
102.3	101.6	99.8	98.7	96.8	98.5	98.7	99.6	100.3	99.7
99.9	99.9	99.8	99.9	100.1	100.2	101.1	101.4	101.9	102.2
102.1	100.6	100.3	100.7	100.7	100.7	100.0	100.0	100.0	100.0
103.8	103.8	103.2	103.8	105.5	106.1	107.3	108.2	106.9	106.2
105.1	105.2	104.5	105.4	109.8	111.7	114.9	116.7	113.8	112.2
104.2	103.6	103.6	102.9	102.4	101.5	100.7	101.5	101.0	100.2
98.1	98.9	98.9	98.9	98.9	98.9	98.9	98.9	98.9	98.9
106.7	106.1	102.3	106.4	106.1	106.2	106.0	105.0	103.0	104.0
101.5	102.0	101.5	102.1	101.5	101.5	101.5	101.4	101.9	102.6
100.8	100.6	100.4	101.1	101.0	101.3	101.1	101.2	101.0	100.8
101.3	100.9	100.2	100.7	100.3	100.5	100.5	100.5	100.3	100.2
102.9	102.9	104.3	104.3	104.6	104.9	105.1	105.6	105.5	104.7
102.6	102.6	102.7	102.7	105.1	105.1	104.9	105.0	105.0	105.0
100.1	100.0	100.0	101.1	101.2	101.5	101.0	101.3	101.0	100.8
99.5	99.5	99.6	99.8	99.7	100.0	99.9	99.8	99.8	99.9
99.2	99.4	99.6	99.6	99.6	99.6	99.6	99.6	99.6	99.6
99.7	99.6	99.5	99.9	99.8	100.3	100.2	99.9	99.9	100.1

5-18 续表 4

(上年同月＝100)

类　别	Item	全　年 Annual Year	1 月 January	2 月 February
电气机械及器材制造业	Electricity Machine and Its Equipment Manufacture	103.1	102.1	102.6
电机制造	Electric Engineering Manufacture	98.7	96.6	96.7
输配电及控制设备制造	Electricity Mixed and Control Equipments Manufacture	98.7	98.1	98.0
电线、电缆、光缆及电工器材制造	Wire, Cable, Fiber Optic Cable and the Electric Device Manufacture	111.9	107.7	108.4
电池制造	Battery Manufacture	109.8	111.0	110.2
家用电力器具制造	Electric Power Apparatus Manufacture	97.9	97.5	99.0
非电力家用器具制造	Non-electric Household Appliance Manufacturing	104.2	107.3	107.9
照明器具制造	Light Manufacture	101.2	101.3	101.3
计算机、通信和其他电子设备制造业	Manufacturing of Computers, Communications and Other Electronic Equipment	100.1	100.2	99.3
计算机制造	Computer Manufacturing	101.8	103.4	102.4
通信设备制造	Tele-communication Equipment Manufacture	100.7	99.4	98.6
广播电视设备制造	Radio and Television Equipment Manufacturing	97.2	90.8	92.2
电子器件制造	Electronic Appliances	98.6	100.0	98.7
电子元件制造	Electronic Components	94.8	93.6	93.4
仪器仪表制造业	Instrument Manufacturing Industry	98.7	96.9	96.7
通用仪器仪表制造	General Instrument and Meters	98.7	96.9	96.7
废弃资源综合利用业	The Comprehensive Utilization of Waste Resources	116.2	135.8	136.4
金属废料和碎屑加工处理	Metal Waste and Debris Processing	116.2	135.8	136.4
电力、热力的生产和供应业	Electronic, Thermodynamic Product and Supply Industry	100.4	97.9	98.9
电力生产	Electric Power Production	100.4	98.2	99.6
电力供应	Electric Power Supply	100.0	97.5	97.7
热力生产和供应	Thermal Production and Supply	108.6	100.4	111.5
燃气生产和供应业	Fuel Production and Supply Industry	98.4	97.1	97.1
燃气生产和供应业	Fuel Production and Supply Industry	98.4	97.1	97.1
水的生产和供应业	Water Production and Supply Industry	101.5	106.4	106.4
自来水的生产和供应	Tapping-water Production and Supply	101.5	106.4	106.4

Continued

(same month of preceding year=100)

3 月 March	4 月 April	5 月 May	6 月 June	7 月 July	8 月 August	9 月 September	10 月 October	11 月 November	12 月 December
102.6	102.0	101.6	101.7	103.2	103.9	104.5	104.3	104.4	104.4
97.4	97.7	98.2	98.1	98.3	98.5	99.6	100.5	101.1	101.2
98.2	98.2	98.0	98.0	98.2	98.2	99.4	100.0	100.1	100.0
109.1	109.4	108.8	110.4	112.8	115.7	115.5	116.4	114.5	113.7
108.9	106.1	106.7	107.4	109.1	110.6	113.0	113.0	112.0	109.2
99.5	98.1	97.0	95.8	98.8	98.1	98.0	96.0	98.1	99.0
104.3	104.3	105.6	105.3	102.6	102.3	101.9	101.7	99.4	107.6
101.1	101.7	100.9	101.1	100.7	101.3	101.9	100.7	101.1	101.2
99.0	99.5	100.1	100.9	100.4	100.5	100.7	100.5	100.4	100.0
100.9	100.8	101.7	102.7	102.4	102.1	102.4	102.0	101.1	100.4
99.2	100.4	100.9	102.1	101.8	101.7	101.4	100.9	101.2	101.1
95.5	97.3	97.3	97.7	97.7	99.6	99.6	99.6	100.8	99.5
98.1	98.1	98.6	99.1	97.9	98.0	98.8	99.0	98.6	97.9
92.8	93.2	93.4	92.7	92.6	94.7	96.1	97.1	99.0	99.6
96.6	97.0	96.9	99.6	99.7	100.0	100.5	100.4	100.4	100.1
96.6	97.0	96.9	99.6	99.7	100.0	100.5	100.4	100.4	100.1
141.5	126.1	110.9	109.3	105.0	103.6	106.3	107.4	106.4	120.6
141.5	126.1	110.9	109.3	105.0	103.6	106.3	107.4	106.4	120.6
100.0	100.3	100.7	100.7	100.7	101.3	101.1	101.2	101.2	101.3
99.9	100.1	100.2	100.2	100.3	101.5	101.1	101.1	101.1	101.2
99.5	99.9	100.7	100.7	100.6	100.7	100.6	100.9	100.9	100.9
111.3	111.1	108.3	108.2	108.7	108.7	108.8	108.7	108.8	108.2
97.8	97.8	97.2	97.2	97.6	97.9	100.6	99.5	100.5	101.2
97.8	97.8	97.2	97.2	97.6	97.9	100.6	99.5	100.5	101.2
106.7	99.8	99.8	99.8	99.9	99.9	100.0	100.0	100.0	100.1
106.7	99.8	99.8	99.8	99.9	99.9	100.0	100.0	100.0	100.1

5-19 分月工业生产者出厂价格环比指数(2017年)

(上月=100)

类　别	Item	全　年 Annual Year	1 月 January	2 月 February
全部工业品	**Total Industrial Products**	**105.8**	**101.4**	**100.6**
#轻工业	Light Industry	102.5	100.8	100.3
以农产品为原料	Using Farm Produces as Raw Materials	102.2	100.6	100.2
以非农产品为原料	Using Non-farm Produces as Raw Materials	104.3	101.8	100.9
重工业	Heavy Industry	107.4	101.7	100.7
采掘	Mining and Quarrying	109.0	103.7	101.6
原料	Raw Material	110.5	102.3	101.0
加工	Processing	106.3	101.3	100.5
#生产资料	Means of Production	107.7	101.8	100.7
采掘	Mining and Quarrying	109.0	103.7	101.6
原料	Raw Material	110.1	102.4	101.1
加工	Processing	107.0	101.5	100.6
生活资料	Life Material	101.4	100.5	100.2
食品	Food	100.9	100.4	100.0
衣着	Clothing	101.6	100.4	100.0
一般日用品	Articles for Daily Use	104.0	100.7	100.1
耐用消费品	Durable Consumers' Goods	100.8	100.6	101.0
按工业部门分	**Grouped by Department of Industry**			
冶金工业	Metallurgical Industry	117.3	105.0	102.2
电力工业	Power Industry	101.7	100.0	100.4
煤炭及炼焦工业	Coal and Coking Industry	112.2	105.7	100.5
石油工业	Petroleum Industry	110.9	104.1	100.3
化学工业	Chemical Industry	108.1	102.1	101.0
机械工业	Machine Buiding Industry	101.7	100.4	100.3
建筑材料工业	Building Material Industry	114.1	100.9	99.8
森林工业	Timber Industry	101.8	100.2	100.1
食品工业	Food Industry	100.7	100.4	100.0
纺织工业	Textile Industry	105.2	101.2	101.1
缝纫工业	Tailoring Industry	101.1	100.3	99.9
皮革工业	Leather Industry	105.8	100.9	100.4
造纸工业	Paper Industry	111.6	101.1	100.3
文教艺术用品工业	Cultural, Educational and Handicraft Articles	104.3	100.6	99.9
其他工业	Other Industry	100.7	100.6	99.9

Prducer Price Chain Index for Industrial Producers by Month(2017)

(preceding month=100)

3 月 March	4 月 April	5 月 May	6 月 June	7 月 July	8 月 August	9 月 September	10 月 October	11 月 November	12 月 December
100.5	**99.8**	**99.7**	**99.8**	**100.1**	**100.6**	**101.1**	**100.6**	**100.5**	**101.0**
100.2	100.0	99.8	99.9	100.2	100.4	100.6	100.2	100.0	100.2
100.1	100.1	99.8	99.8	100.3	100.3	100.5	100.2	100.1	100.2
100.6	99.5	99.7	100.0	99.8	100.7	101.2	100.1	100.0	100.0
100.6	99.7	99.7	99.8	100.0	100.8	101.3	100.9	100.7	101.4
101.0	100.1	100.2	97.6	99.0	101.2	102.5	101.5	100.2	100.2
100.5	99.2	99.2	99.6	99.9	101.9	101.6	102.2	101.2	101.6
100.7	99.9	99.8	100.0	100.1	100.4	101.2	100.4	100.6	101.4
100.7	99.7	99.7	99.8	100.0	100.8	101.4	100.9	100.7	101.3
101.0	100.1	100.2	97.6	99.0	101.2	102.5	101.5	100.2	100.2
100.6	99.2	99.2	99.7	99.7	102.0	101.5	101.9	101.0	101.3
100.7	99.8	99.8	99.9	100.1	100.5	101.4	100.5	100.6	101.4
100.1	100.1	99.8	100.0	100.2	100.2	100.3	100.1	100.0	100.1
100.1	100.2	99.7	99.8	100.3	100.1	100.3	100.0	99.9	100.1
100.0	100.2	100.1	99.8	100.2	100.1	100.1	100.1	100.2	100.3
100.8	100.1	99.9	100.6	100.0	100.5	100.4	100.2	100.5	100.1
99.2	99.6	99.5	100.2	100.1	100.2	100.3	100.0	99.9	100.1
102.4	99.3	98.6	99.0	100.4	102.8	104.4	100.9	100.2	101.0
100.3	99.9	100.0	100.0	100.2	100.6	99.9	100.3	99.9	100.1
99.3	100.5	101.1	100.0	100.5	101.0	101.5	99.4	102.3	100.0
99.6	98.3	98.3	98.9	97.2	101.8	101.4	104.3	103.5	103.0
100.7	99.4	99.7	99.7	100.1	100.6	101.3	101.0	101.2	101.0
100.0	99.9	100.0	100.2	100.2	100.3	100.3	100.2	100.0	100.0
100.8	100.5	100.2	99.8	98.9	99.4	101.3	101.8	102.2	107.9
100.1	99.8	99.9	100.0	100.0	100.1	100.5	100.8	100.2	100.1
100.0	100.1	99.7	99.7	100.2	100.1	100.3	100.1	99.9	100.1
100.1	100.1	99.7	100.0	100.5	100.3	100.8	100.2	100.5	100.6
99.9	100.1	100.1	100.1	100.0	99.9	100.1	100.1	100.1	100.3
101.0	101.3	99.9	97.5	101.3	101.2	100.8	100.3	100.9	100.2
100.8	99.4	101.2	100.8	100.9	102.7	103.1	101.2	99.8	99.9
100.2	100.1	100.1	102.0	100.0	100.3	101.2	100.2	99.6	100.1
100.9	100.5	99.8	100.1	99.4	100.5	100.3	99.7	100.0	98.9

5-20 分行业工业生产者出厂价格环比指数(2017年)

(上月＝100)

类　别	Item	全　年 Annual Year	1 月 January	2 月 February
煤炭开采和洗选业	Coal Mining and Selecting Industry	112.2	105.7	100.5
烟煤和无烟煤的开采洗选	The Bituminous Coal and Anthracite Coals Mining and Dressing	112.2	105.7	100.5
石油和天然气开采业	Oil and Gas Industry	113.9	105.4	100.6
石油开采	Oil Drilling	113.9	105.4	100.6
黑色金属矿采选业	Black Metal Mineral Mining and Selecting Industry	117.6	106.9	103.9
铁矿采选	The Iron Mineral Mining and Selecting	117.6	106.9	103.9
有色金属矿采选业	Colored Metal Mineral Mining and Selecting	112.3	103.4	102.9
常用有色金属矿采选	The Regular Colored Metal Mineral Mining and Selecting	115.6	104.6	103.4
贵金属矿采选	The Precious Metal Mineral Mining and Selecting	101.2	99.3	101.5
非金属矿采选业	Non-Metal Mineral Mining and Selecting	100.6	100.5	99.9
土砂石开采	Soil Sand Mining	103.4	100.3	100.2
化学矿采选	Chemical Mineral Mining and Selecting	98.1	101.2	99.5
采盐	Salt Mining	102.1	100.0	100.0
石棉及其他非金属矿采选	Asbestos and Other Non-Metal Mineral Mining and Selecting	94.2	100.0	99.3
农副食品加工业	Farm and Side-Line Food Processed Industry	100.8	100.5	99.9
谷物磨制	Corn Whetted	102.0	100.1	100.2
饲料加工	Forage Processed	98.9	99.9	99.8
植物油加工	Planting-Oil Processed	96.5	100.8	99.4
屠宰及肉类加工	Slaughtered Meta and Meat Processes	101.6	100.0	98.9
水产品加工	Fishery Product Processed	107.1	104.3	100.6
蔬菜、水果和坚果加工	Vegetable, Fruit and Nut Processing	103.7	101.3	100.1
其他农副食品加工	Other Farm and Side-line Food Processed	101.2	99.8	99.7
食品制造业	Food Manufacture Industry	100.2	100.3	100.1
焙烤食品制造	Baked Food Manufacturing	100.5	101.0	100.0
糖果、巧克力及蜜饯制造	Made of Candy, Chocolate and Preserves	96.3	99.0	100.0
方便食品制造	Convenient Food Manufacturing	99.6	99.9	99.8
乳制品制造	Dairy Products Manufacturing	103.1	100.5	100.6
罐头食品制造	Dairy Products Manufacturing	98.4	101.0	100.0
调味品、发酵制品制造	Condiment, Ferment Product Manufacturing	100.2	100.0	99.8
其他食品制造	Other Food Manufacturing	102.5	100.2	100.5
酒、饮料和精制茶制造业	Wine, Beverages and Refined Tea Manufacturing	100.9	100.2	100.2
酒的制造	Wine Manufacturing	100.7	100.2	100.1
饮料制造	Beverage Manufacturing	99.0	99.1	100.4
精制茶加工	Refined-tea Process	103.7	101.4	100.4
烟草制品业	Tobacco Product Industry	100.0	100.0	100.0
卷烟制造	Cigarette Manufacturing	100.0	100.0	100.0
其他烟草制品制造	Other Tobacco Products Manufacturing	100.0	100.0	100.0

Producer Price Chain Indice for Industrial Producers by Industry(2017)

(preceding month=100)

3 月 March	4 月 April	5 月 May	6 月 June	7 月 July	8 月 August	9 月 September	10 月 October	11 月 November	12 月 December
99.3	100.5	101.1	100.0	100.5	101.0	101.5	99.4	102.3	100.0
99.3	100.5	101.1	100.0	100.5	101.0	101.5	99.4	102.3	100.0
96.3	100.1	97.4	93.3	98.7	105.2	102.4	105.2	108.4	101.1
96.3	100.1	97.4	93.3	98.7	105.2	102.4	105.2	108.4	101.1
103.6	100.6	100.9	94.3	97.3	102.1	106.5	102.6	98.4	100.0
103.6	100.6	100.9	94.3	97.3	102.1	106.5	102.6	98.4	100.0
99.3	99.5	98.8	100.4	101.1	102.7	100.5	103.9	98.3	101.0
99.5	98.8	98.8	101.0	101.1	103.5	100.3	104.8	98.8	100.3
98.6	102.1	98.6	98.4	101.0	100.0	101.2	100.3	96.7	103.6
100.1	99.6	100.0	100.2	99.9	99.9	99.7	100.3	100.4	100.2
100.2	99.9	100.8	100.2	100.0	100.1	100.1	100.5	100.3	100.6
100.0	98.7	98.6	99.7	99.5	100.0	99.6	100.0	101.1	100.2
100.0	100.0	100.0	104.6	100.0	100.0	97.6	100.0	100.0	100.0
100.3	100.0	100.0	98.5	100.0	98.7	99.7	100.1	99.2	98.2
99.9	100.0	99.5	99.6	100.3	100.3	100.4	100.1	100.0	100.2
100.0	101.2	100.3	100.0	99.9	99.9	100.3	100.1	99.9	100.0
99.3	99.2	99.4	99.8	99.5	100.6	100.0	100.3	100.4	100.5
100.1	98.2	98.4	99.0	100.4	100.5	100.1	100.0	99.6	99.9
99.7	99.9	98.7	98.5	101.2	101.3	102.4	100.3	100.1	100.7
100.2	100.5	100.0	99.8	100.2	99.6	100.4	100.0	100.5	100.8
100.3	100.3	100.0	99.8	102.7	99.9	99.7	100.0	99.8	99.9
99.7	100.3	99.6	100.5	100.4	100.5	100.5	100.1	99.8	100.3
100.0	100.1	100.0	99.8	100.5	99.7	99.7	100.1	99.8	100.1
100.1	100.1	100.0	99.9	99.2	100.0	100.0	100.0	100.0	100.1
100.0	100.0	100.0	100.0	100.0	97.3	100.0	100.0	100.0	100.0
100.2	99.6	99.8	100.6	100.0	99.7	100.0	100.6	99.4	100.0
99.9	104.1	99.7	98.9	100.0	99.7	99.9	99.8	100.0	100.1
98.0	96.6	99.7	99.6	105.2	99.7	99.6	100.0	99.6	99.6
100.0	100.4	100.4	99.2	100.5	100.7	98.8	100.6	99.3	100.3
101.3	101.0	100.2	99.8	99.7	100.0	99.6	99.9	99.7	100.5
100.3	100.2	99.9	99.9	100.1	100.1	100.3	99.9	99.8	99.9
100.5	99.9	99.8	100.0	100.0	100.2	100.0	100.0	100.0	100.0
100.2	100.5	100.1	99.5	100.1	99.9	100.8	99.7	99.2	99.5
100.0	100.9	100.1	100.0	100.4	99.9	100.5	100.0	100.0	100.0
100.0	100.0	100.0	100.0	100.0	100.0	100.0	100.0	100.0	100.0
100.0	100.0	100.0	100.0	100.0	100.0	100.0	100.0	100.0	100.0
100.0	100.0	100.0	100.0	100.0	100.0	100.0	100.0	100.0	100.0

5-20 续表 1

(上月＝100)

类　　别	Item	全　年 Annual Year	1 月 January	2 月 February
纺织业	Textile Industry	105.2	101.2	101.1
棉纺织及印染精加工	Cotton Textiles and Dyeing and Finishing Processing	105.1	101.6	101.5
麻纺织及染整精加工	Hemp and Dyeing and Finishing	97.9	101.1	98.7
家用纺织制成品制造	Domestic Textile Manufactured Goods	104.7	100.6	100.0
非家用纺织制成品制造	Non-domestic Textile Manufactured Goods	107.7	100.0	100.2
纺织服装、服饰业	Textile Clothing, Clothing Industry	101.0	100.3	99.9
机织服装制造	Woven Clothing Manufacturing	101.1	100.3	99.8
针织或钩针编织服装制造	Knitting or Crochet Clothing Manufacturing	100.2	101.1	100.3
皮革、毛皮、羽毛及其制品和制鞋业	Leather, Fur, Feathers and Their Products and Shoes	104.3	100.6	100.5
毛皮鞣制及制品加工	Fur Tanning and Processing of Products	109.3	101.4	100.6
制鞋业	Shoemaking	100.7	100.0	100.3
木材加工及木、竹、藤、棕、草制品业	Bamboo, Ratten, Palm and Grass Product Manufacture Industry	101.9	100.2	100.1
木材加工	Wood Processing	101.6	100.2	100.8
人造板制造	Artificial Plank Manufacturing	101.9	100.1	99.9
木制品制造	Timber Product Manufacturing	102.2	100.4	100.0
家具制造业	Furniture Manufacture Industry	101.5	100.3	100.0
木质家具制造	Timber Furniture Manufacturing	101.4	100.0	100.1
其他家具制造	Other Furniture Manufacturing	101.5	100.7	100.0
造纸和纸制品业	Paper Making and Paper Products Industry	111.6	101.1	100.3
造纸	Paper Making	118.0	101.2	100.3
纸制品制造	Paper Products Manufacturing	105.5	100.9	100.3
印刷和记录媒介复制业	Printing and Recording Media Replication	105.0	100.6	99.9
印刷	Painting			
文教、工美、体育和娱乐用品制造业	Culture, Education and Athletics Manufacture Industry	105.0	100.6	99.9
工艺美术品制造	Culture Articles Manufacturing	100.9	101.3	100.7
玩具制造	Toy Manufacturing	101.6	101.6	100.9
石油加工、炼焦及核燃料加工业	Petroleum Process, Coking and Nuclear Fuel Processing Industry	98.6	100.2	100.0
精炼石油产品的制造	Refineed Coking Petroleum Manufacturing	111.9	104.5	100.4
化学原料及化学制品制造业	Chemical Material and Chemical Product Manufacturing	110.7	103.2	101.1
基础化学原料制造	Basic Chemical Material Manufacturing	115.9	104.1	102.3

Continued

(preceding month=100)

3 月 March	4 月 April	5 月 May	6 月 June	7 月 July	8 月 August	9 月 September	10 月 October	11 月 November	12 月 December
100.1	100.1	99.7	100.0	100.5	100.3	100.8	100.2	100.5	100.6
100.5	100.2	99.6	99.9	99.9	100.0	100.2	100.4	100.5	100.7
96.6	101.5	102.5	100.8	98.4	99.6	100.3	98.1	101.6	98.8
100.9	100.1	100.2	99.8	98.9	100.6	101.7	100.5	101.2	100.1
99.1	99.0	99.2	100.0	104.5	102.0	103.0	99.7	100.3	100.6
99.9	100.1	100.1	100.1	100.0	99.9	100.0	100.1	100.1	100.4
99.8	100.1	100.0	100.1	100.1	99.9	100.1	100.2	100.3	100.4
100.5	100.0	101.1	100.6	99.6	100.3	99.3	99.2	98.4	99.8
100.8	100.8	100.0	98.5	100.8	100.9	100.6	100.1	100.6	100.1
101.8	102.1	99.7	96.2	102.1	101.9	101.2	100.4	101.3	100.3
100.0	99.9	100.2	100.2	99.8	100.1	100.1	99.9	100.0	100.0
100.1	99.8	99.8	100.0	100.0	100.2	100.6	100.7	100.3	100.1
100.1	97.7	99.7	100.0	100.0	99.9	100.0	100.6	102.4	100.3
100.2	100.2	99.7	100.1	100.1	100.1	100.6	100.8	100.1	99.9
100.0	100.2	99.8	99.9	99.8	100.4	100.9	100.5	99.7	100.4
99.9	100.1	100.0	100.0	99.9	99.9	100.2	101.2	99.8	100.1
99.7	100.1	100.4	100.0	99.8	99.9	100.2	101.5	99.6	100.1
100.2	100.1	99.4	100.1	100.1	100.0	100.1	100.8	100.0	100.1
100.8	99.4	101.2	100.8	100.9	102.7	103.1	101.2	99.8	99.9
101.3	99.8	101.7	101.9	101.4	103.6	106.5	102.0	98.2	99.0
100.3	99.0	100.7	99.7	100.4	101.7	99.6	100.3	101.7	100.9
100.2	100.1	100.1	102.3	100.0	100.4	101.3	100.1	99.8	100.1
100.2	100.1	100.1	102.3	100.0	100.4	101.3	100.1	99.8	100.1
100.6	102.0	99.2	99.8	97.4	101.6	101.2	98.9	99.1	99.2
100.7	102.7	98.9	99.9	96.6	102.4	101.5	98.3	99.2	99.0
100.3	99.7	100.1	99.8	99.9	99.2	100.0	100.8	98.7	99.9
99.8	97.9	98.3	99.2	96.7	101.7	101.5	104.9	103.4	103.4
100.8	99.1	99.7	99.3	100.0	100.9	101.7	101.3	101.7	101.3
100.3	98.0	99.5	99.3	99.5	101.4	103.2	102.9	103.4	101.2

5-20 续表 2

(上月=100)

类　别	Item	全　年 Annual Year	1 月 January	2 月 February
肥料制造	Fertilizer Manufacture	107.7	103.2	100.3
农药制造	Insectcide Manufacture	129.4	103.6	100.8
涂料、油墨、颜料及类似产品制造	Coating, Printing Ink, Pigment and The Similar Products Manufacture	112.4	101.5	104.6
合成材料制造	Compounded Material Manufacture	116.3	104.3	101.9
专用化学产品制造	Specialized Chemical Product Manufacture	101.9	101.2	99.5
炸药、火工及焰火产品制造	The Manufacture of Explosives, Firework and Fireworks	98.4	100.9	100.2
日用化学产品制造	Daily Chemical Product Manufacture	105.0	105.0	100.0
医药制造业	Medical Manufacture Industry	104.2	100.1	100.5
化学药品原药制造	Original Medicine of Chemical Medicine Manufacture	109.4	101.4	98.9
化学药品制剂制造	Chemical Medicine Agent Manufacture	106.8	100.8	100.9
中成药生产	Medium Paternt Manufacture	105.3	100.7	101.1
兽用药品制造	Medicine in Herbs Manufacture	97.2	100.9	100.8
生物药品制造	Biology, Bio-chemical Product Manufacture	96.8	96.0	100.9
卫生材料及医药用品制造	Sanitary Materials and Medical Supplies Manufacturing	101.8	100.2	99.9
化学纤维制造业	Chemical Fiber Manufacturing	107.0	102.7	101.5
纤维素纤维原料及纤维制造	Cellulose Fiber Raw Materials and Fiber Manufacturing	97.4	105.4	101.5
合成纤维制造	Synthetic Fibre Manufacturing	116.4	100.0	101.4
橡胶和塑料制品业	Rubber and Plastic Products	104.4	100.4	101.4
橡胶制品业	Rubber Products	104.6	101.9	104.6
塑料制品业	Plastic Products	104.4	100.1	100.6
非金属矿物制品业	Non-metal Mineral Product Industry	114.1	100.9	99.8
水泥、石灰和石膏的制造	Cement, Lime and Gypsum Manufacture	135.1	101.0	99.7
石膏、水泥制品及类似制品制造	Cement and Gypsum Product Manufacture	116.6	100.5	99.8
砖瓦、石材及其他建筑材料制造	Brick, Stone Material and Other Buildings Material Manufacture	102.1	100.4	99.9
玻璃制造	Glass Manufacturing	120.2	107.9	100.9
玻璃制品制造	Glass Goods Manufacturing	99.3	100.5	98.9
耐火材料制品制造	Refractory Products Manufacturing	97.5	100.1	98.5
石墨及其他非金属矿物制品制造	Graphite and Other Non-metal Mineralses Product Manufacture	100.9	100.0	100.3
黑色金属冶炼及压延加工业	Black Metal Coking and Pressint Process Industry	124.6	108.9	102.1
炼铁	Ironmaking	122.7	107.2	100.7
炼钢	Steel Making	131.1	106.0	102.7
黑色金属铸造	Black Metal Casting	104.0	102.7	100.1
钢压延加工	Pressed Steel Processing	128.8	111.6	102.6
铁合金冶炼	Iron-alloy Smeltering	106.4	101.8	99.8

Continued

(preceding month=100)

3 月 March	4 月 April	5 月 May	6 月 June	7 月 July	8 月 August	9 月 September	10 月 October	11 月 November	12 月 December
101.5	99.5	99.5	100.2	99.7	99.7	99.9	100.0	101.9	102.1
98.3	97.8	99.4	94.2	104.9	100.1	103.5	111.7	104.2	108.5
103.3	100.7	100.3	99.6	98.5	101.8	102.5	99.1	101.9	98.4
98.8	99.1	99.2	97.9	101.9	105.7	105.1	102.4	98.6	100.7
100.9	99.7	100.9	99.1	99.9	100.6	101.2	99.3	100.4	99.4
100.5	99.4	99.9	99.8	100.3	99.4	99.8	99.7	99.3	99.3
100.0	100.0	100.0	100.0	100.0	100.0	100.0	100.0	100.0	100.0
101.4	100.8	99.7	100.6	100.3	99.9	100.1	100.2	100.3	100.2
99.7	100.9	99.7	103.8	101.0	100.1	100.2	102.0	100.4	101.0
105.0	100.6	99.2	99.8	100.1	99.8	100.0	100.0	100.8	99.9
100.9	102.0	99.8	100.3	100.3	100.0	100.1	100.0	99.9	100.1
100.4	100.2	98.7	99.6	99.5	99.6	98.9	99.2	99.4	100.1
99.8	99.7	99.9	99.9	100.3	99.4	100.7	99.2	100.6	100.2
100.3	99.9	100.3	100.2	100.1	100.3	100.1	100.1	100.3	100.1
101.1	95.9	98.9	100.0	101.0	103.5	101.4	103.1	97.9	100.0
102.2	95.1	98.2	97.2	102.4	102.6	100.1	100.3	95.1	97.9
100.0	96.8	99.6	102.9	99.6	104.4	102.6	105.8	100.5	101.8
100.1	99.4	100.0	100.0	100.1	100.2	101.2	100.7	100.4	100.5
99.9	98.9	99.0	99.7	99.7	100.4	99.4	100.0	101.0	99.9
100.2	99.6	100.2	100.0	100.2	100.2	101.6	100.9	100.2	100.7
100.9	100.5	100.2	99.9	99.0	99.4	101.3	101.8	102.2	107.9
102.4	101.3	99.4	99.3	95.5	97.9	103.4	104.4	106.4	122.2
101.5	100.4	101.4	100.0	100.3	99.8	100.6	102.0	102.0	107.3
99.6	100.2	99.9	100.0	100.4	100.0	100.0	100.5	100.2	101.0
99.6	100.9	100.8	100.4	98.9	99.8	106.5	101.8	100.6	101.0
100.5	99.3	100.1	100.3	100.4	99.7	99.4	100.1	100.3	99.9
99.9	99.3	100.4	99.8	99.9	99.1	100.0	100.2	100.1	100.2
101.5	100.3	100.3	100.2	100.2	100.1	100.3	99.9	100.3	97.7
103.8	98.6	97.8	99.4	101.1	103.7	104.9	100.2	100.7	101.5
105.9	101.9	97.1	101.7	96.6	98.3	110.8	103.0	96.9	101.7
103.3	99.9	98.8	102.4	102.3	109.5	100.1	99.4	99.9	103.6
101.1	100.0	99.9	99.9	100.0	99.7	100.0	100.0	100.4	100.2
104.6	97.8	97.0	98.5	101.3	103.3	106.9	100.3	101.3	101.2
100.9	99.9	99.8	98.5	98.8	101.6	107.9	100.0	97.7	99.8

5-20 续表 3

(上月=100)

类别	Item	全年 Annual Year	1月 January	2月 February
有色金属冶炼及压延加工业	Coloured Metal Coking and Pressint Process Industry	110.7	99.8	102.5
常用有色金属冶炼	General Non-ferrous Metal Coking	114.5	99.7	103.0
贵金属冶炼	Precious Metal Smeltering	98.1	100.5	101.9
有色金属合金制造	Non-ferrous Metal Alloy Manufacture	120.1	101.8	101.8
有色金属压延加工	Non-ferrous Metal Pressing Processing	108.0	99.1	102.2
金属制品业	Metal Product Industry	105.7	101.3	100.8
结构性金属制品制造	Structural Metal Product	105.6	102.4	100.7
金属工具制造	Metal Tools Manufacture	102.2	100.0	99.5
集装箱及金属包装容器制造	Container and Metal Packing Container Manufacture	103.9	100.7	100.4
金属丝绳及其制品的制造	Metal Silk Rope and Its Product Manufacture	116.8	100.8	104.4
金属表面处理及热处理加工	Metal Surface Treatment and Heat Treatment Processing	102.4	100.9	100.5
金属制日用品制造	Metal Producing Manufacture	100.8	101.3	100.1
其他金属制品制造	Other Metal Product Manufacture	105.4	100.2	100.4
通用设备制造业	General Equipment Manufacture	100.4	100.1	100.0
锅炉及原动机制造	Boiler and Original Motor	100.0	100.0	100.0
金属加工机械制造	Metal Process and Machinery Manufacture	100.5	100.1	99.9
物料搬运设备制造	Material Handling Equipment Manufacturing	100.5	100.7	99.5
泵、阀门、压缩机及类似机械的制造	Pump, Valve, Compressor and Its Similar Mechanical Manufacture	98.5	100.5	99.6
轴承、齿轮和传动部件制造	Manufacturing of Bearings, Gears and Transmission Parts	103.1	100.3	101.5
烘炉、风机、衡器、包装等设备制造	Ovens, Fans, Scales, Packaging and Other Equipment Manufacturing	99.7	99.8	100.2
通用零部件制造	General Parts Manufacturing	102.2	99.8	99.7
其他通用设备制造业	Other General Equipment Manufacturing	100.0	100.0	100.0
专用设备制造业	General Equipment Manufacture	106.2	100.4	100.0
矿山、冶金、建筑专用设备制造	Ore Mountain, Metallurgy, Building Special Equipment Manufacture	112.2	100.8	99.7
化工、木材、非金属加工专用设备制造	Chemical Engineering, Timber, Non-Metal Processed Special Equipments Manufacture	100.2	100.4	99.7
食品、饮料、烟草及饲料生产专用设备制造	The Food, Beverage, Tobacco and Foddar Production Special Equipments Manufacture	98.9	100.0	100.0
农、林、牧、渔专用机械制造	Agriculture, Forestry Animal Husbandry and Fishery Specific Machinery Manufacture	104.0	99.5	102.6
环保、社会公共安全及其他专用设备制造	Environment Protection, Public Social Secure and Other Specific Equipment Manufacture	102.6	99.7	100.4
汽车制造业	Car Manufacturing	100.8	100.1	100.5
汽车整车制造	The Car is Made by Car	100.2	100.2	100.7
改装汽车制造	Refitted Automobiles	104.7	100.2	99.9
汽车车身、挂车制造	Car body, Trailer Manufacturing	105.0	100.0	100.0
汽车零部件及配件制造	Auto Parts and Accessories Manufacturing	100.8	99.9	100.4
铁路、船舶、航空航天和其他运输设备制造业	Manufacturing of Railways, Ships, Aerospace and Other Transport Equipment	99.9	99.8	100.0
铁路运输设备制造	Railway Transport Equipment Manufacturing	99.6	99.5	99.8
船舶及相关装置制造	Ship and Related Equipment Manufacturing	100.1	100.0	100.2

Continued

(preceding month=100)

3 月 March	4 月 April	5 月 May	6 月 June	7 月 July	8 月 August	9 月 September	10 月 October	11 月 November	12 月 December
100.4	100.6	98.7	100.1	100.6	102.4	104.9	101.3	99.7	99.4
100.6	100.8	98.4	99.6	101.3	102.2	101.5	105.8	99.8	101.1
100.4	102.5	96.5	100.5	98.1	101.7	101.4	98.8	100.2	95.9
98.1	99.8	99.0	102.1	99.4	103.6	126.9	92.1	95.4	101.9
100.9	99.9	99.7	100.2	100.9	102.7	104.3	99.8	100.8	97.7
100.5	99.8	99.9	99.5	100.2	100.8	101.1	100.8	100.3	100.4
100.4	99.8	100.1	99.6	100.3	100.3	100.7	100.4	100.3	100.4
99.5	100.3	99.5	100.1	100.1	100.8	100.6	100.5	101.3	100.1
100.2	99.9	99.5	99.6	100.2	101.6	100.5	100.7	100.5	100.3
101.7	99.4	100.3	97.8	102.1	103.2	103.5	101.7	100.4	100.6
100.0	100.6	100.9	99.5	100.0	100.0	100.0	100.0	100.0	100.0
100.1	99.3	99.1	100.7	99.4	100.6	100.2	100.0	99.8	100.2
101.0	100.0	99.8	99.2	99.4	100.2	102.0	102.2	100.3	100.5
100.1	100.0	99.7	100.0	99.6	100.2	100.1	100.2	100.3	100.0
100.3	100.0	99.9	100.1	100.2	99.3	100.1	100.1	100.0	100.0
100.4	100.1	100.1	99.9	100.1	100.0	100.0	99.9	100.0	100.1
100.5	100.0	99.9	99.9	100.0	100.2	99.8	100.0	100.0	100.0
99.6	100.2	100.1	99.9	99.2	99.6	99.9	99.8	100.1	100.0
100.3	100.0	99.9	100.3	100.1	99.8	99.1	100.4	100.9	100.4
100.0	99.6	98.6	100.0	98.4	101.8	100.2	101.0	100.6	99.4
100.0	100.1	100.1	100.2	100.2	100.2	100.9	100.3	100.4	100.2
100.0	100.0	100.0	100.0	100.0	100.0	100.0	100.0	100.0	100.0
100.0	100.2	99.8	100.5	101.6	100.5	101.6	100.8	100.5	100.0
99.8	100.3	99.4	100.9	104.1	101.1	103.5	101.6	101.0	99.4
99.6	100.1	100.3	100.0	99.4	100.1	99.8	100.5	99.8	100.5
98.1	100.8	100.0	100.0	100.0	100.0	100.0	100.0	100.0	100.0
102.2	100.0	100.0	99.3	100.0	100.0	99.8	100.0	100.0	100.8
101.3	100.1	100.1	100.6	99.4	100.0	100.0	100.0	100.5	100.5
99.8	99.8	100.0	100.3	100.1	100.3	100.1	100.1	99.8	99.9
99.2	99.8	99.6	100.3	100.2	100.4	100.2	100.0	99.8	99.9
100.2	100.0	103.3	100.0	100.2	99.9	100.5	100.7	99.9	99.8
102.5	99.9	100.1	100.0	102.3	100.0	100.0	100.1	100.0	100.0
100.2	99.8	100.1	100.4	99.9	100.3	99.9	100.2	99.7	100.0
100.0	100.0	100.0	100.0	100.0	100.0	99.9	100.1	100.0	100.1
100.1	100.1	100.2	100.0	100.0	100.0	100.0	100.0	100.0	100.0
100.0	99.9	99.9	100.0	99.9	100.0	99.9	100.1	100.0	100.2

5-20 续表 4

(上月＝100)

类别	Item	全年 Annual Year	1月 January	2月 February
电气机械及器材制造业	Electricity Machine and Its Equipment Manufacture	104.4	101.6	100.6
电机制造	Electric Engineering Manufacture	101.2	100.2	99.4
输配电及控制设备制造	Electricity Mixed and Control Equipments Manufacture	100.0	99.9	100.1
电线、电缆、光缆及电工器材制造	Wire, Cable, Fiber Optic Cable and the Electric Device Manufacture	113.7	101.9	100.9
电池制造	Battery Manufacture	109.2	104.8	100.5
家用电力器具制造	Electric Power Apparatus Manufacture	99.0	101.2	101.0
非电力家用器具制造	Non-electric Household Appliance Manufacturing	107.6	104.1	101.0
照明器具制造	Light Manufacture	101.2	100.2	100.3
计算机、通信和其他电子设备制造业	Manufacturing of Computers, Communications and Other Electronic Equipment	100.0	99.9	99.6
计算机制造	Computer Manufacturing	100.4	99.7	99.7
通信设备制造	Tele-communication Equipment Manufacture	101.1	99.9	99.9
广播电视设备制造	Radio and Television Equipment Manufacturing	99.5	100.0	100.4
电子器件制造	Electronic Appliances	97.9	100.3	98.8
电子元件制造	Electronic Components	99.6	98.9	100.1
仪器仪表制造业	Instrument Manufacturing Industry	100.1	100.0	99.7
通用仪器仪表制造	General Instrument and Meters	100.1	100.0	99.7
废弃资源综合利用业	The Comprehensive Utilization of Waste Resources	120.6	101.1	101.2
金属废料和碎屑加工处理	Metal Waste and Debris Processing	120.6	101.1	101.2
电力、热力的生产和供应业	Electronic, Thermodynamic Product and Supply Industry	101.3	100.0	100.3
电力生产	Electric Power Production	101.2	100.0	99.7
电力供应	Electric Power Supply	100.9	100.0	100.2
热力生产和供应	Thermal Production and Supply	108.2	100.0	111.0
燃气生产和供应业	Fuel Production and Supply Industry	101.2	100.7	100.0
燃气生产和供应业	Fuel Production and Supply Industry	101.2	100.7	100.0
水的生产和供应业	Water Production and Supply Industry	100.1	99.9	100.0
自来水的生产和供应	Tapping-water Production and Supply	100.1	99.9	100.0

Continued

(preceding month=100)

3 月 March	4 月 April	5 月 May	6 月 June	7 月 July	8 月 August	9 月 September	10 月 October	11 月 November	12 月 December
100.3	99.4	99.7	99.9	100.7	100.8	100.8	100.2	100.1	100.4
99.6	99.9	100.0	99.7	100.3	100.2	100.8	100.6	100.4	100.0
100.1	99.9	99.9	100.0	100.1	99.9	100.0	100.1	99.9	100.0
101.4	100.5	99.9	100.8	102.3	102.7	100.2	101.2	100.3	100.9
99.3	97.9	100.3	99.7	101.4	102.5	103.3	100.2	99.7	99.3
100.5	98.6	98.8	99.2	100.2	99.3	100.6	99.5	100.3	99.8
99.1	99.7	100.9	99.2	97.6	100.0	100.0	100.0	97.7	108.4
99.8	100.4	98.7	100.5	100.2	100.5	100.6	99.0	100.6	100.3
99.7	100.2	100.6	100.4	99.5	99.9	100.1	100.1	100.0	99.9
99.2	99.9	101.2	100.3	100.0	100.1	99.6	100.3	100.1	100.1
100.0	100.7	100.6	100.5	99.7	99.5	100.1	99.9	100.4	100.0
100.4	100.0	100.0	100.0	100.0	100.0	100.0	100.0	100.0	98.7
99.7	99.9	100.4	100.4	98.5	100.2	100.6	100.1	99.4	99.6
99.2	100.1	99.4	99.7	99.7	100.4	101.1	100.8	100.5	99.8
100.0	100.1	100.1	100.0	100.1	100.0	100.0	100.0	100.0	100.0
100.0	100.1	100.1	100.0	100.1	100.0	100.0	100.0	100.0	100.0
107.0	95.8	95.9	97.8	100.6	101.7	102.5	102.3	101.6	112.5
107.0	95.8	95.9	97.8	100.6	101.7	102.5	102.3	101.6	112.5
100.3	99.9	100.0	100.0	100.0	100.6	99.9	100.3	100.0	100.0
100.2	100.0	100.1	100.0	99.9	101.3	100.0	100.0	100.0	100.0
100.5	99.8	100.1	100.0	100.1	100.1	99.8	100.5	100.0	99.9
99.8	99.9	97.4	100.0	100.0	100.1	100.3	100.0	100.0	100.0
100.1	100.0	99.4	100.0	100.4	100.2	99.8	98.9	101.0	100.7
100.1	100.0	99.4	100.0	100.4	100.2	99.8	98.9	101.0	100.7
100.1	100.1	100.0	100.0	100.0	100.0	100.0	100.0	100.0	100.0
100.1	100.1	100.0	100.0	100.0	100.0	100.0	100.0	100.0	100.0

5-21 工业生产者购进价格指数(1992-2017年)
Purchasing Price Indices for Industrial Producers(1992-2017)

(上年=100) (preceding year=100)

年 份 Year	总指数 General Index	燃料、动力类 Fuel and Power	黑色金属材料类 Ferrous Metals	钢 材 Rolle Steel	有色金属材料和电线类 Nonferrous Metals and Wires	化工原料类 Raw Chemical Materials
1992	110.2	115.0	113.9		110.9	106.9
1993	135.5	135.9	165.9	161.4	113.0	110.9
1994	116.6	115.5	102.4	102.2	104.2	107.3
1995	118.2	109.4	98.6	100.3	130.2	118.2
1996	108.4	108.9	101.0	100.5	92.7	106.6
1997	100.7	107.6	98.8	99.2	98.7	97.4
1998	95.2	96.3	96.4	97.6	96.1	92.3
1999	95.6	98.3	95.6	96.4	101.5	94.8
2000	105.6	121.4	99.2	100.6	108.8	106.2
2001	100.2	103.2	101.6	100.0	94.4	98.9
2002	97.7	99.0	99.2	98.2	98.5	96.4
2003	108.2	109.0	111.5	108.5	106.2	104.9
2004	113.1	109.0	120.6	118.2	117.5	111.2
2005	107.0	114.3	106.5	105.1	112.1	107.9
2006	104.9	112.2	95.2	96.9	125.3	101.6
2007	104.6	104.1	105.7	103.3	109.1	105.1
2008	110.9	113.1	119.3	115.4	101.0	113.2
2009	93.4	93.4	92.1	92.7	83.3	86.9
2010	110.4	115.3	107.2	105.0	124.1	106.6
2011	111.5	115.0	110.7	104.1	108.7	114.3
2012	98.9	101.9	91.7	94.8	97.0	96.9
2013	98.2	97.5	94.5	95.5	95.5	95.6
2014	97.8	96.8	95.9	96.3	95.2	98.9
2015	92.8	88.1	90.7	93.2	92.8	97.3
2016	98.3	95.0	103.5	102.8	98.6	97.3
2017	108.3	116.2	119.2	116.5	117.1	107.2

5-21 续表 Continued

(上年=100) (preceding year=100)

年 份 Year	木材及纸浆类 Timber and Paper Pulp	建筑材料及非金属矿类 Building Material and Non-metal Ore	其他工业原材料及半成品类 Other Materials and Semi-finished Category	农副产品类 Agricultural Products	纺织原料类 Textile Materials
1992	97.1	99.5	102.1	100.7	102.7
1993	115.7	146.4	126.2	104.6	102.7
1994	103.1	122.7	114.2	138.1	143.2
1995	112.6	108.0	97.7	159.3	124.3
1996	95.1	105.7	100.1	124.5	92.1
1997	103.5	93.8	91.1	100.3	97.7
1998	98.9	101.1	93.5	93.9	95.1
1999	102.3	100.7	95.4	86.8	94.8
2000	104.3	97.4	98.3	97.2	102.4
2001	96.6	98.7	101.2	99.5	97.5
2002	96.5	99.3	98.9	92.0	97.7
2003	100.7	101.0	100.9	115.7	103.0
2004	107.2	110.0	114.0	113.0	103.6
2005	102.3	112.3	102.3	96.0	101.4
2006	103.5	99.4	104.5	103.8	102.0
2007	106.3	101.9	112.0	98.9	101.4
2008	108.7	110.3	108.1	105.3	104.4
2009	91.7	95.5	97.6	99.6	97.2
2010	105.8	104.2	106.2	106.9	109.5
2011	106.8	110.0	106.9	108.5	114.5
2012	100.8	104.7	101.1	103.3	94.1
2013	100.0	99.4	100.8	105.4	102.4
2014	99.6	97.5	98.8	102.4	99.3
2015	100.2	97.0	96.9	99.8	91.3
2016	98.8	98.1	97.4	101.2	99.7
2017	108.8	104.7	101.6	102.1	106.9

5-22 分月工业生产者购进价格指数(2017年)

(上年同月=100)

类别	Item	1月 January	2月 February	3月 March
总指数	**General Index**	**108.4**	**110.4**	**110.7**
燃料、动力类	Fules and Power	116.7	124.3	125.8
黑色金属材料类	Material of Black Metal	129.6	131.9	130.4
#钢材	Rolled Steel	120.6	122.8	120.7
其他	Other	155.5	157.7	157.6
有色金属材料和电线类	Material of Non-ferrous Metal Material and ElectricWire	118.2	118.4	116.6
化工原料类	Chemical Material	104.7	106.3	106.9
木材及纸浆类	Wood and Paper Pulp	103.3	104.1	104.6
建筑材料及非金属矿类	Building Material and Non-metal Ore	102.9	102.6	103.2
其他工业原材料及半成品类	Other Industrial Raw Material and Semi-finished Category	100.1	101.2	101.3
农副产品类	Agricultural and Side-line Produces	103.0	102.8	102.8
纺织原料类	Raw Textile Material	108.2	108.6	109.7

5-23 分月工业生产者购进价格环比指数(2017年)

(上年同月=100)

类别	Item	1月 January	2月 February	3月 March
总指数	**General Index**	**101.3**	**101.2**	**100.5**
燃料、动力类	Fules and Power	102.7	102.6	100.4
黑色金属材料类	Material of Black Metal	102.8	102.4	101.7
#钢材	Rolled Steel	102.0	102.1	100.8
其他	Other	104.8	103.0	103.9
有色金属材料和电线类	Material of Non-ferrous Metal Material and ElectricWire	100.8	101.5	100.7
化工原料类	Chemical Material	101.1	101.2	100.8
木材及纸浆类	Wood and Paper Pulp	102.2	100.7	100.5
建筑材料及非金属矿类	Building Material and Non-metal Ore	100.7	99.8	100.5
其他工业原材料及半成品类	Other Industrial Raw Material and Semi-finished Category	100.3	100.6	100.1
农副产品类	Agricultural and Side-line Produces	100.8	100.2	99.9
纺织原料类	Raw Textile Material	101.2	100.3	100.1

Purchasing Price Indices for Industrial Producer by Month(2017)

(same month of preceding year=100)

4 月 April	5 月 May	6 月 June	7 月 July	8 月 August	9 月 September	10 月 October	11 月 November	12 月 December
109.1	**107.7**	**107.2**	**107.3**	**107.7**	**108.9**	**108.5**	**107.2**	**106.4**
123.1	120.1	115.7	114.4	114.5	115.4	111.0	108.6	107.9
121.0	115.1	114.4	115.5	115.9	119.0	118.8	113.4	110.6
115.5	111.2	113.5	115.2	115.7	117.8	117.9	115.4	113.4
135.5	125.1	116.4	116.2	116.4	121.7	120.9	108.4	104.1
116.5	114.6	115.6	115.4	118.0	122.2	122.9	117.0	111.0
106.1	105.7	106.1	106.7	107.4	109.1	109.8	109.7	107.9
105.4	106.4	108.0	108.9	110.2	113.2	114.8	114.1	112.4
103.3	104.3	104.6	105.1	105.3	105.2	105.2	105.4	109.6
101.0	100.6	100.9	100.8	101.5	102.6	102.8	103.1	103.1
102.3	101.5	101.5	102.8	102.3	101.4	101.7	101.8	101.1
108.4	108.4	109.0	107.1	105.9	105.7	104.7	104.3	103.9

Purchasing Price Chain Indices for Industrial Producer by Month(2017)

(same month of preceding year=100)

4 月 April	5 月 May	6 月 June	7 月 July	8 月 August	9 月 September	10 月 October	11 月 November	12 月 December
99.5	**99.2**	**99.5**	**100.1**	**100.6**	**101.5**	**100.9**	**100.6**	**101.2**
99.3	98.7	98.1	98.7	99.4	101.7	101.5	101.7	102.9
97.9	97.4	98.1	100.6	102.7	103.1	101.5	99.5	102.5
98.8	98.7	99.8	101.1	102.2	102.7	101.0	100.8	102.7
96.1	94.6	94.0	99.2	104.0	104.2	102.6	96.5	102.1
99.1	98.2	100.5	101.4	103.3	103.7	102.1	99.4	99.6
99.4	99.3	100.0	100.4	101.1	101.9	101.2	101.1	100.2
100.2	100.8	101.4	100.7	101.4	102.6	101.3	100.1	100.0
100.6	100.3	100.2	100.2	100.0	100.2	100.6	101.7	104.3
99.8	99.8	100.1	100.0	100.1	101.1	100.2	100.5	100.3
100.0	99.4	99.8	100.5	99.9	100.2	99.9	100.0	100.4
100.0	100.2	100.1	99.9	100.3	99.9	100.4	100.9	100.5

5-24 武汉市房地产价格指数(2017年)

(上年同月＝100)

指　标	Item	1 月 January	2 月 February	3 月 March
新建住宅销售价格指数	**Sales Price Indices of New Houses**	**123.0**	**121.7**	**120.2**
商品住宅	Commercialized Buildings	124.2	122.8	121.2
$90m^2$及以下	$90m^2$ and Below	125.4	124.1	122.4
$90-144m^2$	$90-144m^2$	124.8	123.5	121.9
$144m^2$以上	Above $144m^2$	120.5	118.6	116.9
二手住宅销售价格指数	**Sales Price Indices of Second-hand Housing**	**121.9**	**122.1**	**122.0**
$90m^2$及以下	$90m^2$ and Below	123.0	123.4	122.9
$90-144m^2$	$90-144m^2$	122.6	122.8	123.2
$144m^2$以上	Above $144m^2$	118.2	117.9	117.2

5-25 宜昌市房地产价格指数(2017年)

(上年同月＝100)

指　标	Item	1 月 January	2 月 February	3 月 March
新建住宅销售价格指数	**Sales Price Indices of New Houses**	**105.9**	**106.3**	**107.2**
商品住宅	Commercialized Buildings	106.0	106.5	107.3
$90m^2$及以下	$90m^2$ and Below	105.3	106.2	107.2
$90-144m^2$	$90-144m^2$	106.1	106.5	107.3
$144m^2$以上	Above $144m^2$	106.4	106.5	107.5
二手住宅销售价格指数	**Sales Price Indices of Second-hand Housing**	**103.5**	**103.8**	**104.0**
$90m^2$及以下	$90m^2$ and Below	104.3	104.1	104.4
$90-144m^2$	$90-144m^2$	103.3	103.8	103.9
$144m^2$以上	Above $144m^2$	102.7	102.7	103.0

5-26 襄阳市房地产价格指数(2017年)

(上年同月＝100)

指　标	Item	1 月 January	2 月 February	3 月 March
新建住宅销售价格指数	**Sales Price Indices of New Houses**	**103.2**	**103.3**	**103.5**
商品住宅	Commercialized Buildings	103.2	103.3	103.6
$90m^2$及以下	$90m^2$ and Below	103.7	104.0	104.0
$90-144m^2$	$90-144m^2$	103.3	103.2	103.5
$144m^2$以上	Above $144m^2$	102.3	102.8	103.3
二手住宅销售价格指数	**Sales Price Indices of Second-hand Housing**	**100.8**	**101.5**	**102.1**
$90m^2$及以下	$90m^2$ and Below	101.0	101.8	102.4
$90-144m^2$	$90-144m^2$	101.4	102.0	102.4
$144m^2$以上	Above $144m^2$	98.4	99.3	100.2

Price Indices for Real Estate of Wuhan(2017)

(same month of preceding year=100)

4 月 April	5 月 May	6 月 June	7 月 July	8 月 August	9 月 September	10 月 October	11 月 November	12 月 December
118.3	**116.0**	**114.2**	**112.1**	**108.6**	**104.6**	**101.6**	**100.1**	**100.6**
119.2	116.8	114.9	112.7	109.0	104.8	101.7	100.1	100.6
120.0	117.8	115.3	113.1	109.3	104.3	101.8	100.4	101.0
119.5	117.0	115.3	113.0	109.3	105.3	102.1	100.2	100.9
116.8	114.4	112.6	110.8	107.7	103.6	100.0	99.1	99.2
122.1	**121.5**	**120.8**	**119.6**	**117.7**	**114.0**	**111.7**	**109.6**	**108.9**
123.3	122.3	121.8	120.7	118.5	114.4	112.1	110.4	109.8
123.1	122.7	121.9	120.6	118.8	114.9	112.5	109.6	108.6
117.3	117.3	116.2	114.9	113.5	111.2	109.1	108.2	108.0

Price Indices for Real Estate of Yichang(2017)

(same month of preceding year=100)

4 月 April	5 月 May	6 月 June	7 月 July	8 月 August	9 月 September	10 月 October	11 月 November	12 月 December
109.1	**110.5**	**111.5**	**111.3**	**110.6**	**109.8**	**108.8**	**108.6**	**108.4**
109.2	110.7	111.7	111.4	110.8	110.0	108.9	108.8	108.6
109.2	110.9	111.7	111.5	110.6	109.5	108.0	107.8	107.4
109.4	110.8	111.8	111.5	111.1	110.2	109.4	109.2	109.0
108.4	109.8	111.1	111.0	109.5	109.3	107.6	107.6	107.4
105.2	**106.5**	**107.6**	**107.5**	**107.0**	**106.6**	**105.8**	**106.0**	**106.1**
105.5	106.8	108.1	107.9	107.6	107.1	106.4	106.1	106.1
105.1	106.3	107.4	107.3	106.8	106.4.	105.5	105.9	106.3
105.1	106.3	107.5	107.4	106.8	106.2	105.5	105.6	105.4

Price Indices for Real Estate of Xiangyang(2017)

(same month of preceding year=100)

4 月 April	5 月 May	6 月 June	7 月 July	8 月 August	9 月 September	10 月 October	11 月 November	12 月 December
104.4	**104.7**	**106.8**	**107.3**	**107.1**	**107.2**	**106.9**	**106.7**	**106.4**
104.4	104.7	106.9	107.3	107.2	107.2	107.0	106.8	106.4
104.4	104.9	107.1	108.3	108.0	107.4	107.8	108.5	109.2
104.3	104.7	106.9	107.1	106.9	107.3	106.8	106.5	105.8
104.8	104.7	106.8	107.2	107.4	107.1	106.6	106.2	105.8
102.8	**103.3**	**104.1**	**104.4**	**104.1**	**104.3**	**104.3**	**104.7**	**105.0**
103.0	103.5	104.1	104.5	103.9	103.9	103.7	103.7	104.0
103.2	103.5	104.3	104.5	104.3	104.7	105.0	105.5	105.8
101.1	102.2	103.4	103.9	103.5	103.5	103.5	103.9	104.4

5-27 固定资产投资价格指数(2017年)
Price Indices of Investment in Fixed Assets(2017)

(上年同月＝100) (same month of preceding year=100)

类别	Item	全年 Annual Year	一季度 First Quarter	二季度 Second Quarter	三季度 Third Quarter	四季度 Fourth Quarter
总指数	**General Index**	**105.9**	**103.9**	**104.5**	**104.7**	**109.4**
建筑安装工程	Construction and Installation	108.0	105.4	106.1	106.4	112.7
设备、工器具	Purchase of Equipment, Tools & Instruments	100.8	100.1	100.5	100.5	101.6
其他费用	Others	101.9	101.3	101.9	101.8	102.4

5-28 固定资产投资价格指数(1992-2017年)
Price Indices of Investment in Fixed Assets(1992-2017)

(上年＝100) (preceding year=100)

年份 Year	固定资产投资价格指数 Price Indices of Investment in Fixed Assets	建筑安装工程 Construction and Installation	设备、工器具购置 Purchase of Equipment, Tools & Instruments	其他费用 Others
1992	117.0	117.9	116.7	111.2
1993	127.4	130.5	119.2	130.2
1994	107.9	106.8	109.3	110.0
1995	105.0	103.5	107.9	106.4
1996	104.0	105.2	101.8	103.4
1997	102.1	102.3	100.4	104.6
1998	100.5	100.5	100.8	100.1
1999	99.5	99.2	99.0	101.0
2000	101.7	103.0	98.9	101.4
2001	100.1	100.6	98.4	100.8
2002	99.8	100.6	97.1	101.2
2003	103.3	105.9	98.1	102.5
2004	106.0	109.2	99.6	104.7
2005	102.2	102.1	100.7	104.5
2006	101.8	101.2	102.0	103.6
2007	104.1	104.9	101.5	104.2
2008	109.4	112.2	102.7	108.2
2009	98.8	96.8	99.0	106.8
2010	104.7	105.9	99.8	106.1
2011	107.3	109.3	100.4	106.6
2012	101.8	102.1	99.7	103.3
2013	100.5	100.5	99.0	102.6
2014	101.0	101.1	99.5	102.6
2015	99.4	99.1	99.5	101.2
2016	100.1	100.2	99.1	100.7
2017	105.9	108.0	100.8	101.9

5-29 农产品生产者价格指数(2017年)
Producers Price Indices for Farm Products(2017)

(上年=100) (preceding year=100)

指　标	Item	全年 Annual Year	1季度 First Quarter	2季度 Second Quarter	3季度 Third Quarter	4季度 Fourth Quarter
总指数	**General Index**	**99.3**	**103.0**	**96.2**	**101.6**	**95.6**
农业产品	**Crop Products**	**103.5**	**106.1**	**103.7**	**108.3**	**96.3**
谷物	Cereals	102.4	102.6	103.0	103.5	99.2
稻谷	Rice	101.5	102.7	102.6	100.9	99.3
早籼稻	Early Long Grained Nonglutinous Rice	104.2			104.6	103.8
中籼稻	Mid Long Grained Nonglutinous Rice	100.8	101.9	102.2	100.4	98.4
晚籼稻	Late Long Grained Nonglutinous Rice	102.0	105.1	103.8	99.6	99.6
小麦	Wheat	109.1	111.1	105.7	103.6	116.7
玉米	Corn//Maize	98.1	100.0	94.6	107.5	92.3
薯类	Tubers	97.9	111.4	59.6	106.7	90.6
甘薯	Sweet Potato	96.9	111.7		84.4	87.0
马铃薯	Potato	98.3	124.5	59.6	107.3	92.1
油料	Oil-bearing Crops	113.3	103.5	114.8	123.4	96.3
花生	Peanuts	97.5	103.5	96.8	93.1	96.3
油菜籽	Rapeseeds	121.6		117.8	125.6	
芝麻	Sesames	94.1			94.1	
豆类	Beans	97.8	102.2	101.3	96.1	92.4
大豆	Soybean	97.8	102.2	101.3	96.1	92.4
棉花(籽棉)	Cotton	101.6	125.0		97.0	87.5
生苎麻	Ramie	100.0		100.0		
甘蔗	Sugar Cane					
莲子	Lotus Seed					
蔬菜及食用菌	Vegetables and Mushroom	98.3	101.2	98.1	104.5	94.6
蔬菜	Vegetables	97.6	97.2	98.1	105.4	93.2
叶菜类蔬菜	Leaf Vegetables	99.2	88.0	98.6	96.2	104.5
芹菜	Celery	97.9	82.9	84.4	108.5	102.6
油菜	Rape	81.6			83.3	80.0
菠菜	Spinach	101.9	97.1	100.0	100.0	110.2
苋菜	Amaranth	97.0	85.2	95.9	104.3	114.7
空心菜	Swamp Morningglory	96.3		96.3		
小白菜	Chinese White Cabbage	98.2		98.2		
大白菜	Chinses Cabbage	96.0	98.8	104.0	82.5	99.4
普通白菜	Cabbage	91.4	72.6	93.0	104.1	89.3
菜心(菜薹)	Flowering Chinese Cabbage	90.9	84.3	80.2		110.9
紫菜薹	Purple Tsai-tai	84.9	59.5			103.5

5-29 续表 1 Continued

(上年＝100) (preceding year=100)

指　标	Item	全年 Annual Year	1季度 First Quarter	2季度 Second Quarter	3季度 Third Quarter	4季度 Fourth Quarter
甘蓝类蔬菜	Cabbage Vegetables	81.3	74.1	91.9	93.4	75.3
结球甘蓝	Wild Cabbage	87.2	86.0	104.1	93.4	71.1
花椰菜	Cawliflower	75.0	65.3	83.5		81.2
根茎类蔬菜	Root and Tuber Vegetable	103.1	134.3	107.7	88.5	93.4
白萝卜	Radish	105.8	147.4	111.0	88.5	95.2
胡萝卜	Carrot	98.3	100.0	100.0		91.1
瓜菜类蔬菜	Gourd Vegetable	95.7	82.8	95.3	98.1	103.6
黄瓜	Cucumber	94.6	82.8	97.4	95.9	112.3
冬瓜	White Gourd	90.0				90.0
西葫芦	Summer Squash	76.9		76.9		
苦瓜	Balsam Pear	92.1		92.1		
南瓜	Pumpkin	97.2		91.2	103.1	
丝瓜	Towed Gourd	100.3		100.3		
瓠瓜	Bottle Gourd					
豆类蔬菜	Garden Beans	106.3	109.7	95.8	120.2	103.2
扁豆	Lentils					
豇豆	Cowpeas	102.5	109.7	94.2	103.2	99.2
豌豆	Pea					
四季豆	Kidney Beans	108.5		98.2	130.6	106.7
毛豆	Green Soy Bean					
蚕豆	Broad Bean					
茄果类蔬菜	Eggplant, Tomato and Chile, etc.	98.7	104.0	87.8	103.0	88.6
茄子	Eggplant	106.6	123.8	97.3	98.2	100.7
青椒	Sweetbell	102.0	130.1	78.5	94.6	99.8
西红柿	Tomato	97.5	98.2	91.2	121.7	84.4
莴苣及菊苣类蔬菜	Lettuce Vegetables	92.9	93.2	82.6	99.2	89.6
生菜	Romaine Lettuce					
莴笋	Lettuce	92.9	93.2	82.6	99.2	89.6
葱蒜类蔬菜	Onion and Garlic	98.0	98.2	100.0	112.4	83.2
大葱	Scallion	89.6	79.4	100.0	77.9	95.9
细香葱	Shallot	86.4		87.1		84.0

5-29 续表 2 Continued

(上年＝100) (preceding year=100)

指 标	Item	全年 Annual Year	1季度 First Quarter	2季度 Second Quarter	3季度 Third Quarter	4季度 Fourth Quarter
大蒜	Garlic Heat	84.1	82.3			86.0
蒜苗	Garlic Bolt	89.8		120.3		74.4
韭菜	Fragrant-Flowered Garlic					
水生蔬菜	Water Vagetable	94.4	100.0	100.0		89.2
莲藕	Lotus Root	94.1	100.0			89.2
芦笋	Asparagus					
食用菌	Mushroom	100.2	105.4	97.9	99.7	100.5
平菇	Oyster Mushroom	106.2	100.1	114.2		
双孢蘑菇	Common Cultivatea Mushroom					
香菇	Mushroom	100.3	105.9	96.7	97.1	102.2
黑木耳	Black Edible Fungus	98.6	98.6	100.0	100.0	95.8
水果及坚果	Fruits and Nuts	107.9	107.7	111.3	97.2	109.0
水果(园林水果)	Garden Fruits	110.2	108.0	111.3	97.4	116.2
梨	Pear	100.0			100.0	
柑橘类水果	Citrus	115.0	108.0	131.0	115.9	117.0
柑橘	Mandarin Orange	110.5	92.9		115.9	117.8
橙	Orange	124.5	114.1	131.0		113.0
葡萄	Grape	96.5			96.5	
巨峰葡萄	Kyoho Grape	96.5			96.5	
瓜类水果	Melon	97.4		102.1	91.0	97.2
西瓜	Watermelon	97.4		102.1	91.0	97.2
香瓜	Muskmelon					
其他水果	Other Fruits	102.9		107.1	93.6	107.7
樱桃	Cherry					
桃	Peach	102.9		107.1	93.6	107.7
李子	Plum					
核桃	Walnut	96.5	96.0		97.3	96.1
山核桃	Hickory					
茶叶	Tea	102.5	101.0	105.9	102.5	107.4
绿茶	Green Tea	102.5	101.0	105.9	102.5	107.4
中草药材	Chinese Medicinal Materials	105.2	110.2	106.1	102.6	102.0
党参	Tangshen					
黄连	Rhizome of Chinese Goldthread					

5-29 续表 3 Continued

(上年＝100) (preceding year=100)

指 标	Item	全年 Annual Year	1季度 First Quarter	2季度 Second Quarter	3季度 Third Quarter	4季度 Fourth Quarter
贝母	Bulb of Chinese Wolfberry					
天麻	Tuber of Elevated Gastrodia	108.4	111.0	116.3	105.7	101.5
大黄、籽黄	Chinese Rhubarb					
白术	Largehead Atractyldes					
杜仲	Eucommia Ulmoides	101.0		90.8	101.9	112.1
茯苓	Fuling	104.1	109.9	108.7	100.0	100.0
云木香	Aucklandia					
厚朴	Cortex Magnoliae Officinalis					
板蓝根	Root of Commom Baphicanthus					
黄姜	Turmeric					
其他中草药材	Others					
林业产品	**Forestry Products**	**103.1**	**103.9**	**96.3**	**100.0**	**90.6**
苗木类	Seedlings	100.4	103.2	97.4	100.0	90.0
杉树树苗	China Fir	102.6	109.2	100.1	100.0	90.0
柏树树苗	Cypress					
松树树苗	Pine Tree	100.0	100.0	100.0	100.0	
银杏树苗	Ginkgo					
杨树类树苗	Poplar					
樟树类树苗	Camphor	99.3	99.3	93.9	100.0	
其他阔叶乔木树苗	Others	99.3	99.3	93.9	100.0	
柑橘树苗	Orange Seedlings					
桃树苗	Peach Seedlings					
毛竹苗	Mao Bamboo					
其他灌木树苗	Others					
木材采伐产品	Felling and Transport of Wood	105.4	105.4			
原木	Log					
红松原木	Korean Pine					
落叶松原木	Larch					
马尾松原木	Masson Pine					
薪材	Firewood	105.4	105.4			
竹材采伐产品	Felling and Transport of Bamboo	93.4	91.9	87.5	99.5	93.9
竹材	Bamboo	93.4	91.9	87.5	99.5	93.9
毛竹	Mao Bamboo	93.4	91.9	87.5	99.5	93.9

5-29 续表 4 Continued

(上年=100) (preceding year=100)

指 标	Item	全年 Annual Year	1季度 First Quarter	2季度 Second Quarter	3季度 Third Quarter	4季度 Fourth Quarter
畜牧业产品	**Animal Husbandry Products**	**87.0**	**95.9**	**78.0**	**84.6**	**91.5**
活牲畜	Live Domestic Animals	85.4	98.0	78.3	77.9	87.2
猪	Hogs	84.6	97.7	77.3	77.3	86.6
中猪	Hogs	84.7	97.0	77.2	77.3	86.6
活牛	Cattle and Buffaloes	101.9	105.5	98.5	101.0	103.2
活羊	Sheep and Goats	100.8	99.4	97.5	105.6	101.2
活家禽	Live Poultry	86.7	87.1	72.5	91.8	100.1
活鸡	Chicken	80.3	82.8	56.5	86.3	92.8
活鸭	Duck	94.8	91.9	84.4	104.1	109.1
禽蛋	Poultry Eggs	95.4	87.6	78.5	103.5	115.0
鸡蛋	Chicken's Eggs	96.2	84.8	76.4	103.6	115.0
鸭蛋	Duck's Eggs	89.4	92.6	83.3	92.0	
天然蜂蜜	Natural Honey					
渔业产品	**Fishery Products**	**106.9**	**109.3**	**108.2**	**110.5**	**102.1**
淡水养殖产品	Freshwater Aquatic Products	106.9	109.3	108.2	110.5	102.1
养殖淡水鱼	Freshwater Fish	107.3	109.3	111.1	106.5	102.9
鲤鱼	Carp	104.4	116.3	97.9	107.7	98.1
草鱼	Grass Carp	117.1	115.1	127.5	117.9	108.1
鳙鱼(胖头鱼)	Variegated Carp	106.1	105.2	112.1		102.0
青鱼	Black Carp	101.7	96.7	112.4	103.0	101.2
鲢鱼	Silver Carp	104.4	109.8	104.7	101.9	101.9
鲫鱼	Crucian Carp	104.1	111.0	107.4	96.6	103.2
鳊鲂	Vream	107.2	107.3	118.7	102.1	100.5
鲶鱼	Oriental Sheatfish					
鮰鱼	Catfish					
黄颡鱼	Yellow Catfish	104.3	104.7	120.8		93.8
黄鳝	Ricefield Eel	98.8	98.0	105.0		97.5
乌鳢	Snakehead					
鳖	Turtle	104.5	108.0	111.9		98.0
其他养殖淡水鱼	Other Freshwater Products					
淡水养殖虾	Freshwater Shrimps	104.9		90.1	123.0	96.9
淡水养殖活河蟹	Freshwater Crab	104.6			106.5	102.8

5-30 分季度农产品生产者价格指数

(上年=100)

指 标	Item	2014年 1季度 First Quarter	2014年 2季度 Second Quarter	2014年 3季度 Third Quarter	2014年 4季度 Fourth Quarter
总指数	**General Index**	**98.8**	**98.8**	**101.2**	**98.2**
农业产品	**Crop Products**	**101.3**	**99.7**	**103.6**	**96.9**
谷物	Cereals	101.1	101.5	105.4	102.5
稻谷	Rice	100.9	100.9	103.0	102.5
早籼稻	Early Long Grained Nonglutinous Rice		97.9	104.6	100.0
中籼稻	Mid Long Grained Nonglutinous Rice	97.8	105.5	101.1	104.9
晚籼稻	Late Long Grained Nonglutinous Rice	101.6	100.4	103.1	102.4
小麦	Wheat	104.9	103.9	107.4	104.1
玉米	Corn//Maize	104.9	102.5	100.4	102.7
薯类	Tubers	96.6	107.5	110.4	97.0
甘薯	Sweet Potato				
马铃薯	Potato	90.4	106.6	110.5	98.2
油料	Oil-bearing Crops	85.5	93.9	104.0	100.6
花生	Peanuts	85.5	86.8	106.5	103.6
油菜籽	Rapeseeds		94.2	103.9	99.4
芝麻	Sesames		99.6	112.1	98.2
豆类	Beans	94.7	100.0	95.6	108.5
大豆	Soybean	94.7	100.0	95.6	108.5
棉花(籽棉)	Cotton	104.9	88.7	87.5	82.0
生苎麻	Ramie	98.9	108.3	181.8	106.4
甘蔗	Sugar Cane				
莲子	Lotus Seed	112.9	104.5	90.6	115.7
蔬菜及食用菌	Vegetables and Mushroom	104.1	103.2	101.2	103.3
蔬菜	Vegetables	99.7	105.4	102.4	105.3
叶菜类蔬菜	Leaf Vegetables	94.9	109.0	99.2	107.2
芹菜	Celery	104.9	109.4	104.7	104.0
油菜	Rape				
菠菜	Spinach	94.5	115.7		112.5
苋菜	Amaranth		106.2	94.5	116.1
空心菜	Swamp Morningglory		108.6	82.8	97.1
大白菜	Chinses Cabbage	97.9	101.0	85.7	117.9
根茎类蔬菜	Root and Tuber Vegetable	119.0	100.0	93.4	107.1
白萝卜	Radish	117.9	100.0	93.4	109.2
胡萝卜	Carrot	120.0			
生姜	Ginger				
山药	Chinese Yam	110.0			
瓜菜类蔬菜	Gourd Vegetable	105.9	111.6	108.0	96.0
黄瓜	Cucumber		100.0	112.0	105.8
冬瓜	White Gourd	105.9	138.6	98.6	81.4
苦瓜	Balsam Pear			116.6	
南瓜	Pumpkin		89.1	111.3	111.7
丝瓜	Towed Gourd		101.4	105.5	85.2
瓠瓜	Bottle Gourd		91.2	81.2	

Producers Price Indices for Farm Products by Quarter

(preceding year=100)

2015年				2016年				2017年			
1季度 First Quarter	2季度 Second Quarter	3季度 Third Quarter	4季度 Fourth Quarter	1季度 First Quarter	2季度 Second Quarter	3季度 Third Quarter	4季度 Fourth Quarter	1季度 First Quarter	2季度 Second Quarter	3季度 Third Quarter	4季度 Fourth Quarter
99.0	**99.5**	**98.9**	**99.4**	**112.2**	**109.4**	**103.5**	**106.6**	**103.0**	**96.2**	**101.6**	**95.6**
100.7	**97.2**	**92.3**	**96.7**	**103.0**	**96.3**	**101.3**	**108.1**	**106.1**	**103.7**	**108.3**	**96.3**
102.0	97.4	95.0	97.1	96.7	93.2	93.2	99.2	102.6	103.0	103.5	99.2
102.1	97.8	97.6	97.6	97.3	99.2	96.4	99.1	102.7	102.6	100.9	99.3
	92.9	92.8	104.7	101.7		94.1	94.4			104.6	103.8
101.8		98.9	97.0	97.1	99.3	96.5	99.2	101.9	102.2	100.4	98.4
103.4	101.5	95.8	93.8	94.4	98.9	97.8	102.7	105.1	103.8	99.6	99.6
96.4	96.3	103.0	96.0	93.4	88.5	92.3	88.3	111.1	105.7	103.6	116.7
	112.8	90.8	88.8	90.5	52.3	89.8	103.4	100.0	94.6	107.5	92.3
101.5	85.9	102.3	97.8	151.5	147.1	110.8	116.2	111.4	59.6	106.7	90.6
100.0		94.7	94.4	166.7	114.3	95.0	102.1	111.7		84.4	87.0
106.8	85.9	102.4	100.5	97.2	154.7	111.2	126.7	124.5	59.6	107.3	92.1
104.3	92.5	77.4	91.3	91.9	101.2	112.9	98.8	103.5	114.8	123.4	96.3
104.3	101.6	106.5	105.4	91.3	102.0	98.2	95.3	103.5	96.8	93.1	96.3
	91.0	75.6	101.1	97.5	101.0	114.2	116.9		117.8	125.6	
		85.4	64.1			90.9				94.1	
103.9		92.8	92.4			111.3	107.7	102.2	101.3	96.1	92.4
103.9		92.8	92.4			111.3	107.7	102.2	101.3	96.1	92.4
74.8	100.0		93.6	96.2		94.3	120.3	125.0		97.0	87.5
95.3			62.5	93.8		105.0			100.0		
102.3	100.0	106.1	97.7	115.8	96.8	99.5	109.5	101.2	98.1	104.5	94.6
96.9	100.5	108.7	100.6	138.7	97.2	99.2	113.8	97.2	98.1	105.4	93.2
99.4	100.8	111.2	101.7	104.5	97.1	104.8	96.6	88.0	98.6	96.2	104.5
106.8	99.7	110.8	109.1	105.1	100.0	105.1	107.0	82.9	84.4	108.5	102.6
			100.0	100.0			85.2			83.33	80.0
106.7	97.3		101.9	109.0	99.0	101.2	116.3	97.1	100.0	100.0	110.2
	104.3	107.8	98.0	98.7	79.7	109.3	67.9	85.2	95.9	104.3	114.7
	102.1	117.0							96.3		
97.8	101.3	104.6	94.8	108.2	97.7	139.4	107.2	98.8	104.0	82.5	99.4
100.3	96.5	140.0	98.4	103.9	83.2	98.9	137.1	134.3	107.7	88.5	93.4
97.2	95.1	140.0	93.7	96.9	83.2	98.9	113.1	147.4	111.0	88.5	95.2
105.4			111.1	105.5				100.0	100.0		91.1
104.2											
118.3	97.6	105.6	96.4	117.1	105.5	107.8	102.0	82.8	95.3	98.1	103.6
118.3	97.6	97.2	80.5	117.1	98.0	112.5	116.7	82.8	97.4	95.9	112.3
		125.3	121.4		119.1	96.7	79.1				90.0
	94.4	113.7	88.4						92.1		
	104.2	111.8	96.3						91.2	103.1	
	94.7	106.0							100.3		
	111.9	114.5									

5-30 续表 1

(上年=100)

指　　标	Item	2014年 1季度 First Quarter	2季度 Second Quarter	3季度 Third Quarter	4季度 Fourth Quarter
豆类蔬菜	Garden Beans		89.3	99.3	110.4
豌豆	Pea		110.9	100.0	
四季豆	Kidney Beans		88.1	96.3	107.6
茄果类蔬菜	Eggplant, Tomato and Chile, etc.	84.4	91.8	93.9	114.2
茄子	Eggplant	83.9	85.8	104.2	110.2
青椒	Sweetbell	100.0	94.4	96.2	91.7
辣椒	Chili		83.3	89.3	91.2
西红柿	Tomato		103.0	87.0	141.8
莴笋	Lettuce	116.8	116.4		108.1
葱蒜类蔬菜	Onion and Garlic	102.8	107.7	101.1	89.1
大葱	Scallion	102.0		101.8	82.3
蒜苗	Garlic Bolt	100.0	99.4		100.9
蒜头	Garlic Heat		108.3		
韭菜	Fragrant-Flowered Garlic		129.0	120.3	100.0
水生蔬菜	Water Vagetable	78.1	114.4	114.7	114.3
莲藕	Lotus Root	78.1	114.4	114.7	114.3
食用菌	Mushroom	110.8	97.9	89.8	96.8
香菇	Mushroom	111.1	104.9	111.3	97.1
黑木耳	Black Edible Fungus	98.8	73.9	88.9	92.5
水果及坚果	Fruits and Nuts	95.9	111.9	97.5	93.8
水果(园林水果)	Garden Fruits	95.9	111.9	96.3	91.6
梨	Pear				
柑橘类水果	Citrus	95.9		99.3	91.6
柑橘	Mandarin Orange	103.3		99.3	90.1
橙	Orange	90.4	106.6		104.8
葡萄	Grape				
瓜类水果	Melon				
西瓜	Watermelon		96.6	93.0	77.5
香瓜	Muskmelon				
其他瓜类水果	Others				
桃	Peach		111.9	108.3	
茶叶	Tea		104.4	120.0	96.1
绿茶	Green Tea		104.4	120.0	96.1
中草药材	Chinese Medicinal Materials	79.5	104.0	110.2	94.5
大黄、籽黄	Chinese Rhubarb	102.3	84.5	176.6	112.6
杜仲	Eucommia Ulmoides		109.0	100.0	120.0
茯苓	Fuling	78.1	98.6	116.4	111.0
黄姜	Turmeric	95.5	83.6		

Continued

(preceding year=100)

2015年				2016年				2017年			
1季度 First Quarter	2季度 Second Quarter	3季度 Third Quarter	4季度 Fourth Quarter	1季度 First Quarter	2季度 Second Quarter	3季度 Third Quarter	4季度 Fourth Quarter	1季度 First Quarter	2季度 Second Quarter	3季度 Third Quarter	4季度 Fourth Quarter
	103.3	100.8	103.0		94.0	97.9	135.6	109.7	95.8	120.2	103.2
	116.1										
	101.0	99.1	111.2		100.3	86.1	137.9		98.2	130.6	106.7
105.3	98.3	101.3	102.0	119.3	98.3	102.4	140.6	104.0	87.8	103.0	88.6
	101.4	102.1	102.2	109.1	95.3	103.5	138.9	123.8	97.3	98.2	100.7
96.0	96.8	101.8	100.0	102.7	95.3	99.3	112.6	130.1	78.5	94.6	99.8
109.3	98.4	101.3	89.9	135.1	105.9	114.4	152.5	91.2	90.5	77.3	84.3
96.7	96.3	100.4	112.0	111.7	107.9	97.0	143.4	98.2	91.2	121.7	84.4
105.8	106.3	123.5	95.0	100.0	103.2	74.6	126.8	93.2	82.6	99.2	89.6
57.6	98.5	135.4	106.6	492.9	123.6	78.8	118.8	98.2	100.0	112.4	83.2
45.0	50.0	135.4	117.8	563.0	291.7	78.8	108.2	79.4	100.0	77.9	95.9
	108.6		101.1		111.1		138.4		120.3		74.4
	111.1				150.0			100.0			100.0
93.3	101.0	106.4	110.5								
	106.7	109.1		88.9		100.0	100.0	100.0	100.0		89.2
	106.7	109.1		88.9		100.0	100.0	100.0			89.2
107.7	99.0	91.3	85.7	91.8	95.9	101.0	92.2	105.4	97.9	99.7	100.5
108.9	101.4	101.7	84.1	91.0	94.8	110.2	88.0	105.9	96.7	97.1	102.2
93.7	92.4	90.8	85.7	100.8	101.2	100.0	100.0	98.6	100.0	100.0	95.8
127.3	100.1	101.7	104.9	111.3	90.2	111.9	119.3	107.7	111.3	97.2	109.0
127.9	100.1	103.0	116.6	111.9	90.1	110.2	95.5	108.0	111.3	97.4	116.2
		101.9								100.0	
127.9	122.0	106.3	118.4	111.9	99.8	99.4	94.5	108.0	131.0	115.9	117.0
103.8	122.0	106.3	118.8	135.7	99.8	99.4	87.6	92.9		115.9	117.8
137.4	83.1		116.3	102.5			131.4	114.1	131.0		113.0
		95.8				108.2				96.5	
		101.8	71.4			113.1	121.6		102.1	91.0	97.2
	80.1	101.8	71.4			113.1	121.6		102.1	91.0	97.2
		104.0									
	95.5	98.6	104.9		78.3	117.4	98.8		107.1	93.6	107.7
104.8	95.3	97.6	100.1	84.9	99.0	99.8	106.5	101.0	105.9	102.5	107.4
104.8	95.3	97.6	100.1	84.9	99.0	99.8	106.5	101.0	105.9	102.5	107.4
114.0	96.0	103.7	98.8	99.3	86.6	91.3	109.4	110.2	106.1	102.6	102.0
101.4	93.0		85.6								
102.7	88.2	106.4	87.1	92.9	88.4	92.9	105.8		90.8	101.9	112.1
120.6	92.9	104.2	112.0	100.0	84.9	87.5		109.9	108.7	100.0	100.0

5-30 续表 2

(上年＝100)

指　　标	Item	2014年 1季度 First Quarter	2014年 2季度 Second Quarter	2014年 3季度 Third Quarter	2014年 4季度 Fourth Quarter
林业产品	**Forestry Products**	**101.8**	**102.9**	**105.2**	**102.1**
木材采伐产品	Felling and Transport of Wood	101.0	105.8	110.3	101.2
原木	Log	101.0	105.8	110.3	101.2
落叶松原木	Larch				
马尾松原木	Masson Pine	101.7	101.3	88.0	
杉木原条	China Fir	101.0	105.8	110.3	101.2
杨树原木	Poplar			107.8	101.7
竹材采伐产品	Felling and Transport of Bamboo	100.5	97.8	100.0	103.1
毛竹	Mao Bamboo	100.5	97.8	100.0	103.1
畜牧业产品	**Animal Husbandry Products**	**94.8**	**95.8**	**96.1**	**100.8**
活牲畜	Live Domestic Animals	93.5	92.5	93.2	96.6
猪	Hogs	93.1	92.3	93.1	96.3
中猪	Hogs	92.7	82.6	90.9	95.6
活牛	Cattle and Buffaloes	104.9	102.8	98.5	102.0
活羊	Sheep and Goats	112.4	103.9	109.2	105.5
活家禽	Live Poultry	103.4	104.8	103.5	107.8
活鸡	Chicken	105.6	107.8	106.9	110.7
活鸭	Duck	101.5	102.5	101.6	99.5
禽蛋	Poultry Eggs	101.1	108.7	110.2	107.5
鸡蛋	Chicken's Eggs	102.8	110.7	112.3	107.9
鸭蛋	Duck's Eggs	97.4	104.1	103.1	100.2
天然蜂蜜	Natural Honey	100.0			116.7
猪鬃	Bristles				
渔业产品	**Fishery Products**	**98.9**	**102.4**	**100.8**	**102.1**
淡水养殖产品	Freshwater Aquatic Products	98.9	102.4	100.8	102.1
养殖淡水鱼	Freshwater Fish	98.9	104.7	102.4	101.7
鲤鱼	Carp	99.9	112.6	110.1	102.2
草鱼	Grass Carp	102.5	101.1	100.6	101.5
鳙鱼(胖头鱼)	Variegated Carp	107.5	104.1	101.8	107.5
青鱼	Black Carp	108.6			
鲢鱼	Silver Carp	90.9	104.9	95.9	98.9
鲫鱼	Crucian Carp	104.9	104.8	107.6	100.5
鳊鲂	Vream	100.1	108.3	100.8	95.4
鲶鱼	Oriental Sheatfish			105.4	
鮰鱼	Catfish	96.3	100.0		100.0
黄颡鱼	Yellow Catfish		94.8	111.1	96.6
黄鳝	Ricefield Eel	82.6	90.4	102.6	
乌鳢	Snakehead				
鳖	Turtle				
其他养殖淡水鱼	Other Freshwater Products	114.6	109.7	103.6	101.2

Continued

(preceding year=100)

2015年				2016年				2017年			
1季度 First Quarter	2季度 Second Quarter	3季度 Third Quarter	4季度 Fourth Quarter	1季度 First Quarter	2季度 Second Quarter	3季度 Third Quarter	4季度 Fourth Quarter	1季度 First Quarter	2季度 Second Quarter	3季度 Third Quarter	4季度 Fourth Quarter
101.0	**101.9**	**102.7**	**80.0**	**101.4**	**99.5**	**98.8**	**98.6**	**103.9**	**96.3**	**100.0**	**90.6**
100.5	100.0			104.6			97.9	105.4			
99.7	100.0						97.9				
99.7	100.0	102.2					97.9				
100.8		98.0	80.0	75.0	87.8	95.9	102.3	91.9	87.5	99.5	93.9
100.8		98.0	80.0	75.0	87.8	95.9	102.3	91.9	87.5	99.5	93.9
99.8	**105.2**	**113.5**	**109.4**	**132.5**	**135.5**	**106.0**	**103.5**	**95.9**	**78.0**	**84.6**	**91.5**
99.2	107.5	119.7	113.4	141.1	146.9	111.0	105.0	98.0	78.3	77.9	87.2
99.7	108.1	120.2	114.1	145.0	149.3	111.2	105.2	97.7	77.3	77.3	86.6
105.1	112.8	133.3		141.1	147.0	111.2	105.2	97.0	77.2	77.3	86.6
92.9	106.0	101.8	100.5	104.4	107.1	105.7	104.1	105.5	98.5	101.0	103.2
93.1	93.4	95.2	85.0	83.6	87.8	86.5	92.8	99.4	97.5	105.6	101.2
101.2	99.9	101.4	97.4	97.5	90.4	93.8	99.1	87.1	72.5	91.8	100.1
100.8	100.2	101.4	96.7	94.9	83.9	92.7	95.0	82.8	56.5	86.3	92.8
101.2	99.7	101.4	98.1	100.4	95.3	96.2	104.1	91.9	84.4	104.1	109.1
102.4	95.5	98.9	92.7	99.0	88.0	95.3	96.3	87.6	78.5	103.5	115.0
103.1	92.6	98.9	92.7	103.5	98.8	95.5	96.4	84.8	76.4	103.6	115.0
101.1	102.0	93.2	91.3	91.2	63.8	71.0	69.4	92.6	83.3	92.0	
93.3	**96.3**	**97.4**	**98.4**	**96.9**	**108.9**	**111.7**	**106.0**	**109.3**	**108.2**	**110.5**	**102.1**
93.3	96.3	97.1	98.4	96.9	108.9	111.7	106.0	109.3	108.2	110.5	102.1
93.8	95.8	97.1	97.0	96.2	108.2	114.5	106.1	109.3	111.1	106.5	102.9
99.0	105.5	91.4	100.7	99.4	118.9	111.4	99.0	116.3	97.9	107.7	98.1
91.5	91.8	95.4	94.1	91.7	103.5	117.1	112.8	115.1	127.5	117.9	108.1
94.9	100.2	100.8	98.0	93.8	101.3		101.7	105.2	112.1		102.0
95.5	100.0		97.8	102.8	89.5	109.0	99.1	96.7	112.4	103.0	101.2
90.7	90.9	96.9	97.7	94.4	92.9	105.8	114.3	109.8	104.7	101.9	101.9
90.5	99.0	99.3	97.4	93.9	140.9	123.2	101.6	111.0	107.4	96.6	103.2
93.4	92.8	101.9	96.2	103.4	137.4	112.8	105.5	107.3	118.7	102.1	100.5
				86.5			86.9				
95.6	88.7	95.4	93.5	101.7			86.4				
97.5	95.0	92.5	92.1	115.1	105.4		102.8	104.7	120.8		93.8
108.5	103.1	102.4	105.6	114.0	112.0		97.5	98.0	105.0		97.5
							87.8				
106.7	78.7	104.8	104.8	114.1	96.8		92.7	108.0	111.9		98.0
95.2	95.2	102.0	97.8								

5-31 农产品生产者价格指数
Producers Price Indices for Farm Products

(上年＝100) (preceding year=100)

指 标	Item	2012	2013	2014	2015	2016	2017
总指数	**General Index**	**103.3**	**101.8**	**100.0**	**99.5**	**106.2**	**99.3**
农业产品	**Crop Products**	**103.6**	**101.3**	**100.1**	**96.3**	**100.9**	**103.5**
谷物	Cereals	105.5	99.6	102.4	97.9	96.4	102.4
稻谷	Rice	107.7	98.3	101.8	99.0	97.9	101.5
早籼稻	Early Long Grained Nonglutinous Rice	111.4	99.1	100.9	96.8	96.7	104.2
中籼稻	Mid Long Grained Nonglutinous Rice	106.1	98.1	102.0	99.3	98.0	100.8
晚籼稻	Late Long Grained Nonglutinous Rice	110.1	96.1	101.9	98.9	98.4	102.0
小麦	Wheat	96.7	105.2	104.8	97.8	90.6	109.1
玉米	Corn//Maize	103.7	102.4	102.8	89.6	94.2	98.1
薯类	Tubers	105.0	116.0	102.0	98.9	115.9	97.9
甘薯	Sweet Potato	99.8	108.8	103.5	96.4	112.6	96.9
马铃薯	Potato	107.6	120.4	101.1	100.0	119.3	98.3
油料	Oil-Bearing Crops	104.3	103.2	99.1	88.2	104.1	113.3
花生	Peanuts	101.4	97.5	95.1	103.9	96.7	97.5
油菜籽	Rapeseeds	104.4	103.6	99.2	85.9	107.9	121.6
芝麻	Sesames	106.4	106.5	103.2	72.1	90.9	94.1
豆类	Beans	107.8	101.2	99.6	96.4	109.5	97.8
大豆	Soybean	107.8	101.2	99.6	96.4	109.5	97.8
棉花(籽棉)	Cotton	97.0	99.5	90.8	88.7	103.0	101.6
烤烟叶	Flue-Cured Tobacco	109.5	102.4	121.3	108.8	100.3	103.7
晒烟叶	Sun-Cured Tobacco						
蔬菜及食用菌	Vegetables and Mushroom	107.7	106.1	103.1	101.6	103.7	98.3
蔬菜	Vegetables	110.6	104.7	103.7	103.5	106.5	97.6
叶菜类蔬菜	Leaf Vegetables	111.5	103.6	103.5	102.5	101.3	99.2
芹菜	Celery	101.0	102.0	105.6	106.4	104.4	97.9
油菜	Rape	100.0	102.0		100.0	91.3	81.6
菠菜	Spinach	113.1	106.2	108.6	103.0	106.2	101.9
苋菜	Amaranth	120.3	105.0	105.8	104.4	91.9	97.0
空心菜	Swamp Morningglory	107.1	124.3	98.8	106.8		96.3
香菜	Coriander	109.2	101.0	103.1	103.7		100.0
茼蒿	Chrysanthemum Coronarium	105.1	112.0	101.0	71.3		53.5
小白菜	Chinese White Cabbage	114.6	115.9	108.1	102.2		98.2
大白菜	Chinses Cabbage	101.2	105.9	100.9	100.7	110.2	96.0
普通白菜	Cabbage	124.7	98.0	100.0	102.1	106.6	91.4
乌榻菜	Wuta						
菜心(菜薹)	Flowering Chinese Cabbage	111.3	90.0	104.9	85.9		90.9
紫菜薹	Purple Tsai-Tai	120.0	96.9	103.9	98.4		84.9
甘蓝类蔬菜	Cabbage Vegetables	124.5	97.8	101.5	102.8	103.7	81.3
结球甘蓝	Wild Cabbage	114.3	104.2	86.5	97.0	105.2	87.2
花椰菜	Cawliflower	121.3	98.0	103.6	105.6	102.3	75.0
根茎类蔬菜	Root and Tuber Vegetable	109.4	103.4	105.6	103.2	113.3	103.1
白萝卜	Radish	102.6	102.9	104.8	102.9	100.0	105.8
胡萝卜	Carrot	100.8	107.4	120.0	108.3	105.5	98.3
生姜	Ginger	79.3					
芋头	Taro				89.0		
山药	Chinese Yam		100.0	110.0	104.2		
瓜菜类蔬菜	Gourd Vegetable	116.6	108.8	105.9	108.7	106.6	95.7
黄瓜	Cucumber	107.3	108.9	105.4	101.9	112.2	94.6
冬瓜	White Gourd	115.5	108.3	109.4	123.5	95.2	90.0

5-31 续表 1 Continued

(上年=100) (preceding year=100)

指　　标	Item	2012	2013	2014	2015	2016	2017
西葫芦	Summer Squash	116.6	105.3	107.9	97.7		76.9
苦瓜	Balsam Pear	121.3	107.8	116.6	96.2		92.1
南瓜	Pumpkin	108.4	107.1	96.3	103.1		97.2
丝瓜	Towed Gourd	111.4	107.9	95.9	99.4		100.3
瓠瓜	Bottle Gourd	112.6		88.0	112.7		
豆类蔬菜	Garden Beans	103.1	108.5	95.5	102.8	108.8	106.3
扁豆	Lentils	95.1	106.7	114.8	98.8		
豇豆	Cowpeas	108.6	110.2	99.7	101.7	110.5	102.5
豌豆	Pea	108.9	104.6	104.7	116.1		
四季豆	Kidney Beans	103.0	108.4	95.3	103.3	107.8	108.5
茄果类蔬菜	Eggplant, Tomato and Chile, etc.	113.7	109.8	91.1	100.4	114.7	98.7
茄子	Eggplant	119.0	104.9	89.5	101.7	112.3	106.6
青椒	Sweetbell	106.9	110.3	95.9	98.0	102.8	102.0
辣椒	Chili	100.0	111.2	88.0	100.0	130.8	84.3
西红柿	Tomato	120.6	103.7	102.1	101.5	117.5	97.5
其他茄果类蔬菜	Others	133.3	117.1		100.5		
莴苣及菊苣类蔬菜	Lettuce Vegetables	112.9	99.5	113.2	109.5	101.0	92.9
生菜	Romaine Lettuce	111.0	107.3	110.9	106.3		
莴笋	Lettuce	112.9	99.5	113.2	109.5	101.0	92.9
其他莴苣及菊苣类蔬菜	Others	83.5	102.0		105.0		
葱蒜类蔬菜	Onion and Garlic	92.0	102.5	106.9	100.7	115.1	98.0
大葱	Scallion	108.5	99.5	91.2	92.5	166.0	89.6
细香葱	Shallot	131.5	92.3	105.0	110.8		86.4
大蒜	Garlic Heat	93.5	101.7	102.5	115.5	107.7	84.1
蒜苗	Garlic Bolt	98.0	94.4	100.4	105.0	125.8	89.8
蒜头	Garlic Heat	95.5	100.0	108.3	111.1	150.0	100.0
韭菜	Fragrant-Flowered Garlic	97.9	105.1	115.0	101.3		
洋葱	Onion	98.0	99.5		108.4		
水生蔬菜	Water Vagetable	108.6	107.3	105.3	107.7	97.3	94.4
莲藕	Lotus Root	108.6	107.3	105.3	107.7	97.3	94.1
芦笋	Asparagus	106.6					
食用菌	Mushroom	102.9	109.7	101.3	96.4	96.8	100.2
平菇	Oyster Mushroom	120.0	113.5	114.5	97.4	93.7	106.2
双孢蘑菇	Common Cultivatea Mushroom	97.5	91.5		101.9		
香菇	Mushroom	99.7	112.2	105.4	98.3	95.9	100.3
黑木耳	Black Edible Fungus	107.1	101.9	88.2	90.8	100.5	98.6
花卉	Flowers and Plants				107.7		
兰草	Orchid						
秋海棠	Begonia				101.2		
香樟	Camphor						
银杏	Ginkgo						
玉兰	Magnolia						
水果及坚果	Fruits and Nuts	105.1	104.4	98.8	102.8	110.1	107.9
水果(园林水果)	Garden Fruits	101.2	106.4	97.9	103.6	109.3	110.2
梨	Pear	112.2	98.9		101.9		100.0
雪花梨	Snowflake Pear				105.6		
柑橘类水果	Citrus	86.3	105.2	98.9	109.0	109.1	115.0
柑橘	Mandarin Orange	76.6	104.1	98.4	111.8	104.0	110.5
橙	Orange	75.1	109.9	101.3	102.7	119.8	124.5

5-31 续表 2 Continued

(上年＝100) (preceding year=100)

指 标	Item	2012	2013	2014	2015	2016	2017
葡萄	Grape	113.5	104.2	102.3	71.7	108.2	96.5
巨峰葡萄	Kyoho Grape	108.2	131.7	102.3	73.8	108.2	96.5
瓜类水果	Melon	109.6	90.9	93.7	84.8	117.4	97.4
西瓜	Watermelon	114.7	120.1	89.0	80.7	117.4	97.4
香瓜	Muskmelon	105.5	105.0	100.0	104.0		
甜瓜	Muskmelon						
其他瓜类水果	Others		127.0	95.5			
其他水果	Other Fruits	80.6	93.0	109.7	103.0	98.4	102.9
樱桃	Cherry	114.6			80.0		
桃	Peach	90.6	93.0	109.7	103.0	98.4	102.9
李子	Plum	99.2		100.0			
食用坚果	Nuts	161.3	85.3	108.6	99.3	113.1	99.1
核桃	Walnut	106.6	111.9	105.4	78.9	101.6	96.5
山核桃	Hickory	189.4					
栗子	Chestnut	161.9	85.2	108.6	100.0	113.5	99.2
板栗	Chinese Chestnut	161.9	85.2	108.6	100.0	113.5	99.2
白果	Ginkgo	140.6					
茶及饮料原料	Tea and Other Beverages	99.2	98.3	106.0	101.0	90.7	102.5
茶叶	Tea	99.2	98.3	106.0	101.0	90.7	102.5
绿茶	Green Tea	99.2	98.3	106.0	101.0	90.7	102.5
中草药材	Chinese Medicinal Materials	92.2	91.8	96.3	94.2	98.3	105.2
党参	Tangshen	131.7	110.4	58.4	67.8		
黄连	Rhizome of Chinese Goldthread	66.4	101.3	125.0	90.1		
贝母	Bulb of Chinese Wolfberry	88.2	104.8	125.5	59.0		
天麻	Tuber of Elevated Gastrodia	159.7	102.5	92.4	94.7	95.2	108.4
大黄、籽黄	Chinese Rhubarb	101.6	108.6	106.8	93.2		
白术	Largehead Atractyldes	93.1	96.7	109.0	84.8		
杜仲	Eucommia Ulmoides	88.1	95.0		95.1	94.2	101.0
茯苓	Fuling	76.2	84.8	96.7	105.9	91.7	104.1
云木香	Aucklandia	94.2	88.0	98.4	82.2		
厚朴	Cortex Magnoliae Officinalis	98.1	96.9	95.6	84.5		
板蓝根	Root of Commom Baphicanthus						
黄姜	Turmeric	128.1					
麦冬	Ophiopogon Japonicus				77.8		
其他中草药材	Others	110.0	91.6	98.3	92.9		
林业产品	**Forestry Products**	**107.5**	**104.4**	**104.0**	**99.5**	**99.6**	**103.1**
育种和育苗	Breedings and Seedlings	103.5	108.6	104.6	99.2	100.0	100.4
苗木类	Seedlings	106.5	107.3	108.1	99.2	100.0	100.4
杉树树苗	China Fir	105.6	116.7	108.1	99.9	97.4	102.6
柏树树苗	Cypress	116.4	112.5	111.0	113.7		
松树树苗	Pine Tree	108.8	100.0	121.7	99.5	100.1	100.0
银杏树苗	Ginkgo	100.0	105.9	108.6	100.1		
杨树类树苗	Poplar	114.3	115.8	107.9	100.8		
樟树类树苗	Camphor	110.0	106.7	106.8	97.4	98.4	99.3
桂花树苗	Osmanthus Trees	117.7	105.5	110.7	85.5		
壳斗科类树苗	Fagaceae						
柑橘树苗	Orange Seedlings	100.0	100.0	113.0	104.4		
桃树苗	Peach Seedlings	100.0	100.0	104.2	88.0		
其他果树苗	Others	106.6	85.7	110.0	99.9		

5-31 续表 3 Continued

(上年=100) (preceding year=100)

指 标	Item	2012	2013	2014	2015	2016	2017
毛竹苗	Mao Bamboo				100.0		
木材采伐产品	Felling and Transport of Wood	104.3	104.3	105.8	100.3	98.5	105.4
原木	Log	104.3	104.3	105.8	99.9	97.9	
红松原木	Korean Pine				92.4		
落叶松原木	Larch	105.3	101.3				
马尾松原木	Masson Pine	104.3	105.2	97.5			
杉木原条	China Fir	104.6	105.0	105.8	100.9	97.9	
其他针叶原木	Other Coniferous	102.4	100.0		98.1	97.9	
杨树原木	Poplar	97.2	104.3	105.2			
薪材	Firewood	133.7	112.1	101.1	103.1	104.6	105.4
短条及细枝等	Strip and Twigs	100.0	100.5	98.8	105.4		
竹材采伐产品	Felling and Transport of Bamboo	102.5	102.0	99.8	91.4	90.7	93.4
竹材	Bamboo	102.5	102.0	99.8	91.4	90.7	93.4
毛竹	Mao Bamboo	102.5	102.0	99.8	91.4	90.7	93.4
畜牧业产品	**Animal Husbandry Products**	**98.6**	**99.8**	**98.5**	**107.6**	**117.5**	**87.0**
活牲畜	Live Domestic Animals	97.7	98.4	94.0	110.3	123.8	85.4
猪	Hogs	97.2	98.0	93.8	110.8	125.1	84.6
中猪	Hogs	88.3	97.1	90.7	117.4	124.2	84.7
活牛	Cattle and Buffaloes	125.8	120.5	102.0	100.8	105.3	101.9
活羊	Sheep and Goats	110.1	111.8	107.7	92.1	87.4	100.8
活家禽	Live Poultry	100.0	101.4	105.2	100.3	95.6	86.7
活鸡	Chicken	99.2	95.8	106.8	99.9	93.4	80.3
活鸭	Duck	99.3	106.3	101.3	100.8	98.6	94.8
禽蛋	Poultry Eggs	101.5	107.2	107.4	97.3	95.5	95.4
鸡蛋	Chicken's Eggs	102.2	106.8	108.2	97.3	98.4	96.2
鸭蛋	Duck's Eggs	99.3	108.9	101.2	96.7	73.0	89.4
天然蜂蜜	Natural Honey	103.8	101.4	105.6			
猪鬃	Bristles	147.1					
蚕茧	Silkworm Cocoon						
渔业产品	**Fishery Products**	**110.1**	**109.1**	**102.4**	**96.7**	**107.0**	**106.9**
淡水养殖产品	Freshwater Aquatic Products	110.1	109.1	102.4	96.7	107.0	106.9
养殖淡水鱼	Freshwater Fish	107.3	108.7	102.3	96.3	105.9	107.3
鲤鱼	Carp	99.3	111.0	105.5	99.4	106.5	104.4
草鱼	Grass Carp	105.7	107.5	101.4	94.1	105.8	117.1
鳙鱼(胖头鱼)	Variegated Carp	112.5	106.9	104.7	99.1	100.2	106.1
青鱼	Black Carp	105.6	105.9	108.6	98.1	101.7	101.7
鲢鱼	Silver Carp	108.2	111.1	97.4	95.5	101.6	104.4
鲫鱼	Crucian Carp	108.6	113.0	104.8	97.2	115.0	104.1
鳊鲂	Vream	108.5	102.0	100.8	96.4	114.8	107.2
鲶鱼	Oriental Sheatfish	114.3	100.4	105.4		86.7	
鮰鱼	Catfish	102.7		98.8	93.6	95.0	
黄颡鱼	Yellow Catfish	107.5	101.5	99.9	94.8	106.9	104.3
黄鳝	Ricefield Eel	112.7	113.7	90.9	104.1	111.6	98.8
乌鳢	Snakehead	119.6				87.8	
鳖	Turtle	118.6	112.5		102.9	99.5	104.5
泥鳅	Loach		135.2	144.8	104.4	96.5	92.2
其他养殖淡水鱼	Other Freshwater Products	117.4	100.0	107.8	96.6		
淡水养殖虾	Freshwater Shrimps	104.5	121.[illegible]	102.4	98.3	110.2	104.9
淡水养殖活河蟹	Freshwater Crab	110.4	94.1	105.5	103.9	121.5	104.6

5-32 农产品集贸市场价格(2017年)

单位：元/公斤

指 标	Item	1 月 January	2 月 February	3 月 March	4 月 April
粮食类	**Grain**				
籼稻	Nonglutinous Rice	2.62	2.66	2.68	2.65
粳稻	Round-Grained Rice	2.70	2.74	2.70	2.72
小麦	Wheat	2.16	2.19	2.17	2.14
玉米	Corn//Maize	2.50	2.46	2.09	2.04
大豆	Soybean	5.78	5.76	5.72	5.93
籼米	Long-Grained Nonglutinous Rice	5.05	5.05	5.04	5.06
粳米	Polished Round-Grained Rice	5.39	5.39	5.37	5.67
经济作物类	**Economic Crops**				
棉花(籽棉)	Cotton	6.61	6.67	6.32	6.32
花生仁	Peanut	13.56	13.54	12.99	13.00
油菜籽	Rapeseeds	4.20	4.28	4.32	4.25
畜产品类	**Livestock Products**				
活猪	Live Hogs	18.40	17.34	16.91	15.92
仔猪	Piglet	39.48	41.11	42.73	41.18
猪肉	Pork	31.30	29.20	28.60	28.70
活牛	Live Cattle	27.71	27.00	26.57	26.68
牛肉	Beef	68.80	66.85	66.00	65.70
活羊	Live Sheep	25.28	24.61	24.11	23.61
羊肉	Mutton	53.78	52.00	51.71	50.00
活鸡	Live Chickens	17.34	14.80	15.71	15.38
鸡蛋	Chicken's Eggs	9.68	8.76	7.90	7.58
水产品类	**Aquatic Products**				
草鱼	Grass Carp	14.72	13.88	14.50	15.40
鲤鱼	Carp	9.40	8.98	8.88	9.11
链鱼	Silver Carp	9.32	8.75	8.74	8.96
带鱼	Hairtail	24.18	24.05	24.30	24.65
蔬菜类	**Vegetables**				
大白菜	Chinese Cabbage	3.2	2.84	2.62	2.81
黄瓜	Cucumber	9.76	7.23	6.16	5.70
西红柿	Tomato	8.79	7.98	7.36	6.90
菜椒	Sweetbell	8.56	6.68	6.78	6.70
四季豆	Kidney Beans	13.36	11.30	11.24	11.30
水果类	**Fruits**				
红富士苹果	Hongfushi Apples	11.96	11.40	11.41	11.40
香蕉	Bananas	5.42	5.60	5.63	6.35
橙子	Oranges	9.36	9.36	9.22	10.30

Rural Market Fairs Prices of Agricultural Products(2017)

(yuan/kg)

5 月 May	6 月 June	7 月 July	8 月 August	9 月 September	10 月 October	11 月 November	12 月 December
2.67	2.68	2.63	2.60	2.58	2.62	2.65	2.64
2.73	2.77	2.71	2.70	2.70	2.73	2.73	2.72
2.09	2.14	2.11	2.11	2.12	2.17	2.18	2.20
2.05	2.04	2.05	1.95	1.93	1.97	1.96	1.98
5.86	5.90	5.79	5.82	5.82	5.81	5.85	5.84
5.08	5.12	5.12	5.09	5.07	5.09	5.09	5.09
5.64	5.58	5.51	5.54	5.44	5.41	5.44	5.44
6.40	6.32	6.24	6.24	6.13	6.43	6.25	6.31
12.80	12.86	12.94	12.50	12.70	12.70	12.60	12.60
4.37	4.43	4.59	4.70	4.77	4.72	4.68	4.68
14.46	13.80	13.78	14.51	14.63	14.68	14.57	15.10
33.71	33.37	33.78	31.91	30.59	28.50	26.90	27.87
27.80	26.10	25.80	26.20	25.95	25.00	24.80	25.20
26.21	25.53	24.81	25.10	24.98	24.81	24.61	24.71
65.40	64.40	62.60	63.40	63.60	63.20	63.80	64.60
23.11	22.54	21.94	21.94	21.54	22.11	23.95	24.28
49.43	48.50	48.80	49.20	47.14	49.33	51.44	53.89
15.22	15.63	16.22	17.02	17.62	17.96	17.76	17.78
7.05	7.66	7.80	10.12	10.86	10.36	10.30	10.86
15.50	15.60	15.70	16.10	15.60	15.20	14.70	14.80
9.50	9.44	9.50	9.67	9.80	9.84	9.89	10.00
9.08	9.40	9.50	9.56	9.72	9.93	10.12	10.02
24.68	25.43	25.68	25.68	25.68	25.68	26.05	26.05
3.10	3.19	3.39	3.82	3.52	3.76	3.26	2.48
4.60	4.40	4.25	5.18	5.60	6.45	6.50	6.33
6.15	5.40	5.66	5.75	6.23	7.00	6.10	6.20
5.40	4.30	4.30	4.66	5.64	6.20	5.80	6.05
7.50	7.50	8.20	8.40	9.60	9.60	9.70	10.70
11.80	11.66	11.90	11.86	12.10	12.38	12.16	12.06
6.72	6.39	5.85	5.85	5.47	5.21	5.25	5.58
10.50	10.67	11.13	11.25	11.88	12.22	11.56	11.05

5-33 农产品集贸市场价格指数(2017年)

(上年同月=100)

指　标	Item	1月 January	2月 February	3月 March	4月 April
粮食类	**Grain**				
籼稻	Nonglutinous Rice	100.2	101.0	101.6	100.8
粳稻	Round-Grained Rice	98.8	101.6	100.0	100.7
小麦	Wheat	103.3	103.9	102.9	101.6
玉米	Corn//Maize	95.5	95.1	95.6	89.9
大豆	Soybean	101.2	99.7	97.8	102.4
籼米	Long-Grained Nonglutinous Rice	101.4	101.3	101.1	101.5
粳米	Polished Round-Grained Rice	101.1	100.9	101.1	106.7
经济作物类	**Economic Crops**				
棉花(籽棉)	Cotton	114.3	110.0	104.3	104.6
花生仁	Peanut	109.6	108.1	102.7	101.7
油菜籽	Rapeseeds	102.1	104.2	105.0	103.4
畜产品类	**Livestock Products**				
活猪	Live Hogs	101.5	95.1	88.3	80.3
仔猪	Piglet	121.9	122.8	106.4	100.6
猪肉	Pork	108.1	100.9	95.3	92.9
活牛	Live Cattle	106.4	103.8	103.6	104.0
牛肉	Beef	104.8	102.7	102.7	101.2
活羊	Live Sheep	102.2	101.1	99.4	97.4
羊肉	Mutton	91.7	92.2	92.1	88.4
活鸡	Live Chickens	99.9	84.8	91.0	89.1
鸡蛋	Chicken's Eggs	93.3	85.4	82.5	82.6
水产品类	**Aquatic Products**				
草鱼	Grass Carp	125.8	115.9	122.9	124.2
鲤鱼	Carp	106.0	101.3	101.4	103.8
链鱼	Silver Carp	117.8	114.2	114.7	114.1
带鱼	Hairtail	97.7	96.0	97.5	99.1
蔬菜类	**Vegetables**				
大白菜	Chinese Cabbage	113.1	85.3	57.2	70.6
黄瓜	Cucumber	117.9	76.9	75.6	102.2
西红柿	Tomato	122.1	97.4	88.4	91.3
菜椒	Sweetbell	140.3	80.7	65.1	92.8
四季豆	Kidney Beans	118.5	69.8	77.2	96.7
水果类	**Fruits**				
红富士苹果	Hongfushi Apples	97.2	93.1	93.5	93.4
香蕉	Bananas	89.1	89.9	94.6	106.7
橙子	Oranges	99.0	103.4	107.7	122.6

Rural Market Fairs Price Indices of Agricultural Products(2017)

(same month of preceding year=100)

5 月 May	6 月 June	7 月 July	8 月 August	9 月 September	10 月 October	11 月 November	12 月 December
101.5	102.1	100.6	101.0	101.9	102.2	102.3	101.1
101.3	104.1	102.7	103.3	102.6	104.2	103.4	101.5
100.1	101.2	100.0	99.6	102.1	101.5	103.3	100.9
90.5	88.7	89.4	91.6	90.5	94.7	95.1	78.9
102.4	102.3	100.2	100.0	101.0	101.6	101.9	100.9
102.0	102.9	103.0	102.4	101.7	102.5	102.2	103.5
106.2	105.9	103.9	104.5	103.4	101.6	101.5	101.3
106.3	106.0	105.4	97.5	94.4	105.1	94.6	93.3
99.6	97.1	92.4	88.0	95.5	94.8	93.7	94.0
110.1	114.6	117.6	118.3	120.0	117.5	117.0	114.4
69.7	67.4	72.4	77.1	78.6	84.8	85.4	86.4
80.3	82.4	83.3	78.8	79.3	78.8	74.7	75.9
89.1	83.1	85.4	85.6	85.6	84.6	84.2	84.8
102.5	99.3	94.9	96.5	94.5	94.3	93.9	92.0
100.8	98.5	95.7	96.9	97.2	97.7	98.3	99.2
95.6	94.5	91.9	91.9	90.3	91.6	99.2	100.7
83.3	81.1	83.0	83.7	80.4	88.5	92.3	104.5
87.8	89.6	93.6	98.1	103.4	105.4	104.0	104.5
77.2	85.1	84.4	108.1	111.7	109.5	107.0	113.8
122.4	118.2	114.6	114.8	120.0	111.4	109.8	107.8
100.8	97.7	97.7	101.8	104.3	118.9	119.4	120.3
113.8	112.6	110.7	108.0	108.8	109.8	115.4	116.0
99.5	102.5	115.4	114.2	113.0	108.4	114.5	112.4
103.0	107.8	88.1	103.8	86.3	92.6	91.6	72.9
120.4	145.2	76.2	87.4	100.9	111.2	103.8	95.2
104.9	126.2	109.9	108.9	102.3	105.3	85.8	82.6
103.6	129.5	81.1	86.0	93.2	106.0	93.1	91.7
117.2	150.6	106.5	104.1	112.9	113.6	111.5	104.9
98.3	98.0	98.3	101.4	105.2	106.7	107.0	105.3
107.3	102.9	97.3	92.6	82.1	84.6	96.9	106.7
123.5	127.0	129.4	127.8	133.2	140.9	124.7	123.3

5-34 农产品集贸市场价格环比指数(2017年)

(上月＝100)

指　标	Item	1 月 January	2 月 February	3 月 March	4 月 April
粮食类	**Grain**				
籼稻	Nonglutinous Rice	100.6	101.2	100.8	99.1
粳稻	Round-Grained Rice	100.7	101.8	98.5	100.6
小麦	Wheat	99.3	101.3	99.0	98.7
玉米	Corn//Maize	100.0	98.2	87.2	94.7
大豆	Soybean	99.8	99.7	99.3	103.7
籼米	Long-Grained Nonglutinous Rice	102.6	100.0	99.8	100.4
粳米	Polished Round-Grained Rice	100.2	100.0	99.8	105.5
经济作物类	**Economic Crops**				
棉花(籽棉)	Cotton	97.9	100.8	94.8	100.0
花生仁	Peanut	101.2	99.9	95.9	100.1
油菜籽	Rapeseeds	102.8	102.0	100.8	98.5
畜产品类	**Livestock Products**				
活猪	Live Hogs	105.3	94.3	97.5	94.1
仔猪	Piglet	107.5	104.1	103.9	96.4
猪肉	Pork	105.4	93.3	97.9	100.3
活牛	Live Cattle	103.2	97.4	98.4	100.4
牛肉	Beef	105.7	97.2	98.7	99.5
活羊	Live Sheep	104.8	97.4	98.0	97.9
羊肉	Mutton	104.3	96.7	99.5	96.7
活鸡	Live Chickens	101.9	85.4	106.2	97.8
鸡蛋	Chicken's Eggs	101.5	90.5	90.2	95.9
水产品类	**Aquatic Products**				
草鱼	Grass Carp	107.2	94.3	104.5	106.2
鲤鱼	Carp	113.1	95.5	98.9	102.6
链鱼	Silver Carp	107.9	93.9	99.9	102.5
带鱼	Hairtail	104.3	99.5	101.0	101.4
蔬菜类	**Vegetables**				
大白菜	Chinese Cabbage	94.1	88.8	92.3	107.3
黄瓜	Cucumber	146.8	74.1	85.2	92.5
西红柿	Tomato	117.0	90.8	92.2	93.8
菜椒	Sweetbell	129.7	78.0	101.5	98.8
四季豆	Kidney Beans	131.0	84.6	99.5	100.5
水果类	**Fruits**				
红富士苹果	Hongfushi Apples	104.5	95.3	100.1	99.9
香蕉	Bananas	103.6	103.3	100.5	112.8
橙子	Oranges	104.5	100.0	98.5	111.7

Rural Market Fairs Price Chain Index of Agricultural Products(2017)

(preceding month=100)

5 月 May	6 月 June	7 月 July	8 月 August	9 月 September	10 月 October	11 月 November	12 月 December
100.6	100.5	97.9	99.2	99.1	101.5	101.1	99.6
100.4	101.5	97.8	99.7	100.0	101.0	100.0	99.6
97.8	102.3	98.3	100.0	100.7	102.2	100.5	100.9
100.6	99.7	100.2	95.4	98.8	102.4	99.5	101.0
98.8	100.7	98.1	100.5	100.0	99.8	100.7	99.8
100.4	100.7	100.0	99.5	99.5	100.4	100.0	100.0
99.5	98.9	98.7	100.5	98.2	99.5	100.6	100.0
101.3	98.8	98.7	100.0	98.3	104.8	97.2	101.0
98.5	100.5	100.6	96.6	101.6	100.0	99.2	100.0
102.7	101.3	103.6	102.5	101.4	99.0	99.2	100.0
90.8	95.5	99.8	105.3	100.8	100.3	99.3	103.6
81.9	99.0	101.2	94.5	95.9	93.2	94.4	103.6
96.9	93.9	98.9	101.6	99.0	96.3	99.2	101.6
98.2	97.4	97.2	101.2	99.5	99.3	99.2	100.4
99.5	98.5	97.2	101.3	100.3	99.4	100.9	101.3
97.9	97.5	97.3	100.0	98.2	102.7	108.3	101.4
98.9	98.1	100.6	100.8	95.8	104.6	104.3	104.8
99.0	102.6	103.8	104.9	103.5	101.9	98.9	100.1
93.0	108.7	101.8	129.7	107.3	95.4	99.4	105.4
100.6	100.6	100.6	102.5	96.9	97.4	96.7	100.7
104.3	99.4	100.6	101.8	101.4	100.5	100.5	101.1
101.3	103.5	101.1	100.6	101.7	102.2	101.9	99.0
100.1	103.0	101.0	100.0	100.0	100.0	101.4	100.0
110.3	102.9	106.3	112.7	92.1	106.8	86.7	76.1
80.7	95.7	96.6	121.9	108.1	115.2	100.8	97.4
89.1	87.8	104.8	101.6	108.3	112.4	87.1	101.6
80.6	79.6	100.0	108.4	121.0	109.9	93.5	104.3
66.4	100.0	109.3	102.4	114.3	100.0	101.0	110.3
103.5	98.8	102.1	99.7	102.0	102.3	98.2	99.2
105.8	95.1	91.5	100.0	93.5	95.2	100.8	106.3
101.9	101.6	104.3	101.1	105.6	102.9	94.6	95.6

5-35 农产品集贸市场价格及指数

指 标	Item	1月								
		价 格 (元/公斤) Price (yuan/kg)			价格变动 (上月=100) Price Movements (preceding month=100)			价格变动 (上年同期=100) Price Movements (preceding year=100)		
		2015	2016	2017	2015	2016	2017	2015	2016	2017
粮食类	**Grain**									
籼稻	Nonglutinous Rice	2.7	2.6	2.6	99.9	101.1	100.6	103.9	98.1	100.2
粳稻	Round-Grained Rice	2.8	2.7	2.7	99.6	100.1	100.7	99.9	97.8	98.8
小麦	Wheat	2.2	2.1	2.2	98.3	100.6	99.3	100.0	93.3	103.3
玉米	Corn//Maize	2.5	2.3	2.5	98.0	98.8	100.0	101.3	92.4	95.5
大豆	Soybean	6.1	5.7	5.8	99.3	100.2	99.8	99.8	94.4	101.2
籼米	Long-Grained Nonglutinous Rice	4.9	5.0	5.1	100.4	100.0	102.6	102.2	102.0	101.4
粳米	Polished Round-Grained Rice	5.2	5.3	5.4	101.6	100.9	100.2	104.0	102.9	101.1
经济作物类	**Economic Crops**									
棉花(籽棉)	Cotton	5.9	5.8	6.6	98.1	99.8	97.9	76.3	98.5	114.3
花生仁	Peanut	12.4	12.4	13.6	100.8	99.7	101.2	103.9	100.0	109.6
油菜籽	Rapeseeds	4.8	4.1	4.2	100.0	101.3	102.8	96.9	86.6	102.1
畜产品类	**Livestock Products**									
活猪	Live Hogs	14.0	18.1	18.4	100.2	108.7	105.3	106.1	129.2	101.5
仔猪	Piglet	25.5	32.4	39.5	103.2	106.9	107.5	101.9	127.1	121.9
猪肉	Pork	24.7	29.0	31.3	100.6	104.8	105.4	99.7	117.2	108.1
活牛	Live Cattle	32.4	26.1	27.7	101.4	100.8	103.2	100.8	80.4	106.4
牛肉	Beef	65.5	65.7	68.8	100.5	104.0	105.7	98.2	100.2	104.8
活羊	Live Sheep	26.6	24.7	25.3	101.9	97.6	104.8	102.8	93.1	102.2
羊肉	Mutton	59.3	58.6	53.8	102.1	107.0	104.3	106.1	98.9	91.7
活鸡	Live Chickens	16.7	17.4	17.3	102.7	101.3	101.9	116.4	103.7	99.9
鸡蛋	Chicken's Eggs	11.9	10.4	9.7	96.2	102.7	101.5	115.8	87.5	93.3
水产品类	**Aquatic Products**									
草鱼	Grass Carp	13.6	11.7	14.7	99.1	98.2	107.2	92.0	86.2	125.8
鲤鱼	Carp	8.8	8.9	9.4	101.0	99.8	113.1	93.2	101.0	106.0
链鱼	Silver Carp	7.5	7.9	9.3	99.1	100.9	107.9	85.2	105.5	117.8
带鱼	Hairtail	24.5	24.8	24.2	100.5	99.8	104.3	106.8	101.1	97.7
蔬菜类	**Vegetables**									
大白菜	Chinese Cabbage	2.0	2.8	3.2	82.9	100.7	94.1	100.5	142.2	113.1
黄瓜	Cucumber	7.9	8.3	9.8	107.6	108.2	146.8	98.0	104.8	117.9
西红柿	Tomato	6.5	7.2	8.8	108.3	101.4	117.0	78.2	110.8	122.1
菜椒	Sweetbell	7.4	6.1	8.6	118.4	108.5	129.7	86.2	82.4	140.3
四季豆	Kidney Beans	10.5	11.3	13.4	111.7	105.1	131.0	69.2	107.3	118.5
水果类	**Fruits**									
红富士苹果	Hongfushi Apples	12.5	12.3	12.0	100.5	99.6	104.5	115.7	98.4	97.2
香蕉	Bananas	8.0	6.1	5.4	103.8	108.6	103.6	114.4	76.5	89.1
橙子	Oranges	9.2	9.5	9.4	93.7	99.4	104.5	120.7	103.2	99.0

Rural Market Fairs Prices of Agricultural Products and Indices

2月									3 月								
价 格 (元/公斤) Price (yuan/kg)			价格变动						价 格 (元/公斤) Price (yuan/kg)			价格变动					
			(上月=100) Price Movements (preceding month=100)			(上年同期=100) Price Movements (preceding year=100)						(上月=100) Price Movements (preceding month=100)			(上年同期=100) Price Movements (preceding year=100)		
2015	2016	2017	2015	2016	2017	2015	2016	2017	2015	2016	2017	2015	2016	2017	2015	2016	2017
2.7	2.6	2.7	99.6	100.4	101.2	103.1	98.9	101.0	2.7	2.6	2.7	100.5	100.2	100.8	99.9	98.5	101.6
2.8	2.7	2.7	99.3	98.9	101.8	98.9	97.5	101.6	2.8	2.7	2.7	100.1	100.1	98.5	97.3	97.5	100.0
2.2	2.1	2.2	99.4	100.7	101.3	102.3	94.6	103.9	2.2	2.1	2.2	100.8	100.0	99.0	99.1	93.8	102.9
2.5	2.3	2.5	99.8	98.6	98.2	102.5	91.3	95.1	2.5	2.2	2.1	101.2	99.0	87.2	103.2	89.3	95.6
6.1	5.8	5.8	100.2	101.2	99.7	103.1	95.4	99.7	6.0	5.9	5.7	99.7	101.2	99.3	100.8	96.9	97.8
4.9	5.0	5.1	99.4	100.1	100.0	100.0	102.8	101.3	4.9	5.0	5.0	101.6	100.0	99.8	102.2	101.1	101.1
5.2	5.3	5.4	100.2	100.2	100.0	101.2	102.8	100.9	5.3	5.3	5.4	102.4	99.6	99.8	105.7	100.0	101.1
5.8	6.1	6.7	98.2	104.7	100.8	73.0	105.0	110.0	6.1	6.1	6.3	105.6	100.0	94.8	81.4	99.5	104.3
12.8	12.5	13.5	103.5	101.2	99.9	113.0	97.8	108.1	12.7	12.7	13.0	99.5	101.0	95.9	112.7	99.3	102.7
4.8	4.1	4.3	100.0	100.0	102.0	96.0	86.6	104.2	4.8	4.1	4.3	100.0	100.0	100.8	96.9	86.6	105.0
13.9	18.2	17.3	99.2	100.6	94.3	124.0	131.0	95.1	13.1	19.2	16.9	94.0	105.1	97.5	110.7	146.3	88.3
25.4	33.5	41.1	99.8	103.4	104.1	111.3	131.7	122.8	25.7	40.1	42.7	101.1	119.9	103.9	111.3	156.2	106.4
24.8	29.0	29.2	100.4	100.0	93.3	113.6	116.7	100.9	24.0	30.0	28.6	96.9	103.6	97.9	103.8	124.8	95.3
33.1	26.0	27.0	102.3	99.8	97.4	101.5	78.4	103.8	32.9	25.7	26.6	99.2	98.7	98.4	105.4	78.0	103.6
68.6	65.1	66.9	104.7	99.2	97.2	111.5	94.9	102.7	65.9	64.3	66.0	96.1	98.7	98.7	103.0	97.5	102.7
27.1	24.3	24.6	101.9	98.4	97.4	97.9	89.9	101.1	26.1	24.3	24.1	96.3	99.7	98.0	101.7	93.1	99.4
61.8	56.4	52.0	104.2	96.2	96.7	93.6	91.2	92.2	57.4	56.1	51.7	93.0	99.6	99.5	106.4	97.7	92.1
18.0	17.5	14.8	107.4	100.6	85.4	120.9	97.1	84.8	17.2	17.3	15.7	95.6	98.9	106.2	122.5	100.5	91.0
12.1	10.3	8.8	102.0	98.9	90.5	120.6	84.8	85.4	11.4	9.6	7.9	94.5	93.3	90.2	113.5	83.7	82.5
14.2	12.0	13.9	104.7	102.4	94.3	104.3	84.3	115.9	12.8	11.8	14.5	90.2	98.5	104.5	92.0	92.0	122.9
9.5	8.9	9.0	107.9	100.0	95.5	107.6	93.6	101.3	8.8	8.8	8.9	92.5	98.7	98.9	102.3	99.9	101.4
7.7	7.7	8.8	102.8	96.8	93.9	97.0	99.4	114.2	7.3	7.6	8.7	94.4	99.5	99.9	91.2	104.7	114.7
24.1	25.1	24.1	98.5	101.2	99.5	113.9	103.9	96.0	23.6	24.9	24.3	97.9	99.5	101.0	103.7	105.6	97.5
2.8	3.3	2.8	141.2	117.7	88.8	97.9	118.5	85.3	2.9	4.6	2.6	103.2	137.5	92.3	172.6	157.9	57.2
10.4	9.4	7.2	131.6	113.5	74.1	178.4	90.4	76.9	7.6	8.2	6.2	73.1	86.7	85.2	110.1	107.2	75.6
9.2	8.2	8.0	141.5	113.8	90.8	134.7	89.0	97.4	7.5	8.3	7.4	81.5	101.7	92.2	91.9	111.1	88.4
9.7	8.3	6.7	131.1	135.7	78.0	161.7	85.4	80.7	7.5	10.4	6.8	76.8	125.8	101.5	114.6	139.9	65.1
13.3	16.2	11.3	126.7	143.7	84.6	126.7	121.8	69.8	11.1	14.6	11.2	83.5	89.9	99.5	90.2	131.2	77.2
13.6	12.3	11.4	109.1	99.6	95.3	124.3	89.8	93.1	13.5	12.2	11.4	98.7	99.6	100.1	125.8	90.6	93.5
9.1	6.2	5.6	113.8	102.5	103.3	118.0	68.8	89.9	8.3	6.0	5.6	91.7	95.5	100.5	115.3	71.7	94.6
9.9	9.1	9.4	107.5	95.8	100.0	123.1	91.9	103.4	9.8	8.6	9.2	99.0	94.6	98.5	125.0	87.8	107.7

5-35 续表 1

指标	Item	4月								
		价格 (元/公斤) Price (yuan/kg)			价格变动					
					(上月=100) Price Movements (preceding month=100)			(上年同期=100) Price Movements (preceding year=100)		
		2015	2016	2017	2015	2016	2017	2015	2016	2017
粮食类	**Grain**									
籼稻	Nonglutinous Rice	2.6	2.6	2.7	98.6	99.9	99.1	98.4	99.8	100.8
粳稻	Round-Grained Rice	2.7	2.7	2.7	98.8	99.9	100.6	96.1	98.5	100.7
小麦	Wheat	2.1	2.1	2.1	94.6	100.0	98.7	93.5	99.2	101.6
玉米	Corn//Maize	2.5	2.3	2.0	99.5	100.7	94.7	101.9	90.4	89.9
大豆	Soybean	5.9	5.8	5.9	97.7	99.0	103.7	98.5	98.1	102.4
籼米	Long-Grained Nonglutinous Rice	4.8	5.0	5.1	96.9	100.0	100.4	98.9	104.4	101.5
粳米	Polished Round-Grained Rice	5.3	5.3	5.7	100.0	100.0	105.5	104.2	100.0	106.7
经济作物类	**Economic Crops**									
棉花(籽棉)	Cotton	6.1	6.0	6.3	99.9	99.7	100.0	80.9	99.3	104.6
花生仁	Peanut	12.9	12.8	13.0	101.5	101.0	100.1	116.7	98.9	101.7
油菜籽	Rapeseeds	4.7	4.1	4.3	98.6	100.0	98.5	95.6	87.8	103.4
畜产品类	**Livestock Products**									
活猪	Live Hogs	13.8	19.8	15.9	105.2	103.5	94.1	126.1	143.9	80.3
仔猪	Piglet	25.0	40.9	41.2	97.2	101.9	96.4	110.6	163.9	100.6
猪肉	Pork	23.4	30.9	28.7	97.2	103.0	100.3	109.8	132.3	92.9
活牛	Live Cattle	34.0	25.7	26.7	103.4	100.0	100.4	108.8	102.0	104.0
牛肉	Beef	62.5	64.9	65.7	94.8	101.0	99.5	97.4	103.8	101.2
活羊	Live Sheep	25.7	24.3	23.6	98.5	100.0	97.9	97.8	95.7	97.4
羊肉	Mutton	52.8	56.6	50.0	91.9	100.8	96.7	92.6	96.4	88.4
活鸡	Live Chickens	17.6	17.3	15.4	102.3	100.0	97.8	121.7	98.2	89.1
鸡蛋	Chicken's Eggs	10.2	9.2	7.6	89.0	95.9	95.9	99.7	90.2	82.6
水产品类	**Aquatic Products**									
草鱼	Grass Carp	12.9	12.4	15.4	100.5	105.1	106.2	95.0	96.2	124.2
鲤鱼	Carp	9.3	8.8	9.1	106.2	100.3	102.6	109.1	94.3	103.8
链鱼	Silver Carp	7.7	7.9	9.0	105.1	103.0	102.5	99.2	102.6	114.1
带鱼	Hairtail	22.8	24.9	24.7	96.7	99.8	101.4	101.8	109.0	99.1
蔬菜类	**Vegetables**									
大白菜	Chinese Cabbage	3.0	4.0	2.8	101.7	86.9	107.3	102.4	134.9	70.6
黄瓜	Cucumber	6.5	5.6	5.7	85.5	68.5	92.5	112.1	85.8	102.2
西红柿	Tomato	7.1	7.6	6.9	95.0	90.8	93.8	105.6	106.1	91.3
菜椒	Sweetbell	8.3	7.2	6.7	110.7	69.3	98.8	142.2	87.5	92.8
四季豆	Kidney Beans	10.4	11.7	11.3	93.5	80.2	100.5	101.7	112.6	96.7
水果类	**Fruits**									
红富士苹果	Hongfushi Apples	13.3	12.2	11.4	98.6	100.0	99.9	118.2	91.9	93.4
香蕉	Bananas	7.7	6.0	6.4	92.6	100.0	112.8	96.3	77.4	106.7
橙子	Oranges	9.2	8.4	10.3	94.6	98.1	111.7	101.9	91.1	122.6

Continued

5月									6月								
价 格 (元/公斤) Price (yuan/kg)			价格变动						价 格 (元/公斤) Price (yuan/kg)			价格变动					
			(上月=100) Price Movements (preceding month=100)			(上年同期=100) Price Movements (preceding year=100)						(上月=100) Price Movements (preceding month=100)			(上年同期=100) Price Movements (preceding year=100)		
2015	2016	2017	2015	2016	2017	2015	2016	2017	2015	2016	2017	2015	2016	2017	2015	2016	2017
2.7	2.6	2.7	100.9	99.9	100.6	99.5	98.8	101.5	2.7	2.6	2.7	100.9	99.9	100.5	99.7	97.8	102.1
2.7	2.7	2.7	99.9	99.9	100.4	95.9	98.5	101.3	2.8	2.7	2.8	101.3	98.8	101.5	96.6	96.1	104.1
2.1	2.1	2.1	97.3	99.2	97.8	89.7	101.2	100.1	2.1	2.1	2.1	102.0	101.2	102.3	92.3	100.5	101.2
2.5	2.3	2.1	101.2	99.9	100.6	102.1	89.2	90.5	2.6	2.3	2.0	100.9	101.8	99.7	103.8	90.0	88.7
6.1	5.7	5.9	102.5	98.8	98.8	100.5	94.5	102.4	6.0	5.8	5.9	99.8	100.9	100.7	100.3	95.5	102.3
4.9	5.0	5.1	102.6	100.0	100.4	101.2	101.8	102.0	4.9	5.0	5.1	100.6	99.8	100.7	101.4	100.9	102.9
5.3	5.3	5.6	100.5	99.9	99.5	104.5	99.4	106.2	5.3	5.3	5.6	99.5	99.2	98.9	103.6	99.2	105.9
6.3	6.0	6.4	104.2	99.7	101.3	84.3	95.0	106.3	7.4	6.0	6.3	117.0	99.0	98.8	98.1	80.4	106.0
12.9	12.9	12.8	99.5	100.5	98.5	112.2	99.9	99.6	12.0	13.3	12.9	93.0	103.1	100.5	104.7	110.8	97.1
4.3	4.0	4.4	91.5	96.4	102.7	91.4	92.6	110.1	4.1	3.9	4.4	96.4	97.4	101.3	88.2	93.5	114.6
14.6	20.7	14.5	105.8	104.6	90.8	107.9	142.3	69.7	15.0	20.5	13.8	103.0	98.8	95.5	111.4	136.6	67.4
27.8	42.0	33.7	111.3	102.6	81.9	110.0	151.0	80.3	28.9	40.5	33.4	103.8	96.5	99.0	111.2	140.3	82.4
24.3	31.2	27.8	104.1	101.0	96.9	102.6	128.4	89.1	25.1	31.4	26.1	103.2	100.6	93.9	105.9	125.2	83.1
25.3	25.6	26.2	74.4	99.7	98.2	81.0	101.2	102.5	25.2	25.7	25.5	99.7	100.5	97.4	81.0	102.0	99.3
64.2	64.9	65.4	102.7	100.0	99.5	98.5	101.1	100.8	65.2	65.4	64.4	101.6	100.8	98.5	101.0	100.3	98.5
25.9	24.2	23.1	101.0	99.7	97.9	102.4	93.3	95.6	26.6	23.9	22.5	102.5	98.7	97.5	103.6	89.8	94.5
60.2	59.3	49.4	114.0	104.9	98.9	104.7	98.6	83.3	58.3	59.8	48.5	96.8	100.8	98.1	100.9	102.7	81.1
16.3	17.3	15.2	92.9	100.5	99.0	109.8	106.2	87.8	16.9	17.4	15.6	103.5	100.6	102.6	113.6	103.2	89.6
10.0	9.1	7.1	98.5	99.5	93.0	91.5	91.1	77.2	10.0	9.0	7.7	99.9	98.6	108.7	94.3	89.9	85.1
13.0	12.7	15.5	100.5	102.1	100.6	96.4	97.8	122.4	12.2	13.2	15.6	94.5	104.3	100.6	90.2	107.9	118.2
8.9	9.4	9.5	95.3	107.3	104.3	105.3	106.3	100.8	9.7	9.7	9.4	109.2	102.6	99.4	115.5	99.9	97.7
7.5	8.0	9.1	97.9	101.7	101.3	98.9	106.5	113.8	7.6	8.4	9.4	101.3	104.6	103.5	100.0	110.0	112.6
24.8	24.8	24.7	108.7	99.7	100.1	109.5	99.9	99.5	22.9	24.8	25.4	92.4	100.0	103.0	100.8	108.1	102.5
3.0	3.0	3.1	101.0	75.6	110.3	102.8	101.0	103.0	3.6	3.0	3.2	121.5	98.3	102.9	114.9	81.8	107.8
5.4	3.8	4.6	83.1	68.5	80.7	117.4	70.7	120.4	4.4	3.0	4.4	81.5	79.3	95.7	110.0	68.9	145.2
5.9	5.9	6.2	82.8	77.5	89.1	98.3	99.3	104.9	4.4	4.3	5.4	74.1	73.0	87.8	95.0	97.9	126.2
6.5	5.2	5.4	78.8	72.2	80.6	161.7	80.2	103.6	4.9	3.3	4.3	75.1	63.7	79.6	154.9	68.0	129.5
7.9	6.4	7.5	76.1	54.8	66.4	136.2	81.0	117.2	7.2	5.0	7.5	90.6	77.8	100.0	127.9	69.6	150.6
13.2	12.0	11.8	99.3	98.4	103.5	107.5	91.0	98.3	11.9	11.9	11.7	90.3	99.2	98.8	91.7	100.0	98.0
6.9	6.3	6.7	90.0	105.2	105.8	78.6	90.5	107.3	7.0	6.2	6.4	100.7	99.2	95.1	80.2	89.1	102.9
8.5	8.5	10.5	92.3	101.2	101.9	89.6	99.9	123.5	8.1	8.4	10.7	95.7	98.8	101.6	78.1	103.2	127.0

5-35 续表 2

指标	Item	7月								
		价格(元/公斤) Price (yuan/kg)			价格变动 (上月=100) Price Movements (preceding month=100)			价格变动 (上年同期=100) Price Movements (preceding year=100)		
		2015	2016	2017	2015	2016	2017	2015	2016	2017
粮食类	**Grain**									
籼稻	Nonglutinous Rice	2.7	2.6	2.6	100.9	99.3	97.9	101.8	96.2	100.6
粳稻	Round-Grained Rice	2.9	2.6	2.7	103.8	99.1	97.8	100.0	91.7	102.7
小麦	Wheat	2.2	2.1	2.1	102.3	99.4	98.3	94.5	97.7	100.0
玉米	Corn//Maize	2.5	2.3	2.1	98.4	99.3	100.2	102.8	90.8	89.4
大豆	Soybean	6.0	5.8	5.8	99.2	100.2	98.1	98.0	96.5	100.2
籼米	Long-Grained Nonglutinous Rice	5.0	5.0	5.1	100.4	100.0	100.0	101.6	100.4	103.0
粳米	Polished Round-Grained Rice	5.3	5.3	5.5	100.0	100.6	98.7	103.3	99.8	103.9
经济作物类	**Economic Crops**									
棉花(籽棉)	Cotton	6.3	5.9	6.2	85.5	99.3	98.7	83.0	93.4	105.4
花生仁	Peanut	12.8	14.0	12.9	106.7	105.7	100.6	112.9	109.7	92.4
油菜籽	Rapeseeds	4.2	3.9	4.6	101.9	101.0	103.6	88.7	92.7	117.6
畜产品类	**Livestock Products**									
活猪	Live Hogs	17.0	19.0	13.8	113.3	92.8	99.8	123.0	111.9	72.4
仔猪	Piglet	30.6	40.5	33.8	106.2	100.1	101.2	119.7	132.3	83.3
猪肉	Pork	28.0	30.2	25.8	111.6	96.2	98.9	115.7	107.9	85.4
活牛	Live Cattle	27.2	26.1	24.8	107.8	101.7	97.2	87.6	96.2	94.9
牛肉	Beef	64.9	65.4	62.6	99.5	100.0	97.2	100.0	100.8	95.7
活羊	Live Sheep	26.6	23.9	21.9	100.0	100.0	97.3	104.3	89.8	91.9
羊肉	Mutton	58.2	58.8	48.8	99.9	98.3	100.6	100.3	101.0	83.0
活鸡	Live Chickens	16.6	17.3	16.2	98.2	99.4	103.8	109.5	104.5	93.6
鸡蛋	Chicken's Eggs	9.7	9.2	7.8	97.3	102.7	101.8	87.4	94.9	84.4
水产品类	**Aquatic Products**									
草鱼	Grass Carp	12.7	13.7	15.7	104.0	103.8	100.6	94.2	107.7	114.6
鲤鱼	Carp	8.8	9.7	9.5	90.9	100.6	100.6	103.3	110.5	97.7
链鱼	Silver Carp	7.6	8.6	9.5	100.7	102.8	101.1	99.9	112.3	110.7
带鱼	Hairtail	24.9	22.3	25.7	108.7	89.7	101.0	108.2	89.2	115.4
蔬菜类	**Vegetables**									
大白菜	Chinese Cabbage	3.2	3.9	3.4	88.4	130.1	106.3	101.3	120.3	88.1
黄瓜	Cucumber	4.3	5.6	4.3	98.6	184.2	96.6	97.3	128.6	76.2
西红柿	Tomato	5.1	5.2	5.7	117.2	120.3	104.8	108.5	100.6	109.9
菜椒	Sweetbell	5.4	5.3	4.3	110.7	159.6	100.0	165.3	98.1	81.1
四季豆	Kidney Beans	8.4	7.7	8.2	117.3	154.6	109.3	128.0	91.7	106.5
水果类	**Fruits**									
红富士苹果	Hongfushi Apples	12.8	12.1	11.9	107.6	101.7	102.1	91.4	94.5	98.3
香蕉	Bananas	6.5	6.0	5.9	93.0	96.8	91.5	76.6	92.7	97.3
橙子	Oranges	8.4	8.6	11.1	102.8	102.4	104.3	82.5	102.7	129.4

Continued

8月									9月								
价　格 (元/公斤) Price (yuan/kg)			价格变动						价　格 (元/公斤) Price (yuan/kg)			价格变动					
			(上月=100) Price Movements (preceding month=100)			(上年同期=100) Price Movements (preceding year=100)						(上月=100) Price Movements (preceding month=100)			(上年同期=100) Price Movements (preceding year=100)		
2015	2016	2017	2015	2016	2017	2015	2016	2017	2015	2016	2017	2015	2016	2017	2015	2016	2017
2.7	2.6	2.6	100.6	98.8	99.2	101.9	94.5	101.0	2.6	2.5	2.6	96.6	98.3	99.1	99.2	96.3	101.9
2.8	2.6	2.7	98.5	99.1	99.7	100.2	92.3	103.3	2.8	2.6	2.7	98.9	100.8	100.0	102.5	94.1	102.6
2.1	2.1	2.1	98.9	100.4	100.0	93.0	99.2	99.6	2.1	2.1	2.1	99.4	98.2	100.7	93.7	98.0	102.1
2.6	2.1	2.0	102.3	93.1	95.4	103.8	82.6	91.6	2.5	2.1	1.9	96.7	100.0	98.8	97.5	85.5	90.5
5.9	5.8	5.8	98.5	100.7	100.5	96.7	98.6	100.0	5.8	5.8	5.8	97.5	99.0	100.0	94.3	100.2	101.0
5.0	5.0	5.1	100.8	100.1	99.5	102.3	99.7	102.4	5.0	5.0	5.1	99.8	100.2	99.5	102.3	100.1	101.7
5.3	5.3	5.5	100.5	99.9	100.5	103.9	99.2	104.5	5.3	5.3	5.4	98.9	99.2	98.2	102.5	99.4	103.4
6.3	6.4	6.2	100.0	108.1	100.0	83.6	100.9	97.5	6.0	6.5	6.1	94.9	101.6	98.3	83.8	108.0	94.4
12.8	14.2	12.5	100.6	101.4	96.6	108.9	110.6	88.0	12.8	13.3	12.7	99.9	93.7	101.6	107.7	103.7	95.5
4.2	4.0	4.7	99.3	101.8	102.5	88.6	95.0	118.3	4.1	4.0	4.8	97.9	100.0	101.4	86.9	97.1	120.0
17.8	18.8	14.5	104.6	99.0	105.3	119.9	105.9	77.1	17.9	18.6	14.6	100.8	98.8	100.8	119.1	103.9	78.6
32.0	40.5	31.9	104.6	99.8	94.5	121.9	126.3	78.8	32.8	38.6	30.6	102.4	95.3	95.9	122.2	117.6	79.3
29.9	30.6	26.2	106.8	101.3	101.6	119.1	102.3	85.6	29.9	30.3	26.0	100.1	99.0	99.0	118.1	101.3	85.6
26.6	26.0	25.1	97.8	99.5	101.2	85.2	97.8	96.5	26.6	26.4	25.0	100.0	101.6	99.5	85.0	99.5	94.5
63.9	65.4	63.4	98.4	100.0	101.3	99.0	102.4	96.9	64.4	65.4	63.6	100.9	100.0	100.3	98.5	101.6	97.2
26.9	23.9	21.9	101.3	100.0	100.0	105.6	88.7	91.9	26.2	23.9	21.5	97.3	100.0	98.2	104.8	91.2	90.3
58.3	58.8	49.2	100.1	100.0	100.8	100.4	100.9	83.7	62.2	58.6	47.1	106.7	99.7	95.8	110.0	94.3	80.4
16.9	17.4	17.0	101.7	100.1	104.9	106.2	102.7	98.1	17.4	17.0	17.6	102.9	98.2	103.5	105.5	98.0	103.4
10.1	9.4	10.1	104.0	101.3	129.7	87.2	92.4	108.1	10.2	9.7	10.9	100.7	103.8	107.3	83.9	95.3	111.7
12.7	14.0	16.1	99.6	102.4	102.5	95.4	110.7	114.8	12.3	13.0	15.6	97.2	92.7	96.9	92.8	105.6	120.0
9.0	9.5	9.7	101.8	97.7	101.8	101.4	106.1	101.8	9.0	9.4	9.8	100.0	98.9	101.4	105.5	104.9	104.3
7.8	8.9	9.6	102.0	103.1	100.6	102.4	113.6	108.0	7.8	8.9	9.7	100.0	100.9	101.7	104.8	114.6	108.8
24.7	22.5	25.7	99.0	101.1	100.0	104.5	91.1	114.2	24.8	22.7	25.7	100.5	101.1	100.0	104.6	91.6	113.0
3.4	3.7	3.8	107.5	95.6	112.7	115.4	107.0	103.8	3.8	4.1	3.5	110.5	110.9	92.1	118.8	107.4	86.3
5.4	5.9	5.2	124.4	106.3	121.9	113.4	109.8	87.4	4.9	5.6	5.6	91.5	93.6	108.1	89.8	112.3	100.9
6.0	5.3	5.8	116.2	102.5	101.6	129.3	88.7	108.9	6.0	6.1	6.2	101.2	115.3	108.3	121.6	101.2	102.3
5.4	5.4	4.7	100.7	102.3	108.4	138.2	99.6	86.0	5.2	6.1	5.6	96.0	111.6	121.0	106.5	115.9	93.2
8.9	8.1	8.4	105.7	104.8	102.4	114.6	90.9	104.1	8.5	8.5	9.6	96.2	105.3	114.3	99.3	99.5	112.9
13.2	11.7	11.9	102.8	96.7	99.7	96.1	88.9	101.4	12.5	11.5	12.1	94.8	98.3	102.0	97.5	92.1	105.2
6.3	6.3	5.9	96.5	105.2	100.0	72.7	101.1	92.6	5.8	6.7	5.5	93.1	105.4	93.5	61.5	114.4	82.1
8.6	8.8	11.3	102.7	102.3	101.1	83.6	102.3	127.8	8.6	8.9	11.9	100.3	101.3	105.6	87.7	103.3	133.2

5-35 续表 3

指 标	Item	10月								
		价 格 (元/公斤) Price (yuan/kg)			价格变动					
					(上月=100) Price Movements (preceding month=100)			(上年同期=100) Price Movements (preceding year=100)		
		2015	2016	2017	2015	2016	2017	2015	2016	2017
粮食类	**Grain**									
籼稻	Nonglutinous Rice	2.6	2.6	2.6	98.6	101.1	101.5	97.6	98.6	102.2
粳稻	Round-Grained Rice	2.7	2.6	2.7	98.0	99.5	101.0	99.6	95.4	104.2
小麦	Wheat	2.1	2.1	2.2	98.9	102.8	102.2	92.3	101.9	101.5
玉米	Corn//Maize	2.4	2.1	2.0	98.1	97.9	102.4	96.2	85.2	94.7
大豆	Soybean	5.8	5.7	5.8	100.9	99.3	99.8	94.8	98.6	101.6
籼米	Long-Grained Nonglutinous Rice	5.0	5.0	5.1	100.4	99.6	100.4	102.9	99.2	102.5
粳米	Polished Round-Grained Rice	5.4	5.3	5.4	101.4	101.2	99.5	103.9	99.3	101.6
经济作物类	**Economic Crops**									
棉花(籽棉)	Cotton	5.9	6.1	6.4	97.6	94.1	104.8	93.6	104.1	105.1
花生仁	Peanut	12.7	13.4	12.7	99.3	100.8	100.0	105.2	105.2	94.8
油菜籽	Rapeseeds	4.1	4.0	4.7	99.0	101.1	99.0	84.9	99.1	117.5
畜产品类	**Livestock Products**									
活猪	Live Hogs	17.5	17.3	14.7	97.5	93.0	100.3	119.1	99.0	84.8
仔猪	Piglet	32.7	36.2	28.5	99.6	93.8	93.2	129.5	110.7	78.8
猪肉	Pork	28.8	29.6	25.0	96.3	97.5	96.3	113.4	102.6	84.6
活牛	Live Cattle	26.6	26.3	24.8	100.0	99.6	99.3	84.9	99.0	94.3
牛肉	Beef	63.7	64.7	63.2	98.9	98.9	99.4	98.3	101.5	97.7
活羊	Live Sheep	26.4	24.1	22.1	101.0	101.2	102.7	100.7	91.4	91.6
羊肉	Mutton	61.0	55.7	49.3	98.1	95.1	104.6	103.4	91.3	88.5
活鸡	Live Chickens	17.1	17.0	18.0	98.5	100.0	101.9	103.6	99.5	105.4
鸡蛋	Chicken's Eggs	9.9	9.5	10.4	97.5	97.3	95.4	81.5	95.1	109.5
水产品类	**Aquatic Products**									
草鱼	Grass Carp	12.4	13.7	15.2	101.1	105.0	97.4	94.6	109.7	111.4
鲤鱼	Carp	9.3	8.3	9.8	103.7	88.1	100.5	112.7	89.1	118.9
链鱼	Silver Carp	7.8	9.0	9.9	100.5	101.2	102.2	108.8	115.5	109.8
带鱼	Hairtail	24.7	23.7	25.7	99.5	104.2	100.0	103.3	95.9	108.4
蔬菜类	**Vegetables**									
大白菜	Chinese Cabbage	3.3	4.1	3.8	87.9	99.5	106.8	129.8	121.6	92.6
黄瓜	Cucumber	4.8	5.8	6.5	97.0	104.5	115.2	94.1	121.1	111.2
西红柿	Tomato	6.5	6.7	7.0	107.6	109.2	112.4	121.1	102.6	105.3
菜椒	Sweetbell	5.2	5.9	6.2	99.2	96.7	109.9	99.6	112.9	106.0
四季豆	Kidney Beans	8.2	8.5	9.6	96.0	99.4	100.0	113.9	103.0	113.6
水果类	**Fruits**									
红富士苹果	Hongfushi Apples	12.5	11.6	12.4	99.9	100.9	102.3	100.3	93.0	106.7
香蕉	Bananas	5.7	6.2	5.2	98.6	92.5	95.2	66.7	107.3	84.6
橙子	Oranges	9.8	8.7	12.2	113.6	97.3	102.9	97.2	88.5	140.9

Continued

11月									12月								
价 格 (元/公斤) Price (yuan/kg)			价格变动						价 格 (元/公斤) Price (yuan/kg)			价格变动					
			(上月=100) Price Movements (preceding month=100)			(上年同期=100) Price Movements (preceding year=100)						(上月=100) Price Movements (preceding month=100)			(上年同期=100) Price Movements (preceding year=100)		
2015	2016	2017	2015	2016	2017	2015	2016	2017	2015	2016	2017	2015	2016	2017	2015	2016	2017
2.6	2.6	2.7	99.7	101.0	101.1	97.4	99.9	102.3	2.6	2.6	2.6	100.0	100.8	99.6	96.9	100.7	101.1
2.7	2.6	2.7	99.3	100.8	100.0	98.2	96.9	103.4	2.7	2.7	2.7	100.0	101.2	99.6	97.4	98.1	101.5
2.1	2.1	2.2	97.9	98.7	100.5	90.4	102.7	103.3	2.1	2.2	2.2	101.5	103.4	100.9	91.2	104.5	100.9
2.3	2.1	2.0	95.2	99.0	99.5	92.8	88.6	95.1	2.3	2.2	2.0	100.2	106.7	101.0	91.7	94.3	78.9
5.7	5.7	5.9	98.8	100.3	100.7	93.3	100.2	101.9	5.7	5.8	5.8	99.5	100.9	99.8	93.6	101.6	100.9
5.0	5.0	5.1	100.6	100.4	100.0	103.5	99.1	102.2	5.0	4.9	5.1	99.0	98.8	100.0	102.4	98.9	103.5
5.4	5.4	5.4	100.2	100.7	100.6	104.0	99.8	101.5	5.3	5.4	5.4	98.4	100.3	100.0	103.5	101.8	101.3
5.9	6.6	6.3	99.6	108.2	97.2	96.5	113.0	94.6	5.8	6.8	6.3	99.1	102.2	101.0	96.9	116.5	93.3
12.4	13.5	12.6	97.0	100.4	99.2	102.1	108.9	93.7	12.4	13.4	12.6	100.5	99.6	100.0	101.1	108.0	94.0
4.0	4.0	4.7	98.2	99.6	99.2	83.8	100.5	117.0	4.1	4.1	4.7	102.0	102.1	100.0	85.5	100.6	114.4
16.7	17.1	14.6	95.8	98.7	99.3	116.0	102.0	85.4	16.7	17.5	15.1	99.7	102.4	103.6	119.2	104.7	86.4
31.4	36.0	26.9	95.9	99.6	94.4	122.6	114.9	74.7	30.3	36.7	27.9	96.6	101.9	103.6	122.6	121.3	75.9
27.9	29.5	24.8	96.9	99.7	99.2	111.3	105.5	84.2	27.6	29.7	25.2	98.9	100.8	101.6	112.5	107.5	84.8
26.2	26.2	24.6	98.6	99.6	99.2	82.7	100.0	93.9	25.9	26.9	24.7	98.7	102.5	100.4	80.9	103.9	92.0
63.4	64.9	63.8	99.5	100.4	100.9	97.8	102.4	98.3	63.1	65.1	64.6	99.5	100.3	101.3	96.8	103.2	99.2
25.4	24.1	24.0	96.2	100.0	108.3	98.6	94.9	99.2	25.3	24.1	24.3	99.7	99.9	101.4	97.2	95.2	100.7
56.8	55.8	51.4	93.0	100.1	104.3	98.3	98.2	92.3	54.8	51.6	53.9	96.5	92.5	104.8	94.3	94.1	104.5
17.2	17.1	17.8	100.4	100.2	98.9	104.9	99.4	104.0	17.1	17.0	17.8	99.8	99.6	100.1	105.2	99.3	104.5
10.0	9.6	10.3	101.0	101.8	99.4	81.9	95.8	107.0	10.1	9.5	10.9	100.6	99.1	105.4	82.0	94.4	113.8
12.2	13.4	14.7	97.9	98.1	96.7	93.6	109.9	109.8	11.9	13.7	14.8	97.9	102.5	100.7	87.0	115.2	107.8
8.8	8.3	9.9	94.5	100.0	100.5	106.4	94.3	119.4	8.9	8.3	10.0	101.3	100.4	101.1	102.3	93.5	120.3
7.8	8.8	10.1	99.5	97.0	101.9	104.1	112.6	115.4	7.8	8.6	10.0	100.6	98.5	99.0	103.6	110.2	116.0
24.8	22.8	26.1	100.5	96.1	101.4	102.0	91.7	114.5	24.8	23.2	26.1	100.0	101.9	100.0	101.8	93.4	112.4
2.9	3.6	3.3	87.4	87.7	86.7	112.3	121.9	91.6	2.8	3.4	2.5	96.2	95.5	76.1	117.1	121.0	72.9
6.6	6.3	6.5	138.0	107.9	100.8	106.3	94.7	103.8	7.7	6.7	6.3	115.7	106.2	97.4	104.2	86.9	95.2
6.7	7.1	6.1	103.7	106.9	87.1	113.9	105.8	85.8	7.1	7.5	6.2	105.7	105.6	101.6	118.3	105.8	82.6
5.2	6.2	5.8	100.2	106.5	93.5	93.3	120.0	93.1	5.6	6.6	6.1	108.3	105.9	104.3	89.9	117.4	91.7
9.4	8.7	9.7	114.0	103.0	101.0	100.5	93.0	111.5	10.7	10.2	10.7	114.7	117.2	110.3	114.0	95.1	104.9
12.3	11.4	12.2	98.6	97.9	98.2	100.0	92.4	107.0	12.4	11.5	12.1	100.4	100.8	99.2	99.3	92.7	105.3
5.7	5.4	5.3	98.4	88.0	100.8	73.5	95.9	96.9	5.6	5.2	5.6	99.1	96.5	106.3	73.1	93.4	106.7
9.5	9.3	11.6	96.8	106.9	94.6	98.6	97.7	124.7	9.5	9.0	11.1	100.2	96.7	95.6	97.3	94.2	123.3

主要统计指标解释

居民消费价格指数 是反映一定时期内城乡居民所购买的生活消费品价格和服务项目价格变动趋势和程度的相对数，是对城市居民消费价格指数和农村居民消费价格指数进行综合汇总计算的结果。该指数可以观察和分析消费品的零售价格和服务价格变动对城乡居民实际生活费支出的影响程度。

城市居民消费价格指数 是反映一定时期内城市居民家庭所购买的生活消费品价格和服务项目价格变动趋势和程度的相对数。该指数可以观察和分析消费品的零售价格和服务项目价格变动对城镇职工货币工资的影响，作为研究职工生活和确定工资政策的依据。

农村居民消费价格指数 是反映一定时期内农村居民家庭所购买的生活消费品价格和服务项目价格变动趋势和程度的相对数。该指数可以观察农村消费品的零售价格和服务项目价格变动对农村居民生活消费支出的影响，直接反映农民生活水平的实际变化情况，为分析和研究农村居民生活问题提供依据。

商品零售价格指数 是反映一定时期内城乡商品零售价格变动趋势和程度的相对数。商品零售价格的变动直接影响到城乡居民的生活支出和国家的财政收入，影响居民购买力和市场供需的平衡，影响到消费与积累的比例关系。因此，该指数可以从一个侧面对上述经济活动进行观察和分析。

农业生产资料价格指数 指反映一定时期内农业生产资料价格变动趋势和程度的相对数。农业生产资料价格指数分为小农具、饲料、产品畜、役畜、半机械化农具、机械化农具、化学肥料、农药及农药械、农机用油、其他农业生产资料十大类。其编制目的是了解农业生产中物质资料投入价格的变动状况，服务于国民经济核算。1994 年以前，农业生产资料价格指数仅仅是商品零售价格指数的一个类别，此后，从商品零售价格指数中分离出来，单独编制。

农产品生产者价格指数 是反映一定时期内，农产品生产者出售农产品价格水平变动趋势及幅度的相对数。该指数可以客观反映全国农产品生产价格水平和结构变动情况，满足农业与国民经济核算需要。其中某代表品生产价格指数是通过对全部有出售该产品行为的调查单位的个体指数进行几何平均求得的，类价格指数是通过对其所属的类（或代表品）的价格指数进行加权平均求得的。季度累计价格指数的计算方法与分季指数的计算方法相同。

工业生产者出厂价格指数 是反映一定时期内全部工业产品出厂价格总水平的变动趋势和程度的相对数，包括工业企业售给本企业以外所有单位的各种产品和直接售给居民用于生活消费的产品。该指数可以观察出厂价格变动对工业总产值及增加值的影响。

工业生产者购进价格指数 是反映工业企业作为生产投入，而从物资交易市场和能源、原材料生产企业购买原材料、燃料和动力产品时，所支付的价格水平变动趋势和程度的统计指标，是扣除工业企业物质消耗成本中的价格变动影响的重要依据。

目前，我国编制的原材料、燃料和动力购进价格指数所调查的产品包括燃料动力、黑色金属、有色金属、化工、建材等九大类的近 1800 种产品。

固定资产投资价格指数 是反映一定时期内固定资产投资品及项目的价格变动趋势和程度的相对数。固定资产投资额是由建筑安装工程投资完成额、设备工器具购置投资完成额和其他费用投资完成额三部分组成的。编制固定资产投资价格指数应首先分别编制上述三部分投资的价格指数，然后采用加权算术平均法求出固定资产投资价格总指数。

该指数可以准确地反映固定资产投资中涉及的各类投资品和取费项目价格变动趋势和变动幅度，消除按现价计算的固定资产投资指标中的价格变动因素，真实地反映固定资产投资的规模、速度、结构和效益，为国家科学地制定、检查固定资产投资计划并提高宏观调控水平，为完善国民经济核算体系提供科学的、可靠的依据。

房地产价格指数　是反映一定时期内房地产价格变动趋势和程度的相对数，包括新建住宅销售价格指数、二手住宅销售价格指数。

Explanatory Notes on Main Statistical Indicators

Consumer Price Indices reflect the trend and degree of changes in prices of consumer goods and services purchased by urban and rural households during a given period. It can be used to observe and analyze the impact of price changes in consumer goods and services on wages (in monetary terms) of urban and rural staff and workers, and provide basis for policy-making concerning the living cost and wages of staff and workers.

Urban Consumer Price Indices reflect the trend and degree of changes in prices of consumer goods and services purchased by urban households during a given period. It can be used to observe the impact of change in retail prices of consumer goods and service prices in urban areas on the wage of urban workers' money. It provides basis for analysis and research on condition of life in urban areas.

Rural Consumer Price Indices reflect the trend and degree of changes in prices of consumer goods and services purchased by rural households during a given period. It can be used to observe the impact of change in retail prices of consumer goods and service prices in rural areas on living expenditure of rural households, and to show the changes in the living standard of peasants. It provides basis for analysis and research on condition of life in rural areas.

Retail Price Indices reflect the trend and degree of change in retail prices of commodities during a given period. The change in retail prices of commodities directly affect the living expenditure of urban and rural residents, government revenue, purchasing power of residents and the equilibrium of market supply and demand, and the ratio of consumption to accumulation. Therefore, the retail price indices are useful to analyze the changes of the above economic activities.

Price Indices of Means of Agricultural Production reflect the trend and degree of changes in prices of means of agricultural production during a given period. Price indices of means of agricultural production are composed of 10 categories including small farm tools, feeds, domestic animals for meat, draught domestic animals, semi-mechanized farm machinery, mechanized farm machinery, chemical fertilizers, pesticides and spraying machinery, fuels for farm machinery and other means of agricultural production. Compilation of these indices helps to understand the changes in prices of input into agricultural production and facilitate the compilation of national account statistics. Before 1994, price indices of means of agricultural production was a sub-category in the in the retail price indices of commodities, and it has been compiled separately since 1994.

Indices of Producers' Prices for Farm Products reflect the trend and degree of changes in producers' prices received by farmers when they sell farm products during a given period. These indices depict the change in the level and structure of producers' prices of farm products of the country and meet the needs of agriculture statistics and national account statistics. The producers' price index of a given product is calculated through geometrical mean of individual indices of all surveyed units who sell such product, and the indices of a product category is obtained through weighted mean of price indices of all products in the category. Method for calculating accumulative quarterly indices is the same as for calculating the distinctive quarterly indices.

Producer Price Indices for Industrial Producers reflect the trend and degree of changes in general ex-factory prices of all industrial products during a given period, including sales of industrial products by an industrial enterprise to all units outside the enterprise, as well as sales of consumer goods to residents. It can be used to analyze the impact of ex-factory prices on gross output value and value-added of the industrial sector.

Purchasing Price Indices for Industrial Producers reflect changes in the level and degree of prices paid by industrial enterprises when they purchase production input such as raw materials, fuels and power from the market or from other energy or raw materials producing enterprises. These indices provide important basis for measuring the material consumption of industrial enterprises after removing influence of price changes.

At present, close to 1800 products in 9 categories, including fuels and power, ferrous metals, non-ferrous metals, chemicals, building materials, are covered in China for the survey to produce indices of purchasing prices of raw materials, fuels and power.

Price Indices of Investment in Fixed Assets reflect the trend and degree of changes in prices of investment goods and projects in fixed assets during a given period. The investment in fixed assets consists of three components, namely the investment in construction and installation, the investment in purchases of equipment and instrument, and the investment in other items. Price indices of investment in fixed assets are calculated as the weighted arithmetic mean of the price indices of the three components of investment in fixed assets.

Removing the factor of price change in the aggregates of investment at current prices, this indicator shows the changes in the prices of commodities and fees involved in the investment of fixed assets, and can be used to observe the actual size, growth, structure, and efficiency of investment in fixed assets and provides reliable and scientific data for government planning, management, decision-making, and further improving the current national accounting system.

Price Indices for Real Estate reflect the trend and degree of changes in prices of real estate during a given period, including sales price indices of new houses，sales price indices of second-hand housing.

全国及各省、市、区主要指标

Chapter 6

Main Statistics of Provinces (autonomous regions, municipalities) in the Whole Country

资料整理：陶　杰　盛　坤　熊承煦
张文怡　朱利明

附录1 全国及各省市区城镇居民家庭人均可支配收入
Per Capita Disposable Income of Urban Households by Provinces and Regions

单位：元 (yuan)

地区	Region	2012	2013	2014	2015	2016	2017
全国	**National**	**24564.7**	**26467.0**	**28843.9**	**31195**	**33616**	**36396**
北京	Beijing	36468.8	44563.9	48531.8	52859	57275	62406
天津	Tianjin	29626.4	28979.8	31506.0	34101	37110	40278
河北	Hebei	20543.4	22226.7	24141.3	26152	28249	30548
山西	Shanxi	20411.7	22258.2	24069.4	25828	27352	29132
内蒙古	Inner Mongolia	23150.3	26003.6	28349.6	30594	32975	35670
辽宁	Liaoning	23222.7	26697.0	29081.7	31126	32876	34993
吉林	Jilin	20208.0	21331.1	23217.8	24901	26530	28319
黑龙江	Heilongjiang	17759.8	20848.4	22609.0	24203	25736	27446
上海	Shanghai	40188.3	44873.3	48841.4	52962	57692	62596
江苏	Jiangsu	29677.0	31585.5	34346.3	37173	40152	43622
浙江	Zhejiang	34550.3	37079.7	40392.7	43714	47237	51261
安徽	Anhui	21024.2	22789.3	24838.5	26936	29156	31640
福建	Fujian	28055.2	28173.9	30722.4	33275	36014	39001
江西	Jiangxi	19860.4	22119.7	24309.2	26500	28673	31198
山东	Shandong	25755.2	26882.4	29221.9	31545	34012	36789
河南	Henan	20442.6	21740.7	23672.1	25576	27233	29558
湖北	Hubei	20839.6	22667.9	24852.3	27051	29386	31889
湖南	Hunan	21318.8	24352.0	26570.2	28838	31284	33948
广东	Guangdong	30226.7	29537.3	32148.1	34757	37684	40975
广西	Guangxi	21242.8	22689.4	24669.0	26416	28324	30502
海南	Hainan	20917.7	22411.4	24486.5	26356	28453	30817
重庆	Chongqing	22968.1	23058.2	25147.2	27239	29610	32193
四川	Sichuan	20307.0	22227.5	24232.4	26205	28335	30727
贵州	Guizhou	18700.5	20564.9	22548.2	24580	26743	29080
云南	Yunnan	21074.5	22460.0	24299.0	26373	28611	30996
西藏	Tibet	18028.3	20394.5	22015.8	25457	27802	30671
陕西	Shaanxi	20733.9	22345.9	24365.8	26420	28440	30810
甘肃	Gansu	17156.9	19873.4	21803.9	23767	25693	27763
青海	Qinghai	17566.3	20352.4	22306.6	24542	26757	29169
宁夏	Ningxia	19831.4	21475.7	23284.6	25186	27153	29472
新疆	Xinjiang	17920.7	21091.5	23214.0	26275	28463	30775

附录2 全国及各省市区城镇居民家庭人均可支配收入与支出
Per Capita Disposable Income and Expenditure of Urban Households by Provinces and Regions

单位：元 (yuan)

地区	Region	人均可支配收入 Per Capita Disposable Income		人均消费支出 Per Capita Consumption Expenditure	
		2016	2017	2016	2017
全国	**National**	**33616**	**36396**	**23079**	**24445**
北京	Beijing	57275	62406	38256	40346
天津	Tianjin	37110	40278	28345	30284
河北	Hebei	28249	30548	19106	20600
山西	Shanxi	27352	29132	16993	18404
内蒙古	Inner Mongolia	32975	35670	22744	23638
辽宁	Liaoning	32876	34993	24996	25379
吉林	Jilin	26530	28319	19166	20051
黑龙江	Heilongjiang	25736	27446	18145	19270
上海	Shanghai	57692	62596	39857	42304
江苏	Jiangsu	40152	43622	26433	27726
浙江	Zhejiang	47237	51261	30068	31924
安徽	Anhui	29156	31640	19606	20740
福建	Fujian	36014	39001	25006	25980
江西	Jiangxi	28673	31198	17696	19244
山东	Shandong	34012	36789	21495	23072
河南	Henan	27233	29558	18088	19422
湖北	Hubei	29386	31889	20040	21276
湖南	Hunan	31284	33948	21420	23163
广东	Guangdong	37684	40975	28613	30198
广西	Guangxi	28324	30502	17268	18349
海南	Hainan	28453	30817	19015	20372
重庆	Chongqing	29610	32193	21031	22759
四川	Sichuan	28335	30727	20660	21991
贵州	Guizhou	26743	29080	19202	20348
云南	Yunnan	28611	30996	18622	19560
西藏	Tibet	27802	30671	19440	21088
陕西	Shaanxi	28440	30810	19369	20388
甘肃	Gansu	25693	27763	19539	20659
青海	Qinghai	26757	29169	20853	21473
宁夏	Ningxia	27153	29472	20364	20219
新疆	Xinjiang	28463	30775	21229	22797

附录3　全国及各省市区农村居民家庭人均可支配收入
Per Capita Disposable Income of Country Households by Provinces and Regions

单位：元　　　　(yuan)

地区	Region	2012	2013	2014	2015	2016	2017
全国	**National**	**7916.6**	**9429.6**	**10488.9**	**11421.7**	**12363.4**	**13432.4**
北京	Beijing	16475.7	17101.2	18867.3	20568.7	22309.5	24240.5
天津	Tianjin	14025.5	15352.6	17014.2	18481.6	20075.6	21753.7
河北	Hebei	8081.4	9187.7	10186.1	11050.5	11919.4	12880.9
山西	Shanxi	6356.6	7949.5	8809.4	9453.9	10082.5	10787.5
内蒙古	Inner Mongolia	7611.3	8984.9	9976.3	10775.9	11609.0	12584.3
辽宁	Liaoning	9383.7	10161.2	11191.5	12056.9	12880.7	13746.8
吉林	Jilin	8598.2	9780.7	10780.1	11326.2	12122.9	12950.4
黑龙江	Heilongjiang	8603.8	9369.0	10453.2	11095.2	11831.9	12664.8
上海	Shanghai	17803.7	19208.3	21191.6	23205.2	25520.4	27825.0
江苏	Jiangsu	12202.0	13521.3	14958.4	16256.7	17605.6	19158.0
浙江	Zhejiang	14551.9	17493.9	19373.3	21125.0	22866.1	24955.8
安徽	Anhui	7160.5	8850.0	9916.4	10820.7	11720.5	12758.2
福建	Fujian	9967.2	11404.8	12650.2	13792.7	14999.2	16334.8
江西	Jiangxi	7829.4	9088.8	10116.6	11139.1	12137.7	13241.8
山东	Shandong	9446.5	10686.9	11882.3	12930.4	13954.1	15117.5
河南	Henan	7524.9	8969.1	9966.1	10852.9	11696.7	12719.2
湖北	Hubei	7851.7	9691.8	10849.1	11843.9	12725.0	13812.1
湖南	Hunan	7440.2	9028.6	10060.2	10992.5	11930.4	12935.8
广东	Guangdong	10542.8	11067.8	12245.6	13360.4	14512.2	15779.7
广西	Guangxi	6007.5	7793.1	8683.2	9466.6	10359.5	11325.5
海南	Hainan	7408.0	8801.7	9912.6	10857.6	11842.9	12901.8
重庆	Chongqing	7383.3	8492.5	9489.8	10504.7	11548.8	12637.9
四川	Sichuan	7001.4	8380.7	9347.7	10247.4	11203.1	12226.9
贵州	Guizhou	4753.0	5897.8	6671.2	7386.9	8090.3	8869.1
云南	Yunnan	5416.5	6723.6	7456.1	8242.1	9019.8	9862.2
西藏	Tibet	5719.4	6553.4	7359.2	8243.7	9093.8	10330.2
陕西	Shaanxi	5762.5	7092.2	7932.2	8688.9	9396.4	10264.5
甘肃	Gansu	4506.7	5588.8	6276.6	6936.2	7456.9	8076.1
青海	Qinghai	5364.4	6461.6	7282.7	7933.4	8664.4	9462.3
宁夏	Ningxia	6180.3	7598.7	8410.0	9118.7	9851.6	10737.9
新疆	Xinjiang	6393.7	7846.6	8723.8	9425.1	10183.2	11045.3

附录4　全国及各省市区农村居民家庭人均可支配收入与支出
Per Capita Disposable Income and Expenditure of Country Households by Provinces and Regions

单位：元　　(yuan)

地　区	Region	人均可支配收入 Per Capita Disposable Income		人均消费支出 Per Capita Consumption Expenditure	
		2016	2017	2016	2017
全　国	**National**	**12363.4**	**13432.4**	**10129.8**	**10954.5**
北　京	Beijing	22309.5	24240.5	17329.0	18810.5
天　津	Tianjin	20075.6	21753.7	15912.1	16385.9
河　北	Hebei	11919.4	12880.9	9798.3	10535.9
山　西	Shanxi	10082.5	10787.5	8028.8	8424.0
内蒙古	Inner Mongolia	11609.0	12584.3	11462.6	12184.4
辽　宁	Liaoning	12880.7	13746.8	9953.1	10787.3
吉　林	Jilin	12122.9	12950.4	9521.4	10279.4
黑龙江	Heilongjiang	11831.9	12664.8	9423.8	10523.9
上　海	Shanghai	25520.4	27825.0	17070.8	18089.8
江　苏	Jiangsu	17605.6	19158.0	14428.2	15611.5
浙　江	Zhejiang	22866.1	24955.8	17358.9	18093.4
安　徽	Anhui	11720.5	12758.2	10287.3	11106.1
福　建	Fujian	14999.2	16334.8	12910.8	14003.4
江　西	Jiangxi	12137.7	13241.8	9128.3	9870.4
山　东	Shandong	13954.1	15117.5	9518.9	10342.1
河　南	Henan	11696.7	12719.2	8586.6	9211.5
湖　北	Hubei	12725.0	13812.1	10938.3	11632.5
湖　南	Hunan	11930.4	12935.8	10629.9	11533.6
广　东	Guangdong	14512.2	15779.7	12414.8	13199.6
广　西	Guangxi	10359.5	11325.5	8351.2	9436.6
海　南	Hainan	11842.9	12901.8	8921.2	9599.4
重　庆	Chongqing	11548.8	12637.9	9954.4	10936.1
四　川	Sichuan	11203.1	12226.9	10191.6	11396.7
贵　州	Guizhou	8090.3	8869.1	7533.3	8299.0
云　南	Yunnan	9019.8	9862.2	7330.5	8027.3
西　藏	Tibet	9093.8	10330.2	6070.3	6691.5
陕　西	Shaanxi	9396.4	10264.5	8567.7	9305.6
甘　肃	Gansu	7456.9	8076.1	7487.0	8029.7
青　海	Qinghai	8664.4	9462.3	9222.2	9902.7
宁　夏	Ningxia	9851.6	10737.9	9138.4	9982.1
新　疆	Xinjiang	10183.2	11045.3	8277.0	8712.6

附录5　湖北与全国主要分类价格指数
Consumer Price Indices by Category in China and Hubei

(上年=100)　　(preceding year=100)

指　标	Item	2012		2013		2014	
		全国平均 National Average	湖北 HuBei	全国平均 National Average	湖北 HuBei	全国平均 National Average	湖北 HuBei
居民消费价格指数	**Consumer Price Index**	**102.6**	**102.9**	**102.6**	**102.8**	**102.0**	**102.0**
食品烟酒	Food Tobacco and Alcohol						
粮食	Grain	104.0	105.3	104.6	104.1	103.1	102.8
鲜菜	Fresh Vegetables	115.9	114.8	108.1	104.8	98.5	98.7
畜肉	Meal, Poultry and Processed Products						
水产品	Aquatic Products	108.0	111.1	104.2	105.1	104.4	100.8
蛋	Eggs	97.1	98.6	104.9	106.6	110.4	109.0
鲜果	Fresh Fruits	98.8	99.3	107.1	105.6	118.0	115.3
衣着	Clothing	103.1	102.5	102.3	102.2	102.4	102.0
居住	Residence	102.1	102.3	102.8	103.1	102.0	103.3
生活用品及服务	Daily Necessities and Services						
交通和通信	Transportation and Communication	99.9	99.8	99.6	99.4	99.9	100.2
教育文化和娱乐	Education, Culture and Recreation						
医疗保健	Medicine						
其他用品和服务	Other Supplies and Services						
商品零售价格指数	**Retail Price Index**	**102.0**	**102.6**	**101.4**	**101.8**	**101.0**	**100.9**
食品	Food	104.8	105.6	104.7	105.2	103.0	102.3
饮料、烟酒	Beverages, Tobacco and Liquor	103.3	102.9	100.7	101.2	99.9	100.2
服装、鞋帽	Garments, Shoes and Hats	102.9	102.2	102.2	101.7	102.4	101.9
纺织品	Textiles	101.5	100.6	101.0	102.3	100.9	102.2
家用电器及音像器材	Household Appliances, Music and Video Equipment	97.7	98.3	98.3	97.9	98.5	98.2
文化办公用品	Cultural and Office Appliances	98.1	98.9	98.6	99.1	99.0	98.8
日用品	Articles for Daily Use	102.1	102.2	100.8	101.0	100.5	100.9
体育娱乐用品	Sports and Recreation Articles	101.0	100.4	100.7	100.5	100.5	100.1
交通、通信用品	Transportation and Communication Appliances	96.0	96.3	97.3	93.5	98.6	96.3
家具	Furniture	101.3	100.8	101.2	100.8	101.5	101.1
化妆品	Cosmetics	102.2	102.3	101.5	102.0	100.8	100.5
金银珠宝	Gold, Silver and Jewelry	101.0	102.8	91.9	92.3	91.6	91.8
中西药品及医疗保健用品	Traditional Chinese and Western Medicines and Health Care Articles	102.1	103.1	101.3	102.7	101.7	101.6
书报杂志及电子出版物	Books, Newspapers, Magazines and Electronic Publications	101.4	102.9	101.3	101.7	101.1	100.8
燃料	Fuels	102.9	102.9	99.9	100.5	99.2	99.7
建筑材料及五金电料	Building Materials and Hardware	100.3	101.1	100.5	101.3	100.4	101.1
农业生产资料价格指数	**Price Index of Means of Agricultural Production**	**105.6**	**107.2**	**101.4**	**103.1**	**99.1**	**97.9**

附录5 续表 continued

(上年=100) (preceding year=100)

指标	Item	2015 全国平均 National Average	2015 湖北 HuBei	2016 全国平均 National Average	2016 湖北 HuBei	2017 全国平均 National Average	2017 湖北 HuBei
居民消费价格指数	**Consumer Price Index**	**101.4**	**101.5**	**102.0**	**102.2**	**101.6**	**101.5**
食品烟酒	Food Tobacco and Alcohol			103.8	104.0	99.6	99.4
粮食	Grain	102.0	101.2	100.5	100.7	101.5	101.9
鲜菜	Fresh Vegetables	107.4	106.7	111.7	116.2	91.9	91.5
畜肉	Meal, Poultry and Processed Products			111.0	111.2	95.0	93.9
水产品	Aquatic Products	101.8	100.1	104.6	106.4	104.4	105.9
蛋	Eggs	93.0	98.0	96.8	97.6	96.0	97.6
鲜果	Fresh Fruits	96.2	99.0	97.4	97.7	103.8	101.4
衣着	Clothing	102.7	102.7	101.4	102.3	101.3	100.8
居住	Residence	100.7	100.6	101.6	102.8	102.6	102.0
生活用品及服务	Daily Necessities and Services			100.5	100.4	101.1	100.6
交通和通信	Transportation and Communication	98.3	100.2	98.7	97.2	101.1	101.0
教育文化和娱乐	Education, Culture and Recreation			101.6	102.2	102.4	101.7
医疗保健	Medicine			103.8	101.9	106.0	110.6
其他用品和服务	Other Supplies and Services			102.8	102.8	102.4	101.6
商品零售价格指数	**Retail Price Index**	**100.1**	**100.5**	**100.7**	**100.8**	**101.1**	**100.3**
食品	Food	102.2	102.3	103.9	104.7	99.4	98.9
饮料、烟酒	Beverages, Tobacco and Liquor	101.9	102.1	101.2	101.3	100.9	100.8
服装、鞋帽	Garments, Shoes and Hats	102.8	102.4	101.3	101.9	101.1	100.6
纺织品	Textiles	100.6	101.0	100.5	101.1	100.4	99.7
家用电器及音像器材	Household Appliances, Music and Video Equipment	98.9	97.9	98.2	98.0	99.8	98.8
文化办公用品	Cultural and Office Appliances	99.6	99.9	98.9	99.7	99.6	98.9
日用品	Articles for Daily Use	100.6	100.5	100.2	100.7	100.5	100.4
体育娱乐用品	Sports and Recreation Articles	100.6	100.2	100.4	101.5	100.6	99.7
交通、通信用品	Transportation and Communication Appliances	98.3	97.6	97.8	95.3	98.5	97.9
家具	Furniture	101.1	99.9	100.7	100.6	102.0	102.9
化妆品	Cosmetics	100.6	100.0	101.1	102.0	101.2	102.1
金银珠宝	Gold, Silver and Jewelry	93.3	92.5	106.8	107.3	101.9	101.5
中西药品及医疗保健用品	Traditional Chinese and Western Medicines and Health Care Articles	102.4	103.3	104.1	103.4	105.4	102.9
书报杂志及电子出版物	Books, Newspapers, Magazines and Electronic Publications	102.6	101.4	101.3	99.5	101.7	100.7
燃料	Fuels	87.7	89.9	97.0	96.4	108.4	106.2
建筑材料及五金电料	Building Materials and Hardware	99.1	99.7	100.3	101.3	102.1	101.4
农业生产资料价格指数	**Price Index of Means of Agricultural Production**	**100.4**	**100.4**	**100.1**	**100.3**	**100.6**	**100.9**

附录6 全国及各省市区居民消费价格指数
Consumer Price Indices by Provinces and Regions

(上年=100) (preceding year=100)

地区	Region	2012		2013		2014		2015		2016		2017	
		指数 Index	排位 Rank	指数 Index	排位 Rank	指数 Index	排位 Rank	指数 Index	排位 Rank	指数 Index	排位 Rank	指数 Index	排位 Rank
全国平均	**National Average**	**102.6**		**102.6**		**102.0**		**101.4**		**102.0**		**101.6**	
北京	Beijing	103.3	3	103.3	5	101.6	26	101.8	5	101.4	25	101.9	6
天津	Tianjin	102.7	14	103.1	8	101.9	17	101.7	7	102.1	7	102.1	3
河北	Hebei	102.6	19	103.0	11	101.7	23	100.9	29	101.5	21	101.7	7
山西	Shanxi	102.5	22	103.1	8	101.7	23	100.6	30	101.1	31	101.1	28
内蒙古	Inner Mongolia	103.1	7	103.2	6	101.6	26	101.1	24	101.2	30	101.7	7
辽宁	Liaoning	102.8	10	102.4	24	101.7	23	101.4	17	101.6	18	101.4	20
吉林	Jilin	102.5	22	102.9	13	102.0	14	101.7	7	101.6	18	101.6	11
黑龙江	Heilongjiang	103.2	4	102.2	29	101.5	31	101.1	24	101.5	21	101.3	25
上海	Shanghai	102.8	10	102.3	26	102.7	3	102.4	2	103.2	1	101.7	7
江苏	Jiangsu	102.6	19	102.3	26	102.2	9	101.7	7	102.3	4	101.7	7
浙江	Zhejiang	102.2	28	102.3	26	102.1	10	101.4	17	101.9	10	102.1	3
安徽	Anhui	102.3	27	102.4	24	101.6	26	101.3	20	101.8	14	101.2	26
福建	Fujian	102.4	26	102.5	20	102.0	14	101.7	7	101.7	17	101.2	26
江西	Jiangxi	102.7	14	102.5	20	102.3	7	101.5	12	102.0	9	102.0	5
山东	Shandong	102.1	29	102.2	29	101.9	17	101.2	23	102.1	7	101.5	16
河南	Henan	102.5	22	102.9	13	101.9	17	101.3	20	101.9	10	101.4	20
湖北	Hubei	102.9	9	102.8	15	102.0	14	101.5	12	102.2	6	101.5	16
湖南	Hunan	102.0	30	102.5	19	101.9	17	101.4	17	101.9	10	101.4	20
广东	Guangdong	102.8	10	102.5	20	102.3	7	101.5	12	102.3	4	101.5	16
广西	Guangxi	103.2	4	102.2	29	102.1	10	101.5	12	101.6	18	101.6	11
海南	Hainan	103.2	4	102.8	15	102.4	4	101.0	27	102.8	2	102.8	1
重庆	Chongqing	102.6	19	102.7	18	101.8	22	101.3	20	101.8	14	101.0	29
四川	Sichuan	102.5	22	102.8	15	101.6	26	101.5	12	101.9	10	101.4	20
贵州	Guizhou	102.7	14	102.5	20	102.4	4	101.8	5	101.4	25	100.9	30
云南	Yunnan	102.7	14	103.1	8	102.4	4	101.9	4	101.5	21	100.9	30
西藏	Tibet	103.5	2	103.6	3	102.9	1	102.0	3	102.5	3	101.6	11
陕西	Shaanxi	102.8	10	103.0	11	101.6	26	101.0	27	101.3	28	101.6	11
甘肃	Gansu	102.7	14	103.2	7	102.1	10	101.6	11	101.3	28	101.4	20
青海	Qinghai	103.1	7	103.9	1	102.8	2	102.6	1	101.8	14	101.5	16
宁夏	Ningxia	102.0	30	103.4	4	101.9	17	101.1	24	101.5	21	101.6	11
新疆	Xinjiang	103.8	1	103.9	2	102.1	10	100.6	30	101.4	25	102.2	2

附录7　全国及各省市区商品零售价格指数
Retail Price Indices by Provinces and Regions

(上年=100)　　(preceding year=100)

地　区	Region	2012 指数 Index	2012 排位 Rank	2013 指数 Index	2013 排位 Rank	2014 指数 Index	2014 排位 Rank	2015 指数 Index	2015 排位 Rank	2016 指数 Index	2016 排位 Rank	2017 指数 Index	2017 排位 Rank
全国平均	**National Average**	**102.0**		**101.4**		**101.0**		**100.1**		**100.7**		**101.1**	
北　京	Beijing	100.6	31	99.8	31	99.1	31	98.5	31	98.1	31	99.2	31
天　津	Tianjin	103.0	2	101.7	14	100.9	19	100.3	11	100.5	23	100.8	23
河　北	Hebei	102.2	15	102.2	8	101.0	15	100.2	12	101.2	5	101.4	6
山　西	Shanxi	101.8	22	101.8	10	100.6	28	99.3	30	100.5	23	101.3	11
内 蒙 古	Inner Mongolia	102.5	7	102.6	4	100.7	26	100.5	7	100.6	21	101.2	16
辽　宁	Liaoning	102.2	13	101.6	17	101.0	15	100.5	7	101.0	7	100.7	26
吉　林	Jilin	101.7	25	101.6	17	101.2	9	99.8	23	101.3	2	101.4	6
黑 龙 江	Heilongjiang	102.2	12	101.1	26	100.8	25	100.1	16	101.1	6	99.9	30
上　海	Shanghai	101.2	29	100.2	30	100.9	19	101.1	2	100.8	12	100.9	20
江　苏	Jiangsu	102.1	18	101.4	22	101.6	4	100.6	6	100.8	12	101.9	2
浙　江	Zhejiang	101.9	21	101.0	28	100.9	19	99.9	20	101.0	7	101.4	6
安　徽	Anhui	102.1	19	101.3	24	100.4	30	99.7	27	100.8	12	101.7	4
福　建	Fujian	101.8	23	101.1	26	101.1	14	99.9	20	100.7	18	100.6	27
江　西	Jiangxi	102.1	16	101.5	19	101.2	9	100.5	7	100.6	21	101.0	19
山　东	Shandong	101.6	26	101.4	22	101.0	15	100.2	12	101.3	2	100.8	23
河　南	Henan	102.3	10	101.9	9	101.0	15	99.8	23	100.3	28	101.3	11
湖　北	Hubei	102.6	6	101.8	10	100.9	19	100.5	7	100.8	12	100.3	29
湖　南	Hunan	101.7	24	101.7	14	101.2	9	99.9	20	101.0	7	101.3	11
广　东	Guangdong	102.2	14	101.0	28	101.4	7	99.6	28	100.8	12	101.6	5
广　西	Guangxi	102.3	9	101.2	25	101.4	7	100.1	16	100.4	26	101.2	16
海　南	Hainan	102.7	4	101.5	19	101.2	9	99.8	23	101.0	7	102.0	1
重　庆	Chongqing	101.6	28	101.8	10	100.9	19	100.2	12	101.3	2	100.8	23
四　川	Sichuan	101.6	27	101.7	14	100.6	28	100.2	12	100.8	12	100.5	28
贵　州	Guizhou	102.0	20	101.5	19	101.2	9	100.1	16	100.2	30	100.9	20
云　南	Yunnan	102.4	8	102.6	5	101.6	4	100.8	5	100.7	18	101.3	11
西　藏	Tibet	102.9	3	103.0	2	102.2	1	101.4	1	102.1	1	101.4	6
陕　西	Shaanxi	102.3	11	101.8	10	100.7	26	99.8	23	100.3	28	101.3	11
甘　肃	Gansu	102.6	5	102.6	5	101.7	2	101.0	3	100.9	11	101.4	6
青　海	Qinghai	102.1	17	102.7	3	101.5	6	101.0	3	100.4	26	101.2	16
宁　夏	Ningxia	101.0	30	102.4	7	100.9	19	100.1	16	100.7	18	101.8	3
新　疆	Xinjiang	103.3	1	103.3	1	101.7	2	99.6	28	100.5	23	100.9	20

附录8 全国和36个大中城市居民消费价格指数
Price Indices of Consumer in China and 36 Large and Medium-sized Cities

(上年=100) (preceding year=100)

地区	Region	2012		2013		2014		2015		2016		2017	
		指数 Index	排位 Rank	指数 Index	排位 Rank	指数 Index	排位 Rank	指数 Index	排位 Rank	指数 Index	排位 Rank	指数 Index	排位 Rank
全国平均	**National Average**	**102.8**		**102.7**		**102.1**		**101.7**		**102.2**		**101.8**	
北京	Beijing	103.3	4	103.3	8	101.6	32	101.8	10	101.4	29	101.9	14
天津	Tianjin	102.7	19	103.1	10	101.9	27	101.7	14	102.1	15	102.1	6
石家庄	Shijiazhuang	102.8	15	102.9	14	102.0	20	101.0	33	101.6	27	101.4	25
太原	Taiyuan	102.1	34	103.1	10	102.2	12	100.4	36	101.2	33	101.8	17
呼和浩特	Hohhot	103.1	7	103.8	2	101.2	36	101.8	10	101.4	29	101.4	25
沈阳	Shenyang	103.0	11	102.5	26	102.2	12	101.2	27	101.7	23	101.4	25
大连	Dalian	103.4	2	102.5	26	102.0	20	101.6	17	101.9	19	102.1	6
长春	Changchun	102.3	31	103.0	13	102.2	12	101.3	24	101.4	29	101.3	32
哈尔滨	Harbin	103.2	5	102.1	35	102.0	20	101.4	21	101.8	21	101.6	23
上海	Shanghai	102.8	14	102.3	31	102.7	5	102.4	2	103.2	1	101.7	21
南京	Nanjing	102.7	23	102.7	19	102.6	8	102.0	7	102.7	3	101.9	14
杭州	Hangzhou	102.5	27	102.5	26	102.0	20	101.8	10	102.6	6	102.5	3
宁波	Ningbo	101.7	36	102.2	34	101.9	27	101.8	10	102.1	15	101.8	17
合肥	Hefei	102.2	32	102.7	19	102.0	20	101.6	17	102.6	6	101.4	25
福州	Fuzhou	102.0	35	102.6	24	101.7	31	101.4	21	102.5	9	101.4	25
厦门	Xiamen	102.1	33	102.3	31	102.2	12	101.7	14	101.7	23	102.0	9
南昌	Nanchang	102.9	13	102.3	31	102.5	10	101.6	17	102.1	15	102.1	6
济南	Jinan	102.4	28	102.8	16	102.2	12	101.9	8	102.7	3	102.0	9
青岛	Qingdao	102.7	21	102.5	26	102.6	8	101.2	27	102.5	9	102.0	9
郑州	Zhengzhou	102.7	22	102.8	16	102.0	20	101.1	30	102.3	13	101.8	17
武汉	Wuhan	102.8	16	102.4	30	101.9	27	101.4	21	102.4	11	101.9	14
长沙	Changsha	102.3	30	102.8	16	102.7	5	101.1	30	101.9	19	101.3	32
广州	Guangzhou	103.0	9	102.6	24	102.3	11	101.7	14	102.7	3	102.3	4
深圳	Shenzhen	102.8	17	102.7	19	102.0	20	102.2	5	102.4	11	101.4	25
南宁	Nanning	102.9	12	102.1	35	101.6	32	101.9	8	101.4	29	102.3	4
海口	Haikou	103.3	3	102.9	14	102.2	12	101.2	27	103.0	2	103.3	1
重庆	Chongqing	102.6	25	102.7	19	101.8	30	101.3	24	101.8	21	101.0	34
成都	Chengdu	103.0	10	103.1	10	101.3	35	101.1	30	102.2	14	102.0	9
贵阳	Guiyang	102.6	24	103.2	9	102.7	5	102.3	4	101.1	34	101.0	34
昆明	Kunming	103.1	8	103.9	1	103.1	1	102.4	2	101.7	23	100.5	36
拉萨	Lasa	103.2	6	103.4	7	103.0	2	102.2	5	102.6	6	101.4	25
西安	Xi'an	102.8	18	102.7	19	101.4	34	100.7	34	100.9	35	102.0	9
兰州	Lanzhou	102.4	29	103.5	4	102.2	12	101.3	24	100.8	36	101.5	24
西宁	Xining	102.7	20	103.8	2	102.8	3	102.5	1	102.1	15	101.8	17
银川	Yinchuan	102.6	26	103.5	4	102.1	19	101.6	17	101.7	23	101.7	21
乌鲁木齐	Urumqi	103.4	1	103.5	4	102.8	3	100.7	34	101.5	28	102.8	2

附录9 全国和36个大中城市商品零售价格指数

Price Indices of Retail in China and 36 Large and Medium-sized Cities

(上年=100) (preceding year=100)

地区	Region	2012 指数 Index	2012 排位 Rank	2013 指数 Index	2013 排位 Rank	2014 指数 Index	2014 排位 Rank	2015 指数 Index	2015 排位 Rank	2016 指数 Index	2016 排位 Rank	2017 指数 Index	2017 排位 Rank
全国平均	**National Average**	**101.8**		**101.0**		**100.8**		**99.8**		**100.7**		**100.9**	
北京	Beijing	100.6	36	99.8	36	99.1	35	98.5	36	98.1	36	99.2	36
天津	Tianjin	103.0	1	101.7	11	100.9	21	100.3	9	100.5	27	100.8	27
石家庄	Shijiazhuang	101.9	18	102.1	7	101.2	11	100.2	11	101.7	5	100.9	24
太原	Taiyuan	101.2	33	101.3	19	100.7	26	98.6	35	100.8	15	101.7	4
呼和浩特	Hohhot	101.5	29	101.9	8	98.6	36	99.5	26	101.1	12	101.2	16
沈阳	Shenyang	102.4	11	101.6	14	101.3	10	100.0	18	100.6	24	101.0	20
大连	Dalian	102.5	6	101.0	27	101.0	19	99.5	26	102.0	2	101.5	9
长春	Changchun	101.8	21	101.3	19	101.2	11	99.1	32	101.2	10	101.2	16
哈尔滨	Harbin	102.5	5	101.2	23	101.5	8	100.2	11	101.6	6	99.7	34
上海	Shanghai	101.2	32	100.2	35	100.9	21	101.1	2	100.8	15	100.9	24
南京	Nanjing	101.4	30	101.2	23	102.0	4	100.6	4	100.5	27	101.6	8
杭州	Hangzhou	101.9	19	101.5	16	100.8	24	100.2	11	101.5	7	101.0	20
宁波	Ningbo	101.8	23	101.0	27	100.3	33	100.4	7	101.8	4	101.1	19
合肥	Hefei	101.9	17	101.2	23	100.3	33	99.5	26	100.8	15	102.3	1
福州	Fuzhou	101.1	34	101.0	27	100.6	30	99.4	30	100.7	22	100.3	32
厦门	Xiamen	101.6	27	100.4	34	100.7	26	100.0	18	100.0	33	100.8	27
南昌	Nanchang	102.4	9	101.3	19	101.1	17	100.5	6	100.4	29	101.0	20
济南	Jinan	101.8	22	101.3	19	101.2	11	100.3	9	100.8	15	101.0	20
青岛	Qingdao	101.7	25	101.4	17	102.3	2	100.0	18	102.0	2	100.8	27
郑州	Zhengzhou	102.4	10	101.4	17	101.1	17	99.0	34	100.2	31	101.7	4
武汉	Wuhan	102.3	12	100.9	30	100.5	31	100.0	18	101.3	8	100.1	33
长沙	Changsha	101.5	28	101.2	23	101.7	7	99.6	25	100.9	13	101.4	12
广州	Guangzhou	101.9	20	100.5	33	101.5	8	99.1	32	101.2	10	102.0	2
深圳	Shenzhen	102.4	7	100.7	32	101.0	19	99.7	22	100.3	30	101.5	9
南宁	Nanning	101.7	24	100.8	31	100.7	26	100.4	7	99.8	34	100.9	24
海口	Haikou	102.8	4	101.6	14	101.2	11	100.2	11	100.9	13	101.7	4
重庆	Chongqing	101.6	26	101.8	10	100.9	21	100.2	11	101.3	8	100.8	27
成都	Chengdu	101.4	31	101.7	11	100.4	32	99.5	26	100.8	15	99.4	35
贵阳	Guiyang	102.0	16	101.9	8	101.2	11	99.7	22	99.5	35	101.4	12
昆明	Kunming	102.0	15	102.5	4	101.8	5	100.7	3	100.8	15	101.3	15
拉萨	Lasa	102.9	3	103.5	2	102.3	2	101.5	1	102.4	1	101.2	16
西安	Xi'an	102.3	14	101.7	11	100.7	26	99.7	22	100.1	32	101.7	4
兰州	Lanzhou	102.4	8	102.7	3	101.8	5	100.6	4	100.7	22	101.8	3
西宁	Xining	102.3	13	102.5	4	101.2	11	100.2	11	100.6	24	101.4	12
银川	Yinchuan	100.6	35	102.3	6	100.8	24	100.2	11	100.8	15	101.5	9
乌鲁木齐	Urumqi	102.9	2	103.5	1	102.4	1	99.4	30	100.6	24	100.7	31

附录10 全国及各省市区工业生产者出厂价格指数(2017年)
Producer Price Indices for Industrial Products by Provinces and Regions(2017)

(上年同月=100) (same month of preceding year=100)

地 区	Region	全年 Annual Year	1 月 January	2 月 February	3 月 March	4 月 April	5 月 May	6 月 June	7 月 July	8 月 August	9 月 September	10 月 October	11 月 November	12 月 December
全 国	**National**	**106.3**	**106.9**	**107.8**	**107.6**	**106.4**	**105.5**	**105.5**	**105.5**	**106.3**	**106.9**	**106.9**	**105.8**	**104.9**
北 京	Beijing	100.7	101.1	101.4	101.6	101.4	101.0	100.5	100.2	100.3	100.3	100.4	100.3	100.1
天 津	Tianjin	108.4	110.7	111.9	110.4	107.7	106.2	106.1	106.7	108.4	109.0	108.8	108.2	106.5
河 北	Hebei	115.0	118.0	119.7	118.9	111.8	111.2	113.3	114.4	116.2	116.8	116.3	113.5	111.1
山 西	Shanxi	119.4	123.5	125.4	125.6	123.6	121.8	121.1	121.1	121.9	121.0	116.9	108.3	107.2
内蒙古	Inner Mongolia	110.6	112.0	113.4	113.0	112.2	110.5	110.5	110.7	111.2	111.3	110.9	106.8	105.7
辽 宁	Liaoning	108.1	108.7	109.9	109.9	108.1	106.4	106.2	106.3	107.4	108.8	109.4	108.9	107.6
吉 林	Jilin	103.1	104.7	104.6	104.0	103.1	102.2	102.3	102.4	103.0	102.8	102.8	103.2	102.4
黑龙江	Heilongjiang	109.3	113.5	117.1	115.1	111.2	108.9	106.1	103.4	107.3	106.5	107.5	108.5	107.6
上 海	Shanghai	103.5	103.6	104.5	104.7	104.4	103.6	102.8	102.5	103.1	103.5	103.5	102.9	102.6
江 苏	Jiangsu	104.8	104.9	106.0	106.0	104.7	103.7	103.9	104.1	104.6	105.2	105.7	104.9	104.0
浙 江	Zhejiang	104.8	104.3	105.1	105.0	104.1	103.7	104.0	104.1	104.8	105.6	106.1	105.7	104.6
安 徽	Anhui	108.0	109.1	110.1	109.5	108.1	107.6	107.7	107.9	108.4	108.6	107.8	106.3	105.1
福 建	Fujian	104.1	104.3	104.6	105.0	104.8	104.3	104.0	103.6	103.7	103.8	104.1	103.8	103.0
江 西	Jiangxi	107.9	107.5	108.4	108.1	107.0	106.1	106.8	106.9	108.2	110.0	110.3	108.1	107.2
山 东	Shandong	105.5	106.0	107.1	106.5	105.6	104.7	104.4	104.3	105.2	105.9	106.0	105.3	105.0
河 南	Henan	106.8	107.3	108.0	107.5	106.6	105.8	106.1	106.4	106.9	108.0	107.7	106.1	105.3
湖 北	Hubei	105.6	105.2	106.1	106.5	105.8	105.1	104.9	104.8	105.3	106.1	106.2	106.0	105.8
湖 南	Hunan	105.8	106.3	106.7	106.9	106.1	105.6	105.5	105.0	105.6	106.2	106.3	105.1	104.3
广 东	Guangdong	103.3	104.0	104.5	104.4	104.0	103.4	103.1	102.7	103.0	103.0	103.1	102.5	101.9
广 西	Guangxi	107.6	108.7	109.6	109.3	107.4	106.4	106.9	106.6	107.8	108.9	108.7	106.5	105.0
海 南	Hainan	108.8	108.9	111.6	112.5	110.6	108.1	106.8	106.1	107.3	108.2	108.7	108.5	108.7
重 庆	Chongqing	104.1	103.4	104.3	104.5	104.6	104.1	103.9	104.0	104.3	104.7	104.5	104.1	103.5
四 川	Sichuan	106.5	104.4	105.5	106.0	105.7	105.7	106.0	106.7	107.1	107.9	108.3	107.5	106.6
贵 州	Guizhou	107.2	108.8	109.9	109.4	109.3	108.8	107.6	106.3	107.2	108.0	107.3	103.3	101.0
云 南	Yunnan	105.2	105.0	105.5	105.1	104.3	104.1	104.4	104.7	105.6	107.0	107.3	105.4	104.1
西 藏	Tibet	110.0	114.6	113.2	115.0	114.5	113.4	112.2	109.9	109.6	107.9	107.7	104.4	100.3
陕 西	Shaanxi	110.8	114.1	115.8	115.3	113.4	111.9	110.8	109.6	111.5	111.4	108.5	103.8	105.1
甘 肃	Gansu	114.5	116.4	119.3	118.7	112.6	111.1	111.2	111.0	116.2	118.4	117.3	112.3	111.0
青 海	Qinghai	116.7	116.5	118.7	118.8	117.6	116.3	115.7	114.6	117.2	120.6	118.6	115.8	111.3
宁 夏	Ningxia	112.1	110.6	111.5	112.9	112.7	112.5	112.3	112.0	113.6	114.9	113.0	110.1	109.7
新 疆	Xinjiang	113.7	117.6	121.7	120.5	115.3	111.4	108.7	106.7	110.9	112.6	113.4	113.5	113.2

附录11 全国及各省市区工业生产者购进价格指数(2017年)
Purchasing Price Indices for Industrial Producers by Provinces and Regions(2017)

(上年同月=100) (same month of preceding year=100)

地 区	Region	全年 Annual Year	1 月 January	2 月 February	3 月 March	4 月 April	5 月 May	6 月 June	7 月 July	8 月 August	9 月 September	10 月 October	11 月 November	12 月 December
全 国	**National**	**108.1**	**108.4**	**109.9**	**110.0**	**109.0**	**108.0**	**107.3**	**107.0**	**107.7**	**108.5**	**108.4**	**107.1**	**105.9**
北 京	Beijing	104.4	106.0	107.2	106.8	105.4	104.8	104.0	103.9	103.7	103.4	103.7	102.1	101.9
天 津	Tianjin	111.1	111.9	113.9	113.7	111.3	109.9	109.3	109.0	110.4	111.7	112.4	110.9	109.3
河 北	Hebei	114.5	117.5	120.3	120.6	118.0	115.9	114.3	113.6	114.2	114.4	112.2	108.7	106.5
山 西	Shanxi	115.2	116.3	118.1	118.4	118.0	116.9	115.7	116.3	116.5	116.9	114.2	109.2	107.6
内蒙古	Inner Mongolia	106.3	104.8	105.6	106.3	106.4	106.8	106.6	106.9	107.9	107.7	106.6	105.4	104.5
辽 宁	Liaoning	108.0	108.4	110.4	110.4	109.3	108.1	107.2	105.9	107.0	107.8	108.1	106.9	106.3
吉 林	Jilin	103.4	102.7	103.6	103.8	103.0	102.6	102.5	102.5	103.4	104.0	104.3	104.0	104.0
黑龙江	Heilongjiang	110.2	112.6	117.6	115.8	112.2	109.1	106.5	104.7	107.8	108.4	109.8	110.3	108.8
上 海	Shanghai	108.9	110.7	113.8	113.8	111.5	110.3	108.0	105.8	106.4	107.2	107.8	105.7	106.4
江 苏	Jiangsu	109.7	110.2	111.9	111.5	109.7	108.8	108.5	108.6	109.3	110.3	110.5	109.2	107.4
浙 江	Zhejiang	109.6	109.8	111.5	111.7	110.2	109.1	108.4	108.1	108.9	110.0	110.4	109.3	107.7
安 徽	Anhui	109.2	109.4	110.1	110.2	109.8	108.8	108.5	108.5	109.5	110.2	110.6	108.2	106.7
福 建	Fujian	105.3	106.0	106.8	107.3	106.5	105.2	104.5	104.1	104.5	104.8	105.5	104.8	104.3
江 西	Jiangxi	107.2	107.0	108.3	108.7	107.7	106.6	106.3	105.8	106.7	108.3	108.6	107.0	105.3
山 东	Shandong	107.3	107.4	109.0	109.1	108.3	107.3	106.4	106.2	106.8	107.6	107.5	106.5	105.4
河 南	Henan	107.3	108.0	108.7	108.2	107.4	106.3	106.3	106.5	106.8	108.2	108.0	106.8	105.9
湖 北	Hubei	108.3	108.4	110.4	110.7	109.1	107.7	107.2	107.3	107.7	108.9	108.5	107.2	106.4
湖 南	Hunan	107.2	107.5	108.5	108.6	108.1	106.9	106.7	106.7	107.4	108.0	107.8	106.0	104.6
广 东	Guangdong	105.3	105.2	105.9	106.4	106.7	106.3	105.3	104.9	105.1	105.4	105.0	104.3	103.5
广 西	Guangxi	106.5	105.8	107.2	107.5	107.4	106.8	106.3	105.7	106.4	106.9	106.9	106.2	105.4
海 南	Hainan	112.4	113.6	120.0	123.9	119.5	118.2	111.3	104.7	108.2	112.3	108.1	107.4	104.2
重 庆	Chongqing	104.4	103.8	104.8	105.2	104.9	104.5	104.2	104.2	104.3	104.7	104.8	104.2	103.6
四 川	Sichuan	108.3	107.1	108.2	109.2	108.9	107.8	107.6	107.7	108.3	109.6	109.4	108.5	107.1
贵 州	Guizhou	109.7	109.9	111.4	111.8	110.6	109.8	109.2	109.1	110.0	110.9	110.7	108.4	105.4
云 南	Yunnan	106.2	107.0	106.7	105.4	105.6	105.0	105.6	105.6	106.4	107.2	107.7	106.9	105.1
西 藏	Tibet													
陕 西	Shaanxi	106.4	104.9	107.0	108.1	107.5	106.9	106.2	106.3	107.1	107.0	106.7	105.2	104.1
甘 肃	Gansu	115.5	115.9	119.7	120.1	118.3	114.4	112.8	111.2	114.4	115.0	115.5	115.9	113.0
青 海	Qinghai	108.0	109.4	111.0	110.4	108.2	107.8	107.2	104.9	108.0	108.6	106.5	108.4	105.4
宁 夏	Ningxia	112.9	114.8	116.7	116.4	114.8	113.6	112.7	111.0	113.2	113.8	113.4	109.4	106.6
新 疆	Xinjiang	112.8	110.4	116.1	118.0	114.9	112.3	110.3	109.3	111.8	112.7	112.4	113.0	112.8

附录12 全国及各省市区工业生产者出厂价格指数
Producer Price Indices for Industrial Products by Provinces and Regions

(上年=100) (preceding year=100)

地区	Region	2012	2013	2014	2015	2016	2017
全国	**National**	**98.3**	**98.1**	**98.1**	**94.8**	**98.6**	**106.3**
北京	Beijing	98.4	97.4	99.1	96.9	98.1	100.7
天津	Tianjin	97.0	97.0	96.3	90.3	97.9	108.4
河北	Hebei	94.7	96.6	95.2	89.1	99.9	115.0
山西	Shanxi	94.5	90.7	91.4	87.7	96.8	119.4
内蒙古	Inner Mongolia	100.2	97.0	97.3	94.0	98.9	110.6
辽宁	Liaoning	99.9	99.0	98.2	93.9	98.8	108.1
吉林	Jilin	99.1	98.7	99.1	95.3	98.4	103.1
黑龙江	Heilongjiang	100.0	98.0	97.1	86.0	95.1	109.3
上海	Shanghai	98.4	98.2	98.9	96.1	98.8	103.5
江苏	Jiangsu	97.1	98.0	98.3	95.3	98.1	104.8
浙江	Zhejiang	97.3	98.2	98.8	96.4	98.3	104.8
安徽	Anhui	98.3	98.2	97.4	93.9	98.5	108.0
福建	Fujian	98.7	98.4	98.6	97.0	99.1	104.1
江西	Jiangxi	96.5	98.5	97.8	93.7	98.6	107.9
山东	Shandong	98.4	98.4	98.4	95.2	98.5	105.5
河南	Henan	99.4	98.5	98.1	95.4	99.0	106.8
湖北	Hubei	100.3	99.2	98.4	96.7	99.0	105.6
湖南	Hunan	99.1	98.5	98.4	96.3	98.9	105.8
广东	Guangdong	99.5	98.8	98.9	96.8	99.4	103.3
广西	Guangxi	97.8	98.2	98.4	97.0	99.1	107.6
海南	Hainan	100.8	99.5	97.6	89.8	96.0	108.8
重庆	Chongqing	99.9	98.0	98.3	97.2	98.6	104.1
四川	Sichuan	98.6	98.7	98.7	96.4	98.9	106.5
贵州	Guizhou	101.0	97.4	98.3	96.1	97.9	107.2
云南	Yunnan	97.9	97.5	97.8	94.9	97.6	105.2
西藏	Tibet	99.7	99.8	99.0	93.2	102.9	110.0
陕西	Shaanxi	100.7	97.3	97.1	90.8	97.6	110.8
甘肃	Gansu	96.8	96.9	96.7	87.0	94.9	114.5
青海	Qinghai	96.9	97.0	96.1	93.1	98.5	116.7
宁夏	Ningxia	97.4	96.0	96.3	93.7	99.1	112.1
新疆	Xinjiang	96.9	96.5	96.2	82.4	94.5	113.7

附录13 全国及各省市区固定资产投资价格指数(2017年)
Price Indices of Investment in Fixed Assets by Provinces and Regions(2017)

(上年＝100) (preceding year=100)

地 区	Region	固定资产投资 Investment in Fixed Assets	建筑安装工程 Construction and Installation	设备、工器具 Purchase of Equipment, Tools and Instruments	其他费用 Others
全 国	**National**	**105.8**	**108.0**	**100.6**	**101.0**
北 京	Beijing	104.7	110.5	100.1	100.0
天 津	Tianjin	104.3	106.6	100.5	100.7
河 北	Hebei	106.7	109.5	100.5	101.6
山 西	Shanxi	106.3	109.4	100.6	100.1
内蒙古	Inner Mongolia	103.4	104.5	100.6	101.4
辽 宁	Liaoning	104.0	105.3	100.3	101.1
吉 林	Jilin	104.7	107.4	100.6	100.5
黑龙江	Heilongjiang	103.4	104.5	100.4	101.2
上 海	Shanghai	106.7	110.9	100.2	100.9
江 苏	Jiangsu	107.6	112.9	100.6	102.1
浙 江	Zhejiang	105.8	109.3	100.7	101.2
安 徽	Anhui	107.4	109.9	100.6	100.8
福 建	Fujian	105.6	107.6	100.9	101.1
江 西	Jiangxi	106.1	108.6	100.8	100.7
山 东	Shandong	105.8	108.7	100.6	101.4
河 南	Henan	107.4	110.9	100.8	100.8
湖 北	Hubei	105.9	108.0	100.8	101.9
湖 南	Hunan	105.7	107.7	100.0	100.6
广 东	Guangdong	105.3	107.4	100.9	101.1
广 西	Guangxi	104.4	106.2	100.8	100.0
海 南	Hainan	104.1	105.2	100.6	101.8
重 庆	Chongqing	105.3	106.9	100.6	100.4
四 川	Sichuan	107.7	112.3	101.3	100.3
贵 州	Guizhou	106.1	107.3	100.7	100.7
云 南	Yunnan	104.9	105.8	101.4	100.6
陕 西	Shaanxi	105.3	107.4	100.0	102.2
甘 肃	Gansu	105.9	107.0	101.4	100.6
青 海	Qinghai	106.1	107.4	100.6	102.7
宁 夏	Ningxia	105.9	107.6	100.3	100.0
新 疆	Xinjiang	103.5	104.5	100.8	100.3

附录14 全国及各省市区固定资产投资价格指数
Price Indices of Investment in Fixed Assets by Provinces and Regions

(上年＝100) (preceding year=100)

地 区	Region	2011	2012	2013	2014	2015	2016	2017
全 国	**National**	**106.6**	**101.1**	**100.3**	**100.5**	**98.2**	**99.4**	**105.8**
北 京	Beijing	105.7	101.3	99.9	100.0	97.6	99.7	104.7
天 津	Tianjin	105.7	100.0	99.5	100.5	99.9	99.4	104.3
河 北	Hebei	105.5	100.3	99.9	100.2	98.0	99.4	106.7
山 西	Shanxi	105.5	101.2	100.5	99.6	98.2	100.0	106.3
内蒙古	Inner Mongolia	106.3	101.6	99.6	99.8	98.0	99.5	103.4
辽 宁	Liaoning	106.6	101.0	100.0	99.7	97.9	99.2	104.0
吉 林	Jilin	105.6	100.4	100.0	100.2	97.6	98.7	104.7
黑龙江	Heilongjiang	107.5	100.8	100.1	100.0	99.0	99.4	103.4
上 海	Shanghai	106.5	99.4	100.2	100.5	97.0	99.6	106.7
江 苏	Jiangsu	106.8	98.6	100.5	101.1	96.2	98.8	107.6
浙 江	Zhejiang	107.5	99.2	100.0	100.6	97.4	99.5	105.8
安 徽	Anhui	108.1	101.0	100.2	100.3	96.9	99.2	107.4
福 建	Fujian	106.2	100.3	100.1	100.4	98.3	100.0	105.6
江 西	Jiangxi	108.4	101.0	100.4	100.1	96.8	100.0	106.1
山 东	Shandong	106.8	100.8	100.4	100.3	97.7	99.1	105.8
河 南	Henan	107.4	101.0	99.9	100.0	97.6	99.2	107.4
湖 北	Hubei	107.3	101.8	100.5	101.0	99.4	100.1	105.9
湖 南	Hunan	107.2	101.7	101.3	101.5	100.4	100.4	105.7
广 东	Guangdong	105.5	101.5	101.4	101.5	99.0	100.3	105.3
广 西	Guangxi	106.2	100.6	100.1	101.6	98.8	99.5	104.4
海 南	Hainan	106.4	102.0	99.3	100.6	99.4	100.1	104.1
重 庆	Chongqing	105.9	101.8	100.5	100.3	98.2	99.8	105.3
四 川	Sichuan	105.2	101.0	100.4	100.5	97.9	98.6	107.7
贵 州	Guizhou	105.4	101.5	100.9	101.1	98.4	100.1	106.1
云 南	Yunnan	104.6	101.4	101.1	101.0	99.1	98.9	104.9
陕 西	Shaanxi	105.9	102.6	102.0	101.1	98.8	99.9	105.3
甘 肃	Gansu	104.7	102.1	100.4	100.1	97.7	98.7	105.9
青 海	Qinghai	106.5	102.2	101.5	100.9	98.2	99.6	106.1
宁 夏	Ningxia	107.5	101.5	99.8	100.8	97.5	99.6	105.9
新 疆	Xinjiang	107.1	100.6	100.5	100.3	98.3	99.9	103.5

附录15　全国及各省市区粮食作物播种面积、总产量
Sown Area and Total Output of Grain Crops by Provinces and Regions

单位：千公顷、万吨 (1000 hectares, 10000 tons)

地区	Region	粮食播种面积 Sown Area of Grain Crop				粮食总产量 Total Output of Grain Crop			
		2016	2017	2017年比2016年增长 Increase Rate in 2017 over 2016		2016	2017	2017年比2016年增长 Increase Rate in 2017 over 2016	
				绝对数 Value	%			绝对数 Value	%
全　国	**National**	**119230.1**	**117989.1**	**-1241.00**	**-1.0**	**66043.51**	**66160.73**	**117.22**	**0.2**
北　京	Beijing	85.5	66.8	-18.69	-21.9	52.76	41.12	-11.63	-22.0
天　津	Tianjin	362.0	351.4	-10.60	-2.9	200.40	212.27	11.87	5.9
河　北	Hebei	6791.4	6658.5	-132.86	-2.0	3782.99	3829.25	46.26	1.2
山　西	Shanxi	3227.3	3180.9	-46.39	-1.4	1380.33	1355.10	-25.24	-1.8
内蒙古	Inner Mongolia	6803.4	6780.9	-22.48	-0.3	3263.28	3254.54	-8.74	-0.3
辽　宁	Liaoning	3515.0	3467.5	-47.50	-1.4	2315.60	2330.74	15.13	0.7
吉　林	Jilin	5542.4	5544.0	1.57	0.0	4150.70	4154.00	3.29	0.1
黑龙江	Heilongjiang	14201.8	14163.5	-38.27	-0.3	7416.13	7414.92	-1.20	0.0
上　海	Shanghai	158.5	133.1	-25.34	-16.0	111.78	99.78	-12.00	-10.7
江　苏	Jiangsu	5583.3	5527.3	-55.97	-1.0	3542.44	3610.80	68.36	1.9
浙　江	Zhejiang	951.4	977.2	25.84	2.7	564.84	580.14	15.29	2.7
安　徽	Anhui	7359.0	7321.8	-37.22	-0.5	3961.76	4019.71	57.95	1.5
福　建	Fujian	832.8	833.2	0.39	0.0	477.28	487.15	9.88	2.1
江　西	Jiangxi	3807.2	3786.3	-20.91	-0.5	2234.40	2221.73	-12.67	-0.6
山　东	Shandong	8517.3	8455.6	-61.73	-0.7	5332.28	5374.31	42.03	0.8
河　南	Henan	11219.6	10915.1	-304.42	-2.7	6498.01	6524.25	26.24	0.4
湖　北	Hubei	4816.1	4853.0	36.86	0.8	2796.35	2846.13	49.78	1.8
湖　南	Hunan	5010.7	4978.9	-31.71	-0.6	3052.30	3073.60	21.30	0.7
广　东	Guangdong	2177.8	2169.7	-8.05	-0.4	1204.22	1208.56	4.34	0.4
广　西	Guangxi	2897.1	2853.1	-44.09	-1.5	1419.03	1370.49	-48.54	-3.4
海　南	Hainan	292.0	282.5	-9.55	-3.3	146.10	138.11	-7.99	-5.5
重　庆	Chongqing	2039.1	2030.7	-8.36	-0.4	1078.20	1079.88	1.68	0.2
四　川	Sichuan	6291.3	6292.0	0.68	0.0	3469.93	3488.90	18.98	0.5
贵　州	Guizhou	3122.2	3052.8	-69.40	-2.2	1264.25	1242.45	-21.81	-1.7
云　南	Yunnan	4201.3	4169.2	-32.11	-0.8	1815.07	1843.42	28.35	1.6
西　藏	Tibet	188.5	185.6	-2.80	-1.5	103.87	106.53	2.66	2.6
陕　西	Shaanxi	3144.0	3019.4	-124.56	-4.0	1263.96	1194.20	-69.76	-5.5
甘　肃	Gansu	2684.2	2647.2	-37.08	-1.4	1117.48	1105.90	-11.58	-1.0
青　海	Qinghai	284.7	282.6	-2.14	-0.8	104.78	102.55	-2.23	-2.1
宁　夏	Ningxia	717.9	713.3	-4.67	-0.7	370.65	365.47	-5.18	-1.4
新　疆	Xinjiang	2405.3	2295.8	-109.43	-4.5	1552.33	1484.73	-67.60	-4.4
湖北居全国位次	**Order of Precedence of Hubei in the Country**	**11**	**11**			**11**	**11**		

注：2016、2017年数据为根据第三次全国农业普查资料修订数据。
Note: The data in 2016 and 2017 were revised according to the third national agricultural census data.

附录16 全国及各省市区稻谷播种面积、总产量
Sown Area and Total Output of Rice by Provinces and Regions

单位：千公顷、万吨 (1000 hectares, 10000 tons)

地区	Region	稻谷播种面积 Sown Area of Rice				稻谷总产量 Total Output of Rice			
		2016	2017	2017年比2016年增长 Increase Rate in 2017 over 2016		2016	2017	2017年比2016年增长 Increase Rate in 2017over 2016	
				绝对数 Value	%			绝对数 Value	%
全国	**National**	**30745.89**	**30747.19**	**1.30**	**0.0**	**21109.42**	**21267.59**	**158.17**	**0.7**
北京	Beijing	0.20	0.12	-0.08	-41.5	0.14	0.07	-0.06	-47.9
天津	Tianjin	26.51	30.49	3.98	15.0	20.04	26.33	6.30	31.4
河北	Hebei	76.32	75.02	-1.30	-1.7	51.23	50.43	-0.80	-1.6
山西	Shanxi	0.79	0.76	-0.02	-2.9	0.55	0.52	-0.03	-5.5
内蒙古	Inner Mongolia	108.84	122.19	13.35	12.3	69.82	85.23	15.40	22.1
辽宁	Liaoning	476.39	492.67	16.28	3.4	410.39	422.05	11.66	2.8
吉林	Jilin	800.19	820.83	20.64	2.6	670.45	684.43	13.98	2.1
黑龙江	Heilongjiang	3925.33	3948.89	23.55	0.6	2763.62	2819.33	55.71	2.0
上海	Shanghai	106.29	104.11	-2.18	-2.1	91.41	85.60	-5.81	-6.4
江苏	Jiangsu	2256.26	2237.72	-18.54	-0.8	1898.94	1892.57	-6.37	-0.3
浙江	Zhejiang	613.09	620.68	7.59	1.2	444.83	444.91	0.08	0.0
安徽	Anhui	2537.36	2605.15	67.78	2.7	1570.02	1647.46	77.44	4.9
福建	Fujian	630.90	628.59	-2.31	-0.4	386.61	393.19	6.58	1.7
江西	Jiangxi	3527.07	3504.69	-22.38	-0.6	2140.51	2126.15	-14.36	-0.7
山东	Shandong	106.67	108.86	2.19	2.1	88.84	90.14	1.31	1.5
河南	Henan	614.09	615.03	0.94	0.2	508.29	485.25	-23.04	-4.5
湖北	Hubei	2358.67	2368.07	9.41	0.4	1874.47	1927.16	52.69	2.8
湖南	Hunan	4277.58	4238.71	-38.87	-0.9	2724.61	2740.35	15.74	0.6
广东	Guangdong	1806.03	1805.42	-0.61	0.0	1039.53	1046.34	6.81	0.7
广西	Guangxi	1836.70	1801.71	-34.99	-1.9	1066.00	1019.78	-46.21	-4.3
海南	Hainan	253.33	246.65	-6.68	-2.6	130.67	123.23	-7.43	-5.7
重庆	Chongqing	660.91	658.94	-1.97	-0.3	487.58	486.99	-0.59	-0.1
四川	Sichuan	1874.00	1874.93	0.93	0.0	1467.34	1473.70	6.36	0.4
贵州	Guizhou	714.25	700.50	-13.75	-1.9	456.01	448.83	-7.18	-1.6
云南	Yunnan	881.40	870.56	-10.84	-1.2	524.08	529.23	5.15	1.0
西藏	Tibet	1.14	0.89	-0.25	-22.1	0.60	0.50	-0.10	-17.3
陕西	Shaanxi	107.42	105.64	-1.79	-1.7	80.47	80.57	0.10	0.1
甘肃	Gansu	4.19	4.04	-0.14	-3.4	2.81	2.92	0.11	3.8
青海	Qinghai								
宁夏	Ningxia	80.86	81.09	0.23	0.3	67.88	68.85	0.97	1.4
新疆	Xinjiang	83.10	74.24	-8.85	-10.7	71.68	65.47	-6.21	-8.7
湖北居全国位次	**Order of Precedence of Hubei in the Country**	5	5			5	4		

注：2016、2017年数据为根据第三次全国农业普查资料修订数据。
Note: The data in 2016 and 2017 were revised according to the third national agricultural census data.

附录17　全国及各省市区小麦播种面积、总产量
Sown Area and Total Output of Wheat by Provinces and Regions

单位：千公顷、万吨　　(1000 hectares, 10000 tons)

地　区	Region	小麦播种面积 Sown Area of Wheat 2016	2017	2017年比2016年增长 Increase Rate in 2017 over 2016 绝对数 Value	%	小麦总产量 Total Output of Wheat 2016	2017	2017年比2016年增长 Increase Rate in 2017over 2016 绝对数 Value	%
全　国	**National**	**24693.96**	**24507.99**	**-185.97**	**-0.8**	**13327.05**	**13433.39**	**106.35**	**0.8**
北　京	Beijing	15.89	11.27	-4.62	-29.1	8.54	6.19	-2.35	-27.5
天　津	Tianjin	107.29	108.77	1.48	1.4	58.90	62.41	3.50	5.9
河　北	Hebei	2389.75	2373.36	-16.39	-0.7	1480.23	1504.12	23.88	1.6
山　西	Shanxi	564.00	560.53	-3.47	-0.6	229.15	232.40	3.25	1.4
内蒙古	Inner Mongolia	658.79	673.94	15.15	2.3	187.72	189.05	1.33	0.7
辽　宁	Liaoning	2.90	3.57	0.67	23.1	1.10	1.26	0.16	14.1
吉　林	Jilin	0.41	2.42	2.02	497.5	0.15	0.15	0.00	-1.0
黑龙江	Heilongjiang	78.58	101.79	23.21	29.5	28.60	38.09	9.49	33.2
上　海	Shanghai	35.64	21.01	-14.63	-41.0	13.22	10.18	-3.04	-23.0
江　苏	Jiangsu	2436.81	2412.75	-24.06	-1.0	1245.81	1295.47	49.66	4.0
浙　江	Zhejiang	85.32	103.67	18.35	21.5	28.28	41.92	13.63	48.2
安　徽	Anhui	2887.59	2822.79	-64.80	-2.2	1635.50	1644.47	8.97	0.5
福　建	Fujian	0.21	0.20	-0.01	-2.9	0.06	0.06	0.00	-2.3
江　西	Jiangxi	14.39	14.51	0.12	0.8	3.04	3.10	0.06	1.9
山　东	Shandong	4068.00	4083.87	15.87	0.4	2490.11	2495.11	5.00	0.2
河　南	Henan	5704.91	5714.64	9.74	0.2	3618.62	3705.21	86.59	2.4
湖　北	Hubei	1140.67	1153.22	12.55	1.1	440.74	426.90	-13.84	-3.1
湖　南	Hunan	22.79	28.34	5.55	24.4	7.00	9.61	2.61	37.3
广　东	Guangdong	0.90	0.46	-0.43	-48.4	0.30	0.15	-0.15	-50.0
广　西	Guangxi	3.20	3.08	-0.12	-3.7	0.53	0.51	-0.02	-2.9
海　南	Hainan								
重　庆	Chongqing	34.34	30.13	-4.22	-12.3	11.28	9.78	-1.50	-13.3
四　川	Sichuan	684.00	652.67	-31.33	-4.6	259.58	251.60	-7.97	-3.1
贵　州	Guizhou	169.19	155.97	-13.22	-7.8	41.82	41.20	-0.63	-1.5
云　南	Yunnan	344.24	343.68	-0.56	-0.2	71.52	73.68	2.16	3.0
西　藏	Tibet	42.61	39.35	-3.27	-7.7	26.88	21.94	-4.94	-18.4
陕　西	Shaanxi	980.78	963.15	-17.64	-1.8	403.18	406.41	3.23	0.8
甘　肃	Gansu	774.69	766.47	-8.22	-1.1	272.11	269.72	-2.39	-0.9
青　海	Qinghai	112.88	112.42	-0.46	-0.4	43.25	42.33	-0.93	-2.1
宁　夏	Ningxia	117.33	123.13	5.80	4.9	38.00	37.82	-0.18	-0.5
新　疆	Xinjiang	1215.87	1126.82	-89.04	-7.3	681.84	612.58	-69.26	-10.2
湖北居全国位次	**Order of Precedence of Hubei in the Country**	**7**	**6**			**7**	**7**		

注：2016、2017年数据为根据第三次全国农业普查资料修订数据。
Note: The data in 2016 and 2017 were revised according to the third national agricultural census data.

附录18　全国及各省市区玉米播种面积、总产量

Sown Area and Total Output of Corn by Provinces and Regions

单位：千公顷、万吨　　(1000 hectares, 10000 tons)

地　区	Region	玉米播种面积 Sown Area of Corn				玉米总产量 Total Output of Corn			
		2016	2017	2017年比2016年增长 Increase Rate in 2017 over 2016		2016	2017	2017年比2016年增长 Increase Rate in 2017over 2016	
				绝对数 Value	%			绝对数 Value	%
全　国	**National**	**44177.61**	**42399.00**	**-1778.61**	**-4.0**	**26361.31**	**25907.07**	**-454.24**	**-1.7**
北　京	Beijing	64.26	49.74	-14.52	-22.6	42.55	33.21	-9.33	-21.9
天　津	Tianjin	219.53	201.42	-18.11	-8.2	118.69	119.29	0.60	0.5
河　北	Hebei	3696.14	3544.06	-152.08	-4.1	2031.21	2035.48	4.27	0.2
山　西	Shanxi	1860.67	1806.85	-53.81	-2.9	1017.96	977.87	-40.09	-3.9
内蒙古	Inner Mongolia	3843.56	3716.34	-127.22	-3.3	2563.09	2497.44	-65.66	-2.6
辽　宁	Liaoning	2789.78	2691.98	-97.80	-3.5	1810.07	1789.44	-20.62	-1.1
吉　林	Jilin	4241.97	4164.01	-77.96	-1.8	3286.28	3250.78	-35.50	-1.1
黑龙江	Heilongjiang	6528.42	5862.81	-665.61	-10.2	3912.81	3703.11	-209.70	-5.4
上　海	Shanghai	3.97	3.03	-0.94	-23.6	2.72	2.10	-0.62	-22.7
江　苏	Jiangsu	540.17	543.21	3.04	0.6	284.44	318.07	33.62	11.8
浙　江	Zhejiang	49.94	51.88	1.95	3.9	21.88	23.04	1.16	5.3
安　徽	Anhui	1203.33	1160.07	-43.26	-3.6	634.49	610.66	-23.83	-3.8
福　建	Fujian	26.20	26.81	0.61	2.3	10.96	11.40	0.44	4.0
江　西	Jiangxi	35.62	35.65	0.04	0.1	15.28	15.40	0.12	0.8
山　东	Shandong	4059.33	4000.12	-59.21	-1.5	2613.81	2662.15	48.34	1.8
河　南	Henan	4210.46	3998.94	-211.52	-5.0	2216.29	2170.14	-46.15	-2.1
湖　北	Hubei	797.33	794.78	-2.55	-0.3	357.41	356.75	-0.66	-0.2
湖　南	Hunan	370.47	365.81	-4.66	-1.3	200.02	199.17	-0.85	-0.4
广　东	Guangdong	123.80	120.95	-2.85	-2.3	55.40	54.64	-0.75	-1.4
广　西	Guangxi	603.25	591.23	-12.02	-2.0	275.78	271.64	-4.14	-1.5
海　南	Hainan								
重　庆	Chongqing	453.87	447.34	-6.53	-1.4	252.78	252.62	-0.15	-0.1
四　川	Sichuan	1866.00	1863.87	-2.13	-0.1	1058.02	1068.00	9.97	0.9
贵　州	Guizhou	1041.63	1006.38	-35.25	-3.4	456.40	441.18	-15.22	-3.3
云　南	Yunnan	1784.81	1763.81	-20.99	-1.2	892.29	912.93	20.64	2.3
西　藏	Tibet	4.90	4.88	-0.03	-0.5	2.86	3.00	0.14	4.8
陕　西	Shaanxi	1341.75	1196.88	-144.87	-10.8	636.21	551.15	-85.06	-13.4
甘　肃	Gansu	1056.73	1040.97	-15.76	-1.5	591.88	576.67	-15.20	-2.6
青　海	Qinghai	20.07	18.90	-1.18	-5.9	13.63	12.24	-1.38	-10.1
宁　夏	Ningxia	313.23	306.33	-6.90	-2.2	220.47	214.87	-5.59	-2.5
新　疆	Xinjiang	1026.40	1019.93	-6.47	-0.6	765.64	772.62	6.98	0.9
湖北居全国位次	**Order of Precedence of Hubei in the Country**	**16**	**16**			**16**	**16**	**16**	

注：2016、2017年数据为根据第三次全国农业普查资料修订数据。
Note: The data in 2016 and 2017 were revised according to the third national agricultural census data.

附录19　全国及各省市区粮食、稻谷单位面积产量
Output of Grain and Rice per Hectare by Provinces and Regions

单位：公斤/公顷　　(kg/hectare)

地区	Region	粮食 Grain Crop 2016	粮食 Grain Crop 2017	2017年比2016年增长 Increase Rate in 2017 over 2016(%)	稻谷 Rice 2016	稻谷 Rice 2017	2017年比2016年增长 Increase Rate in 2017 over 2016(%)
全国	**National**	**5539.17**	**5607.36**	**1.2**	**6865.77**	**6916.92**	**0.7**
北京	Beijing	6167.59	6152.22	-0.2	6720.98	5992.01	-10.8
天津	Tianjin	5535.98	6040.74	9.1	7557.12	8636.87	14.3
河北	Hebei	5570.27	5750.90	3.2	6712.47	6722.31	0.1
山西	Shanxi	4277.04	4260.08	-0.4	7000.00	6810.00	-2.7
内蒙古	Inner Mongolia	4796.54	4799.56	0.1	6415.07	6974.98	8.7
辽宁	Liaoning	6587.83	6721.71	2.0	8614.52	8566.50	-0.6
吉林	Jilin	7489.01	7492.83	0.1	8378.70	8338.34	-0.5
黑龙江	Heilongjiang	5221.96	5235.22	0.3	7040.48	7139.57	1.4
上海	Shanghai	7053.26	7494.48	6.3	8599.95	8221.72	-4.4
江苏	Jiangsu	6344.73	6532.66	3.0	8416.32	8457.59	0.5
浙江	Zhejiang	5937.25	5936.77	0.0	7255.54	7168.15	-1.2
安徽	Anhui	5383.55	5490.06	2.0	6187.60	6323.87	2.2
福建	Fujian	5730.78	5846.63	2.0	6127.85	6255.13	2.1
江西	Jiangxi	5868.84	5867.79	0.0	6068.79	6066.58	0.0
山东	Shandong	6260.51	6355.92	1.5	8328.29	8280.59	-0.6
河南	Henan	5791.68	5977.25	3.2	8277.10	7889.85	-4.7
湖北	Hubei	5806.21	5864.69	1.0	7947.16	8138.09	2.4
湖南	Hunan	6091.62	6173.19	1.3	6369.51	6465.06	1.5
广东	Guangdong	5529.56	5570.09	0.7	5755.90	5795.57	0.7
广西	Guangxi	4898.04	4803.59	-1.9	5803.87	5660.08	-2.5
海南	Hainan	5002.92	4889.31	-2.3	5157.97	4996.25	-3.1
重庆	Chongqing	5287.69	5317.73	0.6	7377.39	7390.52	0.2
四川	Sichuan	5515.42	5544.99	0.5	7830.00	7860.00	0.4
贵州	Guizhou	4049.27	4069.88	0.5	6384.48	6407.30	0.4
云南	Yunnan	4320.23	4421.51	2.3	5946.02	6079.20	2.2
西藏	Tibet	5511.88	5738.32	4.1	5279.97	5606.54	6.2
陕西	Shaanxi	4020.29	3955.11	-1.6	7491.04	7626.78	1.8
甘肃	Gansu	4163.12	4177.68	0.3	6709.68	7216.04	7.5
青海	Qinghai	3680.34	3629.21	-1.4			
宁夏	Ningxia	5162.85	5124.01	-0.8	8394.40	8490.57	1.1
新疆	Xinjiang	6453.85	6467.03	0.2	8626.73	8818.96	2.2
湖北居全国位次	**Order of Precedence of Hubei in the Country**	**11**	**13**		**10**	**10**	

注：2016、2017年数据为根据第三次全国农业普查资料修订数据。
Note: The data in 2016 and 2017 were revised according to the third national agricultural census data.

附录20 全国及各省市区小麦、玉米单位面积产量
Output of Wheat and Corn per Hectare by Provinces and Regions

单位：公斤/公顷 (kg/hectare)

地区	Region	小麦 Wheat 2016	小麦 Wheat 2017	2017年比2016年增长 Increase Rate in 2017 over 2016(%)	玉米 Corn 2016	玉米 Corn 2017	2017年比2016年增长 Increase Rate in 2017 over 2016(%)
全国	**National**	**5396.89**	**5481.23**	**1.6**	**5967.12**	**6110.30**	**2.4**
北京	Beijing	5373.93	5492.35	2.2	6620.55	6676.80	0.8
天津	Tianjin	5490.16	5737.69	4.5	5406.50	5922.53	9.5
河北	Hebei	6194.09	6337.51	2.3	5495.50	5743.35	4.5
山西	Shanxi	4062.92	4146.00	2.0	5470.93	5412.00	-1.1
内蒙古	Inner Mongolia	2849.50	2805.15	-1.6	6668.54	6720.15	0.8
辽宁	Liaoning	3793.10	3516.38	-7.3	6488.20	6647.31	2.5
吉林	Jilin	3703.70	613.77	-83.4	7747.06	7806.85	0.8
黑龙江	Heilongjiang	3639.24	3741.62	2.8	5993.50	6316.27	5.4
上海	Shanghai	3709.73	4846.44	30.6	6843.00	6924.63	1.2
江苏	Jiangsu	5112.45	5369.25	5.0	5265.75	5855.29	11.2
浙江	Zhejiang	3315.05	4043.43	22.0	4381.93	4440.44	1.3
安徽	Anhui	5663.90	5825.69	2.9	5272.77	5264.00	-0.2
福建	Fujian	2827.20	2844.60	0.6	4183.08	4251.32	1.6
江西	Jiangxi	2113.82	2137.10	1.1	4290.43	4319.16	0.7
山东	Shandong	6121.21	6109.67	-0.2	6439.02	6655.18	3.4
河南	Henan	6342.99	6483.70	2.2	5263.77	5426.80	3.1
湖北	Hubei	3863.88	3701.82	-4.2	4482.57	4488.61	0.1
湖南	Hunan	3071.97	3390.97	10.4	5399.09	5444.68	0.8
广东	Guangdong	3296.64	3192.50	-3.2	4474.66	4517.74	1.0
广西	Guangxi	1640.63	1654.71	0.9	4571.60	4594.54	0.5
海南	Hainan						
重庆	Chongqing	3283.09	3245.75	-1.1	5569.37	5647.23	1.4
四川	Sichuan	3795.00	3855.00	1.6	5670.00	5730.00	1.1
贵州	Guizhou	2471.78	2641.15	6.9	4381.62	4383.80	0.0
云南	Yunnan	2077.62	2143.85	3.2	4999.34	5175.87	3.5
西藏	Tibet	6306.89	5576.30	-11.6	5843.30	6153.85	5.3
陕西	Shaanxi	4110.75	4219.60	2.6	4741.64	4604.87	-2.9
甘肃	Gansu	3512.52	3519.04	0.2	5601.01	5539.77	-1.1
青海	Qinghai	3832.06	3765.20	-1.7	6788.13	6479.64	-4.5
宁夏	Ningxia	3238.64	3071.47	-5.2	7038.45	7014.45	-0.3
新疆	Xinjiang	5607.86	5436.34	-3.1	7459.53	7575.28	1.6
湖北居全国位次	**Order of Precedence of Hubei in the Country**	**13**	**18**		**26**	**27**	

注：2016、2017年数据为根据第三次全国农业普查资料修订数据。
Note: The data in 2016 and 2017 were revised according to the third national agricultural census data.